CAMBRIDGE LIBRARY COLLECTION

Books of enduring scholarly value

History

The books reissued in this series include accounts of historical events and movements by eye-witnesses and contemporaries, as well as landmark studies that assembled significant source materials or developed new historiographical methods. The series includes work in social, political and military history on a wide range of periods and regions, giving modern scholars ready access to influential publications of the past.

I Libri Commemoriali della Republica di Venezia

This eight-volume set of summaries of state documents (*commemoriali*) of the Republic of Venice compiled and edited by Riccardo Predelli (1842–1909), and appeared between 1876 and 1914 as part of a wider series, 'Monumenti Storici', devoted to publishing the content of the nine-hundred-year-old archives of Venice at a time when the original documents seemed in danger of being lost through decay. Predelli notes in his preface that a similar concern was expressed by Doge Iacopo Tiepolo, who in 1248 ordered a commission to sort and codify the legal statutes of the city, which were in complete confusion. The works, arranged roughly in chronological order, provide summaries (and sometimes complete documents) of the political, diplomatic, commercial and legal activities of the Republic. Volume 8, completed after Predelli's death by Pietro Bosmin and published in 1914, contains books 29-33 of the *Commemoriali*, covering the period from the 1570s to 1787.

Cambridge University Press has long been a pioneer in the reissuing of out-of-print titles from its own backlist, producing digital reprints of books that are still sought after by scholars and students but could not be reprinted economically using traditional technology. The Cambridge Library Collection extends this activity to a wider range of books which are still of importance to researchers and professionals, either for the source material they contain, or as landmarks in the history of their academic discipline.

Drawing from the world-renowned collections in the Cambridge University Library and other partner libraries, and guided by the advice of experts in each subject area, Cambridge University Press is using state-of-the-art scanning machines in its own Printing House to capture the content of each book selected for inclusion. The files are processed to give a consistently clear, crisp image, and the books finished to the high quality standard for which the Press is recognised around the world. The latest print-on-demand technology ensures that the books will remain available indefinitely, and that orders for single or multiple copies can quickly be supplied.

The Cambridge Library Collection brings back to life books of enduring scholarly value (including out-of-copyright works originally issued by other publishers) across a wide range of disciplines in the humanities and social sciences and in science and technology.

I Libri Commemoriali della Republica di Venezia

Regestri

VOLUME 8

EDITED BY RICCARDO PREDELLI

CAMBRIDGE
UNIVERSITY PRESS

CAMBRIDGE UNIVERSITY PRESS

Cambridge, New York, Melbourne, Madrid, Cape Town,
Singapore, São Paolo, Delhi, Mexico City

Published in the United States of America by Cambridge University Press, New York

www.cambridge.org
Information on this title: www.cambridge.org/9781108046312

© in this compilation Cambridge University Press 2012

This edition first published
This digitally printed version 2012

ISBN 978-1-108-04631-2 Paperback

MONUMENTI STORICI

PUBLICATI

DALLA R. DEPUTAZIONE VENETA

DI STORIA PATRIA

～～～～～～～～

SERIE PRIMA

DOCUMENTI.

VOL. XVII.

VENEZIA — PREM. STAB. GRAFICO CAV. FEDERICO VISENTINI

I LIBRI

COMMEMORIALI

DELLA

REPUBLICA DI VENEZIA

REGESTI

TOMO VIII.

VENEZIA

A SPESE DELLA SOCIETÀ

1914.

I LIBRI XXIX, XXX, XXXI, XXXII, XXXIII
DEI COMMEMORIALI

Nel dare alle stampe l'ottavo volume che comprende i regesti degli ultimi cinque libri dei « Commemoriali » della republica di Venezia, sento il dovere di richiamare alla grata memoria degli studiosi colui che di questa importante publicazione fu iniziatore e, nella sua maggior parte, amoroso esecutore, RICCARDO PREDELLI. So bensì di non fare opera nuova, perchè i membri delle varie Accademie scientifiche, di cui egli faceva parte, ne tessero degnamente le lodi al momento della improvvisa dipartita, avvenuta il 2 marzo 1909, ma un ricordo, per quanto breve, della benemerenza del Predelli è particolarmente a posto in questa publicazione, che è appunto il suo merito principale.

Riccardo Predelli nato nel 1840 in Rovereto (Trentino) rivelò fino dalla sua prima gioventù viva tendenza a spirito di irredentismo, onde ebbe impedito il compimento degli studi nella sua città nativa. Fu poi avviato dai genitori alla carriera ecclesiastica, ma il giovane sentì di non esservi chiamato, e trasferitosi a Venezia, un suo concittadino, Tomaso Gar, nel 1867 lo volle a collaboratore nell'Archivio di Stato, ben avendo compreso quale elemento prezioso sarebbe stato il Predelli per un istituto così ricco di ogni sorte di ricordi del passato. E il novello archivista corrispose pienamente alla fiducia del suo Direttore. Nei quarantadue anni che visse nel nostro Archivio vi dedicò tutta la sua attività, formandosi una coltura non comune, rendendosi maestro e donno della storia di Venezia e delle sue istituzioni. E la grande perizia di ricercatore nelle serie di carte, quasi senza numero, che restano a testimonianza della saggia, ma non perciò meno avviluppata amministrazione della republica veneta, il Predelli mise sempre a profitto degli studiosi, che a lui facevano appello.

Per trentun anno insegnò nello stesso Archivio, paleografia, diplomatica e dottrina archivistica, formando, con metodi pratici e geniali, numerosi e buoni allievi, i quali, anche dopo lasciata la scuola, dimostrarono per il maestro, simpatia e gratitudine.

La sua maggiore attività di funzionario fu svolta nei lavori di ordinamento e di inventariazione degli archivî. Ricordo quelli dei Provveditori di Comun, della Quarantia Criminale, dei Provveditori sopra Monasteri, del Collegio, della Sezione Notarile, delle Manimorte.

Ma Riccardo Predelli era atto a lasciare prove più ampiamente palesi delle sue doti di colto archivista e di paleografo in numerose publicazioni. I regesti del *Liber Comunis* detto anche *Plegiorum*, il più antico codice cartaceo del nostro Archivio di Stato e insieme la più antica raccolta di atti del nostro Consiglio Minore, la stampa della II^a parte del *Diplomatarium Veneto-Levantinum*, lasciata inedita dall'illustre prof. Thomas, *Gli Statuti civili di Venezia anteriori al 1242*, e *Gli Statuti marittimi veneziani fino al 1255*, editi quelli in compagnia col prof. Enrico Besta, questi col prof. A. Sacerdoti, il volumetto su *Le reliquie dell'Archivio dell'Ordine Teutonico in Venezia*, sono preziosi fonti di cui tutti i giorni si avvantaggiano i cultori della nostra storia. Figlio sempre affezionato del suo Trentino, il Predelli trasse dal nostro Archivio gran parte di quei documenti che, copiati, formano i tre volumi dei *Monumenti veneto-tridentini*, illustrò le *Antiche pergamene dell'Abazia di S. Lorenzo in Trento*, e preparò con savia illustrazione la stampa de *Le Memorie e Carte di Alessandro Vittoria*, libro che egli non ebbe la soddisfazione di vedere publicato, perchè morte lo colse pochi giorni prima che ne fosse ultimata la stampa [1].

Ma l'opera capitale, e veramente poderosa del Predelli, fu la compilazione dei regesti de *I Libri Commemoriali della Republica di Venezia*, di cui la R. Deputazione Veneta di Storia Patria provvide alla edizione. Incominciato questo lavoro nell'anno 1876, il Predelli lo condusse fino al libro XXVIII della serie originale, formandone sette volumi in 4°, e corredandoli di diligenti indici geografici ed onomastici.

---

[1] Per gli altri scritti di Riccardo Predelli mi sia lecito rinviare gli studiosi alla sua speciale bibliografia che fu data nel *Nuovo Archivio Veneto* (Nuova Serie, Vol. XVII, Parte I), e riprodotta nell'opuscolo commemorativo che il sig. Matteo Predelli dedicava all'amatissimo fratello (Venezia, Tip. Emiliana) un anno dopo la sua morte.

Il suo più ardente desiderio sarebbe stato di poter compiere la paziente fatica, ma si spense quando ancora gli restava di compilare il transunto degli ultimi due libri originali, che, con altri tre, formano l'ultimo volume dell'opera a stampa. Naturalmente chi avesse assunto il compimento del lavoro, si sarebbe trovato nella necessità di rivedere anche la parte di questo volume che il Predelli aveva preparata, ma non del tutto ultimata; ed appunto vi si era accinto un altro comune collega, il primo archivista cav. uff. Giuseppe Giomo, al quale devesi il transunto del libro XXXII. Sfortunatamente anche il Giomo fu rapito innanzi tempo all'affetto della famiglia ed agli studi, e rimase una seconda volta sospeso il compimento della publicazione.

La R. Deputazione Veneta di Storia Patria, onorandomi della sua fiducia, volle darne a me l'incarico. Fu mia cura di uniformarmi ai criteri seguíti nella compilazione dei regesti dal compianto cav. Predelli. Per diverse ragioni, ho creduto opportuno di conservare pei nomi dei luoghi e delle persone la lezione usata nei Commemoriali, correggendola soltanto colla lezione dei documenti originali, quando ebbi la sorte di rinvenirli. Feci eccezione pel documento n. 8 del libro XXXIII, pel quale ho creduto conveniente rendere nell'indice anche col nome moderno le numerose piccole località ricordate. Anzi, nei riguardi di questo lungo documento, debbo vivi ringraziamenti ai sigg. geometri Uroš Pokrajac di Knin e Vladislao Prokop di Obrovazzo, che insieme col chiarissimo prof. Antonio Vučetič di Ragusa, mi hanno validamente aiutato nella difficile ricerca della corrispondenza dei nomi di dette località. Vive azioni di grazie debbo porgere all'egregio e chiarissimo mio amico e collega cav. prof. Giuseppe Dalla Santa, che con la sua ben conosciuta coltura e con la gentilezza che lo distingue, mi fu largo di consiglio e di aiuto. Ringrazio pure l'amico e collega chiarissimo prof. Roberto Cessi e tutti gli altri che mi portarono valido aiuto nelle ricerche.

A me sia lecito sperare che, nel presente volume, anche il modesto contributo non sia del tutto inutile agli studiosi; in ogni modo si accetti quale atto di omaggio alla memoria dei due chiari compianti colleghi.

*
* *

Il libro XXIX è, parte in pergamena e parte cartaceo. Ha la grandezza di mm. 370 × 260. A tergo della prima carta, non numerata, stà la *Tabula*, coi titoli delle rubriche scritti in carattere corsivo della cancelleria. I titoli sono :

Dux et Dominium Venetum. — Papa et Romana Curia. — Regnum Franciæ, Angliæ et Sabaudiæ. — Regnum. Hispaniæ, Siciliæ et Neapolis. — Germania. et Hungaria. — Mediolanum. — Florentia. — Ferraria. — Thurcus. — Capitula, conventiones et pacta. — Sindicatus. — Instrumenta et acquietationes. — Conductæ gentium armigerarum. — Protectiones et investitiones. — Culphus, Dalmatia et Barbaria. — Inventaria et relationes. — Commissiones. — Melita. — Mantua. — Banditi, Prigioni, Inquisitione. — Vescovi, Prelati, Ministri Apostolici. — Offerte de diversi de servir in guerra e dar danari. — Materie estraordinarie. — Confini. — Svetia e Persia et China.

Seguono 25 carte di indice. Ciascuna carta porta nel recto e nel capo uno dei titoli sopradescritti. Le carte sono scritte da una sola parte, eccetto quelle che portano i numeri 10, 18, 22, 23 e 24 che sono scritte anche a tergo. Diciasette facciate portano scritto soltanto il titolo. Nella prima carta dell' indice, oltre al titolo stà scritto : *Commemoriali 1644 al 1696 Libro XXIX.* La scrittura è corsiva cancelleresca dell' epoca. Le facciate hanno 34 righe a leggera tinta bruna, divise in due colonne, ambedue chiuse da linee perpendicolari, formanti i margini in modo da lasciar uno spazio bianco fra le due colonne. Il margine superiore misura mm. 50, l' inferiore mm. 60, il laterale esterno mm. 40, l' interno mm. 30, quello fra le due colonne mm. 15. All' indice fanno séguito tre carte rigate in una sola colonna, come tutte le altre del testo, ma non numerate, e soltanto sulla terza stà scritto in carattere epigrafico : *Franciscus Ericio Dei gratia Dux Venetiarum.*

Il testo è originariamente numerato in 297 carte, di cui 207 sono in pergamena e 90 cartacee ; ma per i molti documenti inseriti, si è data di recente a tutto il volume una numerazione progressiva di carte 343. Fra le carte 41 e 42 trovasi un esemplare a stampa del documento n. 15, che è un Breve del Pontefice Innocenzo X. Fra le carte 195 e 222 vi sono tre libriccini a stampa, uno intitolato : « Traité de paix entre la France et la Savoye conclu à Turin le 29 Aoust 1696. — À Paris De l' Imprimerie de Frederic Leonard imprimeur ordinaire du Roy MDCXCVII. — Avec privilege de Sa Majesté ». Il secondo libro è intitolato: Contrat de Mariage de Monseigneur le Duc de Bourgogne avec Madame la Princesse de Savoye. — A Paris — Chez Frèderic Leonard, Imprimeur ordinaire du Roy, rue S. Iacques a l'Escu de Venise. — MDCXCVII — Avec Privilege du Roy ». Il terzo libriccino porta il titolo: « Traité de suspension d'armes en Italie. Conclu a Vigevano le septiéme Octobre 1696 — A Paris. — De l'Imprimerie de Frederic Leonard, imprimeur ordinaire du Roy. — MDCXCVII. — Avec privilege de Sa Majesté ». Fra le carte 286 e 287 ne furono inserite altre 45 ed un libriccino a stampa di 40 facciate con numerazione propria, il quale porta il titolo: « Istrumentum pacis a Sacræ Caesareæ et Sacræ Christianissimæ Maiest. Maiest. Nec non Sacri Rom. Imperij Deputatorum extraordinariorum et aliorum Electorum, Principum et Statuum Legatis Plenipotentiariis Monasterii Westphalorum 24 mensis Octobris Anno 1648 subscriptum, eorundemque Sigillis munitum — Monasterj Westphaliæ — typis Bernardi Raesfeldi ».

Sono bianche le carte 82 t, 124, 125, 194, 195, 240, 247 t, 248, 264, 268 t, 272, 286, 309, 322 t, 325, 333, 334, 341 t, 342, 343.

Il volume è legato con due assicelle riunite con una schiena di pelle. La conservazione è ottima.

Il volume XXX è cartaceo, in foglio di mm. 285 × 205 circa, di carte 3 non numerate e vuote, e 345 scritte.

Esso è diviso in quattro parti, ciascuna in origine con numerazione propria, e relative tutte alle negoziazioni precedenti al trattato di Carloviz, al trattato stesso, ed alle successive. Per agevolare la ricerca dei singoli documenti, il codice fu dotato di numerazione seguente dalla prima all'ultima carta scritta.

La prima parte ha nella prima pagina: « Da ponesi ne Commemoriali. — Trattatto di pace tra l'Ecc.ᵃ Porta e li Ser.ᵐⁱ Aleati, Leopoldo p.° Imp ʳ, Re di Polonia, Rep.ᶜᵃ di Venetia et il Czaro di Moscovia ».

Seguono due carte d'indice dei documenti nell'ordine in cui si succedono nel libro, quindi una carta bianca. Da c.ᵗᵉ 5 della nuova numerazione (1 dell'originale) a c.ᵗᵉ 124 (121) stà il testo dei documenti.

A c.^{te} 126 incomincia la seconda parte col titolo « Dalmatia. —
Commissario Grimani » e contiene documenti relativi alla missione
affidata a Giovanni Grimani, commissario per la designazione dei
nuovi confini della Dalmazia e della Albania venete coi possedimenti
turchi. La c.^{ta} 127 è vuota, la c.^{ta} 128 contiene l'indice come nella
prima parte. Il testo dei documenti comincia a c^{te} 130 (1) e va
fino a c.^{te} 158 (29).

La terza parte principia a c.^{te} 160 col titolo : « Morea. — Pr General da Mar K.^r Dolfin ». Vi sono trascritti i documenti risguardanti
la confinazione della Morea, missione affidata al provveditor gene-
ral da mare Daniele Dolfin. A c.^{te} 162 stà l'indice, e da c.^{te} 164 (1)
a c.^{te} 184 (21) il testo dei documenti.

Finalmente a c.^{te} 186, incomincia la parte quarta colla scritta :
« Amb.^r estr.^{rio} alla Porta K.^r Pr Soranzo ». Vi sono riportati documenti della missione di Lorenzo Soranzo cav. e procurator di
S. Marco, inviato col titolo di ambasciatore straordinario a ristabilire
buoni rapporti colla Turchia.

L'indice, come i precedenti, occupa le c.^{te} 189 a 192. Da c.^{te}
195 (1) a c.^{te} 343 (147) si leggono i documenti.

È a notare che ciascun atto fu trascritto in fogli separati, onde
restarono in bianco molte carte, essendo la maggior parte atti brevi.

Nel cordinare i regesti di questo libro si credette opportuno di
mantenere separate le diverse parti.

Il libro XXXI in pergamena ha fogli della grandezza di mm.
340 × 230. Nella prima facciata non numerata stà scritto : *Comⁱ
1703 sin 1755*. Seguono altre due carte non scritte e non numerate e come la prima rigate a leggera tinta bruna fra due linee
perpendicolari, che formano i margini. A tergo dell'ultima di queste
carte vi è la *Tabula* coi titoli delle rubriche, scritti in carattere
corsivo cancelleresco. I titoli sono quelli del libro XXIX, avvertendo
che in luogo di *Dux et Dominium Venetum*, stà scritto : *Dux et
Dominium Venetiarum ;* ed invece di *Confini. Svetia e Persia et
China*, si legge : *Confini, Svetia et altri Principi del Nort*. Vi
è poi aggiunto il titolo : *Polonia*.

Seguono venti carte d'indice, numerate. Ciascuna carta porta
nel recto e nel capo uno dei titoli sopra descritti. Le carte sono

scritte da una sola parte, eccetto tre (9, 16, 20) che sono scritte anche a tergo. Otto carte portano scritto soltanto il titolo.

La scrittura è la corsiva cancelleresca dell'epoca, poco accurata. Ciascuna facciata è rigata a leggera tinta bruna e contiene 33 righe, divisa in due colonne, ambedue chiuse da linee perpendicolari formanti i margini, ed in modo da lasciare uno spazio bianco fra le due colonne. I margini misurano, in alto ed in basso, mm. 30, il laterale esterno mm. 20, l'interno mm. 33, fra le due colonne mm. 14.

All' indice segue una carta non scritta, ma rigata come le precedenti, però in una sola colonna, e così pure quelle del testo, il quale consta di 236 carte numerate, tutte scritte, meno le carte 218, 233 a 236 che sono bianche. La carta 16 è scritta, ma abrasa tutta, meno le prime quattro linee che appartengono al documento precedente. La carta 16 è numerata due volte.

La scrittura del testo, di diverse mani, è la corsiva usata dalla cancelleria dell'epoca ed è poco accurata.

Il volume è legato come il XXIX. La conservazione è ottima.

Il libro XXXII in pergamena, è formato di carte, che misurano mm. 350 × 250. Nella prima carta, non numerata, stà scritto: *Commemoriali N. 32. 1756 a 1772*. A tergo della seconda carta, pure non numerata, vi è la *Tabula*, coi titoli delle rubriche scritti su righe a leggera tinta bruna, in carattere corsivo cancelleresco dell'epoca, poco accurato. I titoli sono quelli del libro precedente, con la differenza che invece di *Thurcus* stà scritto *Turcus*, e che vi è aggiunto in fine il titolo *Sassoñia*.

Seguono 30 carte d'indice, numerate. Ciascuna carta porta sul recto e nel capo uno dei titoli sopradescritti, eccetto la carta 20, che porta il titolo anche a tergo. La scrittura è della stessa mano che scrisse la *Tabula*. Ciascuna facciata contiene 29 righe, divise in due colonne, ambedue chiuse da linee perpendicolari segnanti i margini, in modo da lasciare uno spazio bianco fra le due colonne. I margini misurano in alto ed in basso mm. 50, il laterale esterno mm. 30, l'interno mm. 25, fra le due colonne lo spazio è di mm. 16. Le carte sono scritte da una sola parte, eccetto due (11 e 20) che hanno la scrittura anche a tergo. Venti carte portano scritto soltanto il titolo.

Il testo consta di carte 158 numerate; però le carte 45, 53 e 58 sono doppie; la carta 58 ᴬ è seguíta da altre 3 carte non numerate, delle quali l'ultima non è scritta. Alla carta 62 ne seguono due non numerate, delle quali la seconda è bianca a tergo. Fra le carte 39 e 40 ne fu aggiunta una un pò più piccola e non numerata. Lo stesso dicasi di altra carta fra la 46 e la 47. Le carte hanno 29 righe a leggera tinta bruna, chiuse da linee perpendicolari che formano margine, il superiore di mm. 60, l'inferiore di mm. 50, il laterale esterno di mm. 53, quello interno di mm. 32. Le ultime 5 carte non sono scritte e fra la 153 e la 154, si trova un documento a stampa in due esemplari. La scrittura corsiva cancelleresca dell'epoca è tracciata da mani diverse; fino alla carta 28 è poco accurata ed è eguale a quella dell'indice, segue poi una scrittura più nitida e di facile lettura.

Il volume è legato nello stesso modo del precedente; la sua conservazione è ottima.

Il libro XXXIII, in pergamena, è formato di carte, che misurano mm. 350 × 250. Nella prima stà scritto: *Com.ⁱ 1773- 1787 ;* ne seguono 4 non numerate; a tergo della terza ed a recto della quarta vi è la *Tabula* coi titoli delle rubriche, scritti sopra righe a leggera tinta bruna, in carattere corsivo cancelleresco dell'epoca. I titoli sono eguali a quelli indicati nel precedente libro; è ommessa soltanto la voce *Ferraria.* Seguono 29 carte d'indice, numerate da 2 a 30. Ciascuna carta porta nel recto e nel capo uno dei titoli, ed ha 18 righe di leggera tinta bruna; è divisa in due colonne, ambedue chiuse da linee perpendicolari segnanti i margini, in modo da lasciar uno spazio bianco fra le due colonne. I margini misurano in alto mm. 60 ed in basso mm. 50, il laterale esterno mm. 35, l'interno mm. 20, fra le due colonne vi è uno spazio di mm. 14. Delle 29 carte dell'indice, 26 sono scritte da una sola parte, 3 sono bianche, 18 portano scritto soltanto il titolo.

Il testo consta di 84 carte membranacee scritte, e 6 bianche, ciascuna ha 18 righe orizzontali e due verticali che formano i margini. Precede la prima carta un documento a stampa di 4 facciate che misurano mm. 270 × 180. Fra le carte 7 ed 8 vi sono tre documenti a stampa di mm. 600 × 400. La carta 13 è preceduta dal trat-

tato con la Francia pel diritto di Aubaine, in originale, cui è unito
l'atto, pure originale, di conferimento di pien potere al duca di Aiguillon, in tutto sono carte 10 non numerate, delle quali 2 sono in
pergamena. Alla carta 49 fanno séguito quattro documenti a stampa,
non numerati, dei quali, due misurano mm. 550 × 400, e due
mm. 270 × 200. Quattordici documenti a stampa della dimensione di
mm. 370 × 270 e 5 disegni pure a stampa di varie grandezze si trovano fra le carte 80 ed 81. La scrittura corsiva cancelleresca dell'e-
poca è tracciata da mani diverse ed è poco accurata.

Il volume ha la legatura del precedente ed è ottimamente conservato.

PIETRO BOSMIN

COMMEMORIALI

LIBRO VENTESIMO NONO.

DEL LIBRO VENTESIMO NONO

DEI COMMEMORIALI

(MDLXXVI-MDCCI)

REGESTI.

1. (22 *bis*) — 1576, Agosto 18. — c. 49. — Decreto dell'imperatore (Massimiliano II) col quale, ad istanza dell'oratore del granduca di Toscana, si assegna ai rappresentanti di quel principe, il posto nelle cappelle imperiali immediatamente dopo quelli di Venezia.

Dato a Ratisbona. — Spedito coi n. 2, 3, 4, 5, 6 a Venezia dall'ambasciatore in Vienna Nicolò Sagredo con sua lettera 27 maggio 1651, n. 568 (v. *Dispacci Germania:* copia, filza 100).

2. (23) — 1577, Marzo 29. — c. 49 t.° — Verbale in cui si espone: che adunatisi oggi presso Adamo Dietrichstein, barone, consigliere e sopraintendente della corte imperiale, i consiglieri intimi Giov. Battista Weber in Pisenberg, e Sigismondo Wichäuser, dottori in legge, invitato anche, per ordine dell'imperatore, Tomaso Malaspina di Villafranca ambasciatore del granduca di Toscana e, presente il costui segretario Gian Vincenzo Modesto di Prato, fecero la seguente dichiarazione: l'imperatore, conosciuta l'erezione della Toscana in granducato e il posto assegnato a quell'oratore nelle cappelle imperiali da Massimiliano II, confermò che detto oratore sedesse dopo quello di Venezia, riservati i diritti della casa d'Austria, degli elettori dell'impero e degli altri principi di Germania. — Il Malaspina ringraziò e soggiunse non intendere il suo mandante pregiudicare i diritti d'alcuno, ma di avere il posto subito dopo Venezia senza che veruno sia collocato di mezzo. — Il vicecancelliere rispose che riferirebbe all'imperatore.

3. (24) — S. d. (1577 ?). — c. 50 t.° — Memoriale presentato all'imperatrice dall'ambasciatore di Savoia. Ricordati i vincoli dell'imperatore col duca di Savoia, le benemerenze di questo verso la casa d'Austria e l'impero, esprime il desiderio che, come furono soddisfatte le domande del granduca di Toscana,

così si usi con esso duca. Questi si adatta ai decreti di Massimiliano II e a quello n. 1 relativo a Toscana, ma chiede, come fu conceduto al granduca, il titolo d' *illustrissimo* dalla cancelleria imperiale, e la facoltà al suo oratore di star coperto davanti all' imperatore (v. n. 4).

4. (25) — 1578, Luglio 15. — c. 51. — Documento in cui si espone: l'imperatore (Rodolfo II) udì quanto ebbe a dirgli Giovanni de Borgia ambasciatore di Spagna a richiesta di Emanuele Filiberto duca di Savoia, e principe di Piemonte circa l' erezione della Toscana in granducato, e il posto in cappella a quell' oratore. L' imperatore è sempre propenso a favorire il duca, ma i provvedimenti relativi a Toscana erano stati effettivamente e virtualmente emanati da Massimiliano II, nè il successore poteva mutarli. Savoia non ha motivi di lagno, nulla essendo stato menomato de' suoi diritti e della sua dignità, come principe dell' impero, nè come principe italiano. Se aderisse alle richieste, l'imperatore contradirebbe al decretato da suo padre e da sè stesso. E tutto ciò vuole sia comunicato al Borgia (v. n. 5).

Dato a Linz.

5. (26) — 1579, Luglio 12. — c. 52. — Memoriale presentato all' imperatore (Rodolfo II) dall' ambasciatore del duca di Savoia (Domenico Belli). Dice che due anni fa il duca, con memoriale presentato al vicecancelliere Wichaüser, espose all' imperatore il pregiudizio recatogli dall' assegnazione del posto in cappella al gran duca di Toscana, mentre esso duca doveva avere la precedenza sopra tutti i principi italiani, dopo Venezia. L' imperatrice fece sapere che era stato accordato al duca il titolo d' *illustrissimo* e facoltà al suo ambasciatore di stare a capo coperto davanti all' imperatore; del che esso ambasciatore ringrazia. Ma per mezzo del Borgia (v. n. 4) fece sapere non essere il suo signore soddisfatto di tali concessioni, e insta che gli sia accordato ciò che gli spetta come principe dell' impero.

6. (27) — 1582, Aprile 23. — c. 52 t.° — Traduzione in italiano di memoriale presentato all' imperatore (Rodolfo II) per deliberazione fatta dagli elettori dell' impero nel loro consesso. Massimiliano II concesse il titolo di granduca di Toscana a Cosimo (I de' Medici), col consenso degli elettori, con riserva dei diritti di questi e dei principi dell' impero. Appartenendo a questi il duca di Savoia, discendente dai duchi di Sassonia, e di più essendo vicario imperiale in Italia, gli elettori dichiarano dover esso avere la precedenza sopra Toscana; e pregano l' imperatore di aderire a tale giusta opinione (v. n. 5).

1643, Agosto 24. — V. n. 11, all. B.
1643, Settembre 11. — V. n. 11, all. C.
1644, Gennaio 2. — V. n. 11, all. E.

7. (7) — 1644, Marzo 23. — c. 25. — Edoardo Farnese, duca di Parma, al doge (in italiano). Ringrazia per l'avviso datogli del progresso delle negoziazioni per la pace, quasi condotte a termine (v. n. 13), con sua soddisfazione, potendo riavere il perduto. Il conte Ferdinando Scotto avra comunicato alla Signoria i punti da trattare col cardinal Bichi; il duca non pote spedir prima le sue istruzioni allo Scotto e ne cita a testimonio il duca di Modena (Francesco I d' Este).

Lo Scotto presenterà alla Signoria i capitoli della pace stabiliti tra il Farnese e papa Urbano VIII.

Data a Piacenza. — Sottoscritta dal duca.

1644, Marzo 24. — V. n. 11, all. F.
1644, Marzo 29. — V. n. 11, all. D.
1644, Marzo 31. — V. n. 11, all. A.

8. (8) — 1644, Aprile. — e. 25 t.° — Edoardo Farnese duca di Parma, Piacenza e Castro ecc., confaloniere perpetuo di S. Chiesa, ratifica il trattato, allegato A al n. 13 (v. n. 7).

Data a Piacenza.

9. (6) — 1644, Aprile 5. — c. 24 t.° — Francesco (I d' Este) duca di Modena e Reggio ratifica (in italiano) l' allegato B al n. 13.

Data a Modena. — Sottoscritta dal duca e da Fulvio Testi.

10. (5) — 1644, Aprile 7. — c. 24. — Ferdinando II granduca di Toscana ratifica (in italiano) l' allegato B al n. 13.

Data a Firenze. — Sottoscritta dal granduca e da Perseo Falconieri.

11. (2) — 1644, Aprile 16. — c. 7 t.° — Luigi (XIV) re di Francia e di Navarra fa sapere (in francese) di ratificare il trattato, allegato A, concluso per cura della regina reggente sua madre (Anna d' Austria), dopo che fu letto nel regio consiglio alla presenza della stessa, del duca d'Orléans (Gastone) suo zio, del cardinale Mazarino (Giulio) suo cugino; e promette osservarlo e farlo osservare in quanto lo riguarda.

Dato a Parigi. — Sottoscritto dal re e per la regina reggente da de Loménie (Enrico Augusto).

ALLEGATO A: 1644, Marzo 31. — Copia dell' allegato B al n. 13.

ALLEGATO B: 1643, Agosto 24. — Breve del papa Urbano VIII a Giovanni Stefano Donghi cardinale. Desiderando por fine alla guerra mossa contro la Chiesa da Venezia e dai suoi alleati, gli dá facoltá di negoziare e concludere col re di Francia e coi medesimi la pace.

Dato a Roma, presso S. Maria Maggiore *sub annulo piscatoris* e firmato da M. Maraldo.

ALLEGATO C: 1643, Settembre 11. — Luigi XIV re di Francia e di Navarra fa sapere (in francese): Suo padre, Luigi XIII, si era già adoperato per far cessare la guerra accesasi fra il papa e il duca di Parma pel ducato di Castro, ma non essendo riuscito, il male crebbe, essendosi formata la lega di Venezia coi sovrani di Toscana e di Modena per assistere il Farnese. Ora il re dichiara d'aver dato, col consenso della regina reggente sua madre, del duca d'Orléans, del cardinal Mazarino e d'altri del suo consiglio, al cardinale Alessandro Bichi, che in nome regio s'era fatto mediatore di pace fra i belligeranti colla loro adesione, i poteri necessari per rappresentarlo nelle negoziazioni e nella conclusione della pace in qualità appunto di mediatore.

Dato a Parigi. — Sottoscritto dal re e, per la regina reggente, da de Loménie (Enrico Augusto).

ALLEGATO D: 1644, Marzo 29. — Francesco Erizzo doge di Venezia fa sapere (in italiano) che avendo dovuto, contro il proprio volere, mover l'armi insieme col granduca di Toscana, furono per iniziativa del re di Francia aperte trattative di pace, alle quali intervennero per Venezia Battista Nani ed il cav. Vincenzo Gussoni. Condotte ora esse a buon termine, il doge, per deliberazione del senato, dà a Giovanni Nani cav. e proc. di S. Marco pieni poteri per la conclusione della pace stessa.

Data nel palazzo ducale di Venezia. — Sottoscritta da Marco Antonio Padavino segretario. Con bolla di piombo.

L'ORIGINALE, in Deliberazione Senato Roma, filza 81.

ALLEGATO E: 1644, Gennaio 2. — Ferdinando II granduca di Toscana, volendo concorrere cogli altri principi interessati alle negoziazioni di pace, conferisce i poteri necessari all'uopo a Giov. Battista Gondi, senatore, cav., suo primo segretario di stato e gran cancelliere dell'ordine di S. Stefano (il documento è in italiano).

Dato a Firenze. — Sottoscritto dal granduca e da Pietro Falconieri.

ALLEGATO F: 1644, Marzo 24. — Francesco duca di Modena e Reggio dà facoltà (in italiano) al marchese Ippolito Estense Tassoni di rappresentarlo quale plenipotenziario nella conclusione della pace, per la quale si fece mediatore il re di Francia.

Dato a Modena. — Sottoscritto dal duca e da Fulvio Testi.

Segue annotazione che gli allegati B, C, D, E, F, furono collazionati cogli originali, il 31 marzo 1644, in Venezia, da Marco Antonio Padavino segretario.

12. (3). — 1644, Aprile (16?). — c. 16 t.° — Luigi (XIV) re di Francia e di Navarra fa sapere (in francese) di ratificare l'allegato A, promettendo di osservarlo e farlo osservare in quanto lo riguarda.

Data a Parigi. — Sottoscritta come il n. 2.

ALLEGATO A: 1644, Marzo 31. — Copia degli allegati A e B al n. 13.

ALLEGATO B: 1643, Agosto 24. — Copia dell'allegato B al n. 11.

ALLEGATO C: 1643, Settembre 11. — Copia dell'allegato C al n. 11.

A questo segue annotazione che esso e l'all. B furono collazionati cogli originali in Venezia, il 31 Marzo 1644, da Alessandro Scarlatti segretario.

13. (1) — 1644, Aprile 18. — c. 1. — Breve, *ad perpetuam rei memoriam*, del papa Urbano VIII. Ratifica gli allegati prometten lone l'osservanza.

Dato a Roma, presso S. Pietro, *sub annulo piscatoris* e sottoscritto da Marcantonio Maraldo.

ALLEGATO A: 1644, Marzo 31. — Premesso che, volendo il papa ridare ai suoi popoli la pace turbata in seguito alle emergenze del ducato di Castro tenuto da Edoardo Farnese ed alla lega stretta fra Venezia, il granduca di Toscana e il duca di Modena, per esortazione anche ed intercessione del re di Francia, rappresentato dal cardinale Bichi e dal marchese di Fontenay, esso pontefice consentì a perdonare al Farnese, accettandone la sottomissione, e per mezzo del cardinale Donghi, suo plenipotenziario, pattuì col Bichi suddetto quanto segue, riservando ad altro istrumento quanto riguarda i principi contraenti nella mentovata lega: Il duca Edoardo consegnerà a' pontifici, il 60° giorno dopo l'ultima ratificazione del presente, il Bondeno e la Stellata, facendone demolire le fortificazioni ed ogni altro luogo occupato degli stati della Chiesa, ritirando i presidî nel Parmigiano. Egli potrà esportare dai detti luoghi le armi, le munizioni ecc., che vi avesse portato, ma restituirà le artiglierie tolte a Castiglione del Lago od altrove negli Stati predetti. Il papa riceve in grazia il Farnese, togliendo ogni censura ecclesiastica ed interdetto; e gli restituirà Castro e tutti gli altri beni confiscatigli od occupatigli e farà demolire le fortificazioni erette in detto luogo, in Montalto e Valentano; il che però non conferirà al Farnese alcun nuovo diritto. Esso pontefice farà ritirare tutte le armi ecc., poste dai suoi nei luoghi occupati, lasciandovi quelle ivi esistenti al tempo dell'occupazione, e rimettendovi le levate. Il papa e il duca riceveranno in grazia i rispettivi sudditi che avessero servito la parte avversaria, concedendo piena amnistia pel passato. Saranno restituiti scambievolmente tutti i prigionieri fatti nella guerra; il duca disarmerà, non tenendo più che le guarnigioni strettamente necessarie. Il papa promette al re di Francia e alla regina madre di osservare quanto sopra, e il cardinale Bichi fa la stessa promessa in nome del re per il Farnese.

Fatto in Ferrara. — Sottoscritto dai plenipotenziari del papa e del re suddetto, che sottoscrisse in Venezia.

ALLEGATO B: 1644, Marzo 31. — In seguito a quanto precede, la republica di Venezia, il granduca di Toscana e il duca di Modena, alleatisi solo per la reintegrazione del duca di Castro ne' suoi stati, e per solo sentimento d'ossequio verso il pontefice, intendendo di ritornare alla pace, per mezzo dei loro plenipotenziarî pattuirono col cardinale Bichi: Quanto segue è in relazione al convenuto qui sopra. Dalla sottoscrizione del presente per parte dei contraenti cesserà ogni ostilità fra essi. Dopo le ratificazioni di questo, i varî potentati ritireranno pacificamente le rispettive milizie nei proprî stati, lasciando solo i presidî nei luoghi occupati, fino al giorno della restituzione dei medesimi; le truppe papali in quel di Perugia, meno quelle dei presidî, saranno ritirate di là dal Tevere. Sarà restituito al papa quanto fu occupato dai collegati negli Stati Pontifici, ed egli restituirà al Farnese Castro, Montalto e tutti gli altri beni e diritti. I contraenti faranno demolire tutte le fortificazioni erette nei luoghi da loro occupati nella guerra, e da restituirsi. Venezia farà demolire quelle di Polesella ed altre che avesse ai confini pontifici. E. così pure faranno il duca di Modena ne' suoi stati, e il papa nei propri ai confini verso Venezia e Modena, e nominatamente quelle di Lagoscuro sul Po; tali fortilizi da demolirsi saranno indicati dai potentati minacciati. Le fortificazioni sui confini fra gli stati della Chiesa e la Toscana resteranno, non dando sospetto. Tutte le demolizioni, con quelle pattuite nell' all. A, si faranno prima delle restituzioni dei luoghi, convenute, con facoltà alle parti di mandar commissari a verificarle. Le novità seguite alle Chiane saranno regolate secondo le convenzioni fra la S. Sede e la Toscana. Si rilascieranno liberi tutti i prigionieri di guerra. Le parti daranno piena amnistia ai rispettivi sudditi, che avessero servito o favorito l' avversaria, restituendo ai medesimi i beni confiscati e tutti i diritti, anche se alienati. In tale restituzione il papa comprenderà il duca della Cornia [Signore di Castiglione del lago]. I cavalieri di Malta riavranno il godimento di tutti i lor beni e diritti negli Stati della Chiesa, di Venezia e di Modena. Così pure tutti gli ecclesiastici, assentatisi per la guerra dalle rispettive residenze. Sono restituiti ai contraenti tutti i diritti goduti prima della guerra. Il presente non conferirà alle parti alcun diritto nuovo, nè titolo a pretendere risarcimento per danni patiti durante la guerra. Seguìte le restituzioni convenute, i contraenti disarmeranno, non conservando che i presidi soliti in tempo di pace; Venezia manderà in luoghi lontani dai confini degli altri contraenti le milizie che tiene per varie cause a propria difesa. Il presente sarà osservato in buona fede dalle parti. Queste consegneranno al re di Francia ostaggi da restituirsi dopo l' esecuzione del presente. Essè promettono al re l' osservanza dello stesso, autorizzandolo a mover l' armi contro i contrafattori in concorso degli osservanti. (Il documento è in italiano).

Fatto in Ferrara e sottoscritto dai plenipotenziari: Gio. Stefano Donghi card., pel papa; A. Bichi card., pel re di Francia: Giovanni Nani, per la Rep. di Venezia; Gio. Battista Gondi, pel granduca di Toscana; Ippolito Estense Tassoni, pel Duca di Modena (*).

ORIGINALE: *Atti e bolle della Curia Romana*, b. 15, n. 584.

(*) Veggasi: Demaria Giacinto « La guerra di Castro » in Miscellanea di Storia Italiana, III Serie, T. IV. pp. 191 e segg. a cura della R. Deputazione di Storia patria per la Lombardia.

14. (4) — 1644, Aprile 23. — c. 24. — Ratificazione (in italiano), deliberata in Senato, della pace, allegato B al n. 13.

Sottoscritta da Marco Antonio Padavino segretario.

ORIGINALE: *Senato, Deliberazioni Roma*, filza 81.

15. (9) — 1645, Aprile 25. — c. 27. — Breve del papa Innocenzo X a Girolamo (Gradenigo) vescovo eletto di *Madaura* (Mdauruch in Africa). Col consenso di Marco patriarca di Aquileia, nomina il destinatario, che è fratello

d' esso patriarca, a coadiutore di quest' ultimo, con diritto di futura successione; in pari tempo lo fa vescovo di *Madaura*, della qual chiesa resterà titolare fino all' assunzione al patriarcato. Gli dà facoltà di farsi consacrar vescovo, da chi gli piacerà, dopo prestato il voluto giuramento ecc.

Dato a Roma, presso S. Pietro. — Sottoscritto da M. A. Maraldo (v. n. 16).

16. (10). — 1645, Aprile 26. — c. 31 t.° — Breve del papa Innocenzo X al doge e alla Signoria di Venezia. Dichiara che la creazione di Girolamo Gradenigo a coadiutore di Marco patriarca di Aquileia, con futura successione, non deve portar pregiudizio al diritto di nomina già concesso da Giulio III alla republica (v. n. 15).

Dato e sottoscritto come il n. 15.

ORIGINALE: *Bolle ed Atti della Curia Romana*, b. 16, n. 661.

1645, 3 Agosto. — V. n. 19 all.

17.' (12) — 1645, Agosto 18. — c. 37. — Breve del papa Innocenzo X, *ad futuram rei memoriam*. Per animare i militanti al servizio di Venezia contro i turchi, concede indulgenza plenaria a tutti coloro che morissero in quella guerra. Accorda inoltre al cappellano maggiore delle milizie venete facoltà di assolvere i militi da qualunque peccato anche riservato alla S. Sede. La presente varrà sei mesi.

Dato e sottoscritto come l'allegato al n. 19.

ORIGINALE: *Bolle ed Atti della Curia Romana*, b, 16, n. 666.

Segue annotazione che altro simile breve fu emanato il 19 Gennaio 1646.

18. (13) — 1645, Agosto 22. — c. 37 t.° — Condizioni della resa di Canea ai capitani turchi di terra e di mare (in italiano). Entro sei giorni dalla sottoscrizione della presente, la piazza sarà consegnata ai turchi. Tutti quelli che vi si trovano avranno salva la vita, la libertà, i beni, le armi. I rettori ed ufficiali veneti, civili e militari, potranno liberamente uscirne colle loro famiglie e con quanto possedono. Così pure le milizie di presidio con armi e bagagli a bandiere spiegate, dalla parte di Sabbionera ed Acrotiri, per recarsi a Suda. Le milizie esistenti in Sabbionera e Acrotiri si ritireranno a S. Costantino per lasciar libera la strada. Anche i forestieri potranno lasciar Canea liberamente; e così pure le quattro galere che stanno in quel porto con quanti passeggeri e robe potranno portare ed andranno a Suda. Egualmente tutti i mercanti e marinai coi loro navigli che si trovano nel porto. L'armata turca si ritirerà sotto S. Teodoro fino a che tutte le dette navi se ne siano andate. Nessun legno o persona potrà essere trattenuta dai turchi sotto pretesto di offese ricevute. I comandanti turchi forniranno, in caso di bisogno, navi pel trasporto degli ammalati e feriti e delle loro robe. Se il tempo impedirà l'uscita dei legni dal porto, sarà loro accordata conveniente dilazione. Tutti gli abitanti della città potranno partirsi liberamente colle loro cose d'ogni sorte, quando lo vogliano, ma pagheranno tributo pel tempo che vi dimorano. Tali partenti potranno disporre de' loro beni anche stabili. A coloro che restano sudditi ottomani sarà permesso di restare nella rispettiva religione, conservando le loro chiese e beni. Resteranno illesi i monasteri e le chiese sia in città che fuori, conservando i vescovi, preti e monaci, greci e latini, i loro beni e rendite. Saranno rispettati i diritti personali dei cittadini, che potranno eleggersi giudici, con appellazione a' magistrati turchi. Non si esigeranno nuove gravezze straordinarie dagli abitanti, oltre il tributo ordinario. Saranno riconosciuti i crediti di tutti i restanti in città. Si avvertiranno i turchi dell'ora della ritirata dei veneti, cedendosi intanto ai primi una parte del baluardo di S. Dimitri. Adempiuta la convenzione, si restituiranno scambievolmente gli ostaggi.

Spedita a Venezia da Andrea Cornaro provveditor generale in Candia con sua lettera 30 Agosto, n. 143, dove trovasi inserta in copia.

19. (11) — 1645, ind. XIII, Settembre 17. — c. 32. — Angelo Cesi, vescovo di Rimini, nunzio apostolico presso la republica di Venezia, e Gio. Francesco Morosini, patriarca di Venezia e primate di Dalmazia, collettori della decima concessa coll'allegato, a tutti gli ecclesiastici ai quali spetta: Riferito l'allegato medesimo, intimano ai destinatari di pagare il sussidio, con quello concesso, entro un anno da oggi, in tre rate (Natale, Pasqua e Assunzione p. v.); e deputano all'esazione quelli che già furono sottocollettori delle decime, minacciando pene ecclesiastiche ai renitenti al pagamento.

Dato in Venezia, nel palazzo apostolico a S. Francesco della Vigna. — Presenti Giorgio de' Marchetti canonico patriarcale e Giovanni Malcotti. — Sottoscritto da Giovanni de' Simonetti canonico patriarcale, sottocollettore e notaio generale del sussidio.

Allegato: — 1645, Agosto 3. — Breve del papa Innocenzo X *ad futuram rei memoriam*. Quantunque gli stia a cuore il non far pesare sugli ecclesiastici gravezze straordinarie, pure, nell'occasione che i turchi assalirono Creta ed altri possessi di Venezia, pensa essere interesse anche del clero il contribuire alla difesa della cristianità. Perciò di *motu proprio* assegna alla republica un sussidio di 100,000 scudi d'oro sulle rendite dell'anno corrente di tutte le chiese, monasteri e benefici ecclesiastici (trattene quelle dell'ordine gerosolimitano di Malta) degli stati veneti; ridotte proporzionalmente a metà le quote degli ordini mendicanti, come sarà indicato da note di cui furono incaricati Angelo Cesi vescovo di Rimini e Gio. Francesco patriarca di Venezia. Non saranno compresi, a sensi del Concilio di Vienna, i calici, i libri, gli ornamenti delle chiese, dei monasteri e dei priorati, dedicati al culto divino. Affida al nunzio apostolico e al patriarca di Venezia il còmpito della ripartizione e dell'esazione delle quote, nominandoli collettori generali, e dando loro le facoltà necessarie all'adempimento del loro mandato.

Dato a Roma presso S. Maria Maggiore. — Sottoscritto da M. A. Maraldo.

1645, Settembre, 20. — V. n. 25, all. B.

1645, Ottobre, 4. — V. n. 25, all. A.

20. (21). — s. d. (1647, Novembre, 17 ★). — c. 49. — Lo scià di Persia (Abbas II il grande) al doge. Gradì la lettera inviatagli da quest' ultimo, e promette amichevole corrispondenza.

Presentata dal domenicano padre Antonio di Fiandra al Collegio il 24 Marzo 1649.

(°) Questa data si rileva dalla relazione del viaggio da Varsavia in Persia, presentata al Collegio colla detta lettera (v. *Esposizioni Principi*, filza 59 [60].

1648, Marzo, 20. — V. n. 25, all. C.

21. (14). — 1648, Aprile 19. — c. 39 t.° — Avendo la republica di Venezia chiesto, col mezzo di Girolamo Bon suo residente, alle città di Zurigo e di Berna (il 19 Gennaio) la levata d' un reggimento di 2100 uomini (conformemente ai trattati vigenti) per valersene ne' suoi bisogni, essa fu accordata alle seguenti condizioni: Berna darà cinque compagnie, Zurigo sei, compresa la *colonnella,* di 200 uomini ciascuna, contandovi anche gli ufficiali, atti alle armi, in tutti 2200 fanti. Questi saranno armati per $^2/_3$ di moschetti e per $^1/_3$ di picche, metà di questi forniti a Venezia di corsaletti da restituirsi al licenziamento; le armi saranno date dai depositi delle due città ed ivi restituite. Venezia eleggerà il colonnello, le due città i capitani. Si provvede ad evitare le frodi nell' arrolamento; la prima mostra si farà in Bergamo o Brescia. Venezia pagherà a ciascun capitano per la rispettiva compagnia 420 doble di Spagna al mese, trattenendo ducatoni 4 $^1/_2$ per ogni soldato mancante. Il colonnello avrà 150 ducatoni al mese per stipendio e tavola e 250 per onorario del reggimento. Ogni capitano dovrà nelle mostre denunziare i soldati malati e provarne la malattia. Il reggimento servirà solo in Italia e in Dalmazia, e vi sarà ben trattato. Ciascuna compagnia rimarrà sempre unita, e si farà il possibile perchè anche il reggimento non sia troppo sparso. Il reggimento godrà i privilegi e le giurisdizioni consuete. Sarà data anticipatamente al reggimento la paga prima, da scontarsi all' arrivo delle compagnie alla piazza di mostra. Sarà in arbitrio del colonnello e dei capitani il ricevere il pane di munizione. Circa i prigioni di guerra e i bottini, si osserverà il consueto. Si provvede pei casi di vacanza dei posti di colonnello e di capitano, per le nuove reclute che occorressero, pel trattamento degli ammalati, circa il giuramento da prestarsi dagli ufficiali e soldati, l' abbandono del servizio per parte de' soldati, le licenze di assenza temporanea ai medesimi. Pei casi non previsti nella presente, le parti si rimettono al prescritto dal trattato d' alleanza, al quale non pregiudicherà qualsiasi disposizione della presente. La quale fu ratificata dalle due città.

Annotazione in margine che l' originale si trova nella lettera n. 290 del residente Bon (2 Maggio 1648).

In calce al documento è notato che la convenzione fu approvata dal Senato il 9 Maggio (sottoscrittovi Paolo Garzoni segretario); e che il 6 Giugno furono spedite la ducale di ratificazione e la patente pel colonnello Werdmüller.

L'originale in lingua tedesca con traduzione italiana a fianco e col sigillo trovasi inserto al disp. del residente veneto Girolamo Bon ed è sottoscritto da Giovanni Guglielmo Wolff.

22. (15). — 1648, Maggio 25. — c. 42. — Breve del papa Innocenzo X *ad futuram rei memoriam*. Per aiutare Venezia, che da circa quattro anni deve sostenere la guerra contro i turchi concede, di *motu proprio*, alla stessa un nuovo sussidio di 100,000 scudi d'oro sulle rendite di tutte le chiese e benefici degli stati della republica, come nell'allegato al n. 19, nominando collettori il nunzio Scipione (Pannocchieschi) e il patriarca di Venezia.

Dato e sottoscritto come l'allegato al n. 19.

Note in margine: *a*) L'originale fu consegnato ai Presidenti sopra le decime del clero.

b) 1649, Luglio 28: Fu fatta dal papa altra concessione simile. — L'originale fu consegnato a' Presidenti suddetti.

Prima della c. 42 è inserito un esemplare a stampa del breve.

23. (16). — 1648, Agosto 1. — c. 45. — Giov. Battista Palotta romano Arcivescovo di Tessalonica, cardinale prete di S. Silvestro *in capite*, comprotettore della santa casa di Loreto fa sapere: Avendo la republica di Venezia, che riconosce per protettrice speciale la Vergine, deliberato di erogare in perpetuo 200 ducati all'anno per la celebrazione di 12 messe cantate, con certe altre preci (come si usa pel re di Francia) nella cappella della detta santa casa, il cardinale, anche a nome del suo collega comprotettore, accetta la fondazione, obbligandosi pure pe' suoi successori a far celebrare le messe nel primo mercoledi di ciascun mese (salvi gli impedimenti rituali).

Dato a Roma, nella residenza del cardinale. — Sottoscritto da questo e da Troilo de' Troili suo segretario.

24. (17). — 1648, Ottobre 24. — c. 46 t.° — Annotazione che avverte esser qui il posto del n. 25.

25. (112). — 1648, Ottobre 24. — Dopo la c. 286, opuscolo a stampa di pag. 40 in 4.° picc. col titolo: INSTRUMENTUM | PACIS, | A | SACRAE CAESAREAE | ET | SACRAE CRISTIANISSIMAE | MAIEST. MAIEST. | NEC NON | Sacri Rom. Imperij Deputa | torum extraordinariorum et aliorum Ele | ctorum, Principum, et Statuum Legatis Plenipotentiariis MONASTERII Westpha | lorum 24. Mensis Octobris, Anno | 1648. subscriptum, eorundemque | Sigillis munitum | . MONASTERI WESTPHALIAE | Typis BERNARDI RAESFELDI.

In esso si espone come, sorte da lunghi anni aspre contese nell'impero che coinvolsero anche stati vicini, specialmente la Francia, ed infierita lunga guerra fra l'imperatore Ferdinando II e re Luigi XIII, poi fra Ferdinando III e Luigi XIV, finalmente colla mediazione della republica di Venezia, in sèguito a convenzione iniziata in Amburgo il 25 dicembre 1641, e definita l' 11 luglio 1643 principiò il congresso di Münster ed Osnabrück in Vestfalia. Convenuti quindi i plenipotenziari imperiali: Massimiliano conte di Trautmansdorff e Weinsberg, barone di Gleichenberg, Neostadt *ad Cocrum*, Negag, Burgau, e Totzenbach, signore di Teinitz, cavaliere del toson d' oro; Giovanni Lodovico conte di Nassau, Katzenelnbogen, Vianden e Dietz, signore di Beilstein, cav. del toson d'oro; ed Isacco Volmar consigliere intimo e presidente della Camera; e i plenipotenziari francesi: Enrico d' Orléans duca di Longueville e d' Estouteville, principe e conte sovrano di Neucastle, conte di Dunois e Tancarville, connestabile ereditario e governatore di Normandia, luogotenente generale ecc.; Claudio de Mesme, conte d' Avaux, governatore sovrintendente alle Finanze del regno; ed Abele Servien conte de la Roche des Aubiers ecc.; essendo Venezia rappresentata da Alvise Contarini; presenti pure i rappresentanti degli elettori, principi e stati dell' impero, fu pattuito: Sarà pace fra l' impero, con tutti i suoi dipendenti e alleati e la Francia, pure coi suoi aderenti e alleati, compresa la Svezia e la sua regina (Cristina). È accordata a tutti piena amnistia pei fatti della passata guerra. Niuna delle parti darà aiuto o favore, ricetto o transito ai nemici dell' altra. Il circolo di Borgogna resterà all' impero dopo sopite le controversie fra la Francia e la Spagna; l' impero non s' immischierà delle passate guerre fra quei due stati; per le future si osserverà il patto reciproco fra esso e la Francia di non giovare i vicendevoli nemici; però i singoli stati potranno aiutare i loro amici, ma fuori dell' impero ed osservandone le istituzioni. La questione della Lorena sarà possibilmente composta in via pacifica. I singoli membri dell' impero, coi loro sudditi, vassalli e cittadini, ricupereranno i rispettivi beni e diritti perduti in causa dei moti di Germania e di Boemia e delle alleanze seguitene. Saranno sottoposti a giudizio i diritti dei presenti possessori dei detti beni. A questo proposito si determina: la restituzione dei beni mobili fatti sequestrare dalla dieta del Lussemburgo al principe elettore di Treviri, e così pure della prefettura di Bruch, e di metà del dominio di S. Giovanni spettante a Reinardo di Soëteren, coi frutti pur sequestrati; ed egualmente si restituiranno al detto elettore le castella di Ehrenbreitstein ed Hammerstein. L' elettorato palatino con tutti i suoi diritti e il Palatinato superiore colla contea di Cham rimarranno a Massimiliano conte palatino del Reno, duca di Baviera, e ai suoi discendenti maschi della linea di Guglielmo; all' incontro l' elettore di Baviera, rinunzierà al credito di 13 milioni e ad ogni pretesa nell' Austria superiore. Sarà istituito un ottavo elettorato a vantaggio di Carlo Lodovico, conte palatino del Reno, e della sua casa di linea Rodolfina, al quale sarà restituito il Palatinato inferiore con tutti i diritti inerenti. I distretti di Strada Montana, impegnati nel 1463 dall' elettore di Magonza ai palatini, tornino a quello e ai suoi successori. L' elettore di Treviri, come vescovo di Spira, e il vescovo di Worms potranno rivendicare in giudizio i beni ecclesiastici che pretendono nel Palatinato inferiore. Estinguendosi la linea di Guglielmo, la superstite palatina riavrà il Palatinato superiore e la dignità elettorale, che fu data ai duchi di Baviera, e resterà estinto l'ottavo elettorato. Restano inalterate le convenzioni gentilizie fra la casa elettorale di Heidelberg e quella di Neuburg, e così i diritti della linea Rodolfiana. Si sottoporrà a giudizio la competenza dei feudi di Juliers. Si provvede all'appannaggio dei fratelli del detto Carlo Lodovico. E si estende la piena amnistia alla Casa palatina e a tutti i suoi dipendenti. Carlo Lodovico predetto e i suoi fratelli presteranno obbedienza all'imperatore e rinunzieranno al Palatinato superiore finchè sopravviveranno maschi della linea di Guglielmo. Alla madre di esso principe si assegna un vitalizio e una dote alle sue sorelle a carico dell' imperatore. Il medesimo principe rispetterà i diritti dei conti di Leiningen e Daxburg nel Palatinato inferiore, e così pure quelli della nobiltà libera dell' impero nella Franconia, nella Svezia e lungo il Reno; egualmente i diritti feudali conceduti dall' imperatore al barone Gerardo di Waldenburg, detto *Schenck Heren*, a Nicolò Giorgio Reigersberg, cancelliere di Magonza, e ad Enrico Brombser barone di Rüdesheim; nonchè quelli dati dall' elettore di Baviera al barone Gian Adolfo Wolf, detto Metternich, i quali tutti si riconosceranno vassalli di esso Carlo Lodovico e dei suoi successori. Agli appartenenti alla confessione augustana, compresi i cittadini di Oppenheim, sia conservato lo *stato ecclesiastico* del 1624, ed abbiano libertà di culto. Si includono nel presente gli articoli relativi ai principi conti palatini del Reno, Lodovico Filippo, Federico e Leopoldo Lodovico, del trattato fra l' imperatore e il re di Svezia. Le questioni fra i marchesi di Brandenburgo, Culmbach ed Anspach ed i vescovi di Bamberga e di Würtzburg per Kitzingen in Franconia siano composte entro due anni; intanto si restituirà Wilzburg ai detti marchesi. Si ritiene qui ripetuto l'articolo relativo agli alimenti di Cristiano Guglielmo marchese di Brandenburgo, del mentovato trattato. La Francia restituirà al duca di Würtemberg, Hohentwiel, Schorndorf, Tübingen e tutti gli altri luoghi occupati in quel ducato, pel resto si osserverà l'articolo del trattato colla Svezia relativo alla casa di Würtemberg. Si restituiranno ai principi di Würtemberg, della linea di Montpelgard, tutti i loro possedimenti in Alsazia, e nominatamente i feudi di Clerval e Passavant. Federico, marchese di Baden ed Achberg, e i suoi figli e attinenti godranno della piena amnistia pattuita qui sopra, e saranno rimessi in tutti i diritti goduti dal marchese Giorgio Federico sui marchesati di Baden-Durlach e di Achberg e sulle signorie di Rôttelen, Badenweiler e Sausenberg. Si restituiranno al marchese Federico le prefetture di Stein e Rinklingen e sarà annullato l'obbligo contratto dal marchese Guglielmo colla transazione di Ettling del 1629. Resta annullata la contribuzione che si paga dal marchesato inferiore al superiore. Si alternerà fra le due linee la precedenza nelle assemblee del circolo di Svevia e dell' impero, restando essa al marchese Federico fin che vive. Sarà restituita la baronia di Hohengeroldseck alla principessa di Baden, se ne dimostrerà il diritto entro due anni dalla pubblicazione del presente. Si ritengono inseriti nel presente gli articoli del trattato colla Svezia, relativi al duca di Croy, alla questione Nassau-Siegen, ai conti di Nassau Sarepontani, alla casa di Hannover, a quella Solms-Hohensolms, ai conti d' Isenburg, ai Ringravii, alla vedova di Ernesto conte di Sains, alla contea di Falkenstein, alla casa di Waldeck, a

Gioacchino Ernesto conte di Oettingen, alla casa di Hohenlohe, ai conti di Luven-
stein e di Wertheim, Federico, Lodovico, e Ferdinando Carlo, alla casa di Erbach,
ai conti di Brandenstein, al barone Paolo Kewenhüller. Tutte le obbligazioni
estorte colla forza, specialmente a Spira, Weissenburg al Reno, Landau, Reutlingen, Heilbronn e ad altri, stati o privati, sono annullate. Così pure tutte quelle
estorte dai belligeranti; per le dubbie si deciderà giudizialmente entro due anni.
Le sentenze per cause secolari pronunziate durante la guerra saranno rivedute
dalle autorità imperiali. Pei feudi non rinnovati dopo il 1618, i feudatari possano
chiedere la rinnovazione dell'investitura dal dì della conclusione del presente.
I dignitari e funzionari civili, militari ed ecclesiastici e i loro congiunti e dipendenti, che parteciparono alle ostilità, siano rimessi negli uffici e nei diritti
goduti avanti i moti che condussero alla guerra; questo pei non sudditi imperiali e di casa d'Austria. I sudditi ereditari di essa godranno dell'amnistia,
ma dovranno obbedire alle leggi delle rispettive patrie. I beni confiscati ai medesimi, prima che passassero alle parti di Francia o di Svezia, restino agli
odierni possessori; quelli sequestrati per il passaggio a dette parti contro l'imperatore, si restituiranno nello stato presente. I membri della confessione augustana, degli stati ereditari dell'imperatore, saranno, per le loro cause private,
trattati come i cattolici. Si enumerano i beni che non saranno da restituire.
La questione della successione di Juliers sarà giudicata con procedura ordinaria
dall'imperatore, o composta amichevolmente. S'intende inserito nel presente
quanto è stipulato nel trattato colla Svezia circa i beni ecclesiastici e la libertà
di religione. La casa d'Assia Cassel, e specialmente la langravia Amelia Elisa-
betta e suo figlio Guglielmo, coi loro successori e dipendenti, godranno dell'amnistia generale, trattine i sudditi di casa d'Austria, con piena restituzione dei
beni e diritti; la detta casa d'Assia riavrà l'abazia d'Hirschfeld, dipendenze
(compresa la prepositura di Gellingen) e diritti annessi, salvi i diritti della casa
di Sassonia; il dominio nelle « prefetture » di Schaumbourg, Bückeburg, Sa-
xenhagen e Stätthagen, già del vescovado di Minden e date al langravio Guglielmo resterà in perpetuo a questo, salva la transazione fra Cristiano Lodovico duca di Brunswich-Lüneburg e langravio d'Assia e il conte Filippo di
Lippe, e la convenzione fra questo e la langravia; a compenso di danni, saranno
pagati alla langravia e figlio, dagli arcivescovati di Magonza e Colonia, dai vescovati di Paderborn e Münster e dall'abazia di Fulda 600000 talleri entro
nove mesi dalla ratificazione; a guarentigia del pagamento si danno alla langravia, Neuss, Coesfeld e Neuhaus con facoltà di porvi presidio proprio. Seguono altre norme relative al detto presidio, al pagamento della mentovata
somma e alla restituzione dei luoghi nominati. La langravia restituirà, dopo la
ratificazione, tutti i luoghi, beni e diritti da essa occupati durante la guerra,
asportandone le artiglierie, munizioni ecc. da lei postevi, non quelle che vi
erano prima, e distruggendo le fortificazioni fattevi. Si conferma la convenzione
14 aprile scorso fatta in Cassel fra le case d'Assia Cassel e d'Assia Darmstadt
e per la successione di Marburg; e così pure quella fra il fu Guglielmo langravio
i conti Cristiano e Volrado di Waldeck, dell'11 aprile 1635, ratificata dal

langravio Giorgio il 14 aprile 1648. Resta inviolato il diritto di primogenitura nelle due case d'Assia. Si afferma l'indipendenza della città di Basilea e dei cantoni svizzeri dall'impero. Si dichiarano restituiti in tutti gli antichi diritti gli elettori, principi e Stati dell'impero. Si riconoscono e si dichiarano i diritti della dieta degli Stati dell'impero e quelli dei singoli Stati di fare alleanze fra loro e con esteri, non però contro l'imperatore e l'impero. Si convocherà essa dieta entro sei mesi dalla ratificazione del presente e si determinano gli argomenti da trattarvi. Si confermano i diritti dei singoli membri dell'impero, sia nella dieta generale, sia nelle particolari e nell'interno dei rispettivi Stati, tolto ogni impedimento al loro esercizio, posto durante la guerra; si dovranno poi osservare rigorosamente le leggi e costituzioni fondamentali dell'impero. L'imperatore provvederà a trovar modo di lenire la condizione di quelli, che, perduti i beni in causa della guerra, sono perseguitati giudizialmente dai creditori. Saranno tolti tutti gli ostacoli posti al commercio e alla navigazione durante la guerra nell'impero senza consenso dell'imperatore e degli elettori. Restando in vigore le antiche imposte, compresi i diritti del conte di Oldenburg nel Weser, è concessa a tutti i sudditi e amici dei contraenti libertà di trafficare e viaggiare come prima della guerra.

Per rendere poi più stretta l'amicizia fra l'impero e la Francia si pattuisce: I vescovati di Metz, Toul e Verdun, compreso Moyenvic, apparterranno d'ora in poi alla Francia in perpetuo, salvo il diritto metropolitano di Treviri; Francesco duca di Lorena sarà rimesso nella sede vescovile di Verdun e nel godimento dei relativi diritti, giurando fedeltà al re. L'imperatore cede alla Francia Pinerolo. E così pure Brissac, il Langraviato dell'Alsazia e di Sundgau, la « prefettura » provinciale delle dieci città imperiali d'Alsazia, cioè Hagenau, Colmar, Schlettstadt, Weissenburg, Landau, Sherenheim, Rosheim, Münster nella valle di S. Gregorio, Kaisersberg, Turingheim, e loro dipendenze, e con Brissac le ville di Hochstadt, Niederrimsingen, Artea ed Acharren, salvi i privilegi d'essa città; restando obbligata la Francia a conservare nei detti luoghi la religione cattolica. La Francia avrà diritto di tener presidio in Philippsburg (in quantità però da non dar sospetti ai vicini) con facoltà di passare pel territorio dell'impero onde introdurvelo. Restano intatti i diritti del vescovado di Spira. L'imperatore e l'arciduca Ferdinando Carlo d'Innsbruck sciolgono dall'obbligo di fedeltà gli abitanti dei luoghi ceduti come sopra, e confermeranno con solenni diplomi la cessione di essi luoghi; la quale sarà pure approvata nella dieta imperiale. Si demoliranno tosto le fortificazioni di Benfeld, di Rhinau, di Taberna (Saverne) d'Alsazia, del castello di Hohenbar e di Neuburg sul Reno, nei quali non si porranno presidi. Gli abitanti della città di Taberna (Saverne) resteranno neutrali; non si erigeranno fortificazioni sulla riva citeriore del Reno da Basilea a Philippsburg, nè si potrà deviare il corso di quel fiume. L'Arciduca summentovato assumerà la terza parte del debito della camera di Ensisheïm, e si provvede per la ripartizione dei debiti dei luoghi ceduti alla Francia e di quelli che restano a casa d'Austria. Il re di Francia restituirà alla detta casa e al mentovato arciduca, primogenito del fu arciduca Leopoldo, le quattro città silvestri di Reinfelden, Seckenheim, Laufen e Waldshut con tutte le dipendenze al di qua e al di là del Reno, la contea di Hawenstein, la Selvanera (Schwarzwald), la Brisgovia superiore ed inferiore colle loro città: Neuenburg, Friburgo, Endingen, Kenzingen, Waldkirch, Braunlingen, con tutti i diritti già godutivi dalla detta casa; così pure tutta l'Ortenau colle città imperiali di Offenburg, Gengenbach e Zellam Harmersbach. Sarà libera la navigazione del Reno e libero il commercio fra le provincie delle due rive, nè sarà permesso d'imporvi nuovi balzelli, restando in vigore solo quelli imposti dagli austriaci prima della guerra. I vassalli sudditi ed abitanti dei luoghi ceduti alla Francia e già dipendenti da casa d'Austria o da altri membri dell'impero, riavranno i beni stabili malgrado le confische e spogliazioni operate dagli svedesi, dai confederati, o dal re, senza che gli odierni possessori possano pretendere compensi per le spese fattevi; circa le esazioni e requisizioni di danaro e cose mobili, si respingerà qualunque reclamo. Il re di Francia lascierà nella condizione *immedietatis* verso l'impero, finora goduta, i vescovi di Strasburgo e Basilea, la città di Strasburgo, gli abati di Murbach e Luderen, la badessa di Andlau, il monastero benedettino in Valle di S. Gregorio, i palatini di Luzelstein, i conti e baroni di Hanau, Fleckenstein, Iberstein, tutta la nobiltà dell'Alsazia inferiore e le dieci mentovate città imperiali che dipendono dalla *prefettura* di Hagenau, contentandosi di esercitarvi i diritti finora avutivi da casa d'Austria. Esso re pagherà all'arciduca Ferdinando Carlo 3000000 di lire tornesi entro tre anni, dal 24 giugno 1649, ed assumerà i due terzi dei debiti della camera di Ensisheim. Farà inoltre consegnare all'arciduca i documenti relativi ai paesi a questo restituiti.

Per evitare ulteriori contese fra i duchi di Savoia e di Mantova pel Monferrato resta confermato, colla sua esecuzione, il trattato di Cherasco del 6 aprile 1631, salva la cessione di Pinerolo alla Francia e restando guarentito al duca di Savoia il possesso di Alba e di Trino. Il re di Francia farà pagare, giusta l'obligo contratto da Luigi XIII, 494000 scudi d'oro al duca di Mantova, sollevando da ogni responsabilità relativa la casa di Savoia. L'imperatore accorderà al duca di Savoia l'investitura degli antichi stati, come usò Ferdinando II col duca Vittorio Amedeo, e quella del Monferrato, in virtù del trattato di Cherasco, nonchè dei feudi di Monforte d'Alba, Sinio, Monchiero Doglioni e Casteletto Monforte, e confermerà, richiestone, tutti i privilegi conceduti dai suoi predecessori agli antichi duchi. I duchi di Savoia non saranno molestati dall'imperatore pei feudi di Roccaverano, Olmo gentile e Cesola, non dipendenti dall'impero, e in quanto occorra vi saranno reintegrati, e reintegrato pure il conte di Verrua. Il feudo di Rocca d'Arazzo sarà restituito ai discendenti del conte Carlo di Cacherano. Nell'investitura del ducato di Mantova saranno compresi i castelli di Reggiolo e di Luzzara e dipendenze, che saranno restituiti dal duca di Guastalla, salvo a questo il diritto di 6000 scudi annui, sul quale giudicherà l'imperatore.

Sottoscritto il presente dai plenipotenziari, cesseranno tutte le ostilità, e si pattuiscono le norme perchè ciò avvenga ordinatamente per la publicazione ed esecuzione di esso. I plenipotenziari si promettono vicendevolmente lo scambio delle ratificazioni entro otto settimane, in Münster. E il presente sarà considerato come legge e prammatica sanzione dell'impero. Seguono altre clausole e norme per la sua integrale osservanza. Nel presente saranno compresi tutti i potentati che saranno nominati, entro sei mesi dopo la ratificazione, dai contraenti, e fin d'ora la republica di Venezia, mediatrice. In virtù poi di concluso del 13 ottobre, munito del sigillo della cancelleria di Magonza, il presente fu sottoscritto dai rappresentanti degli elettori, prìncipi e stati dell'impero, che si obligarono all'osservanza di esso.

Fatto in Münster in Vestfalia. (Seguono gli allegati). — Sottoscritto e munito dei sigilli di: Giov. Lodovico conte di Nassau, Isacco Volmar, Abele Servien ; e di Nicolò Giorgio Reigesperger per l'elettore di Magonza, Gian Adolfo Krebs per l'el. di Baviera, Giovanni conte di Sayn - Wittgenstein per l'el. di Brandenburgo, Giorgio Udalrico conte di Wolckenstein - Rodenegg per la casa d'Austria, Cornelio Gobelio pel vescovo di Bamberga, Sebastiano Guglielmo Meel pel vesc. di Würzburg duca di Franconia, Giovanni Ernesto I. C. (Iurisconsultus) pel duca di Baviera, Volfango Corrado di Thumbshirn pel duca di Sassonia Altenburg, e così pure Augusto Carpzov, Matteo Wesembeck pel marchese di Brandenburgo Culmbach, Giovanni Fromholdt pel march. di Brandeb. Onolzbach, Enrico Langenbeck pel duca di Braunschweig-Lüneburg-Celle, Iacopo Lampadio pel duca di Br. Lün-Grupenhagen, Crisostomo Côler pel duca di Br. Lün. — Wolfenbüttel, Iacopo Lampadio I. C. (Iurisconsultus) pel duca di Br. Lün. — Calemberg, Abramo Kaiser pel duca di Mecklenburg Schwerin e pel duca di Mecklenburg - Güstrow, Matteo Wesenbeck per l'elettore di Brandenburgo quale duca di Pomerania Stettino, Giovanni Fromholdt per lo stesso, quale duca di Pom. - Wolgast, Giov. Corrado Warnbüller pel duca di Würtemberg anche quale conte di Mömpelgard, Adolfo Guglielmo de Crosieg per la langravia vedova d'Assia Cassel, Gian Iacopo Wolf di Todenwart pel langravio d'Assia Darmstat, Gian Giorgio de Merkelbach pel marchese di Baden - Durlach, Gian Iacopo Datt in Dieffenau pel march. di Baden Baden, Davide Glossinio pel duca di Sassonia Lauenburg, pei conti e baroni del Banco di Wetterau Matteo Wesenbech, per quelli del Banco di Franconia il Warnbüller suddetto, Marco Otto per la republica di Strasburgo e la città di Spira, Weissenburg al Reno e Landau, il Wolf mentovato per la rep. di Ratisbona, il Glossinio predetto per la rep. di Lubecca e le città di Goslar e Nordhausen, Iodoro Cristoforo Kress von Kressenstein per la rep. di Norimberga e le città di Windsheim e Schweinfurt, Gian Baldassare Schneider, prefetto della città di Heiligentkreuz, per le città libere di Hagenau, Colmar, Schlettstadt, Oberehnheim, Kaysersberg, Münster in Gregorienthal, Rosheim e Türkreim, Marco Otto per la rep. di Ulma e le città di Gengenbach, Aula e Bopfingen, Giorgio Kumpsthoff per la città libera di Dortmund, Valentino Heider per le città lib. di Esslingen, Reutlingen, Schwäbisch Halle, Heilbronn, Lindau am Bodensee, Kemptem Weisenburg ni Baieren, Wimpfen.

ALLEGATO A : 1645, Ottobre 4. — Ferdinando III eletto imperatore dei romani, re di Germania, Ungheria, Boemia, Dalmazia, Croazia, Slavonia, arciduca d'Austria, duca di Borgogna, Stiria, Carniola e Vitemberg ecc. conte del Tirolo ecc. fa sapere: Ricordata la lunga guerra infierita fra la Francia e l'impero e come sia stato indetto un congresso a Münster per la pacificazione universale, dichiara di aver dato già pieni poteri a Gian Lodovico conte di Nassau e Isacco Volmar, ai quali aggiunge ora Massimiliano conte di Trauttemanndorf e Totzenbach, per negoziare e concludere la pace coi rappresentanti la Francia.

Dato a Linz. — Sottoscritto dall'imperatore, col *vidit* di Ferdinando conte Curtius e per mandato da Giovanni Walderode.

ALLEGATO B: 1645, Settembre 20. — Luigi XIV re di Francia e di Navarra fa sapere (in francese): In seguito a trattative iniziate dal defunto Luigi XIII e continuate dalla regina madre (Anna d'Austria) per la pace generale, nomina, col parere d'essa regina, dello zio duca d'Orléans (Gastone), del cugino principe di Condé (Luigi II), del cardinale Mazarino (Giulio) e d'altri membri del suo consiglio, a suoi ambasciatori straordinari e plenipotenziari Enrico d'Orléans, Claudio de·Mesme ed Abele Servien conte della Roche des Aubiers, dando loro facoltà di negoziare e concludere in Münster la pace coi rappresentanti dell'imperatore e del re di Spagna, promettendo ratificare quanto avranno pattuito.

Dato a Parigi. — Sottoscritto dal re, dalla regina madre e da de Lomenie (Enrico Augusto).

ALLEGATO C: 1648, Marzo 20. — Luigi re ecc. come nel precedente dichiara che in caso di assenza degli altri due plenipotenziari in quello nominati, il solo conte d'Avaux avrà le facoltà conferite a tutti e tre per trattare e concludere.

Dato e sottoscritto come il precedente.

V. Du MONT. *Corps universel diplomatique du droit des gens.* Amsterdam, 1728, T. VI. p. I, p. 450 sgg.

26. (18) — 1649, Gennaio 19.   c. 46 t.° — Cristina regina designata e principessa ereditaria di Svezia, dei Goti e dei Vandali, gran principessa di Finlandia, duchessa di Estonia e Carelia, signora dell'Ingria ecc., al doge. Dice essere sempre stato suo desiderio di ristabilire la pace in Europa e segnatamente in Germania, pace che fu finalmente conseguita per merito speciale di Venezia. Desiderando poi che la tregua esistente fra i suoi regni e la Polonia si cambiasse in amicizia, era stata fissata Lubecca come luogo per le negoziazioni relative, vi furono invitati, oltre la repubblica, i mediatori della detta tregua, trattone il re d'Inghilterra impedito dalle turbolenze del suo regno. Resta a convenire sul tempo, e sollecita l'intervento della repubblica, che tanto contribuì per mezzo del suo ambasciatore Alvise Contarini alla pacificazione di Germania, perchè si adoperi a mandare a buon fine anche la bramata unione colla Polonia, inviando all'uopo al più presto un suo rappresentante al luogo designato. Latore della presente è Mattia Palbitzky regio *cubiculario*, al quale la Signoria vorrà prestar fede. (v. n. 27).

Dato a Stoccolma. — Sottoscritto dalla regina.

1649, Marzo 23. — Precede la lettera, l'avvertenza firmata dal segretario Bon ch'essa fu presentata al Collegio da Mattia Palbitzky gentiluomo della regina, in questa data.

ORIGINALE: *Esposizioni Principi*, filza 50.

1649, Marzo 23. — V. n. 26.

27. (19) — 1649, Marzo 27 (26 nell'originale). — c. 48. — Risposta al n. 26 deliberata in senato. Fu ricevuto amichevolmente l'inviato Palbitzky. Venezia è più che mai desiderosa di ricondurre la pace nella cristianità, e non mancherà di contribuirvi ove lo possa. E si adopererà volentieri a ristabilire le buone relazioni fra la regina di Svezia e il re di Polonia, tosto che questo lo consenta.

Sottoscritta da Alvise Querini, segretario (v. n. 28).

ORIGINALE: *Senato Corti*, filza 39.

28. (20). — 1649, Marzo 30. — c. 48 t.° — Lettera, deliberata in senato, alla regina di Svezia. Fu data notizia al regio commissario, dello stato delle cose ora vigenti fra la republica e i turchi che invasero i domini di quella e fanno contro di essa grandi preparativi. In tali emergenze s'invoca l'aiuto della regina.

Sottoscritta come il n. 27.

ORIGINALE: *Senato Corti*, filza 39.

1649, Luglio 28. — V. n. 22.

29. (40). — 1649, Novembre 20. — c. 75. — Breve del papa Innocenzo X al doge. Avvicinandosi l'anno del giubileo, sperando ch'esso voglia essere apportatore di pace fra i principi cristiani, il papa invita il doge e il senato a celebrarlo insieme: comprendendo però che tal cosa non sarà possibile, raccomanda che la republica provveda a rendere comodo e sicuro il transito pei suoi domini ai pellegrini che vanno a Roma. Il nunzio apostolico, arcivescovo di Pisa (Scipione Pannocchieschi) dirà di più.

Dato a Roma presso S. Maria Maggiore. — Sottoscritto da Francesco Nerli.

ORIGINALE: *Bolle ed Atti della Curia Romana*, busta 16.

30. (22). — 1651, Maggio 27. — c. 49. — Sei scritture in lettere dell'ambasciatore Sagredo in Vienna, che servono di base per dar luogo in Cappella di S. M. Cesarea all'ambasciatore di Savoia e sono quelle ai n. 1 (22 *bis*), 2 (23), 3 (24), 4 (25), 5 (26), 6 (27).

31. (28). — 1651, Agosto 25. — c. 53 t.° — Massimiliano I, duca di Baviera e del Palatinato superiore, conte palatino del Reno, arcicoppiere dell'impero ed elettore, langravio in Leuchtenberg, al doge. Esprime vive congratulazioni per la vittoria navale riportata dalla republica sui turchi.

Dato nel castello di Dachau. — Sottoscritto dal duca e da Ferdinando Ergater, segretario.

1652, Gennaio 4. — V. n. 32.

32. (29). — 1652, Febbraio 28. — c. 54. — Ferdinando III eletto imperatore dei romani, re di Germania, Ungheria, Boemia, Dalmazia, Croazia e Slavonia, arciduca d'Austria, duca di Borgogna, Stiria, Carintia, Carniola e Wirtenberg, conte del Tirolo e di Gorizia ecc., fa sapere di approvare e ratificare l'allegato.

Dato a Vienna. — Sottoscritto dall'imperatore, da Giov. Mattia de Goldeeg, G. de Schedenet segretario.

ALLEGATO: 1652, Gennaio 4. — Convenzione in cui, esposto come siano sorte certe questioni fra l'imperatore e la republica circa la posta austriaca in Venezia, si dichiara che, per rimoverle, i due potentati pattuirono: tolta di mezzo ogni difficoltà, in caso di vacanza dell'ufficio, questo sarà dato ad un suddito veneto scelto dall'imperatore fra tre designati dalla republica. Sui propostigli, ora elegge quale amministratore Orazio Piatti, che sarà ammesso senz'altro. Egli si occuperà con fedeltà e diligenza della gestione, trasmettendo le lettere da e per gli stati imperiali a destinazione e sarà subordinato (per le cose postali) e renderà i conti al *supremo praefecto* delle poste negli stati imperiali e ai costui successori. Da lui dipenderanno pure gli ufficiali della posta fra Gorizia e Venezia, che avranno da lui lo stipendio, e potrà punirli ed anche, col consenso imperiale, rimoverli dall'ufficio.

Fatta a Vienna.

33. (30). — 1652, Dicembre 16. — c. 55. — Versione volgare di lettera di complimento di *Pam Achilleo* (cristiano) primo ministro dell'imperatore della Cina. La lettera originale fu presentata in detto giorno al Collegio dal gesuita pollacco padre Michele *Boym* introdotto dall'ambasciatore di Francia (sig. d'Argenson). (*)

Postilla in margine: l'originale fu consegnato al cancelliere grande.

(*) Veggasi *Esposizioni Principi*, filza 65 (66).

34. (31). — 1653, Settembre 5. — c. 55 t.° — Breve del papa Innocenzo X a Francesco (Boccapaduli) vescovo di Città di Castello, nunzio a Venezia. Per aiutare Venezia a difendere la cristianità contro i turchi, seguendo l'esempio di Clemente VIII, Paolo V, Gregorio XV ed Urbano VIII, a richiesta della republica, decreta che si esigano 16 decime sulle rendite di tutte le chiese e benefici ecclesiastici del clero secolare e regolare degli stati veneti, come pure altrettante decime sulle pensioni che fossero assegnate sulle predette rendite. Si eccettuano i cardinali, i cavalieri gerosolimitani, i benefici ecclesiastici del santo ufficio dell'inquisizione e per metà i frati mendicanti. Inoltre decreta che si esigano 9 decime sulle rendite delle congregazioni dei cassinesi (detti di S. Giustina di Padova), dei canonici lateranesi, dei certosini, degli olivetani di S. Salvatore, dei camaldolesi di S. Maria di Vallombrosa, di S. Giorgio in Alga, dei celestini, dei cisterciensi della provincia di Lombardia, dei crociferi, e di S. Girolamo, malgrado precedenti esenzioni. Le predette 16 decime saranno riscosse nei venturi 8 anni (cioè due all'anno dai benefici ecc., una e $1/8$ dalle dette congregazioni, una dai frati mendicanti). Nomina collettori generali il nunzio, il patriarca di Venezia *pro tempore* e Girolamo (Gradenigo) vescovo Madaurense (Africa), ordinando loro di trasmettere gli incassi agli ufficiali all'uopo delegati dalla Signoria, detratto il 5 per $\%_0$ a favore della Camera apostolica, ed assegnando 1000 scudi d'oro l'anno da dividere fra i detti collettori e 2000 fra i sottocollettori ed altri ufficiali in ragione del rispettivo lavoro. Finisce prescrivendo altre norme per l'esazione e conferendo ai collettori i poteri necessari.

Dato a Roma presso S. Maria Maggiore. — Sottoscritto da G. Gualterio.

V. *Bullarium diplomatum et privilegiorum sanctorum romanorum pontificum, Taurinensis editio,... ausp.* A. BILIO Torino 1868 XV. p. 722 sgg.

35. (32). — 1656, Aprile 28. — c. 60 t.° — Breve del papa Alessandro VII *ad perpetuam rei memoriam*. Essendo la congregazione dei canonici regolari di S. Spirito di Venezia, che ha un sol monastero, ridotta a pochi membri e deviata da' suoi primi istituti, dichiara di sopprimerla di *motu proprio* e di riservarsi la disposizione di tutti i beni di quella. Concede ai membri di essa ancor viventi di passare in altro ordine, che li accetti, e di rimanere secolari sotto la dipendenza degli ordinari dei luoghi ove si fisseranno, ed assegna a ciascuno ducati 100 veneti l'anno, vita durante, sui redditi della stessa congregazione. Vuole che gli ordinari dei luoghi ove esistono chiese di quella, provvedano, mediante cappellani, a mantenervi il culto e a conservarvi le sacre suppelletili, all'uopo sarà assegnata parte competente dei beni della congregazione.

Dato e sottoscritto come il n. 34.

V. *Bullarium diplomatum* cit. XVI. p. 149 sgg.

36. (33). — 1656, Aprile 28. — c. 62 t.° — Breve simile al n. 35, che sopprime l'ordine dei crociferi, ridotto a 4 monasteri dei 25 che contava. (Innocenzo X soppresse gli altri 21). Dato e sottoscritto come il n. 34. (V. n. 37).

V. *Bullarium diplomatum* cit. XVI. p. 152 sgg.

37. (34). — 1656, Aprile 29. — c. 64. — Breve del papa Alessandro VII (a Carlo Caraffa vescovo di Aversa, nunzio a Venezia). Riassunte le disposizioni emanate coi brevi n. 35 e 36, e ricordato avere Innocenzo X soppressi parecchi piccoli conventi di vari ordini negli stati veneti, ad istanza della Signoria, minacciata dai turchi e bisognosa di soccorso pei pericoli che corre, nominatamente della perdita dell'isola di Candia, dichiara di applicare i beni dei conventi di ˙S. Spirito, dei cˆrociferi e degli altri soppressi come sopra, alla difesa della detta isola e alla spedizione contro gl'infedeli. Commette quindi al nunzio di provvedere al più presto alla vendita dei beni dei detti conventi, e, riservato il necessario pel mantenimento delle chiese, pel servizio del culto, per gli alimenti, fin che vivono, dei religiosi usciti dai conventi stessi, di conservare il prodotto in luogo sicuro e disporne a seconda del bisogno per lo scopo sopraddetto con mandati sottoscritti da esso nunzio.

Dato e sottoscritto come il n. 34.

V. *Bullarium diplomatum* cit. XVI p. 154 sgg.

38. (37). — 1656, Giugno 23 — c. 67 — Breve del papa Alessandro VII a Giovanni Delfino. Per la grave età di Girolamo (Gradenigo) patriarca di Aquileja, il pontefice fa sapere al destinatario di nominarlo coadiutore di quello con futura successione, e in pari tempo vescovo (in partibus) di Tagasta (oggi Suk-Arrhas), gli dà le istruzioni e conferisce le facoltà necessarie ad esercitare l'ufficio, prescrivendo la formula del giuramento che dovrà prestare.

Dato e sottoscritto come il n. 34. (V. n. 39).

39. (35). — 1656, Giugno 26. — c. 66. — Breve del papa Alessandro VII al doge a alla Signoria di Venezia. Ad osservazioni mossegli dalla republica, risponde che la elezione di Giovanni Delfino eletto Tagastense, a coadiutore, con futura successione di Girolamo (Gradenigo) patriarca di Aquileja, non deve recar pregiudizio alla concessione fatta da Paolo III alla republica della designazione dei patriarchi futuri.

Dato e sottoscritto come il n. 34.

ORIGINALE: *Bolle ed atti della Curia Romana*, busta 16.

40. (41). — 1656, Dicembre 23. — c. 76. — Breve del papa Alessandro VII al doge e alla Signoria di Venezia. Vantando i meriti della Compagnia di Gesù specialmente nell'educazione dei giovani, nella predicazione e nella propagazione della fede, invita la Signoria a ricevere nei propri domini i discepoli di Ignazio di Loyola e a favorirne l'opera. Il nunzio Carlo (Caraffa) vescovo di Aversa, esporrà più particolarmente i sensi del papa.

Dato a Roma presso S. Maria Maggiore. — Sottoscritto da Natale Rondinino. (V. n. 41).

ORIGINALE: *Bolle ed Atti della Curia Romana*, busta 16.

41. (44). — 1657, Gennaio 27. — c. 78 t.° — Breve come al n. 40. Si rallegra e ringrazia per l'ammissione dei membri della Compagnia di Gesù negli stati della republica; il nunzio Carlo (Caraffa) vescovo di Aversa esprimerà più ampiamente i sensi del pontefice.

Dato e sottoscritto come il n. 40.

ORIGINALE: *Bolle ed Atti della Curia Romana,* busta 16.

42. (42). — 1657, Marzo 5. — c. 77 t.° — Breve del papa Alessandro VII *ad futuram rei memoriam*. Concede indulgenza plenaria a tutti quelli che morranno nella spedizione dei veneziani contro i turchi, purchè facciano atto di pentimento dei propri peccati.

Dato a Roma, presso S. Pietro. — Sottoscritto da G. Gualterio.

ORIGINALE: *Bolle ed Atti della Curia Romana*, busta 16.

43. (43). — 1657, Marzo 10. — c. 78 — Breve del papa Alessandro VII al doge e alla Signoria di Venezia. Professato il suo affetto per la republica, dice di aver fatto il possibile per aiutarla nella guerra contro i turchi. Confida che Dio la assisterà, come recentemente nella vittoria concedutale (ai Dardanelli ?); di ciò prega il Signore, e ciò augura di cuore, ed eccita a proseguire valorosamente la guerra.

Dato a Roma, presso S. Pietro. — Sottoscritto da Natale Rondinino.

ORIGINALE: *Bolle ed Atti della Curia Romana*, busta 16.

44. (36). — 1658, Giugno 8 - 12. — c. 66 t.° — Annotazione che qui è il posto del trattato di questo giorno che si trova in fine del registro, fra il duca di Modena pel re di Francia e il duca di Mantova. (V. n. 45, 46).

45. (114). — 1658, Giugno 8. — c. 296. — Originale cartaceo (un foglio) col titolo « Capitoli co' quali dal S.ʳ Duca di Modena, a nome di S. M. Cristia- « nissima, in virtù del potere havuto da detta Maestà, si accorda al S.ʳ Duca « di Mantova la neutralità ». Il duca di Mantova, dichiarandosi neutrale, rinunzia ai trattati che tiene colla casa d'Austria per la difesa dello stato di Milano; quello di Modena, anche per gli uffici della republica di Venezia, riceve, in nome del re, il Gonzaga in grazia, lasciandolo libero signore de' suoi stati di Mantova e Monferrato. In questi, francesi e spagnuoli avranno libertà di commercio come prima della dichiarazione del duca pel partito austriaco. E così sarà libera la navigazione del Po. Sottoscritta la presente, cesseranno le ostilità e i francesi usciranno pacificamente dal mantovano. Essi non prenderanno più quartieri nei due stati del duca. In caso avessero a passarvi per occasione di guerra, ne avvertiranno prima il duca, e pagheranno quanto loro occorresse. Il duca di Modena procurerà che quello di Savoia ritiri le sue milizie da Montiglio e dal Monferrato, nè molestino più oltre gli stati di Mantova, e che i due principi vivano in buoni rapporti. Procurerà inoltre di far pagare al Gonzaga dalla Francia in acconti mensili gli arretrati del dovuto da questa, o almeno quanto computò il Contarini sia stato pagato per la regina di Polonia per sua dote. Saranno restituite al Gonzaga l'artiglierie e il loro materiale, munizioni e barche lasciate in Casale dopo l'assedio di Valenza. I soldati tedeschi che si trovano in Goito, S. Giorgio ed altri luoghi del mantovano potranno uscirne liberamente. Il re ratificherà entro due mesi la presente. La quale sarà dai due duchi depositata presso la republica di Venezia.

Dato a Mantova. — Sottoscritto dal duca Carlo III (autografo) e munito del suo sigillo in ceralacca.

V. Du Mont. *Corps universel*, cit. T. VI. p. II, p. 225, con data 9 luglio.

46. (115). — 1658, Giugno 9. — c. 298. — Altro esemplare (cartaceo) del precedente, sottoscritto di mano di Francesco (I) d'Este duca di Modena e munito del suo sigillo in ceralacca.

Dato a Modena.

47. (38). — 1659, Febbraio 22. — c. 70 t.° — Breve del papa Alessandro VII a Daniele Delfino; simile al n. 38, e recante la elezione di questo a coadiutore, con futura successione, di Giovanni Delfino patriarca di Aquileia e la nomina d'esso Daniele a vescovo *(in partibus)* di Filadelfia.

Dato e sottoscritto come il n. 34. (V. n. 48).

48. (39). — 1659, Marzo 12. — c. 74 t.° — Breve simile al n. 39 relativo alla nomina di Daniele Delfino come nel n. 47.

1659, Novembre 7. — Vedi n. 49.

49. (49). — s. d. (1659, Novembre) — c. 83. — Protocollo iniziale fatto da Luigi XIV di Francia della ratificazione del trattato concluso tra le due corone di Francia e Spagna a mezzo dei loro plenipotenziari, il cardinale Mazzarino e Luigi de Haro nell'isola dei *Faisans* (a Phasianis) sul fiume Bidassoa (Vedaso).

ALLEGATO: 1659, Novembre 7. — TRATTATO DETTO DEI PIRENEI, *in centoventiquattro articoli*. Esposte le condizioni in cui si trovavano i due stati, Francia e Spagna, in séguito alla lunga e sanguinosa guerra tra esse due potenze, si trovò necessario di divenire ad una pace ferma e duratura, per ottenere la quale, Luigi XIV re di Francia e di Navarra e Filippo IV di Spagna nominarono in loro plenipotenziari il cardinale Giulio Mazzarino duca di Mayenne primo consigliere del re, e Lodovico Mendez de Haro e Gusman, marchese di Carpio (Carpirensis), conte e duca di Olivares, governatore di Siviglia, gran cancelliere dell'India ecc., i quali, a tenore della loro plenipotenza stabilirono e conclusero quanto appresso:

Si intenda stabilita tra i due regni ed i loro confederati pace perpetua. — La tregua firmata nell'8 maggio continui finchè sarà firmato e ratificato il presente trattatto. — Se per l'avvenire dovessero insorgere differenze o controversie tra l'uno e l'altro dei confederati, non cesserà però la buona corrispondenza tra i due re, i quali procureranno anzi, mediante loro ambasciatori, di ottenere pace fra i contendenti. — Siano sopite le cause che indussero alla precedente guerra, nè vi sia alcuno che le faccia risorgere, nè direttamente, nè indirettamente, nè in via giudiziaria, nè in altro modo. Tutti i sudditi di uno stato possano avere accesso ai due regni senza essere molestati e trattare i loro interessi come fossero sudditi dell'altro stato. I regnicoli della Francia, godano di tutti i privilegî, immunità, e libertà nella Spagna ed in tutti gli stati del re Cattolico a termini del trattato anglo-spagnolo, nè possano esser tenuti a pagamento di imposte maggiori di quelle che pagavano gli inglesi prima del rompere della pace e come attualmente pagano gli abitanti delle provincie unite del Belgio : come pure non dovranno pagare per contrabbandi multe superiori a quelle che pagano gli inglesi e gli olandesi. — Sia lecito ai sudditi del re di Francia il navigare e negoziare nei porti della Spagna e dei regni e stati amici, meno che in quello di Portogallo fino a tanto che questo non torni all'obbedienza di sua maestà cattolica. — Si estende la libertà di commercio, eccettuando le armi, le polveri piriche, i salnitri ed altri generi il cui trasporto sarà dichiarato come contrabbando. — Saranno libere le granaglie, i legumi, gli olî, i vini, il sale e tutto ciò che serve al sostentamento della vita. — Seguono altri capitoli che regolano il commercio marittimo. — I sudditi dell'una e dèll'altra parte sì ecclesiastici che secolari saranno rimessi in possesso dei beneficî e dei beni che godevano e possedevano prima che fosse iniziata la guerra. — Qualora nei benefizî ecclesiastici, per collazione pontificia, fossero investite legalmente altre persone, ne restino queste in possesso fino alla loro morte. — A maggior convalidazione della pace i plenipotenziarî promisero e conclusero trattato di matrimonio tra il re di Francia e l'infante Maria Teresa primogenita del re di Spagna con la dote di 500 mila scudi e con la rinunzia alla successione di quel regno. — A sollecitare poi la conclusione della pace fu stabilito : Primo : quanto al Belgio, che il re di Francia resti in possesso delle regioni, città, castelli, dominî e dinastie seguenti : nell'Artois (Artesia) : Arras (Atrebatae), Hesdin (Hisdinumo Helena vicus), Bapaume (Bapauma o Bapalma), Béthune (Betuna o Bethunia), Lillers (Libertium o Lillerium), Lens (Lendium o Lentium), Saint-Paul (Comitatus Sancti Pauli), Thérouanne (Terravanna o Tarvenna), Pas (Passa), fatta eccezione delle città, bailati e castellanie di Aire (Aria), Saint-Omer (Fanum divi Audomari o Audomaropolis) e Renty, in quanto quest'ultimo appartenga ad Aire o a Saint-Omer. — Secondo : restino pure al Cristianissimo, nella Fiandra : Gravelines (Grevelinga), Philippeville (Philippino o Philippopoli), Écluse (Slusa), Hannuin (Halovina), Bourgbourg (Burburgo), Saint-Venant (Fanum divi Venantij) appartenga questo all'Artois o alla Fiandra. — Terzo : allo stesso re di Francia rimangano nella provincia di Hainaut (Hannonia o Hanagaviensis Comitatus) : Landrecies (Landrecium) e Quesnoy (Quercetum). — Quarto : restino allo stesso re : Luxenbourg (Luxenburgensis ducatus o Luciliburgum), Thionville (Teonvilla o Theodonisvilla), Montmédy (Mommedium o Maledictus o Mons Medium), Damvilliers (Damvillericus), Ivoy (Ivosium), *Castrochaventio*, Chavancy le Château (Castellionum), Marville (Marvilium) sul fiume Chiers (Chirsium), il qual luogo di Marville un tempo era diviso fra il Lussemburgo e il ducato di Berry. — Quinto : sarà in volontà dei due re lo scambio di La Bassée (Bassea), Bergues (Winociberga antica abbazia di S. Winoc.), con Marienbourg (Mariaeburgus) e Philippeville (Philipopolis) tra la Sava e la Mosa. — Sesto : sua maestà cattolica cede al re di Francia la fortezza di Avesnes (Avennae) tra la Sava e la Mosa con tutte le sue attinenze ed artiglierie. Nella reciproca cessione e consegna di detti luoghi si intenderanno consegnati e ceduti tutti i territori da essi dipendenti, con li rispettivi diritti regali, patronati, avogarie, giurisdizioni ecc., sui vescovati, abbazie, priorati e benefici ecclesiastici. — Tenuto fermo che i Pirenei siano il confine naturale tra la Francia e la Spagna, a tenore del trattato di Madrid conchiuso nel 1656, fu stabilito che resti in possesso della Francia: Roussillon (Ruisconensis) e Conflans (Confluentium) con tutto il loro territorio ; e della Spagna: Cerdagne (Cerdonia) e Catalogna (Catalaunia). — Il Cattolico ricuperi Charolais (Carelosium) riconoscendo il diritto di superiorità nel re di Francia; il quale restituisce al re di Spagna: primo: Ypres (Iperas), Oudenarde (Aldenarda), Dixmude (Dixmuda), Furnes (Veuren [Vurna]) con le sue adiacenze e fortificazioni di Fintelle (Fintella), la Quenoque (Guenoquea), Merville (Marvilium) sul fiume Lis, Menin (Menina), Commines (Cominium): — secondo: in Italia: Valenza sul Po e Mortara: — terzo: nella Franca Contea: la fortezza di Saint-Amour (Amurci), Bletterans (Bleterum) ed Joux (Jura): — quarto: nella Spagna: Rosas (Portus rosarum), la fortezza della Trinità, Quiers, Urgel (Urgellam), Tosa (Tosa), la Bastida (arx Bastidae), Ripoll (monumentum Repollis), Cardona (Cerdonia) con Puigcerda (Belvera Puigeerda), Carol (Carol) e la rocca di Cardona. — Il Cattolico all'incontro restituisce alla Francia: Rocroy (Rocroyum), Le Chatelet (Casteletum), Linchamp (Lincampum). — Seguono altri capitoli sulle precedenti cessioni.

Per vigore di questo trattato la Spagna rinuncia a tutti i suoi diritti sull'Alsazia superiore ed inferiore: Sundgau (Suntgovia), Ferrette (Comitatus Feretensis), Brisach (Brisacus) e tutte le terre assegnate alla Francia nel trattato di Münster 8 settembre 1648, per la cui rinuncia la Francia si obbliga al pagamento di tre milioni di lire tornesi. — Ad intercessione del Cattolico, Luigi XIV riceve in grazia Carlo III duca di Lorena, con obbligo della demolizione delle fortificazioni di Nancy (Nanceyus) e lo rimette in possesso del suo ducato e delle fortezze dipendenti dai tre vescovati di Metz, Tull e Verdun e così pure di Moyenvic (Moyenvicus), Bar-le-duc (Ducatus Barri), di Clermont (Claromontium) con le terre di Stenay (Steney), Dun (Dunum), Jametz (Jamesium) e la prefettura di Marville (Marvilly). — Seguono vari capitoli con le condizioni sia per l'accettazione in grazia, sia per la consegna di detti luoghi. — Luigi II principe di Condè, giustificato il suo operare verso il Cristianissimo, consegnerà in potere di questi, Rocroy (Rocroyum), Châtelet (le) (Castelletum) e Linchamp (Lincampum), in seguito a che il re lo riceverà nella sua buona grazia, rimettendolo in possesso di tutti i suoi beni, onori e dignità, di primo principe del sangue e dandogli il governo della Borgogna e di Bressé (Bressia), sotto le quali si intenderanno comprese Bugey, Gex, Valromey (Veromey), Dijon (arx Divionensis), Saint Jean de Laune (S. Iohannes de Laune) ed al figlio di lui, duca d'Enghien, l'ufficio di Gran Maestro di Francia. — Fu stabilito tra detti plenipotenziari che gli articoli 21 e 22 del trattato di Vervino conchiuso nel due maggio 1598 abbiano ad essere mantenuti. Sia incluso nel trattato il duca di Savoia, al quale la Spagna dovrà restituire il Vercellese con tutte le sue fortezze ed armi in esse esistenti, e Cencio nelle Langhe (Cencio dans les Langues). — Quanto spetta alla dote della infante serenissima Caterina per la quale verte questione tra il duca di Savoia e quello di Modena, il Cattolico promette di far avere al duca di Savoia quanto gli è dovuto dal giorno della costituzione di essa dote, fino al 17 dicembre 1620, nel qual giorno Carlo Emanuele di b. m. la assegnò in appannaggio al principe Filiberto suo figlio, come consta dai libri della R. Camera di Napoli. — A tacitazione delle questioni tra Savoia e Mantova si richiama in vigore e si conferma lo stabilito nel trattato di herasco concluso nel 1631. — Per quello riguarda le differenze fra i sunnominati duchi di Savoia e Mantova in causa della dote di Margherita principessa di Savoia avola del duca di Mantova, resta conchiuso che, entro 30 giorni dalla firma del presente trattato, dovranno convenire in Italia i commissari dei due principi contendenti, il duca di Noailles, ed in caso di sua assenza, l'ambasciatore di Francia in Piemonte ed il conte di Fuensaldana, governatore dello stato di Milano, con l'intervento dei due ministri, procureranno di definire l'affare. — Il duca di Modena sarà posto in possesso di Correggio con tutti i diritti coi quali lo godevano i principi di esso luogo. Sulla questione della dote dell'infanta Caterina, per la quale esiste dissidio tra Savoia e Modena, e costituita da 48 mila ducati annui di rendita sulla dogana di Foggia nel reame di Napoli, il Cattolico si obbliga di rimetterla nello stato in cui prima trovavasi. Si faranno pratiche presso il pontefice perchè interponga i suoi validi uffici alla pacificazione dei principi amici e confederati e specificatamente dei duchi di Modena nelle controversie con la camera apostolica e di Parma per le medesime, autorizzando quest'ultimo ad oppignorare Castro e Ronciglione per poter conservare gli altri suoi stati. — Si procurerà anche, mandando ambasciatori, di ottenere buoni rapporti tra la Germania e gli altri stati settentrionali. — Quantunque i rapporti tra cattolici e protestanti nei cantoni svizzeri siano stati composti, esistendo però latentemente il fuoco tra essi, sarà cura di ambedue i re di mandare legati perchè ottengano pace definitiva. — Fu pure stabilito per il mantenimento di ottima corrispondenza, di mandare, entro 6 mesi dalla pubblicazione della pace, legati regî nelle Alpi Rezie per procurare che non si rinnovi quanto è già successo in Valtellina. — Sarà rimesso il principe di Monaco nel godimento di tutti i beni e rendite che già possedeva. — Dovrà la Spagna pagare alla duchessa di Chevreuse (Cheurensis) in numerario 55 mila filippi, corrispondenti a 165 mila lire di Francia, quale prezzo delle terre e domini di Kerpen e Lommersum (Lommersein) da essa acquistati dal Cattolico nell'11 giugno 1646. — Seguono le modalità circa il tempo ed il modo della reciproca consegna delle terre assegnate a ciascuno nel trattato medesimo. — Sono nominati nel trattato come aderenti, oltre che i duchi di Savoia e Modena ed il principe di Monaco, anche da parte del re Cristianissimo, il papa, la sede apostolica, gli elettori e principi dell'impero e l'imperatore pel mantenimento della pace di Münster, gli elettori di Magonza, Colonia, il conte palatino del Reno, il duca di Neubourg, Augusto-Cristiano, Lodovico e Giorgio-Guglielmo duchi di Brunsvich e Luneburgo, il landgravio di Hesse-Cassel, il landgravio di Darmstadt, il doge e la republica di Venezia ed i tredici cantoni confederati della Svizzera ; e dalla parte del Cattolico : il pontefice, l' imperatore, gli arciduchi d' Austria e tutti quelli compresi nel trattato di Vervino (1598), ai quali saranno da aggiungere le provincie unite del Belgio ed il duca di Guastalla.

V. Du Mont. *Corps universel* cit. T. VI. p. II, p. 264 sgg.

50. (45). — 1661, Febbraio 2. — c. 80. — Breve del papa Alessandro VII al doge e alla Signoria di Venezia. In seguito alle minaccie dei turchi contro l' Ungheria e l' impero, il papa dice desiderare si concluda una lega fra i principi cristiani, ed invita la republica ad entrarvi. Il nunzio apostolico Giacomo Altoviti arcivescovo di Atene ha all' uopo le opportune istruzioni.

Dato a Roma presso S. Maria Maggiore. — Sottoscritto da F. Florentinus.

51. (46). — 1661, Agosto 20. — c. 80 t.° — Deliberazione del senato con cui, in seguito all' invasione del regno di Candia, alle devastazioni in Dalmazia, all' apertura delle ostilità verso la Transilvania e l' Ungheria, per parte dei turchi, si accoglie l' invito del pontefice per la formazione d' una lega dei principi cristiani, e si danno a Pietro Basadonna cav., ambasciatore a Roma, le facoltà necessarie per farvi partecipare Venezia. — Sottoscritta da Alessandro Busenello secretario.

ORIGINALE: *Senato. Deliberazioni Roma 661*, filza 105.

52. (47). — 1662, Marzo 6. — c. 81 t.° — Carlo Emanuele II duca di Savoia desiderando far cosa grata a Venezia, proibisce l'ulteriore diffusione del libro « Trattato del titolo regio dovuto alla casa di Savoia » stampato in Torino nel 1633, ed ordina che tutti quelli che ne possedono copie, le portino al suo gran cancelliere. (1)

Dato a Torino. — Sottoscritto dal duca, da Gio. Francesco Buschetto gran cancelliere di Savoia e da Francesco Guglielmo Carron marchese di San Tommaso, consigliere di Stato e primo secretario.

(1) Copia autenticata da Carlo Francesco Castiglioni vicario generale Capitolare della diocesi di Torino trovasi inserta al dec. di senato 1662. 1. Aprile. *Senato deliberazioni Corti filza. N. 66 (262)*, in copia semplice nella busta 41. *Pacta* Serie I al N. 954. Ed in istampa nel dec. di senato 26 Aprile d. a. e filza.

53. (48). — 1662, Aprile 21. — c. 82. — Carlo Emanuele II. duca di Savoia al doge. Avendogli l' abate (Vincenzo) Dini, suo inviato a Venezia, portato il trattato concluso con Marco Pisani savio di terraferma (il 1.° aprile 1662.) per la republica, esprime i suoi ringraziamenti per le buone disposizioni mostrate da quella verso di lui, riservandosi, a maggiore dimostrazione di gratitudine, d' inviare una missione straordinaria.

Dato a Torino. — Sottoscritto dal duca.

54. (50). — 1669, Settembre 6. — c. 126. — Condizioni (in volgare) della pace conclusa da Venezia colla Turchia. Sarà consegnata ai mandatari del gran visir la città di Candia con tutte le artiglierie e munizioni ad essa proprie. Venezia riterrà le fortezze della Suda, della Garabusa, di Spinalunga e di Tine, e Clissa col suo territorio e tutti gli acquisti fatti da essa in Bosnia. I veneziani potranno asportare da Candia i cannoni sbarcativi dalle navi. Si concedono 12 giorni *di bonazza* per l'asportazione delle dette cose, di oggetti sacri e profani, di bagagli, viveri, di feriti e ammalati, e di chi vorrà andarsene, nonchè del presidio; dopo di che seguirà la consegna della piazza. Non essendo sufficiente il detto tempo per tale imbarco, il visir concederà sia esso fatto dopo la consegna della piazza, trattenendo in Fossa i vascelli veneti. Durante il mentovato tempo le milizie d'ambe le parti resteranno nei posti finora occupati, senza fare atti d'ostilità. Ogni atto ostile per parte di quelle cesserà dal momento della sottoscrizione del presente. I veneziani consegneranno ai turchi quali ostaggi: Faustino da Riva tenente generale dell'armata, Giov. Battista Calbo commissario generale alle munizioni e viveri e Zaccaria Mocenigo fu duca di Candia; i secondi ai primi: Bebrì pascià beilerbei di Temesvar, Mehemed agà bassà dei giannizzeri, Gasì bei defterdar di Rumelia; le restituzioni dei quali seguiranno dopo l'imbarco di tutto. Due ufficiali marittimi per parte veglieranno all'imbarco stesso, il quale sarà agevolato permettendo il movimento delle navi; l'armata veneta potrà stare tranquillamente a Standia fino alla partenza. Le prede fatte dalle due armate dopo la sottoscrizione della presente saranno restituite; sarà ritirata la bandiera e la patente veneziane ai legni di particolari che esercitano il corso; spirati 40 giorni saranno trattati da nemici da ambe le parti. Si pattuisce la vicendevole restituzione degli schiavi fatti nella guerra. È concessa piena amnistia ai sudditi d'ambe le parti. Sono confermati gli articoli dell'ultima pace fra esse, mantenendosi in vigore il tributo per Zante. Del presente si faranno due esemplari, uno in lingua turca colla rispettiva traduzione pel capitano generale veneto, l'altro in italiano pel gran visir. In riguardo dell'eroica difesa, quest'ultimo concede ai veneziani di asportare quattro cannoni della piazza.

Sottoscritti: Francesco Morosini cav. capitano generale, Girolamo Battaggia provveditore generale, Lorenzo Cornaro provveditore d'armata e Giorgio Benzoni capitano del Golfo (v. n. 55).

La presente è copia dell'esemplare consegnato al gran visir.

V. Du Mont. *Corps universel* cit. T. VII, p. I, p. 119.

55. (51). — 1669, Settembre 8. — c. 127. t.° — Versione in volgare di foglio aggiunto al n. 54. A chiarimento del 2.° articolo del n. 54 si dichiara che le fortezze di Suda, Garabusa e Spinalonga, fortezze separate dall'isola di Candia, come pure tutti gli scogli ed isolette loro prossimi, restano di Venezia; questa però non vi potrà erigere alcuna nuova fortificazione; bensì scavar di nuovo il canale fra Spinalonga e l'isola, ora interrato.

Dato l'11 del mese di *Mebniclevel* (recte Rèbi ou Rabié II. 1080).

56. (59). — 1670, Marzo, ultimi giorni. — c. 140 — Versione di ordine del sultano dei turchi a Ibraim pascià visir al Cairo. Annunziando la pace conclusa con Venezia, a richiesta di Alvise Molin, ingiunge che il nuovo console e i mercanti veneziani che andranno in quella città non sian molestati per debiti dei consoli anteriori o fatti da veneziani prima della guerra.

Dato in Candia alla metà della luna di Dzoulcada l'anno 1081.

57. (60). — 1670, Marzo, ultimi giorni. — c. 141. — Versione di ordine come al n. 54, al pascià visir e al cadì di Aleppo. Richiama in vigore a favore del nuovo console e dei mercanti veneziani che andranno in quella città, il trattamento usato verso i medesimi prima della guerra, senza recar loro alcuna molestia.

Dato come il n. 54.

58. (61). — 1670, Marzo, ultimi giorni. — c. 142. — Versione d'ordine simile al n. 57, diretto al pascià visir del Cairo.

Dato in Candia come il precedente.

59. (52). — 1670, Maggio... — c. 128. — Versione in volgare di firmano di Maometto (IV) imperatore dei turchi, in cui si espone: venuto a Costantinopoli Alvise Molin cav. ambasciatore straordinario di Venezia, chiese che si finisse la guerra e si rinnovassero trattati di pace; il sultano lo mandò al proprio campo (sotto Candia) per le trattative, ma queste rimasero arenate e il Molin restò in Canea. Resasi poi Candia (difesa da Francesco Morosini) al gran visir (v. n. 54), la Signoria mandò al predetto ambasciatore nuove credenziali per la conclusione definitiva della pace fra i due potentati, onde rinnovatesi le trattative fra quello e il gran visir, pattuirono e il sultano approvò: è ratificata la convenzione n. 54; si ripete il numero 55 comprendendo fra le isole rimanenti a Venezia anche le Palanche. Venezia conserverà quanto possiede ora ai confini della Bosnia e di Clissa; dopo quattro mesi dal presente, commissari delle parti fisseranno i confini fra gli stati veneti e la Bosnia. Si pattuiscono le norme per la restituzione degli schiavi da ambe le parti, Venezia manderà i turchi a Zante, la Turchia i veneziani a Castel Tornese. È concessa amnistia generale ai sudditi d'ambe le parti per quanto commisero durante la guerra. Venezia continuerà a pagare il tributo per Zante, escluso il tempo della guerra. Si rimettono in vigore gli articoli dell'ultimo trattato avanti la guerra. Parga sui confini del sangiaccato di Giannina (già demolita dal sultano Solimano) resterà con tutto il suo territorio a Venezia, quegli abitanti non molesteranno i sudditi turchi, in caso diverso risarciranno i danni e saranno puniti. I danni dati da ufficiali e sudditi turchi a veneziani saranno risarciti e puniti i danneggianti. I navigli veneziani che vogliono entrare nei porti turchi (si nominano Costantinopoli, Galata, Alessandria d'Egitto, e fuori dello stretto di Gallipoli, Lepanto, Prevesa e Modone) dovranno prima chiederne licenza, salvo il caso di forza maggiore; e così alla partenza dai detti porti; sarà punito chi, adempiuto da essi tal dovere, li molestasse. Incontrandosi in mare navi da guerra delle due parti, si saluteranno e tratteranno amichevolmente, e non faranno danni ai vicendevoli legni mercantili. Se i veneziani prenderanno corsari turchi, questi siano consegnati alla Porta che li castigherà. I veneziani rispetteranno le squadre turche dirette contro i nemici del sultano, nè aiuteranno questi ultimi. Una delle parti non darà asilo a navi nemiche dell'altra, ma, potendo, le catturerà. I debitori di mercanti veneziani che fuggissero in Turchia saranno dalle autorità rintracciati e costretti al pagamento. Così i sudditi turchi debitori dei veneziani. Nessun veneziano sarà reso responsabile per debiti o altro trascorso di altra persona fuggita di Turchia e non riparata negli stati della republica; e così sarà osservato da questa. È data facoltà alla stessa di mandare il bailo residente alla Porta, da mutarsi ogni tre anni. Gli schiavi fuggiti da Venezia in Turchia saranno restituiti ai loro padroni; se si facessero musulmani, si daranno ai loro padroni 1000 aspri; altrettanto si farà pei fuggiti dalla Turchia agli stati veneti. Se corsari barbareschi od altri rapissero sudditi veneti e li vendessero come schiavi, saranno ricuperati e consegnati ai rappresentanti veneti, e i corsari puniti. E così sarà fatto dei veneziani in altro modo ridotti in schiavitù, qualora non si siano fatti musulmani. I sudditi d'una delle parti sfuggiti a naufragio sulle coste degli stati dell'altra, saranno liberi e ricupereranno le loro proprietà salvate. I navigli di ciascuna delle parti non viaggianti sotto un ufficiale generale, daranno malleveria di non molestare sudditi dell'altra, sotto comminatoria di pene. Si pattuisce la mutua estradizione dei colpevoli di reati. Le liti fra veneziani saranno giudicate dal bailo. Le liti (dei turchi?) col bailo, saranno giudicate dal divano imperiale, e in assenza del sultano, dal suo luogotenente in Costantinopoli. Le liti dei turchi con mercanti veneziani non potranno essere giudicate senza l'assistenza del dragomanno veneto. Il bailo non sarà responsabile per veneziani debitori di turchi, i quali dovranno portare le loro querele contro quelli in giudizio, e il bailo ne darà notizia alla Signoria. I mercanti veneziani non saranno molestati in Morea, nè in Lepanto, o altri luoghi della Turchia per debiti d'altri; e volendo andare a Brussa e altrove debbano esser muniti di passaporto del bailo. Le ciurme dei legni veneti non potranno esser costrette a servire a turchi. I veneziani che non si stabilissero in Turchia non saranno soggetti a tributo (carazo). Nelle liti di veneziani in Turchia con sudditi turchi non musulmani, i testimoni dovranno essere persone del paese. Le robe dei veneziani morti in Turchia dovranno consegnarsi ai rispettivi legittimi eredi, o al bailo. I sudditi turchi, compresi quelli d'Africa e Barberia, potranno navigar per mare e trafficare in Venezia senza esser molestati dai veneziani, purchè siano pacifici. Le navi veneziane non potranno essere perquisite che una volta a Costantinopoli e un'altra alle Bocche dei Castelli. Venezia pagherà 1500 zecchini d'oro l'anno, quale tributo per Zante. Le galee di commercio veneziane facenti i viaggi periodici per Alessandria d'Egitto, la Siria, Tripoli e Bairut, continueranno il loro traffico indisturbate come in passato, abrogandosi ogni nuova imposta su esse. In nessun luogo dell'impero potranno esigersi sui veneziani dazî maggiori dei fissati dalle tariffe concesse dal sultano Solimano. I navigli e sudditi veneziani non saranno molestati dagli ufficiali e sudditi turchi. Si dichiara estinto il credito di 300.000 zecchini dovuto già da Venezia alla Turchia in forza della pace col sultano Selim. Il sultano promette di osservare i presenti patti fino a che li osservi Venezia e questa non favorisca i di lui nemici. La convenzione relativa ai corsari, stipulata dal sultano Amurat IV e rinnovata da Ibraim, è confermata.

Dato in Candia all'ultimo della luna di Silchizè l'anno 1080. La traduzione, mandata dall'ambasciatore straordinario Alvise Molin con suo dispaccio 24 Maggio 1670, è firmata dal dragomanno Tomaso Tarsia. *(Dispacci Costantinopoli,* filza 154*)*.

60. (53) — 1670, Agosto 20. — c. 135 t.° — Versione in volgare di ordine del sultano dei turchi al sangiacco e ai cadì della Morea. Essendo stato pattuito con Alvise Molin ambasciatore veneto che sia permesso ai negozianti veneziani di recarsi a trafficare in quel paese, il sultano ingiunge ai destinatari di uniformarsi a tale disposizione e di non permettere che i detti commercianti siano molestati dai voivodi di Gastuni, nè da altri (v. n. 59 e 63).

Dato in Adrianopoli sotto i primi della luna di Rèbel-âkhir l'anno 1081. Tradotto da Giacomo Tarsia.

61. (56). — 1670, Agosto 20. — c. 137 t.° — Versione come al n. 63 di ordine al cadì di Smirne. A richiesta di Alvise Molin che s'era lagnato per indebite esazioni degli ufficiali di Smirne e di Gallipoli a danno dei navigli veneziani partiti da Costantinopoli, comanda che in nessun luogo si esiga da essi più di quello è convenuto nei trattati.

Dato e tradotto come il n. 60.

62. (57). — 1670, Agosto 29. — c. 138. — Versione di ordine del sultano al pascià di Bosnia, al cadì di Bosna-Serai e al defterdar dell'erario di Bosnia. Premesso che dopo la conclusione della pace con Venezia fu istituito un *emin* nella scala di Spalato per la riscossione dei dazi ai confini della Bosnia, che ciò non ostante il *musselini* del sangiaccato di Clissa pretende dai viandanti il pagamento della gabella detta *baz* e di altre, il sultano comanda che i destinatari veglino acchè i viandanti non siano molestati con indebite esigenze, e che i contravventori siano denunziati alla Porta.

Dato in Adrianopoli il 13 della luna di Rèbel-âkhir l'anno 1081.
Dato e tradotto come il n. 60.

63. (54). — 1670, Agosto 20 (circa). — c. 136. — Versione in volgare di ordine del sultano dei turchi al bei di Scutari (Albania) e al cadì di Dulcigno. A richiesta di Alvise Molin, ingiunge loro di far restituire tutto ciò che alcuni sudditi usciti da Dulcigno predarono in quelle acque a mercanti veneziani e ad altri di Zante; e questo nel caso che i fatti siano seguiti dopo la conclusione della pace con Venezia.

Dato e tradotto come il n. 60.

64. (55). — 1670, Agosto 20 (circa). — c. 136 t.° — Versione come al n. 63 di ordine del gran signore al cadì e ad altri ufficiali di Navarrino. A richiesta di Alvise Molin, comanda che proibiscano a certi corsari che sono in quelle acque di molestare ulteriormente i veneziani, e costringano quelli a restituire a questi quanto avessero lor tolto dopo la pace.

Dato e tradotto come il n. 60.

65. (58). S. d. (1670...) — c. 139. — Memoriale presentato (da Alvise Molino?) al gran visir e al defterdar della Porta ottomanna. Ripetendo rimostranze già fatte in Candia, l'ambasciatore si lagna dell'enormità dei diritti imposti sul commercio dei veneziani in Turchia, osservando e dimostrando che « non la grandezza de dattii, ma la moltiplicità del negotio è quello « che porta grand'oro nell'erarij de prencipi. » Espone quanto siano aggravati in quel paese i panni d'oro, le stoffe di seta, le lastre di vetro, la carta, i panni di lana; come siano dannose la valutazione delle monete che si pratica nelle dogane turche, e le spese minute che gravano le merci, dalle quali furono fatti esenti gl'inglesi e gli olandesi, i quali ultimi furono anche esentati (in Larissa) dalla senseria. Chiude domandando sia provvisto a togliere tali inconvenienti.

66. (62). — 1671, Ottobre 30. — c. 143. — Traduzione in volgare di « Scrittura contratta sopra la positione di confini di Dalmatia » per opera di Battista Nani cav. e proc. di S. Marco, commissario per la republica di Venezia e Mahmud pascià, beilerbei di Bosnia, commissario pel sultano dei turchi, sostituito, essendo morto, dal suo successore in Bosnia, Hussein pascià. In essa si espone che dopo matura discussione fra i due primi, essi d'accordo passarono alla designazione dei confini fra la fortezza di Sedislam turca e Novegradi veneziano, lungo tutto il sangiaccato di Kerka, passando le bocche di Sason si fermarono alla sorgente di Bilza ove, sorte alcune differenze, ristettero: intanto Mahmud morì. Venuto Hussein suddetto nel luogo delle questioni, detto valle di S. Daniele, vi furono convocati: Mehemet pascià beilerbei della Grecia, Abu-Beker effendi mufti di Banjaluca, Mustafà bei governatore dell'Erzegovina, Ibrahim bei sangiacco di Bicchia, Mehemet effendi defterdar del tesoro di Bosnia, Mehemet bei sangiacco di Kerka, il cadì di Kliunosiani effendi, Jussuf effendi cadì di Ak-Hissar, Omer effendi cadì di Imoceca territorio di Clissa, Hussein effendi cadì di Chiolhissare, Feisullah effendi cadì di Novessil, Mustafà bei *mir-alem* di Bosnia, Ferhad bei chiecaia dei registri di Bosnia, Mustafà effendi defterdar delli Timari, Abdulbachi effendi tescherezi di Timari, Abdul Kadir bei alai bei di Bosnia, Rustem bei alai bei di Erzogovina, Jussuf bei alai bei di Clissa, Alì bei alai bei di Jesurnich e delle compagnie di Grecia, Achmed bei alai bei di Kostendil, Omer bei alai bei di Scutari d'Albania, Abdul Kadir bei alai bei di Ohro, Alì bei alai bei di Uskub, Haidar bei alai bei di Alaza-hissar, Ismail bei alai bei di Lizterm, Ibrahim bei di Berzerin, Issa bei e Ipsir bei già alai bei di Bosnia, Mustafà bei chiecaia di Zaussi e molti altri principali abitanti presso i confini, ed ivi discussero col commissario veneto le questioni. Quest'ultimo, dopo aver presentato l'ordine del sultano al defunto Ferhar bei, l'ultima convenzione relativa ai confini stipulata dallo stesso bei da Mustafà bei del sangiaccato di Clissa dal cadì di Bosna – Seraj e di Scardona, domandò che in conformità di essa si rinnovassero i segnali dei confini medesimi, il che fu da tutti acconsentito. Essendosi già posti i detti segnali, vivente Mahmud pascià, nel sangiaccato di Kerka, fra Sedislam turco e Novegradi veneto, si descrive la linea confinaria dalle bocche di Boinich alla bocca di Zsabon sul mare. I luoghi pei quali passarono i commissari e posero i confini sono: il monte Polizza e la strada che va al monte Lepoglauci e da là pel monte Badaglia a Paluc, indi alla sorgente d'acqua nominata Nusset, dove trovansi alcune vigne che restano nel confine di Novegradi, mentre altre entrano nel confine di Sedislame e costeggiando la marina si va al ponte di Buhcice rimpetto al castello di Pos-·sidaria, donde per la strada si arriva alla villa detta Muduscè ed al pozzo di Mirce poi a Radovin e pel monte Ghirbafce e Porsok, Panice o Ambroso, ed Istanchi e di là, lasciando a destra Milassich si va alla masiera di Porodirtre ai confini di Policin Gruhe e Zsemon, indi per colline e boschi si giunge alla strada di Drazuce poi ad Islocokie, la villa di Orlice, il monte Cirnove e voltando a levante trovasi la collina di Copral e seguendo la strada della villa di Babendole si va alla masiera rimpetto alla villa di Agnostine, al monte Dustizze, al Castello di Virzove ed alla fossa di Kircina e per quei monti dai quali si vede il mare poscia seguendo la schiena del monte si va a Turnanschizza Mistrovich, SS. Filippo e Giacomo ed alla masiera da cui si vede Zara vecchia, poi alla guardiola di Poscalina, alla collina di Costal, alla villa di Pacostan, poi si arriva al mare e per mare si va ad Huiuzza, Mudrava, poi per la marina a Zsaive, Dussice, villa di Islossella, alla collina Orecchie di lupo, e continuando verso mezzogiorno si passano varie colline e monti finchè si giunge ad alcune vigne dalla parte di Sebenico e tra due monti a Dobrodolaz, indi per la bocca di Zsabon si va al mare. Si proseguì poi da quest'ultima e passando pei monti Tartari, e presso Verpoglie (ove è vietato ai veneziani di fabbricare come nella valle di S. Daniele che entra nel territorio turco) si descrisse il tracciato del confine. Venuti poi verso Traù, si riconobbe che le ville di Sussidol, Tirloque, Radossich, Pirstovice, Bilsino, Lottrino, Mitlo, Daptendol, Manratice, Lettice, Eurace, Cosmaz, Irtich, Labin, Opor e Parghende spettano alla Turchia, ma continueranno a pagare le decime ed altro ai veneziani, e si fissano le norme pei pagamenti. Passando poi verso Rogosnizza si proseguì fino ai confini verso Clissa ove finivano i segnali posti da Ferhad bei passando per Orlonik, il torrente Urla, i monti Dabgur, Vlasco Berde, Costelochsik. Si continua per la linea confinaria del territorio veneto di Clissa dirimpetto la pianura di Salona e Lonzarich, Torre di Cosiak, Malaurazza fin presso al mare ove finiscono i confini di Poglizza. Nell'adunanza tenuta a Salona si convenne che le terre di Poglizza, di Macarsca, del Premoria e Ghirbilan (presso il mare, soggette a Risano) siano della Turchia, restando Clissa con Salona a Venezia colle terre da essa acquistate nella guerra, con l'obbligo di non riedificare il castello di Lonzarich.

Scritta nella campagna di Cosickse o Kosiak o Cosiak presso Clissa. — Sotto gli ultimi della luna di Zemasil Ackir l'anno 1082.

Sottoscritta e munita dei sigilli dai suddetti Hussein e Mehemet pascià, Mustafà, Ibraim e Mehmet bei, Mehmet eff.ndi e dai cadi Ebubekir di Banialuca, Siami di Aliuno, Jussuf di Akissar, Omer di Imozeca e Clissa, Hassan di Ghiul Hissar, e Feisulah di Novesil.

67. (63). — 1671, Ottobre 30. — c. 148 t.° — Versione in volgare di convenzione stipulata da Battista Nani con Hussein pascià (v. n. 66.) relativa ai confini del territorio veneto di Zara coi domini turchi di Bosnia. In essa confermandosi quanto era già stato fatto d'accordo fra il Nani e il defunto Mahmud pascià, si descrive la linea confinaria nuovamente ristabilita, partendo dal punto fra Novegradi e Sedislam.

Fatta come la precedente. — Sottoscritta da Hussein pascià. — Tradotta da Tomaso Tarsia.

68. (64). — 1671, Ottobre 30. — c. 150. — Versione simile alla precedente, relativa ai confini del territorio veneto di Sebenico coi domini turchi, partendo da Huiace, ripetendosi quanto è detto nel n. 66 relativamente al castello Verpoglie e alla valle di S. Daniele, e terminando a Boiana loqua.

Fatta, sottoscritta e tradotta come il n. 67.

69. (65). — 1671, Ottobre 30. — c. 151 t.° — Versione simile alla precedente relativa ai confini fra il territorio veneto di Traù con quello turco da Boiana loqua a Islinza loqua, dichiarandosi quanto stà nel n. 66 circa le 16 ville spettanti alla Turchia.

Fatta ecc. come nel precedente.

70. (66). — 1671, Ottobre 30. — c. 153. — Versione simile alle precedenti, relativa ai confini del territorio veneto di Clissa con quello turco; la linea designata comincia ad un anello infisso in rupi dirimpetto alla pianura di Salona e Lonzarich fino al termine dei confini di Poglizza, ripetendosi la dichiarazione fatta nel n. 66 circa i territorî di Poglizza, Macarsca, Premoria e Ghirbilan.

71. (119). — 1672, Maggio 7. — c. 323. — « Relatione dell'uscita in « campagna del Gran Signore con l'essercito incaminato verso la Polonia, seguita li 7 maggio » (foglio cartaceo). Si descrivono i preparativi dell'uscita, l'erezione del campo imperiale non lontano da Adrianopoli, il padiglione del sultano (visitato per favore speciale dal bailo veneto Giacomo Querini) il cammino dei varî corpi di milizia e cortei che precedettero e seguirono il sultano, e quello di quest'ultimo,

72. (118). — 1673 (Maggio). — c. 318. — Traduzione dal francese degli articoli nuovameate aggiunti nelle capitolazioni n. 73, a fianco dei quali si posero dilucidazioni e commenti circa i vocaboli usativi, quali: Franchi (coloro che vivono col rito latino); rito latino (coloro che riconoscono il papa come capo della chiesa); rito greco (quelli che come capo della chiesa ritengono il patriarca di Costantinopoli); Coumano (chiesa del Santo Sepolcro); Porta (corte del gran signore); Galata (città già bastionata dai genovesi, ora borgo di Costantinopoli); chiesa dei gesuiti (quella di S. Benedetto); dei cappuccini (la chiesa di S. Giorgio); imposte turche (Avasive) dazio del 3 per cento che pagano gli inglesi ed olandesi (ridotto per tutti in luogo dell'8 che pagavano i veneziani, del 5 che pagavano i francesi); dazi da pagare in moneta corrente (anzichè in piastre); titolo d'imperatore al re di Francia; *messetaria* (nella misura che pagano gli inglesi); *tesqueret* (quietanza rilasciata dai doganieri); scale di Levante (luoghi di gran traffico); dragomanni (interpreti); divieto del vino ai turchi (non ammessi i bevitori in giudizio); aspri 4.000 (corrispondono a 40 scudi); Divano (consiglio presieduto dal gran visir): usanza turca detta anche Gerema (costume di far pagare 400 scudi ai vicini del luogo dove sia commesso un omicidio). Seguono due nuovi articoli: i legni con bandiera francese saranno esenti dal diritto del capitan pascià (comandante supremo della marina): tutte le navi francesi sono fatte esenti da qualsiasi visita nei porti turchi.

73 (116). — 1673, Maggio 28. — c. 300-308. — Versione in italiano, scritta su carta, di firmano, con cui Maometto IV sultano di Turchia, servo delle città di Mecca e Medina, protettore e governatore di Terra Santa, dominatore dell'Asia ed Africa e degli stati di Temesvar, Bosnia, Segutuar, Agria, Anatolia, Caraman, Arabia e Siria, delle isole di Candia, Rodi, Cipro, Diarbequir, Aleppo, Cairo, Van, Erzerum, Damasco, di Babilonia, Balsora Arrach, Egitto, Cairo, Algeri, Tunisi, la Goletta, Tripoli di Berberia, ed in particolare di Costantinopoli: A richiesta di Carlo Francesco Olier marchese di Nointel, consigliere nei consigli di Parigi, ambasciatore del re di Francia Luigi, rinnovando le concessioni antiche fatte da Maometto e Solimano ed accordandone di nuove, dichiara: Saranno liberi i francesi di recarsi a Gerusalemme e liberi pure i religiosi addetti alla chiesa del Santo Sepolcro. È permessa l'importazione in Turchia del cotone e dei cordovani e l'esportazione di cera e cuoi. Non si esigeranno diritti sulle monete francesi. Non si faranno schiavi, nè spoglieranno i mercanti francesi trovati su navi nemiche. Nè si cattureranno navi francesi portanti vettovaglie a nemici. Nè si faranno schiavi i turchi imbarcati su quelle. I francesi non porteranno a nemici de' turchi provvigioni avute da navi di questi, ma i turchi non potranno catturarli. Le merci francesi saranno trattate come in passato. I francesi potranno riesportare le merci invendute senza pagar dazio. Nei porti di Barberia i francesi potranno avere munizioni e attrezzi navali, quei corsari non dovranno molestarli; trovandosi schiavi francesi presso di essi, saranno liberati e riavranno ciò che loro fu tolto; si castigheranno i corsari che contrafacessero e si deporranno i loro governatori; i corsari non saranno ricevuti nei porti francesi. I francesi potranno esercitare la pesca, anche del corallo, nel golfo di Sturga sottoposto ad Algeri e Tunisi. I dragomanni al servizio di Francia non pagheranno gravezze. I mercanti francesi pagheranno i diritti prescritti ai loro consoli ecc. Gli ambasciatori e consoli soli avranno giurisdizione criminale per delitti tra francesi. Le liti dei turchi contro consoli francesi saranno giudicate dalla Porta. Gli ambasciatori francesi nei ricevimenti ed altre solenni circostanze avranno alla Porta la precedenza sugli ambasciatori di Spagna e di altri principi. I francesi saranno esenti da ogni dazio ecc. pel denaro e per le cose d'uso personale o donativi che portassero. I rappresentanti la Francia avranno dovunque nell'impero la precedenza su quelli di altri stati. Le navi francesi di commercio saranno trattate amichevolmente ed al bisogno assistite in tutti i porti della Turchia e così pure i singoli francesi in tutto l'impero. Questi non vi saranno obbligati a comprar merci, nè a rispondere per debiti d'altri compatriotti. Sarà libera la proprietà lasciata dai morti. Si fissano le formalità pei giudizî civili in causa fra turchi e francesi. Questi non saranno molestati per causa di religione. Gli schiavi francesi che si trovassero nell'impero saranno deferiti alla Porta. I francesi abitanti in Turchia saranno esenti da tributi; e così pure i loro consoli in Alessandria, Tripoli di Siria, Damasco, Barberia ecc. Ai giudizi contro francesi nei tribunali turchi intervenga sempre il dragomanno dei primi e le liti tra francesi si giudichino dai loro rappresentanti. Le visite alle navi francesi dopo fatta la visita in Costantinopoli non potranno farsi se non che alle bocche nei Castelli, eccettuato Gallipoli. Le navi da guerra turche non molesteranno i legni francesi che incontrassero. Si estendono ai francesi le capitolazioni concesse ai veneziani. Le navi francesi saranno protette nell'impero, e castigato chi vi rubasse. L'esecuzione di quanto sopra è imposta a tutte le autorità dell'impero sotto severe pene. Tutti i cristiani, anche se nemici dei turchi, possano andare in pellegrinaggio a Gerusalemme sotto la protezione della Francia, senza essere molestati.

Articoli aggiunti: I vescovi soggetti alla Francia potranno vivere senza molestia nelle rispettive sedi in Turchia. In tutti i luoghi santi di Gerusalemme e fuori, i religiosi *franchi* che vi abitano, continuino a dimorarvi e senza molestia; le liti di essi non definite in luogo, siano deferite alla Porta. I francesi e loro soggetti possano recarsi liberamente a Gerusalemme. Si restituiscano ai gesuiti e cappuccini francesi le due chiese già possedute in Galata, dovendosi riedificare quella dei secondi incendiata; i religiosi francesi non siano molestati nelle loro chiese di Smirne, Saida, Alessandria ecc. e così nel loro ospitale di Galata. E' ridotto da 5 a 3 per $^0/_0$ il dazio sulle merci che i francesi importano nell'impero. I portoghesi, siciliani, catalani, messinesi, anconetani ed altri che non hanno rappresentanti in Turchia possano andarvi e trafficarvi sotto la bandiera di Francia. I francesi paghino la *messetaria* a Galata o Costantinopoli come gli inglesi. Se i doganieri stimassero le merci francesi più del loro valore, accettino quelle in luogo di denaro pei dazi. I francesi non debbano pagar dazio più d'una volta sulla stessa merce. I consoli ed altri francesi residenti possano far vino per proprio uso. Le liti per oltre 4000 aspri siano giudicate nel divano imperiale. In caso di omicidî, i francesi non provati rei non siano molestati. I dragomanni delle ambasciate godano delle franchigie concesse ai francesi. Il sultano promette di osservare tutto ciò, fin che la Francia gli si conservi amica.

Dato il 10 della luna di Çafar del 1084. — Tradotto dal dragomanno Giacomo Tarsia.

Da c. 310 a 317 segue altra versione dello stesso documento, scritta pure su carta.

V. Du Mont. *Corps universel* cit. T. VII, p. I, p. 231 sgg. con la data 5 giugno.

74. (67). — 1675, Luglio 11. — c. 154 t.° — « Aggiustamento » (in volgare) fatto fra il cardinale Pauluccio (Paulucci) degli Altieri (segretario di stato) e i cardinali Giovanni Everardo Nidhart (o Nitard) ambasciatore del re di Spagna, e d'Assia (Féderico langravio d'Assia Darmstat) ambasciatore dell'imperatore presso il papa. In esso si espone che in seguito ad editto emanato l'11 Settembre 1674, che imponeva il dazio del 3 per $^0|_0$ sulle mercanzie forestiere, comprendendo fra i tassati anche i detti due ambasciatori, questi portarono al papa Clemente X i loro reclami; che quindi il pontefice, anche per gli uffici dei cardinali Carlo e Francesco Barberini e (Alderano) Cibo fattisi mediatori, offrì ai reclamanti quanto segue; L'editto mentovato sarà con chirografo papale revocato, restando in vigore quello del 28 giugno 1674; il cardinale Altieri visiterà personalmente i due ambasciatori per dichiarare dispiacenza per l'incidente; i cardinali mediatori faranno sapere ai due ambasciatori esser noto al papa che i cardinali Nerli (Francesco) e Crescenzi (Alessandro) hanno sempre proceduto colla debita stima verso di loro; circa la visita dei mediatori agli ambasciatori, il papa si riporta alla decisione dei primi; egli ordinerà la spedizione di un breve onorifico agli ambasciatori (v. n. 76); il capitano della guardia ebbe solo di mira l'evitare il concorso del popolo; il commissario della camera non eccedette i limiti del suo ministero. I due ambasciatori dichiarano aderire ai desideri del pontefice ed approvare quanto sopra (v. n. 75).

Fatto in Roma. — Sottoscritto dai cardinali Altieri, Nidhart e d'Assia.

Aggiunta posteriore: all'articolo secondo, le udienze agli ambasciatori furono differite e negate per vari impedimenti; le porte del palazzo apostolico si chiusero per impedire l'ingresso al popolo che seguiva le carrozze degli ambasciatori. All'art. relativo al commissario della camera, questi presenterà le sue giustificazioni per quanto potesse essere stato riferito agli ambasciatori a suo carico.

Postilla in margine: Copie spedite dall'ambasciatore a Roma (Pietro Mocenigo) con sua lettera 15 luglio, n. 145. (*Dispacci Roma,* filza n. 184).

75. (68). 1675, Luglio 11. — c. 156. — « Articolo particolare » aggiunto al n. 74 (in volgare). Il cardinale Altieri promette ai due cardinali ambasciatori, che seguendo accordo simile cogli altri due ambasciatori secolari (Venezia e Francia), non si faranno a questi concessioni maggiori. (v. n. 76)

Dato a *Monte Cavallo.* — Sottoscritto dal cardinale Altieri. (inserto in dispaccio dell'ambasciatore Pietro Mocenigo come il precedente).

76. (69). — 1675, Luglio 12. — c. 156 t.° — Breve del papa Clemente X a Carlo II re di Spagna. Quantunque abbia sempre dimostrato il suo apprezzamento pel ministero che fungono e per le doti personali degli ambasciatori accreditati presso di lui, accogliendoli amorevolmente, tuttavia a maggior testimonio di gradimento delle loro persone, il papa fa ampie lodi del cardinale Nidhart rappresentante esso re, e lo dice degno di tutta la benevolenza e la fiducia di questo (v. n. 74, e 77).

Dato a Roma presso S. Maria Maggiore.

77. (70). — 1675, Luglio 20. — c. 157 t.° — Aggiustamento seguito fra il cardinale Altieri e Pietro Mocenigo ambasciatore veneto a Roma, conforme in tutto al n. 74 (v. n. 78).

Spedito a Venezia (in originale) coi seguenti con sua lettera odierna n. 417. (Veggansi Dispacci Roma, filza 184).

78. (71). 1675, Luglio 20. — c. 158 t.° — « Articolo particolare ». Il cardinale Altieri promette all'ambasciatore Mocenigo (v. n. 77) che in caso di accordo coll'ambasciatore di Francia, non si faranno a questo concessioni maggiori (v. n. 79).

Dato come il n. 74.

79. (72). — S. d. (1675, Luglio 20.). — c. 159, — Aggiunta all'aggiustamento n. 77, conforme a quella fatta al n. 74 (v. n. 80).

80. (73.) — (1675, Luglio 27.) — c. 159. — Breve del papa Clemente X al doge (Nicolò Sagredo), conforme, tranne nel nome dell'ambasciatore che qui è Pietro Mocenigo, al n. 76.

Sottoscritto da I. G. Slusius (Giangualtiero Slusio, poi cardinale).

Postilla in margine: l'originale spedito dall'ambasciatore con lettera della stessa data n. 430, fu consegnato al cancellier grande.

(Bolle ed atti della Curia Romana, cassetta 16. N. 699.)

81. (74). — 1675, Novembre 23. — c. 160. — Il senato delibera che sia data copia ai provveditori di comune della convenzione stipulata nel 25 ottobre 1675 tra Francesco De Seiournent signore di Duplessis e Beauregard Mastro dei corrieri di Lione, e Gio. Astori corriere ordinario della republica ·di Venezia relativa ai viaggi dei corrieri regi di Francia fra Lione e Torino, e di quelli dei corrieri veneti fra Torino e Venezia (mandata in originale a Venezia da Ascanio Giustiniani ambasciatore nel detto regno con sua lettera 6 novembre n. 292, nella quale si trova la convenzione originale. Dispacci Francia, filza 158) onde i provveditori stessi dispongano perchè sia osservata. (Senato Corti reg. 52. c. 236).

82. (75). — 1678, Agosto 10. — c. 160 t.° — Versione in volgare dell'art. 18, della pace conclusa a Nimega fra i plenipotenziarî del rè di Francia (il Maresciallo d'Estrades, Colbert e de Mesmes) e degli Stati dei Paesi Bassi (H. van

Beverningk, W. von Nassau e W. van Haren). Si dichiara che nel trattato saranno compresi, per parte di Francia il re di Svezia, il duca d'Holstein, il vescovo di Strasburgo, ed il principe Guglielmo di Fürstenberg; e, se vogliono aderire, il Portogallo, Venezia, il duca di Savoia, gli Svizzeri e loro alleati, l'elettore di Baviera, Giovanni Federico duca di Brunswich e d'Annover, e gli altri principi e stati che lo chiedessero.

V. Du Mont. *Corps universel* cit. T. VII, p. I, p. 359.

83. (76). — 1683, Marzo 31. — c. 161. — Trattato dell'alleanza fra Leopoldo I imperatore, anche per i suoi regni di Ungheria e di Boemia, per l'arciducato d'Austria e le altre provincie ereditarie, da una parte, e Giovanni III re di Polonia granduca di Lituania per questi suoi dominî, dall'altra. In esso si dichiara che, per ovviare ai comuni pericoli minacciati dalla vicinanza dei turchi, e per ricuperare i paesi tolti da questi ai due potentati, viste le molte infrazioni, per parte degli ottomanni, della pace già conclusa con essi dal re, e pei caldi eccitamenti del papa Innocenzo XI con promessa di sussidi, i due sovrani pattuirono: È stretta fra essi e loro successori e dominî alleanza offensiva e difensiva, onde conseguire e mantenere la pace contro i detti infedeli. A maggiormente consolidare i mutui vincoli, le parti dichiarano il pontefice protettore e mallevadore dell'alleanza, e i due sovrani promettono con giuramento e con sottoscrizione autografa l'osservanza del presente. Ed i cardinali Pio di Savoia (Carlo) e Barberini (Carlo) protettori dei due potentati, presteranno entro due mesi nelle mani del papa, in nome dei rispettivi protetti, il giuramento d'osservanza del presente. L'imperatore rinunzia alle sue pretese derivanti dal trattato fatto al tempo della guerra di Svezia, ed annulla il diploma « de electione » restituendo alla Polonia il libero voto e rinunziando pure all'ipoteca sulle saline *Wichliuntii*. Il re e la Polonia a loro volta annullano tutte le obbligazioni e pretensioni loro derivanti dal trattato stesso. Le parti, iniziando la guerra, non potranno far pace col nemico separatamente. I due contraenti si obbligano all'osservanza del presente pei rispettivi stati e successori. L'alleanza è limitata alla sola guerra contro i turchi. L'imperatore contribuirà alla guerra in Ungheria con 60.000 uomini (compresivi 20.000 di ausiliari forniti da amici e i presidî delle fortezze ungheresi); la Polonia e la Lituania manterranno 40.000 uomini. In caso i turchi ponessero l'assedio a Vienna o a Cracovia, gli alleati congiungeranno i loro eserciti per liberarle, unione che sarà fatta ogni volta che le circostanze lo richiedano, per decisione del consiglio di guerra; all'uopo i due sovrani manterranno l'un presso l'altro esperti ufficiali. Altrimenti la guerra sarà fatta per diversione, l'imperatore procederà nell'Ungheria, il re al riacquisto di Camenetz, della Podolia e dell'Ukrania; le terre riconquistate torneranno all'antico signore. Essendo imminente la guerra, nè potendosi con sollecitudine far votare la relativa contribuzione, l'imperatore anticiperà al re un sussidio di 1.200.000 fiorini correnti di Polonia tosto sottoscritto il presente, senza pretendere la restituzione, ma potrà impetrarla dal papa. L'imperatore procurerà dal re di Spagna imposizione

di decime nel regno di Napoli e nello stato di Milano, ad esclusivo favore della
Polonia, durante la guerra. Tutti i potentati cristiani potranno aderire al presente col consenso di entrambi i contraenti, che faranno il possibile perchè vi
acceda lo czar di Moscovia. Se, col consenso dei due contraenti, uno dei sovrani
sarà sul campo, spetterà a questo il comando supremo. Si fissa la formula del
giuramento da prestare nelle mani del papa, come è detto di sopra, per parte
dei cardinali protettori dei due potentati, per l'osservanza del presente (v. n. 84).

Fatto a Varsavia, celebrandosi i comizî generali del regno. (Inserto *Dispacci Germania* 22 maggio 1683, n. 262, filza 157).

V. Du Mont. *Corps universel* cit. T. VII, p. II, p. 62. sgg.

84. (77). — 1683, Ottobre 28. — c. 164. — Giovanni III re di Polonia,
granduca di Lituania, Russia, Prussia, Mazovia, Samogizia, Livonia, Volinnia, Kiovia, Podolia, Podlachia, Smolensko, Severia e Czernicovia, al doge Alvise Contarini. Ricordate la doppia vittoria di Vienna, quella di Parkang, la
presa di Gran, una lettera del gran visir su quelle stragi (della quale manda
copia), dice esser tempo che l'Europa si liberi degl'infedeli. Invita quindi la
republica ad unirsi a lui contro i turchi, ad occupar subito colla flotta l'Arcipelago per soffrir fra poco Costantinopoli penuria di viveri che non potrà
essere rimediata dal Mar Nero. Ricorda Venezia che anticamente comandò a
Costantinopoli. Lo scrivente non desisterà dall'impresa a niun costo. Non è a
dubitare che il re di Persia non colga l'occasione per ricuperare *Babilonia*
(Bagdad) se eccitatovi da Venezia; nè esso scrivente desisterà dagli uffici presso
lo czar. La riuscita non è dubbia se i principi cristiani profitteranno dello scorcio
dell'autunno e dell'inverno per preparare armi ed alleanze (v. n. 83, e 85).

Dato nel castello di Gran. — Sottoscritto dal re. (L'ORIGINALE in *Delib.
Senato Corti* 11 dic. 1683, filza n. 112).

85. (78). — 1683, Gennaio 15 (m. v.) — c. 165. — Discorso (in italiano)
tenuto al Collegio dall'ambasciatore imperiale (conte Udalrico della Torre).
Eccita, in nome del suo sovrano, la Signoria ad unirsi in alleanza offensiva e
difensiva contro i turchi nelle presenti circostanze e difensiva per l'avvenire,
mostrandone i vantaggi per la republica; dice avere la facoltà per entrar subito
in trattative. Smentisce che l'imperatore sia disposto a far pace cogli ottomanni.

Il consigliere anziano Giorgio Querini risponde, in assenza del doge, che si
prenderà in considerazione la proposta per rispondervi dopo opportuna deliberazione (v. n. 86).

In *Esposizioni Principi,* filza n. 96.

86. (79). — 1683, Gennaio 19 (m. v.). — c. 166. t.° — Risposta (in volgare), deliberata dal senato, alla proposta n. 85. Quantunque Venezia risenta
ancora i danni della guerra di Candia, pure la Signoria ascolterà le proposizioni che sarà per fare l'ambasciatore, confidando in Dio e nell'assistenza del
pontefice. (v. n. 87). (*Deliberazioni Senato Corti,* filza n. 112).

1683, febbraio 6. (m. v.) — V. n. 89. all. B.

87. (80). — 1683, Febbraio 12 (m. v.) — c. 167. — Il senato all'ambasciatore a la corte imperiale (Domenico Contarini). Si loda la sua condotta nel riferire all'imperatore la risposta del senato alla proposta n. 86. Quantunque la Signoria avesse stimato più opportuno che le trattative per l'alleanza avessero luogo in Venezia, pure si aderisce al desiderio espresso dal cancelliere Strattmann che seguano alla corte suddetta. Gli si manda all'uopo la plenipotenza (v. n. 88), raccomandandogli di non concludere senza aver prima ricevuto l'ordine relativo. Gli si rimanda annotato il progetto di trattato consegnatogli dal detto cancelliere. (ORIGINALE in *Deliberazioni del Senato Corti*, filza n. 112 con inserta minuta di « Capitulationi della lega tra l'Imperatore e Re di Polonia che vanno all'ambasciatore in Germania »).

88. (81). — 1683, Febbraio 12 (m. v.). — c. 168. — Ducale con cui, in seguito ai fortunati eventi della lega contro i turchi promossa dal papa Innocenzo XI, per seguire i suoi eccitamenti e gli inviti dell'imperatore e del re di Polonia, si conferiscono a Domenico Contarini, cav. amb. residente alla corte imperiale, le facoltà più ampie per negoziare e concludere l'ingresso di Venezia nella lega medesima. (Il documento è in italiano).

Sottoscritta da Antonio Negri segretario del senato. (v. n. 89). (ORIGINALE in *Deliberazioni del Senato Corti*, filza n. 112).

1683, Febbraio 24. (m. v.) — V. n. 89 all. A.

89. (82). — 1684, Marzo 5. — c. 169. – Istrumento in cui si espone, che avendo, dopo le recenti vittorie, il papa Innocenzo XI, l'imperatore Leopoldo I e il re di Polonia Giovanni III, invitata la republica di Venezia ad entrare nell'alleanza da essi stretta contro i turchi, ed avendo essa accolto l'invito, fu convenuto che, presente il cardinale Bonvisi (Francesco vescovo di Lucca) nunzio apostolico, si procedesse ai relativi negoziati presso la corte imperiale. In seguito a ciò i plenipotenziarî dell'imperatore (v. allegato A), del re di Polonia (v. allegato B) e della republica (v. allegato C) pattuirono: È conchiusa alleanza offensiva e difensiva fra i tre potentati fino a che si possa aver pace durevole. Si ripetono gli articoli del n. 83 relativi alla protezione e tutela della lega per parte del pontefice; al giuramento da prestarsi nelle mani di esso dai cardinali protettori dei singoli contraenti Pio di Savoia (Carlo), Barberini (Carlo) ed Ottoboni (Pietro); al divieto di far pace coi turchi separatamente; all'obbligo dei potentati pei rispettivi dominî e successori; alla limitazione dell'alleanza contro la sola Turchia. I due sovrani promettono di far guerra colle maggiori forze possibili e la republica con potentissima flotta e con truppe in Dalmazia. Gli alleati si promettono il maggior possibile vicendevole aiuto quando lo stato d'uno fosse specialmente minacciato dal nemico e corressero pericolo: per la Germania il regno d'Ungheria, per la Polonia Camenetz, la Podolia e l'Ukraina e la republica per le terre toltele nella guerra e poi restituitele. Il consiglio di guerra deciderà sulla misura degli aiuti da prestarsi ed esperti ufficiali delegati dalle singole parti risiederanno presso ciascuno dei contraenti. Questi faranno guerra per diversione come è detto nel n. 83, e Venezia procurerà riconquistare quanto le fu tolto in passato. Dopo la ratificazione del presente, le parti delibereranno d'accordo circa le azioni di guerra da intraprendere. Gli inviti e le ammissioni di altri potentati all'alleanza saranno fatti di comune consenso dei contraenti. Il presente non pregiudicherà ad anteriori trattati che i singoli alleati avessero con Venezia, nè a quello riferito al n. 83. Esso sara ratificato entro un mese dai contraenti (v. n. 93)

Fatto nel castello di Linz. — Sottoscritto dal nunzio cardinale F. Bonvisi e dai plenipotenziarî imperiali Leopoldo Guglielmo conte di Königsegg, T. A. Enrico libero barone di Strattmann; pollacco Giovanni Francesco conte di Rordrareso (?) e veneto Domenico Contarini,

Segue la formula del giuramento da prestarsi nelle mani del papa dai cardinali protettori di Polonia, dell'impero e di Venezia.

ALLEGATO A: 1684, Febbraio 24. — Leopoldo eletto imperatore dei romani, re di Germania, Ungheria, Boemia, Dalmazia, Croazia, Slavonia, arciduca d'Austria, duca di Borgogna, Stiria, Carintia, Carniola e Wirtenberg, conte del Tirolo, di Gorizia ecc, fa sapere : Avendo già il re di Polonia e la republica veneta mandato loro plenipotenziarî alla corte imperiale per concludere alleanza contro il nemico della cristianità, esso imperatore conferisce all'uopo le facoltà necessarie a Leopoldo Guglielmo conte di Königsegg (ciambellano, pro cancelliere dell'impero e cav. del toson d'oro) e a Teodoro *Actheti* Enrico barone di Strattmann.

Dato a Linz. — Sottoscritto dall'imperatore e da Giulio Federico Buccelleni, e per mandato da Giov. Giorgio Koch.

ALLEGATO B: 1684, Febbraio 6. — Giovanni III re di Polonia ecc. (v. n. 84) Fa sapere di aver dato facoltà a Giovanni Refdrafecosky castellano Medyrecense, suo ambasciatore presso l'imperatore, di negoziare e concludere con questo e con Venezia, da esso re invitata, l'adesione della medesima all'alleanza contro i turchi.

Dato a Cracovia. — Sottoscritto dal re e da Cristoforo Turanowsky segretario della regia cancelleria in Varsavia.

ALLEGATO C: — 1683, Febbraio 12 (m. v.). — Copia del documento n. 88.
V. DU MONT. *Corps universel* cit. T. VII, p. II, p. 72 sgg.

1684, Marzo 20. — V. n. 94.

90. (84). — 1684, Marzo 27. — c. 174. — Giovanni III re di Polonia ecc. (v. n. 84). ratifica, riportandolo, il trattato n. 89 promettendone la fedele osservanza (v. n. 93).

Dato a Jaworow. Sottoscritto dal re e da Casimiro Tuchotka castellano di Gedanea e regio segretario.

1684, Marzo 27. — V. n. 95. All. B.

91. (85). — 1684, Marzo 31. — c. 175. — Leopoldo I eletto imperatore dei romani, re di Germania, Ungheria, Boemia, Dalmazia, Croazia, Schiavonia, arciduca d' Austria, duca di Borgogna, Brabante, Stiria, Carintia, Carniola, Lussemburgo, Alta e Bassa Slesia, Würtenberg e Teck principe di Svevia, marchese del Sacro Impero, di Burgovia, Moravia, dell' Alta e Bassa Lusazia conte di Habsburg, del Tirolo, di Ferret, Kyburg e Gorizia, langravio di Alsazia, signore della Marca di Schiavonia, di Pordenone e Saline, ratifica, riportandolo, il trattato n. 89, e promette di osservarlo (v. n. 93).

Dato nel castello di Linz. — Sottoscritto dall' imperatore, dal barone de Strattmann e da Gian Giorgio Koch.

92. (90). — 1684, Aprile 10. — c 184. — Breve del papa Innocenzo XI *ad futuram rei memoriam*. Essendo vacanti nei domini di Venezia alcune chiese cattedrali, per morte o traslazione dei rispettivi vescovi, e vari monasteri soliti darsi in commenda a chierici secolari, il papa in considerazione dei provvedimenti guerreschi che incombono alla republica in seguito all'alleanza n. 89, volendo venire ad essa in aiuto, di moto proprio, commette al nunzio Lodovico Jacobello (Luigi Giacobelli) auditore di nunziatura (vedi lettera del card. Cibo 8 aprile 1684 al detto, in Deliberazioni Senato Roma 15 aprile, filza 140) o ad altro pro tempore e al patriarca di Venezia, di esigere, o personalmente o per mezzo di speciali incaricati, le rendite dei mentovati benefici (sui beni da essi posseduti negli stati veneti) maturate o maturande durante la vacanza dalla fine del 1683, e, dedottine i carichi di pensioni ecc., ne consegnino il ricavato al doge e alla republica quale sussidio per la guerra contro i turchi, e non per altro uso. All'uopo conferisce al nunzio e al patriarca le necessarie facoltà.

Dato a Roma presso S. Pietro. — Sottoscritto da Giovanni Gualtiero Slusio.

93 (83). — 1684, Aprile 20. — c. 173 t° — I plenipotenziari sottoscritti al trattato n. 89 dichiarano in calce al trattato stesso, essere state oggi scambiate fra essi, in presenza del nunzio papale, le ratificazioni del trattato medesimo.

Dato a Linz. — Sottoscritto dal nunzio e dai quattro plenipotenziarî.

94. (88). — 1684. Aprile 21. — c. 182 t.° — Giovanni III re di Polonia ecc. fa sapere che, a maggior chiarezza del pattuito nel n. 89 fu, prima dello scambio delle ratificazioni di esso ed alla presenza del nunzio Bonvisi, convenuto dai plenipotenziarî dei contraenti quanto sta nell'allegato, che egli dichiara di ratificare e promette osservare come parte integrante del trattato medesimo (v. n. 95).

Dato in Jaworow. — Sottoscritto dal re e da Andrea Remboskj regio segretario.

ALLEGATO: 1684, Marzo 20. — Se dopo conchiusa dagli alleati la pace coi turchi, uno di essi fosse da quelli assalito, gli altri dovranno assisterlo con forze comuni, e quest'obligo durerà in perpetuo. In riguardo ai diritti che l'imperatore vanta sul regno d'Ungheria, dei paesi che venissero ricuperati nella guerra, Venezia potrà riavere quei soli che perdette in Dalmazia.

Fatto in Linz.

Il nunzio cardinale Francesco Bonvisi, in attesa dello scambio delle ratifiche per parte dei contraenti, dichiara autentico e valido quanto è qui pattuito.

1684, Aprile 23. — V. n. 95 all. A.
1684, Aprile 29. — V. n. 95 all. C.

95. (86). — 1684, ind. VII, Maggio 24. — c. 176 t.° — Istrumento in cui si dichiara che comparsi davanti al papa Innocenzo XI nella congregazione generale concistoriale i cardinali Carlo Pio (di Savoia) vescovo di Sabina protettore della nazione germanica e dei domini dell'imperatore, Carlo Barberini protettore del regno di Polonia, e Pietro Ottoboni vescovo di Tusculo, dopo presentate le procure (che si inseriscono in copia), i due primi dei sovrani rispettivamente protetti, il terzo del doge di Venezia, prestarono uno dopo l'altro nelle mani del pontefice il giuramento voluto dal trattato n. 89, promettendone pei loro mandanti e rispettivi successori la fedele osservanza (v. n. 96).

Fatto in Roma, in Vaticano, nell'aula concistoriale. — Testimoni Iacopo Altoviti patriarca d'Antiochia ed Egidio Colonna patriarca di Gerusalemme. — Atti di Francesco Giudice protonotario apostolico decano e di Maffeo Farsetti protonotario apostolico.

ALLEGATO A: 1684, Aprile 23. — Leopoldo I imperatore ecc. al cardinale Pio. Gli conferisce la facoltà e gli dà l'incarico di prestare nelle mani del papa in nome d'esso sovrano il giuramento voluto dal trattato n. 89.

Dato e sottoscritto come il n. 91.

ALLEGATO B: 1684, Marzo 27. — Giovanni III re di Polonia ecc. fa sapere che, in esecuzione del trattato n. 89, nomina procuratore plenipotenziario suo, del regno di Polonia e del granducato di Lituania il cardinale Carlo Barberini, per la prestazione nelle mani del papa del giuramento voluto dal trattato medesimo, e del quale inserisce la formula.

Dato e sottoscritto come il n. 90.

ALLEGATO C: 1684, Aprile 29. — Il doge di Venezia al cardinale Pietro Ottoboni (lettera in volgare). Gli partecipa di averlo prescelto a prestare in nome di Venezia nelle mani del pontefice il giuramento pattuito nel n. 89, e gli conferisce le necessarie facoltà.

Data nel palazzo ducale di Venezia. — Sottoscritta dal doge e da Angelo Bon segretario. Segue a questa lettera la formula del giuramento.

96. (87). — 1684, Luglio 27. — c. 181 t.° — Leopoldo I imperatore ecc. fa sapere di ratificare il pattuito nell'allegato al n. 94, che qui pure si riporta, di ritenerlo come parte integrante del trattato n. 89, e di aver commesso al cardinale Pio di prestare nelle mani del papa il relativo giuramento (v. n. 91).

Dato in Linz. — Sottoscritto dall'imperatore, da Giulio Federico Buccelleni e da Giov. Giorgio Koch,

97. (89). — 1684, Settembre 27. — c. 183 t.° — Dichiarazione che in data odierna furono scambiate dai plenipotenziari dei potentati contraenti (rappresentando il cardinale Bonvisi quello del re di Polonia) le ratificazioni, per parte dei rispettivi mandanti dell' aggiunta al trattato n. 89 fatta il 20 Marzo (v. allegato al n. 94).

Fatta in Vienna. — Sottoscritta dal nunzio, dal conte Leopoldo Guglielmo Königsegg, dal barone Teodoro A. Enrico Strattmann e da Domenico Contarini.

98. (91). — 1689, Ottobre 7. — c. 186. — Breve del papa Alessandro VIII (Pietro Ottoboni veneziano) al doge ed al senato di Venezia. (Il testo è in italiano). Dice di aver voluto annunziare di propria mano la sua assunzione al pontificato avvenuta ier sera al tardo; che i cardinali Delfino (Giovanni), Barbarigo (Gregorio e Marco Antonio) e Colloredo (Leandro) meritano la sua gratitudine, come pure l' ambasciatore Giovanni Lando che sì degnamente rappresenta la republica. Assicura che anche come pontefice amerà sempre la sua patria, e procurerà dimostrarlo coi fatti. Di più scriverà il detto ambasciatore.

Dato a Roma, in Vaticano.

1696, Luglio 30. — V. n. 113 all. B.

99. (92). — 1696, Agosto 4. — c. 187. — Il doge Silvestro Valier fa sapere (in italiano) per deliberazione del senato, che in seguito ai successi della lega contro i turchi, lo zar di Moscovia fece far uffici coll' imperatore Leopoldo per esservi ammesso; invitata Venezia in persona del suo ambasciatore residente alla corte imperiale a dichiararsi sull'ammissione, il doge dichiara di conferire all'ambasciatore stesso Carlo Ruzzini cav. le facoltà necessarie per concludere l' ingresso dello zar nell'alleanza predetta (v. n. 100).

Sottoscritto da Girolamo Giavarina segretario. (*Deliberazioni Senato Corti*, filza 137).

100 (94). — 1696, Agosto 9. — c. 188. t.° — Pietro Alexievicz zar e granduca·della Russia Grande, Piccola e Bianca, autocrate di Moscovia, di Kiew, Vladimir, Nowgorad, zar di Kasan, zar di Astrakan, zar di Siberia, signore dei territori di Pskow, granduca di Lituania, di Smolesko, di Twer, di Jugoria, di Perm, di Wiatka, di Bolgara ecc., signore e granduca Nowgorod nel paese basso, di Tzernigovia, di Rostow, di Resania, di Jaroslaw, di Bjeloosero, Udorio, Condinia, Vitepsko, Mostislava e imperatore di tutta la plaga settentrionale, signore di Jueria, della terra dei czari di Cartalinsky Grusinisky, della Cabardia, della Circavia e Gorsky, Signorie e paesi di Otschitsh, Dedisch e di molte terre occidentali e settentrionali, al doge ed al senato. Spedì all'imperatore Leopoldo quale ablegato, onde concludere una comune azione di guerra contro il sultano dei turchi e il Kan di Crimea, Cosma Nikiticz Neffimonowum. Questi gli riferì che l'imperatore solo non aderirebbe all'alleanza se non vi partecipasse la republica veneta. Fidente quindi nell'antica amicizia della republica la invita ad unirsi coll'imperatore e con lui per la difesa della cristianità. Dice di aver dato le facoltà necessarie al suo ablegato presso l'imperatore (V. n. 102).

Dato a Mosca, nell'anno 7204, 30 luglio.

1696, Agosto 17. — V. n. 113 all. C.
1696, Agosto 29. — V. n. 104.
1696, Settembre 9. — V. n. 113 all. A.
1696, Settembre 15. — V. n. 116.
1696, Settembre 22. — V. n. 113 alleg. D.
1696, Settembre 25. — V. n. 116.

101. (93). — 1696, Ottobre 6. — c. 187 t.° — Ducale (in italiano) al gran duca di Moscovia (Pietro I). Gli si fanno congratulazioni per la presa di Assach contro i turchi, augurandogli nuove vittorie. Si gradisce l'invito, fatto con lettere 30 luglio, di unirsi a lui e all'imperatore in lega, ed all'uopo furono già trasmesse le necessarie facoltà all'ambasciatore Ruzzini a Vienna (v. n. 99 e 100).

Sottoscritta da Marino Angelo Negri segretario.

1696, Ottobre 7. — V. n. 113.
1696, Ottobre 10. — V. n. 104, 116.
1696, Ottobre 22. — V. n. 113.
1696, Ottobre 29. — V. n. 113.

102. (95). — 1696, Novembre 3. — c. 190. — Leopoldo imperatore ecc. fa sapere che avendo il re di Polonia (Giovanni III) e la republica di Venezia accolto l'invito di entrare nell'alleanza collo zar di Moscovia contro i turchi, diede facoltà ai suoi consiglieri intimi Francesco Uldarico conte Kinski gran cancelliere del regno di Boemia, Ernesto Ruggero conte Stahrenberg, maresciallo di campo e presidente del consiglio di guerra e Sebastiano Vinibaldo conte di Zeyl vicepresidente del consiglio aulico, di negoziare e concludere, in qualità di suoi plenipotenziari, i patti della detta alleanza (v. n. 99 e 100).

Dato a Vienna. — Sottoscritto dall'imperatore, dallo Zeyl suddetto e per mandato da Lulzo Dolberg.

1696, Novembre 8. — V. n. 113.

103. (96). — 1697, Febbraio 8 (e 29 Gennaio, stile vecchio). — c. 191. — Istrumento in cui si espone che, avendo lo zar di Moscovia invitato l'imperatore Leopoldo ad un'alleanza contro i turchi, ed essendovisi il secondo dichiarato disposto, ottenuto il concorso del re di Polonia e di Venezia, i rappresentanti

Carlo Ruzzini ambasciatore veneto a Vienna e Cosma Nikiticz Neffimonowum ablegato dello zar, pattuirono: Essendo scopo della presente alleanza la guerra ai turchi e ai tartari, i contraenti si obbligano a farla con tutte le loro forze per terra e per mare. Le parti si comunicheranno le rispettive intenzioni circa le azioni belliche, e si adopreranno, nel caso, di far pace, onde ognuna abbia le dovute soddisfazioni. Niuna di esse potrà far pace col nemico senza saputa delle altre. Quella a cui fossero offerte condizioni oneste, potrà ascoltarle, ma dovrà comunicarle alle altre, onde siano comprese nel relativo trattato. Quando uno solo dei contraenti fosse assalito dal nemico, gli altri procureranno d'indebolire questo con diversioni e di soccorrere quello in tutti i modi. La presente alleanza durerà tre anni da oggi, restando libero agli alleati di prolungarne la durata; spirata l'efficacia di esso, i confederati resteranno amici. Il presente non pregiudicherà al pattuito nel n. 89, che continuerà in vigore, nè al trattato vigente fra lo zar e la Polonia. I plenipotenziari si promettono vicendevolmente l'osservanza del presente per parte dei rispettivi mandanti (v. n. 117).

Fatto in Vienna. — Sottoscritto dai mentovati plenipotenziari e munito dei loro sigilli.

N. B. la firma del moscovita Cosma Nikiticz Neffimonowum e in carattere russo.

1697, Febbraio 25. — V. n. 108 all. A.
1697, Aprile 12 — V. n. 108 all. B.

104. (98). — 1697, Settembre 7. — Opuscolo a stampa di 16 pagine, in 4.° in francese, inserto dopo la c. 195 (c. 196-203 del registro) col titolo: « Traité - « de paix - entre - la France - et Savoye - Conclu à Turin le 29 Aoust 1696 - « (Stemma reale) - A Paris - De l'Imprimerie de Frederic Leonard - Imprimeur « ordinaire du Roy - M.DC.XCVII - Avec privilege de sa Majesté » — Contiene:

1696, Settembre 7. — Luigi (XIV) re di Francia e di Navarra fa sapere di avere ratificato quanto stà nell'allegato.

Dato a Versailles.

ALLEGATO: S. d. (1696, Agosto 29). — Articoli del trattato concluso a Torino fra Renato de Froullay conte di Tessé luogotenente generale dell'esercito regio, colonnello generale dei dragoni, governatore d'Ypres, luogotenente generale delle provincie del Maine e del Perche, comandante nel paese e nelle piazze di frontiera del Piemonte, rappresentante il re di Francia, e Carlo Vittorio Giuseppe marchese di San Tomaso, ministro, primo segretario di stato e rappresentante Vittorio Amedeo II duca di Savoia: Sarà pace d'ora in poi fra i due potentati; il re rinunzia ai trattati ed impegni presi coll'imperatore e gli altri partecipi alla così detta Lega, dai quali, e almeno dal re di Spagna impetrerà la neutralità per l'Italia, con dichiarazioni da farsi da essi imperatore e re al papa e alla republica veneta, che saranno seguite dal ritiro dall'Italia delle truppe degli alleati. Mancando il consenso alla detta neutralità per parte dell'imperatore e di Spagna, il re ed il duca s'impegnano ad una lega offensiva e difensiva fino alla pace generale, contro lo stato di Milano e contro tutti gli opponenti al presente. Il re farà demolire tutte le fortificazioni di Pinerolo e dipendenze di Santa Brigida e la Perosa, ne ritirerà le artiglierie e munizioni postevi, e restituirà quella città col territorio costituente il governo di essa prima che Vittorio Amedeo I ne facesse cessione a Luigi XIII, restando obbligati i duchi di Savoia a non rialzare le dette fortificazioni, nè altre, nei luoghi ceduti loro col presente. Il re consegnerà pure al duca i paesi e le piazze di Nizza, Villafranca, Susa, castelli di Montmeillant senza demolizione di forti, nello stato in cui erano quando furono conquistati dai francesi e con tutti i miglioramenti fattivi da questi. Le dette restituzioni seguiranno dopo uscite d'Italia le truppe straniere, cioè le tedesche, quelle di Brandenburgo, di Baviera, le protestanti assoldate dall'Inghilterra ecc., come pure dopo ritornate nel Milanese quelle del re di Spagna. Si riterranno per sortiti d'Italia i soldati che si ritirassero nei dominî di Venezia. Seguono alcune norme per la demolizione delle fortificazioni di Pinerolo. Il re, a richiesta del duca, darà a questo due duchi e pari in ostaggio per l'esecuzione di quanto sopra. — Il re non farà trattati coll'imperatore o con Spagna senza comprendervi il duca; il presente trattato sarà confermato nella pace generale come quelli di Cherasco, di Münster, dei Pirenei e di Nimega, restando il re sempre garante verso il duca di Mantova dei 494.000 scudi d'oro mentovati in quello di Münster. Per le altre pretese della sua casa, il duca si riserva di farle valere in séguito, non dovendo il presente pregiudicarle. — Si tratterà al più presto il matrimonio del duca di Borgogna colla figlia di quello di Savoia, e se ne fissano le condizioni principali. Rinunziando il duca a tutti gli impegni colle potenze nemiche, e contraendo col re sì stretti vincoli, spera che questo lo proteggerà; ed esso re promette di non esigere dal duca di mancare al decoro e alle convenienze verso i proprî alleati, tenendo presso di sè i loro rappresentanti e mandando ad essi, compresi l'imperatore e Spagna, i proprî. — Il re e i suoi rappresentanti tratteranno dovunque gli ambasciatori e rappresentanti del duca come quelli delle teste coronate; e ciò dopo la sottoscrizione del suddetto contratto di matrimonio. — Il commercio ordinario fra la Francia e l'Italia sarà rimesso in vita come era prima della guerra sotto Carlo Emanuele II per le strade di Susa, della Savoia, del ponte di Beauvoisin e di Villafranca, col pagamento dei consueti diritti. Il duca vieterà agli abitanti delle valli di Lucerna detti Valdesi, di aver comunicazioni coi sudditi regî in materia di religione; e ai sudditi regî di stabilirsi in dette valli sotto verun pretesto. Il re non si occuperà dei provvedimenti che prenderà il duca in fatto di religione, solo il secondo non permetterà l'introduzione della religione detta riformata in Pinerolo e nelle terre ora cedutegli. — I due potentati concedono piena amnistia a tutti pei fatti avvenuti dal principio della guerra in poi. — — I beneficî ecclesiastici dati dal re durante il suo dominio sulle terre ora restituite, rimarranno ai titolari che le possedono; delle commende di S. Maurizio e delle cariche giudiziarie il duca disporrà invece a 'suo arbitrio. — Il re rinunzia al duca le imposte dovutegli dalle terre suddette; il duca non esigerà contribuzioni di sorta dai paesi sudditi del re. — Il re lascia alla ordinaria giustizia il decidere delle pretese della duchessa di Nemours (Maria d'Orleans-

Longueville) verso il duca di Savoia. — Il duca potrà mandare suoi funzionari in Savoia, nella contea di Nizza, nel marchesato di Susa e Barcellonetta, in Pinerolo e sue dipendenze, per regolarvi i suoi interessi. — Accettandosi la neutralità dell'Italia o facendosi la pace generale, il duca si obbliga a ridurre, in tempo di pace, le sue truppe a 6000 fanti al di qua dei monti e a 1500 pei presidi di Nizza e Savoia, e 1500 cavalli o dragoni.

1696, Agosto 30. — Vittorio Amedeo II duca di Savoia, principe di Piemonte, re di Cipro ecc. ratifica il trattato qui sopra e ne promette l'osservanza.

Dato a Torino. — Sottoscritto dal duca e dal marchese di San Tomaso.

(Ultima pagina): 1696. Ottobre 10. — Estratto del privilegio, sottoscritto dal ministro Colbert, che permette al signor Mignon commesso del marchese di Torcy ministro segretario di stato, di far stampare i trattati conclusi in addietro dal re o che si stamperanno entro i 12 anni avvenire.

Dato a Fontainebleau.

Segue nota che il Mignon cedette al tipografo F. Leonard il detto privilegio.

105. (101). — 1697, Settembre 20. — c. 222. — Trattato di pace concluso a Ryswick per metter fine alla guerra del Palatinato tra Luigi XIV re di Francia e Navarra e gli Stati generali delle provincie unite del Belgio, incominciato per intercessione di Carlo XI re di Svezia, dei Goti e dei Vandali, decesso prima che fosse condotto alla fine, e ridotto a termine col concorso di Carlo XII suo successore. Le trattative furono tenute nel castello di Ryswick nelle provincie di Olanda tra i plenipotenziari, per la Francia: Nicolò Augusto d'Harlay signore di Bonneuil, conte di Celly; Luigi Verjus conte di Crecy consigliere di stato, marchese di Treon, barone di Couvay, signore di Bourlay, Due chiese, Fortisle, Menillet, ed altri luoghi; e Francesco de Callieres, signore di Callieres, di Roche - Chellay e Grigny; e per gli Stati generali: Antonio Hensius, Consigliere pensionario degli stati di Olanda e Westfrisia, guardasigilli e sovrintendente dei feudi; Everardo di Weede, signore di Weede, Dikweld, Rateles ecc., signore fondiario della città di Oudewater, decano e partecipe del Capitolo di S. Maria di Utrecht; e Guglielmo di Haren deputato dalla nobiltà agli stati di Frisia e dall'assemblea degli stati di Olanda, Utrecht e Frisia.

Questi comunicatosi vicendevolmente il testo dei pieni poteri ricevuti e qui allegato e fattone lo scambio mercè l'intervento del barone di Lillieroot amb. estraordinario e plenipotenziario del re di Svezia, convennero col nome di Dio e pel bene della cristianità alle seguenti condizioni:

1. — Si avrà per l'avvenire tra sua Maestà Cristianissima re di Francia e Navarra ed i Signori Stati generali delle provincie unite dei Paesi Bassi, una pace ferma e perpetua e cesseranno le ostilità che esistono attualmente tra dette parti — 2. Si accorda da ambe le parti un'amnistia generale a tutti coloro che presero le armi nella parte avversaria e potranno tornare senza bisogno di carte speciali al possesso dei loro beni, ed entrare nelle loro case. — 3. Tutte le prede fatte nel mar Baltico ed in quello del Nord da Terneuze all'imboccatura della Manica, a Capo Saint Vincent e al di là del Mediterraneo

saranno restituite in tempo più o meno lungo a seconda delle distanze. — 4. Si avrà fra esse due parti e gli abitanti di essi perpetua amicizia e buona corrispondenza — 5. In virtù di questa amicizia si aiuteranno reciprocamente ambedue dette parti. — 6. Saranno restituiti i beni agli eredi di quelli cui furono confiscati, — 7. Al conte d'Auvergne colonnello generale della cavalleria leggera di Francia sarà restituito il marchesato di Bergen-op-Zoom altro diritto confiscatogli dagli Stati. — 8. Tutti i luoghi occupatisi sì dentro che fuori d'Europa da una parte e dall'altra durante la guerra saranno restituiti, nello stato in cui si trovano ora, a quella che li possedeva prima, senza farsi luogo a reclami per le alterazioni o cambiamenti avvenutivi; il forte di Pondichery sarà così reso alla compagnia francese delle Indie Orientali; la compagnia omonima olandese conserverà la proprietà delle artiglierie portatevi, delle munizioni e d'ogni altro bene o diritto che vi possedesse ora. — 9. Saranno messi in libertà tutti i prigionieri di guerra. — 10. Cesserà ogni esazione di contribuzioni, imposte dalle parti durante la guerra. — 11. Adempiute le condizioni del presente, esse rinunzieranno ad ogni vicendevole pretesa ulteriore. — 12. Ciascuna delle parti aprirà le vie della giustizia ordinaria ai sudditi dell'altra contro i propri; e sono da entrambe revocate le lettere di rappresaglia concesse in addietro, salvi i diritti dei singoli. — 13. Le accidentali infrazioni del presente non ne menomeranno l'efficacia, ma saranno riparate. — 14. In caso di rottura d'amicizia fra i contraenti, si concederanno nove mesi ai vicendevoli sudditi per trasportare al sicuro sè e le lor cose senza impedimento. — 15. È richiamato in vigore il trattato di St. Germain en Laye fatto il 29 Giugno 1679 fra il re di Francia e l'elettore di Brandemburgo. — 16. È continuerà ad esserlo quello del 9 Agosto 1696 col duca di Savoia. — 17. Nel presente è compreso il re di Svezia con tutti i suoi dominî. — 18. E così tutti i potentati che il re vorrà nominare entro sei mesi. — 19. Per parte degli Stati vi si comprenderanno i re di Inghilterra e di Spagna e i loro alleati, che vi aderiranno, i tredici Cantoni svizzeri e i loro alleati e nominatamente quelli di Zurigo, Berna, Glarona, Basilea, Sciaffusa ed Appenzel, la república di Ginevra, la città e contea di Neuchâtel, le città di S. Gallo, Mühlhausen e Bienne, i Grigioni, le città di Brema e di Emden, e tutti i potentati ai quali lo concederanno gli Stati. — 20. Il re di Svezia e gli altri compresi nel presente, produrranno le rispettive adesioni e ratificazioni ai due contraenti principali. — 21. Il presente sarà ratificato dalle due parti al più tardi entro tre settimane. Esso sarà registrato alla corte del parlamento di Parigi e degli altri di Francia, alla camera dei conti di Parigi e nei competenti dicasteri degli Stati.

Fatto a Ryswich in Olanda.

Mandato dall'ambasciatore in Francia Nicolò Erizzo con lettera 18 Ottobre 1697, n. 326 (filza 190).

V. Du Mont. *Corps universel* cit. T. VII, p. II, p. 381. sgg.

106. (102). — 1697, Settembre 20. — c. 227-240 — Fascicolo cartaceo contenente copia in francese del trattato di commercio e navigazione concluso fra la Francia e gli Stati generali delle provincie unite dei Paesi Bassi dai plenipotenziari nominati al n. 105. In esso si pattuisce: I sudditi delle due parti godranno reciprocamente in fatto di commercio e navigazione delle libertà usate prima della guerra. Essi si asterranno da ogni vicendevole offesa, nè potranno accettare da alcun potentato lettere di rappresaglia gli uni contro gli altri, sotto pena di esser trattati come pirati. — Si ripete l'art. 3 del trattato n. 105 circa le prede che si facessero dopo la conclusione del presente. Si annullano tutte le lettere di marco concesse in addietro da una delle parti contro i sudditi dell'altra e si determinano i casi e le norme per l'uso delle rappresaglie. — I sudditi delle parti non potranno esser tenuti responsabili per debiti dei loro governi. — Essi si tratteranno vicendevolmente come amici, e godranno libertà di navigazione di commercio in tutti i domini di entrambi i potentati, eccettuati i casi di divieto generale. — Si chiarisce la portata di tali libertà. — Riguardo a dazi e diritti, la Francia tratterà i sudditi degli Stati come i propri. — E così pure relativamente al commercio del Levante. — I detti sudditi avranno libera l'importazione delle aringhe salate nei domini francesi. — Le dogane e gli uffici dei contraenti tratteranno colla stessa sollecitudine i cittadini di entrambi. — Si faranno nuove tariffe comuni. — Le navi da guerra dell'uno saranno accolte amichevolmente nelle acque dell'altro, non potranno essere visitate, ma si comporteranno in modo da non dar sospetti e denunzieranno la causa della loro venuta. — Quelle che portano prede fatte su rispettivi nemici saranno esenti da ogni pagamento di diritti e potranno viaggiare liberamente senza molestie, mostrando le relative commissioni; nessuna delle parti darà ricetto ne' propri domini a chi avesse fatto prede a danno dell'altra. — I sudditi degli stati in Francia e nei suoi domini saranno trattati come i francesi, sia in fatto di successioni ereditarie, sia per l'acquisto di beni, pel commercio, e per l'esenzione da tasse imposte sugli stranieri. — Le navi d'una delle parti non saranno costrette a scaricare nei luoghi dell'altra il loro carico, nè a pagar diritti, se non su ciò che scaricassero volontariamente. — Le navi, i loro equipaggi e carichi d'una delle parti non potranno essere arrestati nè confiscati dall'altra, senza il consenso della prima, salvi i casi in cui si abbia a procedere in via di giustizia ordinaria. — I sudditi degli Stati potranno navigare con loro legni e trafficare con merci senza distinzione di provenienza o di destinazione, sian pure luoghi di nemici della Francia; e così i francesi rispetto agli Stati. — Si eccettuano le merci di contrabbando che sono le armi da offesa e da difesa, le munizioni da guerra e tutto ciò che serve agli usi di questa. — Non si ritengono merci di contrabbando i grani e tutto ciò che serve al nutrimento; resterà solo vietato il portarle a luoghi assediati o bloccati. — I navigli francesi che da acque degli Stati andassero a luoghi nemici dovranno mostrare le loro carte, come è di costume, senz'altra molestia. — Quelli che entreranno nelle acque degli Stati senza sbarcare, non dovranno, nei porti, render conto del carico che nel caso vi fosse sospetto portino ai nemici di quelli contrabbando di guerra. — Nel qual caso dovranno mostrare le loro carte. — Si fissano le norme per la visita dei navigli francesi per parte di quelli degli Stati nelle acque di questi e incontrandosi in mare; e si determina la formula francese dei passaporti (v. alleg. A). — Trovandosi nelle visite di navi francesi contrabbando di guerra destinato ai nemici degli Stati, questo solo sarà confiscato e deferito alle competenti autorità. — Le merci d'una delle due parti caricate su navi nemiche dell'altra, quando non siano contrabbando, non potranno essere confiscate, quando siano state imbarcate prima della dichiarazione di guerra, o anche dopo, secondo le distanze del luogo di carico, per le quali si assegnano termini come nel precedente, e ciò si estende anche alle persone. — E tali concessioni e libertà di traffico s'intendono acquisite anche ai sudditi degli Stati rispetto alla Francia. — La quale terrà responsabili i comandanti dei propri legni che molestassero o danneggiassero i detti sudditi. — Perciò quindinnanzi i capitani ed armatori dovranno prestare ai competenti magistrati cauzione di 15.000 lire tornesi ciascuno, per rispondere solidalmente dei danni che dessero o delle contravvenzioni al presente, da punirsi colla destituzione. — Si prescrivono le norme pel trattamento delle merci di contrabbando esistenti in navi che fossero catturate da francesi. — Il re darà gli ordini opportuni perchè le prede fatte dai suoi contro sudditi degli Stati siano giudicate con tutta equità. I giudizî che dessero luogo a rimostranze per parte degli ambasciatori degli Stati saranno riveduti nel consiglio del re per riconoscere se la procedura fu conforme al presente. — I giudizi di prima e seconda istanza circa le prede avranno esecuzione non ostante l'appello di chi le avrà fatte. Questi due articoli varranno anche per gli Stati relativamente alla Francia. — Entrambi i contraenti potranno far costruire e acquistare navigli e munizioni nei vicendevoli territorî; ma non dovranno permetter ciò a nemici assalitori dell'altro. — Quanto potra essere ricuperato dei navigli d'uno dei contraenti naufragati nei dominî dell'altro, sarà restituito ai proprietarî verso pagamento delle sole spese di diritto; i contravventori e i rei d'inumanità saranno puniti. — Le parti non accoglieranno nei rispettivi dominî pirati o banditi di sorta, ma, prendendoli, li puniranno e faranno restituire ai proprietarî le prede fatte da quelli. — I sudditi delle due parti potranno servirsi di avvocati, notai ecc. di loro fiducia nei giudizi ordinarî, e così pure tenere i loro registri e corrispondenze commerciali nei luoghi di loro dimora nella lingua che a loro piacerà. — Le parti non ammetteranno consoli; gli inviati dell'una dovranno risiedere ove è stabilita la corte dell'altra. — Esse non permetteranno che alcuna nave al servizio dell'altro potentato faccia prede nelle loro acque a danno dei sudditi dell'una o dell'altra; avvenendo il caso, ne procureranno la restituzione. — Le eventuali infrazioni al presente non ne diminuiranno l'efficacia, ma saranno al più presto riparate. — In caso di rottura d'amicizia fra le due parti, si concederanno nove mesi di tempo ai sudditi di esse per porre al sicuro sè e le lor cose come crederanno meglio, senza impedimenti. — Le parti procureranno di ovviare a tutto ciò che potesse impedire l'esecuzione del presente. — Il quale durerà in vigore 25 anni dalla sua sottoscrizione, e sarà ratificato entro tre settimane. — Esso sarà registrato alla Corte del parlamento di Parigi e degli altri di Francia, dalla Camera dei conti di Parigi, pubblicato, e così registrato e pubblicato come d'uso dagli Stati.

Dato a Ryswik.

ALLEGATO A: — Formula dei passaporti da rilasciarsi, in esecuzione del precedente trattato, dall'ammiragliato di Francia, rappresentato ora da Luigi conte di Tolosa, ai navigli nazionali. — L'intitolazione porta: Luigi conte di Tolosa, ammiraglio di Francia.

ALLEGATO B: — Formula simile alla precedente pei passaporti da emettersi dagli Stati generali a favore dei navigli loro sudditi.

Mandato come il n. 105.

V. Du Mont. *Corps universel* cit. T. VII, p. II, p. 386. sgg.

107. (103) — 1697, Settembre 20. — c. 241-247. — Fascicolo cartaceo recante la copia in francese del trattato concluso tra Luigi XIV re di Francia e di Navarra e Guglielmo III re della Gran Bretagna. In esso si dichiara che in séguito a mediazione di Carlo XI re di Svezia e, dopo la di lui morte, di Carlo XII, accettata dai due contraenti, i loro plenipotenziari, cioè pel re di Francia i tre nominati al n. 105, e per quello della Gran Brettagna Tomaso conte di Prembroke e di Montgomery, barone di Herbert e di Cardif, guardasigilli privato d'Inghilterra, consigliere di stato, ed uno dei giustizieri d'Inghilterra, Edoardo visconte di Villiers e di Darfort, barone di Hoo, cavaliere, maresciallo d'Inghilterra e uno dei giustizieri d'Irlanda, Roberto Lexington, barone d'Everhant, gentiluomo di camera del re e Giuseppe Williamson cavaliere, consigliere di stato e custode degli archivi dello stato, coll'intervento dell'ambasciatore del re di Svezia mentovato nel detto n. 105, pattuirono: Sarà pace ed amicizia fra i due re, loro successori, domini e sudditi. — Cesseranno tutte le ostilità fra essi, che in avvenire eviteranno ogni causa di discordia. — Saranno dimenticate tutte le offese fattesi vicendevolmente in passato. — I due re s'impegnano vicendevolmente di non turbare in modo alcuno il tranquillo possesso dei domini dell'altro contraente, nè di aiutarne i nemici e fomentar congiure, ribellioni ecc. — La navigazione e il commercio fra i sudditi dei due re saranno liberi come prima della dichiarazione di guerra. — I sudditi dell'uno potranno chieder giustizia contro quelli dell'altro ai tribunali di questo e conseguirla senza ostacoli. — I due re si restituiranno vicendevolmente i luoghi e paesi da essi occupati l'uno a danno dell'altro durante la guerra; ciò sarà fatto entro sei mesi ad opera di commissari all'uopo delegati. — Commissari speciali esamineranno i diritti dei due re sui luoghi intorno alla Baia d'Hudson, occupati dai francesi durante la pace e presi dagli inglesi nella guerra; e cosi pure la capitolazione accordata dagli inglesi al Fort de Bourbon il 5 settembre 1696; essi commissari fisseranno anche i confini dei paesi scambievolmente restituiti e degli scambi di territorio che potranno convenire ai contraenti. — Sono dichiarate nulle tutte le patenti di rappresaglia, lettere di marco e simili, accordate da ciascun contraente ai propri sudditi contro quelli dell'altro, e si fissano le norme per simili concessioni in avvenire. Si stabiliscono i termini di tolleranza secondo le varie distanze per la cessazione del corso, nominandosi i mari britannici settentrionali fino al Capo S. Vincenzo, l'Equatore, l'Atlantico, il Mediterraneo. Le contravvenzioni al presente per parte di privati non ne diminuiranno l'efficacia, ritenendosi responsabili i soli contravventori, che saranno puniti secondo il diritto. Rompendosi la pace fra i due re, i sudditi dell'uno che si trovassero nei domini dell'altro, avranno tempo sei mesi per partir indisturbati con quanto posseggono. Circa il principato d'Orange spettante al re della Gran Brettagna, si osserverà l'articolo separato del trattato di Nimega, 10 agosto 1678, fra esso re e i Paesi Bassi, restando annullato quanto fu fatto posteriormente; le questioni che sorgessero in proposito saranno sottoposte a commissari all'uopo eletti dai due re; come pure quanto spetta a terre del re d'Inghilterra nei domini di Francia. Sarà richiamato in vigore il trattato del 29 giugno 1679 tra il re di Francia e l'elettore di Brandenburgo, fatto a S. Germain en Laye. E' confermato quello del 9 Agosto 1696 fra il re predetto e il duca di Savoia. Le parti si riservano di nominare, entro sei mesi dalle ratificazioni, i potentati da comprendersi nel presente, e vi comprendono fin d'ora, per gratitudine, il re di Svezia mediatore, con tutti i suoi domini. Le ratificazioni del presente saranno scambiate entro tre settimane.

Fatto a Ryswik. — Mandato come il n. 105.

V. Du Mont. *Corps universel* cit. T. VII, p. II, p. 399 sgg.

108. (104). — 1697, Settembre 20. — c. 249-263. — Fascicolo cartaceo contenente copia in francese del trattato concluso fra Luigi XIV re di Francia e Navarra e Carlo II re di Spagna. In esso si espone che, colla mediazione accennata nel n. 105, ed in seguito a conferenze tenute nel castello di Ryswik, i plenipotenziari dei due sovrani, nominati negli allegati A e B, coll'intervento dell'ambasciatore svedese (v. n. 105) pattuirono: Sarà pace ed amicizia fra i due re e i loro successori e sudditi. Cesseranno tutte le ostilità fra essi sia in terra che in mare, e i fatti ostili che per avventura succedessero saranno tosto riparati. Saranno dimenticate tutte le cause d'inimicizia vicendevoli, e conceduta piena amnistia a tutti pei fatti della passata guerra. Si restituirà al re di Spagna il dominio delle piazze di Gerona, Reuss, Belver, e di tutti gli altri luoghi occupatigli dalla Francia durante l'ultima guerra e dopo il trattato di Nimega, nella Catalogna ed altrove, come pure Barcellona, il tutto nello stato presente. Così pure la città e il principato di Lussemburgo e contea di Chiny con quanto vi si trova, la fortezza di Charleroy, la città di Mons capitale dell'Hainaut e le sue dipendenze, quella di Ath colle sue dipendenze, come erano state cedute col trattato di Nimega, trattine il borgo d'Antoing, Vaux, Gaurain, Ramecroix, Béthômée, Constantin, il feudo di Paradis essendo nel circondario di Tournay ed il detto feudo di Paradis che contribuisce col villaggio di Kain, Havinnes, Melles, Mourcourt, Kain, Mont St. Audebert detto della Trinità, Fontenoy, Maubray, Hergie, Callene, Wiers colle loro dipendenze, i quali tutti resteranno alla Francia mentre la provincia di Hainaut spetta alla Spagna. Alla quale sarà pure assegnata la città di Courtray e sue dipendenze. Tutti i luoghi occupatisi finora vicendevolmente dalle due parti saranno restituiti all'antico signore. Resteranno alla Spagna tutti i luoghi occupati dai francesi dopo il trattato di Nimega nelle

provincie di Lussemburgo, Namur, Brabante, Fiandra, Hainaut ed altre dei
Paesi Bassi, giusta l'elenco in.atti delle trattative, eccettuate 82 città e luoghi
enumerati nell'elenco d'eccezione pretesi dalla Francia come dipendenze di Charleroy, Maubeuge ed altre cedute ad essa coi trattati di Aquisgrana e di Nimega; tali pretese saranno giudicate da commissarî eletti dalle parti; non ac-
cordandosi questi, saranno giudici gli Stati generali delle provincie unite,
salvo accordo amichevole dei plenipotenziari dei due re; ogni questione resterà così sopita con revocazione di ogni atto giuridico precedente, salvi i
diritti derivanti dai precedenti trattati. Il re di Spagna ritornerà in pieno
possesso dei luoghi come sopra cedutigli o restituitigli. La restituzione seguirà
subito dopo la ratificazione del presente, senza che il re di Francia possa pretendere alcunchè sotto verun titolo e nello stato in cui i luoghi si trovano
ora. Il detto re farà ritirare dai detti luoghi tutte le artiglierie, armi e munizioni introdottevi dopo venuti in suo potere, e ciò entro due mesi dalla restituzione, come pure le proprietà dei soldati postivi a presidio. I prigionieri fatti
dalle due parti saranno posti in libertà, dopo le ratificazioni, senza taglia,
restando obligati pei loro debiti personali. I sudditi delle parti potranno viaggiare e trafficare nei domini delle stesse liberamente, tutelati dalle leggi locali,
come propri cittadini. I documenti relativi ai luoghi ceduti nel presente saranno
consegnati al cessionario, compresi quelli tolti alla cittadella di Gand e alla
camera dei conti de l'Isle. Dopo la ratificazione cesseranno le requisizioni di
danaro, viveri, oggetti e prestazioni, e le rappresaglie per parte delle milizie
d'una delle parti occupanti i paesi dell'altra. I cittadini e le corporazioni, ecclesiastici e laici, riavranno l'intero godimento dei beni, beneficî e diritti che
avessero perduti durante la guerra, senza poter pretenderne i redditi maturati
nel tempo di essa. Non potranno però riavere i beni mobiliari confiscati nel
detto tempo, e ricupereranno gl'immobili nello stato in cui si trovano oggi.
Tale restituzione di beni si farà a norma degli articoli 21 e 22 del trattato di
Nimega, restando revocate le confische, concessioni ecc., con facoltà ai cittadini
espatriati di ritornare col pieno godimento dei rispettivi diritti, o fissarsi ove
loro piacerà. Saranno eseguiti gli art. 24 e 25 del detto trattato relativi ai
beneficî. I sudditi d'una delle parti potranno disporre liberamente dei beni che
possedono nei domini dell'altra. Commissarî speciali fisseranno le quote spettanti a ciascuno dei due re pei pagamenti di rendite delle provincie possedute
parte dall'uno e parte dall'altro. I medesimi re pagheranno a chi spettano le
rendite dovute sui beni demaniali in forza dei precedenti trattati. Si fissano i
termini di tolleranza secondo le distanze per la restituzione delle prede in mare,
nominandosi il mar Baltico, quello del Nord, la Manica, il Capo S. Vincenzo,
il Mediterraneo, l'Equatore. In caso di rottura di amicizia, ciascuna parte concederà sei mesi di tempo ai sudditi dell'altra per ritirarsi dai domini della prima
con tutti i loro beni. Ratificato il presente, ognuna di quelle ritirerà nei suoi
stati le proprie milizie. Il re di Francia continuerà a riscuotere imposte ecc. nei
luoghi restituiti a quello di Spagna fino al giorno della effettiva consegna, al
qual tempo gli antichi proprietari dei boschi confiscati ne rientreranno in pos-

sesso, restando da oggi sospeso ogni taglio. Restano in vigore il trattato di Nimega e i precedenti, trattine i casi in cui col presente vi si è derogato. Tutti
gli atti giudiziari emessi dalle autorità dipendenti dal re di Francia nei luoghi
da lui occupati ed ora resi alla Spagna avranno pieno vigore, le parti però
potranno ricorrere per la revisione delle cause. La città e il castello di Dinant
saranno rimessi dal re di Francia al vescovo principe di Liegi. Il re di Spagna
ritirerà i suoi soldati dall'isola di Ponza che sarà data al duca di Parma.
E' confermato e compreso nel presente il trattato di Torino del 29 Agosto 1696
fra la Francia e il duca di Savoia, che resta dalle parti guarentito. Nel
presente è compreso il re di Svezia con tutti i suoi possedimenti. E vi saranno pure compresi tutti i potentati che le parti nomineranno entro sei mesi
dallo scambio delle ratificazioni. I quali partecipi potranno obbligarsi a gua-
rentire il presente. Questo sarà publicato e registrato nei parlamenti e camera
dei conti di Francia, in quella del re di Spagna, dei Paesi Bassi e nei consigli di Castiglia e d'Aragona ecc. I plenipotenziari delle parti si promettono
vicendevolmente l'osservanza del presente, e di farlo ratificare dai rispettivi
mandanti entro sei settimane, ed i medesimi ne giureranno solennemente
l'esecuzione.

Fatto a Ryswik in Olanda.

ALLEGATO A: 1697, Febbraio 25. — Luigi (XIV) re di Francia e di Navarra fa sapere (in francese), che desiderando sian finite le guerre affliggenti la
cristianità ed essendosi, per gli uffici dal re di Svezia, convenuto dai belligeranti di negoziare una buona pace o all'Aia o in Delft, egli conferì i
poteri necessari ai signori Augusto d'Harlay signore di Bonneuil, consigliere
di stato, Luigi Verjus signor di Boulay, conte di Crécy, barone di Courey,
signore di Due Chiese, Menillet ed altri luoghi; e Francesco signor di Callieres, de la Roche-Chellay e di Grigny, per recarsi a Delft in qualità di
ambasciatori straordinari ed ivi trattare coi plenipotenziari dell'imperatore
dei romani, del re Cattolico e cogli Stati generali delle provincie unite dei
Paesi Bassi.

Fatto a Versailles e firmato dal re e da Colbert.

ALLEGATO B: 1697, 12 Aprile — Carlo II re di Spagna fa noto (in spagnolo),
come desiderando sia finalmente posto termine alla disastrosa guerra che afflisse la
cristianità, e ristabilita pace universale, aderendo agli uffici di Carlo re di Svezia
ecc. delibera di inviare a Ryswik, come luogo più propizio a trattare di detta
pace, Don Francesco Bernardo de Quiros del consiglio di Castiglia ambasciatore
nelle provincie unite dei Paesi Bassi e Don Alessandro Schokart co. di Tirimont,
consigliere di stato, e secretario dei Paesi Bassi della Fiandra, perchè unendosi
ai plenipotenziari del re di Francia stabiliscano, concludano e firmino in nome
suo trattato di pace con Luigi XIV re di Francia.

Fatto a Madrid e firmato dal re e da don Crispino Gonzales Bottello. —
(segue altra copia in francese).

V. DU MONT. *Corps universel* cit. T. VII, p. II, p. 408 sgg.

109. (105). — 1697, Settembre 22. — c. 263 t.° — I plenipotenziari del re di Francia e dell'imperatore, colla mediazione di quelli del re di Svezia, a richiesta dei rappresentanti le tre potenze che conclusero pace col re di Francia il 20 corr., dichiarano (in francese) che vi sarà cessazione di ostilità fra gli eserciti dei due sovrani fino al 1.° Novembre p. v.

Dato a Ryswik. — Munito dei sigilli e delle sottoscrizioni dei plenipotenziari Kaunitz, Strattmann, Seylern, Harlay Bonneuil, Verjus de Crecy e Calliéres. Annesso al n. 108.

V. Du Mont. *Corps universel* cit. T. VII. p. II, p. 421.

110. (106). — 1697, Ottobre 9. — c. 265. — I plenipotenziari del re di Francia nominati nel precedente dichiarano (in francese) avere il loro mandante accordato piena libertà di pescare aringhe ed altri pesci a tutti i sudditi degli Stati generali dei Paesi Bassi senza attendere i termini stabiliti nei trattati di Ryswik; ed aggiungono avere gli Stati generali fatta la stessa concessione ai sudditi del re.

Dato a Ryswik. — Sottoscritto dai plenipotenziari francesi come il n. 105 Harlay Bonneuil, Verjus de Crecy e Calliéres; e degli Stati: Antonio Hensius, Everardo de Weede e Guglielmo Haren, e munito dei loro sigilli.

Mandato col n. 108, formanti un solo fascicolo cartaceo, dall'ambasciatore N. Erizzo con lettera 25 novembre, n. 331.

111. (107). — 1697, Ottobre 10 — c. 265 t.° — Ratificazione, da parte degli Stati generali delle provincie unite dei Paesi Bassi del trattato di commercio navigazione e marina concluso nel 20 settembre a Ryswik in Olanda tra Nicolò Augusto de Harlay Bonneuil conte di Cely, Luigi Verjus cavaliere conte di Crecy, marchese di Treon, barone di Couray, signore di Boulay, Due Chiese e Fort Isle, Menillet et altri siti e Francesco di Callieres signore di Rochechellay e di Grigny plenipotenziari del re di Francia: ed Antonio Hensio consigliere degli stati di Olanda e Westfrisia, Everardo de Weede signore di Weede, Dickwelt, Rateles ed altri luoghi, signore fondiario della città di Oudewater, decano e prebendato del Capitolo imperiale di S. Maria di Utrecht ecc. e Guglielmo de Haren deputato della nobiltà agli stati di Frisia e curatore dell'Università di Francker, plenipotenziari degli Stati generali alla detta Assemblea.

Fatta all'Aja il 10 Ottobre 1697 e firmata dai detti plenipotenziari, da Giovanni... presidente degli Stati generali e dal cancelliere F. Fagel.

112. (108)- — 1697, Ottobre 10. — c. 267 t.° — Ratificazioni simili alla precedente di un articolo separato del trattato n. 105. Nel Commemoriale non si trova l'articolo qui citato; ma si legge nell'esemplare a stampa del trattato stesso allegato alla lettera 2 Novembre 1697 n. 255 di Carlo Ruzzini ambasciatore veneto a Vienna (Dispacci degli ambasciatori veneti in Germania filza 178, ora nell'Archivio imperiale di Casa, Corte e Stato in Vienna, e a pag. 337 della copia nell'Archivio di Stato di Venezia). In esso il re di Francia accordava tempo all'imperatore fino a al 1 Novembre di accettare le condizioni di pace proposte da esso re; in caso di non accettazione e non conclusione di altre condizioni, il n. 105 avrebbe pieno effetto per parte delle potenze in esso contraenti. Firmati come al n. 111.

V. Du Mont. *Corps universel* cit. T. VII, p. II, p. 414.

113. (100). — 1697. Ottobre 22. — c. 214-221. — Opuscolo cartaceo a stampa di 16 pag. in 4.°, in francese, col titolo: Traitè — de — suspension d'armes — en Italie — Conclu à Vigevano le septiéme Octobre 1696 — (Stemma reale) — A Paris ecc., come nel n. 104.

1696, Ottobre 22. — Luigi XIV re di Francia e di Navarra fa sapere di avere ratificato e promette di osservare l'allegato.

Dato a Fontainebleau. — Sottoscritto dal re e da Colbert.

ALLEGATO. 1696, Ottobre 7. — Istrumento in cui si dichiara che, accogliendo l'imperatore e il re di Spagna le istanze del duca di Savoia, assentirono che i loro plenipotenziari conte di Mansfeld e marchese di Leganez stipulassero quanto segue col marchese di San Tomaso rappresentante il detto duca: Vi sarà sospensione d'armi fra i contraenti, fino alla pace generale: l'assedio di Valenza sarà levato entro dopodomani. Eccetto le truppe spagnuole nello stato di Milano, tutte le altre torneranno al più presto ai rispettivi paesi, mentre la Francia ritirerà le sue in modo che il possesso di Pinerolo e dei castelli di Momigliano e di Susa non metta in pericolo la pace; il duca poi si obbliga a prender le armi contro quello dei contraenti che infrangesse il presente. Essendo il viaggio delle sue truppe per causare gravi spese all'imperatore, che non può dar loro quartieri d'inverno in Germania, i principi d'Italia, cioè il gran duca di Firenze, i duchi di Mantova, Modena, Parma ed *altri inferiori,* e Genova, pagheranno, conforme alla ripartizione già fatta, 300.000 pistole, un terzo subito e il resto in seguito, senza che il re di Francia s'ingerisca per ottenere esenzione o diminuizione; il duca di Savoia e il Leganez restano mallevadori del pagamento. Le parti si daranno vicendevolmente due ostaggi che resteranno affidati al duca fino al completo adempimento del presente, al quale si darà esecuzione al più presto.

Fatto a Vigevano. — Sottoscritto dal Mansfeld, dal Leganez e dal San Tomaso.

1696, Ottobre 29. — Ratificazione del precedente trattato, fatta dall'imperaratore Leopoldo I. (in italiano e qui tradotta in francese).

Data a Vienna. — Sottoscritta dall'imperatore, da Sebastiano Vinibaldo conte de Zegl e per mandato da Ludzo Dolberg.

1696, Ottobre 31. — Ratificazione (tradotta dal latino) simile alla precedete di articolo separato del trattato qui sopra, nel quale si dichiara doversi la sospensione d'armi estendere a tutta Italia.

1696, Novembre 8. — Don Carlo re di Castiglia, Leon, Aragona, delle due Sicilie, di Gerusalemme, Navarra, Granata, Toledo, Valenza, Galizia, Maiorca,

Siviglia, Sardegna, Cordova, Corsica, Murcia, Jaen, degli Algarvi, D' Algesira, Gibilterra, delle isole Canarie, Indie Orientali e Occidentali, isole e terraferma del Mar Oceano, arciduca d'Austria, duca di Borgogna, di Brabante e Milano, conte d'Absburg, di Fiandra, del Tirolo e di Barcellona, signore di Biscaglia e di Molina ecc. ratifica il trattato qui sopra riferito e ne promette l'osservanza, riportando anche i seguenti allegati. (Il documento è tradotto dallo spagnuolo).

Dato a Madrid. — Sottoscritto dal re e da don Giovanni Lopes de Larate.

Allegato A : 1696, Settembre 9. — Don Carlo ecc. (come sopra). In seguito a proposta fatta dal re di Francia al duca di Savoia per una tregua generale in Italia, dà al marchese di Leganez governatore e capitano generale dello stato di Milano, facoltà di concluderla coi rappresentanti dell'imperatore, del re d'Inghilterra, del detto duca e d'altri alleati, come pure del re di Francia.

Dato e sottoscritto come sopra.

Allegato B: 1696, Luglio 30. — Leopoldo imperatore ecc. dà facoltà ad Enrico Francesco principe di Fondi, conte di Ma sfeld, nobile signore di Heldrungen, Sceburg e Schreppelau, signore di Dobreschi ecc., cavaliere del toson d'oro, consigliere intimo, maresciallo nella corte e nell'esercito imperiale, generale d'artiglieria e governatore di Comorre, di trattare e concludere tregua.

Dato e sottoscritto come la ratificazione imperiale qui sopra.

Allegato C: 1696, Agosto 17. — Luigi XIV re di Francia dà facoltà al maresciallo di Catinat (Nicola) generale del suo esercito, governatore e luogotenente generale del ducato di Lussemburgo, conte di Chiny ed al conte di Tessé di trattare e concludere, anche separatamente, circa la neutralità d'Italia.

Dato a Versailles. — Sottoscritto dal re, e da Colbert.

Allegato D: 1696, Settembre 22. — Vittorio Amedeo II, duca di Savoia ecc, fa sapere di aver dato al marchese di San Tomaso pieni poteri per negoziare e concludere trattati coi plenipotenziari dell'imperatore e del re di Spagna.

Dato nel campo di Valenza.

Segue in fine l'estratto del privilegio del re, come al n. 104.

V. Du Mont. *Corps universel* cit. T. VII, p. II, p. 375 sgg.

114. (110). — 1697, Ottobre 25, Novembre 4. — c. 269. — Fascicolo cartaceo recante copia della dichiarazione fatta all'Aja dai rappresentanti degli elettori, principi e stati dell'impero, di confessione augustana, contro l'articolo 4 del n. 115 circa il dovere la religione cattolica restare nello stato in cui è ora nei luoghi da restituirsi all'impero. In essa dichiarazione si vuol dimostrare che tale condizione è contraria alle leggi fondamentali dell'impero, alle *capitolazioni* imperiali, alle istruzioni date ai rappresentanti imperiali pel detto trattato, a quelle date ai rappresentanti di religione evangelica, ai mandati particolari, ai preliminari del presente, al progetto del 20 luglio e alla dichiarazione del 1 Settembre prodotti dai rappresentanti francesi, all'articolo 3. del n. 115 agli articoli separati dei trattati col re d'Inghilterra e cogli Stati generali, ecc. Dicono i dichiaranti non poter consentire alla detta clausola dell'art. 4, e perciò scartati gli espedienti proposti, negarono di sottoscrivere il trattato e vollero

che la presente fosse trascritta nel protocollo dei mediatori, riservando ai loro
mandanti il diritto di dichiararsi prima delle ratificazioni del n. 115.

Data all'Aja. — Sottoscritta da Cristoforo Diederico Bose juniore per l'elet-
tore di Sassonia, Giorgio Federico Snoilsky pel Palatinato dei Due Ponti, Adolfo
Cristiano Huemann pel duca di Sassonia Gotha, V. Klinggaeffe pel duca di
Brunswich - Zell, Guglielmo *Vulteius* pel langravio d'Assia Cassel, W. de
Sohmettaw e N. B. barone di Danckelmann per l'elettore di Brandeburgo, Enrico
Riccardo bar. di Hagen pel duca di Sassonia Coburgo, E. barone di Stein
pel marchese di Brandeburgo - Kulmbach, Giov. Guglielmo de Mannsberg pel duca
di Wolfenbüttel, Detelf Nicolò de Leweneton pel ducato d'Holstein Glückstadt.

Mandato come il n. 108 con lettera 29 Nov. n. 335.

115. (111). — 1697, Ottobre 30. — c. 273-286. — Fascicolo cartaceo contenente la copia in latino degli articoli del trattato concluso fra l'imperatore
(Leopoldo I) e il re di Francia. Sarà pace perpetua e vera amicizia fra i due
sovrani e i loro successori, sudditi e dipendenti. Le parti si concedono vicendevolmente piena assoluzione pei danni e le ingiurie scambievoli del passato, e
piena amnistia ai loro sudditi, sicchè nessuno abbia a soffrir pregiudizio. Fon-
damenti della presente pace saranno quelle di Vestfalia e di Nimega che
saranno dalle parti osservate in quanto non si oppongano al presente. Saranno
restituiti all'impero e ai suoi membri tutti i luoghi e diritti occupati dalla
Francia fuori dell'Alzazia, cassati i decreti emanati dalle *camere* di Metz e
Besançon e dal consiglio di Brisach, e il tutto rimesso nell'antico stato, restando
nei luoghi restituiti la religione cattolica nello stato in cui è ora. Ad istanza
di alcuni si nominano i luoghi da restituirsi, salvo nominarne altri dopo riconosciuti i diritti: all'elettore di Treviri e vescovo di Spira, la città di Treviri
nello stato in cui si trovava al tempo dell'occupazione. L'elettore di Brandemburgo godrà di tutti i vantaggi del presente e quelli derivantigli dal trattato
29 Giugno 1679. Il re restituirà all'elettore Palatino quanto gli ha occupato, e
nominatamente la città e prefettura di Germesheim, con quanto gli spetta per la
pace di Vestfalia, e i documenti asportati dell'archivio e della cancelleria ed altri
uffici palatini. Circa i diritti della duchessa d'Orleans, fatte le dette restituzioni,
decideranno quali arbitri l'imperatore e il re e, in caso di non accordo fra essi,
il papa; fino al definitivo accordo l'elettore le pagherà 200.000 lire tornesi, o
100.000 fiorini renensi l'anno. Si restituirà al re di Svezia, come conte palatino
del Reno, conte di Sponheim e Veldenz, il ducato di Due Ponti, colle dipendenze
e diritti annessi, archivi relativi ecc. Il principato di Veldenz e Lauterbourg già
posseduto dal fu Leopoldo Lodovico conte palatino sia restituito secondo il § 4 ecc.
Al gran maestro dell'ordine teutonico, vescovo di Worms, Francesco Lodovico
conte palatino quanto fu tolto all'ordine dai francesi con tutti i diritti da esso
goduti nei domini di Francia. All'elettore di Colonia come vescovo di Liegi,
il castello e la città di Dinant e dipendenze nelle condizioni in cui trovavasi
al tempo dell'occupazione. Il duca Giorgio di Würtemberg e la sua casa saranno
rimessi, nei riguardi del principato o contea di Montbéliard, nelle condizioni giu-

ridiche in cui trovavansi anticamente verso l'impero, annullandosi la ricognizione di vassallaggio verso la Francia fatta nel 1687, riavranno inoltre tutti i diritti goduti prima della pace di Nimega, eccetto la terra di Baldenheim e dipendenze conferita dal re in feudo al commendatore de Chamlay che la riconoscerà dal duca; questi tornerà in pieno possesso dei feudi di Borgogna, Derovel e Passavant e le dinastie di Granges, Hericourt, Blamont, Chatelet, e Clémont ed altri nella contea di Borgogna e nel principato di Montbéliard, La casa marchionale di Baden godrà dei benefici della presente come di quelle di Vestfalia e di Nimega. I principi e conti di Nassau, di Hanau, e di Leine e tutti gli altri stati dell'impero che possono esser contemplati dagli art. 4 e 5 riavranno i loro diritti. In forza dei pattuiti scambî l'impero cederà alla Francia Strasburgo colle sue dipendenze alla sinistra del Reno in piena proprietà. E' lasciato libero a quegli abitanti di partirsene colle lor cose entro un anno dalla ratificazione del presente; i sudditi dell'impero potranno conservarvi le loro proprieta stabili, e verranno reintegrati in quelle che fossero state confiscate; resterà immutata l'antica giurisdizione ecclesiastica. Il re restituirà all'impero Kehl sulla destra del Reno colle fortificazioni erettevi; le fortificazioni de la Pile e le altre costruite sul Reno saranno demolite dal re, e il fiume rimarrà libero alla navigazione, vietato a tutti di porvi impedimenti, imporre nuove tasse, divertirne acqua ecc. Il re cede alla casa d'Austria, Friburgo col fortilizio detto Sella ed altri della Selva Nera e della Brisgovia, nello stato presente, colle ville di Lehen, Mitzach e Kirchzarten, nello stato in cui erano al tempo dell'occupazione; salvi i diritti della chiesa di Costanza. E così pure Brisach colle sue dipendenze alla destra del Reno, restando al re ciò che stà alla sinistra, compreso il fortilizio di Le Mortier; la città detta Nort (alla sinistra predetta); il ponte e le fortificazioni dell'isola del Reno saranno per sempre demolite. Le consegne dei mentovati luoghi si faranno ai deputati a riceverli senza alcuna riserva, con tutti i diritti a quelli inerenti e senza pretese di ulteriori compensi, entro 30 giorni dalla ratificazione, e saranno sgombrati dai francesi, senza molestia degli abitanti. Sarà pure restituito all'impero Philippsburg colle fortificazioni alla destra del Reno e le artiglierie che vi erano al tempo dell'occupazione, riservati i diritti del vescovado di Spira; demolitivi i fortilizî eretti sulla sinistra del fiume e il ponte fattovi dal re. Così saranno demolite le fortificazioni di Fort-Louis e nell'isola che rimane alla Francia, rialzandosi invece quelle appartenenti al marchese di Baden. Così quelle costrutte dai francesi a Furbach e a Montroyal sulla Mosella, rimanendo in pristino stato Trarbach da restituirsi agli antichi possessori. (Resta in bianco l'art. 25). Saranno atterrate le fortificazioni fatte dai francesi in Courboux che colla città di Kirn e il principato di Salm saranno restituite al principe di questo nome e ai suoi congiunti ringravi e villigravi. Così le fortificazioni del castello di Eberbach che sarà reso cogli altri beni loro spettanti ai baroni di Sekingen. Avendo il duca di Lorena fatto la guerra unito all'imperatore, riavrà i dominî già posseduti da suo zio Carlo prima del 1670 come segue: Gli si restituirà la vecchia e nuova Nancy e dipendenze colle artiglierie esistenti nella vecchia al tempo dell'occupazione, demolite a spese

dell'imperatore e per sempre le fortificazioni della nuova. I francesi sgombre-
ranno i castelli di Bist e Hombourg e loro dipendenze, distruggendone per sempre
le fortificazioni. Il duca godrà del benefizio dell'art. 4 del presente. Saarlouis
con mezza lega all'intorno resterà alla Francia. Così la città di Longwy e territorio, in cambio il duca ne riceverà altra nei tre vescovati. Si fissano le norme pel
libero passaggio di milizie francesi pei dominî del duca. Le collazioni di beneficî
ecclesiastici fatte in addietro dal re saranno rispettate. Si riconoscono efficaci
in diritto tutte le sentenze, decreti ed atti emanati dalle autorità dipendenti dal
re nei ducati di Lorena e di Bar durante l'occupazione francese. Dopo la ratificazione del presente saranno restituiti al duca gli archivi dei detti due ducati. Nello
stesso tempo egli potrà mandare in questi, commissari per amministrarli. Le imposte e i dazî e le loro esenzioni saranno riposte sulle condizioni del 1670, senza
aumenti. Così le libertà di commercio fra la Lorena e i territorî di Metz e Verdun.
Si richiamano in vigore i trattati conclusi in addietro fra la Lorena e la Francia.
Si restituiscono il duca e i suoi fratelli nei diritti che pretendono in varie
cause già giudicate in loro assenza. In quanto non è qui espresso, rispetto al
duca e ai suoi dominî, si restituiranno a cui competono i vassalli e le terre
giusta lo spirito del presente. Si restituiranno al cardinale di Fürstenberg (Guglielmo Egone) tutti i beni e diritti competenti ai principi e membri dell'impero,
e pel vescovato di Strasburgo, alla destra del Reno, e per l'abazia di Stovello;
egli e tutti i suoi aderenti godranno piena amnistia pel passato, ne coi suoi
parenti ed eredi potrà essere molestato dagli elettori di Colonia e di Baviera
per l'eredità del fu elettore Massimiliano Enrico, e viceversa i due detti elettori
dal cardinale ed eredi; l'amnistia è estesa ai canonici e beneficiati di Colonia
che parteggiarono per lui, che riavranno i loro beneficî (e si provvede circa quelli
dati ad altri, viventi i titolari, durante le ostilità). Nell'amnistia sono compresi
i landgravî d'Assia-Reinfeld che saranno rimessi nel possesso del castello
di Reinfeld e del comitato inferiore di Katzenellenbogen (Nassau) come era
il loro padre langravio Ernesto, salvi i diritti del langravio d'Assia-Cassel.
Tutti i sudditi delle parti saranno reintegrati nei beni e diritti perduti per
causa e durante la guerra, eccetto i frutti maturati fino alla ratificazione del
presente (e seguono altre eccezioni e schiarimenti in argomento). I beneficî
ecclesiastici conferiti dai due contraenti durante la guerra nei paesi rispettivamente occupati, resteranno ai presenti possessori. Si conferma la pace di Torino
del 29 Agosto 1696 fra il re e il duca di Savoia, e così quelle di Westfalia
e di Nimega nei riguardi del detto duca; la restituzione di Pinerolo non dimi-
nuirà l'obligo del re di pagare al duca di Mantova 494.000 (scudi?) d'oro
pattuiti nella detta pace di Vestfalia. Le restituzioni da farsi dalla Francia non
creeranno diritti nuovi ai reintegrati. Si stipulano la cessazione delle ostilità dopo
la sottoscrizione del presente, e le epoche per l'evacuazione dei luoghi occupati
non fortificati e muniti, per le consegne di quelli da restituirsi, lo stato in cui
devono essere restituiti, le norme per la demolizione delle fortificazioni, per le
consegne degli archivi, e dei vicendevoli prigionieri. Dal giorno della ratificazione,
cesseranno da ambe le parti le esazioni e le requisizioni di ognuna delle parti

nei territorî dell' altra, e si restituiranno gli ostaggi e gli esiliati. Saranno riattivati i commerci fra i sudditi delle parti con piena sicurezza e secondo gli antichi usi e trattati. Tutto ciò sarà osservato in perpetuo, restando abrogato quanto vi contrastasse. I contraenti potranno fortificare e presidiare tutti i loro luoghi non eccettuati nel presente. In questo trattato per gratitudine per la prestata mediazione è compreso il re di Svezia. Da parte dell' imperatore sono pure compresi nel presente gli altri elettori, principi e stati dell'impero, col vescovato di Basilea, i tredici cantoni svizzeri, la republica di Ginevra, col comitato di Neuchâtel, la città di S. Gallo, Mühlhausen e Bienne, le leghe dei Grigioni, i sette decimi del Vallese e l'abate di S. Gallo. Per parte del re i detti cantoni coi loro confederati, fra quali la republica del Vallese. Altri potentati potranno esservi compresi, col consenso delle parti, entro sei mesi dalla ratificazione. I plenipotenziari contraenti si promettono vicendevolmente lo scambio delle ratificazioni entro sei settimane. Sottoscritto e munito del sigillo di D. A. C. di Caunitz, Enrico conte Strattmann, G. T. barone Seylern, de Harlay Bonneuil, Verjo de Crecy, de Callières; poi per l'elettore di Magonza, Federico barone di Schonborn, per quello di Baviera de Prielmeyer (Corbiniano barone di) inviato straordinario e plenipotenziario, Ignazio Antonio Otten, Gregorio Guglielmo Moll, plenipotenziari; per la casa d'Austria, Francesco Rodolfo di Halden barone di Trarberg; per l'ordine teutonico Carlo barone di Löe cav. di detto ordine; pel vescovo di Vürzburg, Gian Corrado Filippo Ignazio di Tastungen; per l'elettore di Treviri vescovo di Spira, Gian Enrico di Keisersfeld, plenipot.; pel vescovo di Costanza, Federico di Durheim; pel vescovo Hildesheim, Carlo Paolo Zimmermann suo cancelliere e plenip.; per l'elettore di Colonia come vescovo di Liegi, Gian Corrado Norff plenip.; pel vescovo di Münster, Ferdinando L. B. di Plettenberg-Exlen-Hausen decano della cattedrale di Hildesheim; per l'elettore palatino e duca di Neuburg, Giov. Enrico Hettermann plenip.; pel duca di Vürtemberg, Gian Giorgio nob. de Kulpis cav. dell'impero, cons. intimo e direttore del consiglio ed Antonio Gunter de Hespen consigliere e plenipot.; pel principe di Baden, Carlo Ferdinando bar di Plittersdorff; pel collegio abaziale di Svevia Gius. Ant. Eusebio di Halden in Neissberg bar. di Hautenriedt plenip.; pei conti del banco del Wetterau, Carlo Ottone conte di Solms e F. C. di Eclelsheim cons. di Hanau e plenip.; per la città libera di Colonia, Ermanno Gius. Bülingen plenip.; per la città di Augusta, Gian Cristoforo di Dirheim plenip.; per la città imperiale di Francoforte, Gian Iacopo Müller e Gian Melchiorre Lucius plenipotenziari.

ARTICOLO SEPARATO in cui si pattuiscono le norme di procedura pel giudizio arbitramentale relativo alle pretese della duchessa d'Orleans contro l'elettore palatino

Fatto a Ryswik. — Trasmesso come il n. 108.

V. Du Mont. *Corps universel* cit. T. VII, p. II, p. 421 sgg.

1697, Novembre 26. V. n. 116.

116. (99), — 1697. — Opuscolo cartaceo a stampa di 20 pagine in 4.º

(c. 204-213) con numerazione che continua dopo il n. 104 (pag. 17-36), in
francese, col titolo: « Contrat - de - mariage - de - monseigneur le duc -
de Bourgogne - avec madame la princesse - de Savoye - [stemma reale] -
A Paris » - ecc. come nel n. 104.

1696, Settembre 15. — Istrumento in cui si espone che in esecuzione del
trattato allegato al n. 104 e per dimostrare il suo affetto al duca di Savoia,
il re Luigi XIV mandò a Torino il conte di Tessé, il quale in presenza e col
consenso di Anna d'Orleans duchessa di Savoia e presenti pure Maria Giovanna
Battista duchessa vedova, Emanuele Filiberto Amedeo principe di Carignano e
Maria Caterina d'Este principessa di Carignano e degli altri testimonî, come rappresentante del detto re, del delfino (Luigi) e del duca di Borgogna (Luigi)
— procura in data 1 Agosto — comparve davanti al marchese di San Tomaso con
Vittorio Amedeo II duca di Savoia, i quali pattuirono: che il matrimonio si
farà alla corte di Francia dopo compiuti dalla sposa (Maria Adelaide) i 12 anni,
il duca darà alla figlia 200.000 scudi d'oro di dote, più le gioie, e il corredo al
tempo delle nozze. Il re darà conveniente assicurazione pei detti averi della sposa
e si fissano i provvedimenti pel caso di scioglimento del matrimonio. Alla stessa
assegna 50.000 scudi d'oro per gioie, che resteranno suoi. Assegna alla medesima
un *dovaire* di 20.000 scudi l'anno in possessioni da erigersi in ducato, più il
reddito degli uffici vacanti come è uso per le regine e delfine di Francia. La
sposa rinunzia solennemente autorizzatane malgrado l'età, presente il marchese
di Bellegarde gran cancelliere di Savoia eletto all'uopo curatore di lei, a
tutti i diritti, possedimenti ecc. che potrebbero spettare a lei o ai suoi discendenti come erede di suo padre e membro della casa di Savoia, restandone
il padre pienamente investito; e tale rinunzia è approvata ed accettata dal conte
di Tessé in nome de' suoi mandanti. Il re assegnerà alla sposa conveniente
somma per le spese della sua casa. Il duca farà accompagnare la figlia fino
al ponte di Bonvoisin. In caso di scioglimento del matrimonio e di sopravvi-
venza della sposa, questa potrà vivere ove le piacerà, anche fuori di Francia,
conservando la proprietà della sua dote, corredo, gioie, *dovaire*, mobiglie ecc.
Si pregherà il papa di approvare il matrimonio e il presente contratto, che
sarà ratificato dal re, dal delfino, dal duca di Borgogna.

Fatto a Torino. — Sottoscritto dalla sposa, dal duca di Savoia, dalla duchessa Anna, dal conte di Tessé, dal principe di Carignano, da Maria Caterina
d'Este - Savoia, dal Bellegarde, e come testimonî da: Alessandro arcivescovo
di Neocesarea, Michele Antonio Vibò arcivesc. di Torino, Don Carlo Filiberto
(nella stampa Carlo Isif.¹) d'Este, il marchese di Pianezze. — E controfirmato
dal marchese di San Tomaso.

1696, Settembre 25. — Ratificazione fatta da Luigi XIV re di Francia del
contratto surriferito.

Data a Versailles. — Sottoscritta dal re e da Colbert.

1695, Settembre 25. — Ratificazione fatta da Luigi delfino di Francia del
contratto surriferito.

Data a Versailles — Sottoscritta dal delfino e da Colbert.

1696, Settembre 25. — Ratificazione simile alle precedenti fatta da Luigi di Francia duca di Borgogna.

1696, Ottobre 10. — Estratto di privilegio ecc. come nel n. 104 sotto questa data.

1697, Novembre 26. — Estratto dai registri del Consiglio di Stato: Ricordato il privilegio di stampa qui sopra e la cessione fattane a Federico Leonard figlio, stampatore ordinario del re, informato il sovrano di varie contravvenzioni al privilegio stesso e alle norme di legge sulla stampa, ordinò l'esecuzione rigorosa di tali disposizioni col sequestro degli stampati, dei caratteri e dei torchi che avranno servito alla contravvenzione. Il Leonard produrrà le sue querele al Consiglio di Stato mediante rapporto al signore d'Argenson (Marco Renato) consigliere di Stato, *maistre des requestes* e luogotenente generale di polizia di Parigi.

Fatto nel Consiglio di Stato a Versailles, presente il re. — Sottoscritto da Colbert.

1697, Novembre 27. — Luigi XIV re di Francia e Navarra al signor d'Argenson suddetto. Gli ordina di procedere all'esecuzione del decreto precedente, che vuole eseguito pure in tutte le altre città e paesi del regno dai rispettivi giudici di polizia. Ingiunge al regio primo usciere di citare davanti il Consiglio di Stato i contravventori, facendo tutti gli atti necessari. Vuole che gli stampati legittimi vengano collazionati da un consigliere segretario regio e ne portino dichiarazione.

Dato a Versailles. — Sottoscritto dal re e da Colbert.

V. Du Mont. *Corps universel* cit. T. VII, p. II, p. 371 sgg.

1697, Novembre 27. — V. n. 116.

117. (97). — 1697, Dicembre 7. — c. 193 t.º — Deliberazione del senato (in volgare) che ordina sia dal doge ratificato il trattato n. 103 spedito dall'ambasciatore a Vienna fino dall'8 febbraio; delegandosi al Collegio le ulteriori pratiche di cancelleria.

Sottoscritta da Agostino Bianchi segretario. *(Deliberazioni Senato Corti,* filza 140).

118. (113). — 1700, Marzo 3 e 25. — c. 288 — Trattato tra Luigi XIV di Francia, Guglielmo III d'Inghilterra ed i Signori Stati generali delle provincie unite dei Paesi Bassi. Per rendere più stabile il patto conchiuso tra dette potenze nel trattato di Ryswik si provvide alla nomina dei seguenti plenipotenziari. Da parte del re di Francia: di Camillo d'Hostun conte di Tallard luogotenente generale dell'armata del Delfinato, amb. straordinario in Inghilterra, e Gabriele conte di Briord, marchese di Senozan, consigliere del re e suo ambasciatore presso i detti Stati generali. Da parte del re d'Inghilterra, Guglielmo [Bentinek] conte di Portland, visconte di Cirencester, barone di Woodstock, cavaliere della giarrettiera ed Edoardo conte di Jersey, visconte Villiers, barone di Down, primo segretario di Stato: e da parte degli Stati generali Giovanni van Essen borgomastro e senatore della città di Zutphen, curatore della Università di Har lerwick; e Federico barone di Rheede signore di Liers; del territorio di S. Antonio e Terlée, nobile di Olanda e Westfrisia; Antonio Hensius consigliere pensionario, guardasigilli e sovraintendente dei feudi della stessa provincia; Guglielmo di Nassau, signore di *Odyck,* Cortgene, rappresentante l'assemblea e i deputati di Zelanda; Everardo di Weede signore di Weede, Dickwelt, Rateles e signore fondiario della città Oudewater e decano prebendato del Capitolo imperiale di S. Maria di Utrecht, primo soprintendente delle dighe (Dyckgrave) della riviera del Reno e presidente della provincia di Utrecht; Guglielmo van Haren Grietman deputato della nobiltà agli stati di Frisia e curatore dell'università di Franquier; Arnoldo Lemker borgomastro di Deventer e Giovanni van Hekke senatore della città di Groninga.

Tutti questi quali deputati nell'assemblea degli Stati generali di Gheldria, Olanda, Westfrisia, Zelanda, Utrecht, Frisia, Over Yssel e Groninga con Ameland, radunatisi a Londra stabilirono quanto segue: Sarà mantenuta ferma la pace stabilita a Ryswick tra detti due re e gli Stati generali. Constatate le gravi condizioni della Spagna per lo stato di salute di quel re e non avendo esso figli, l'apertura di quella successione apporterebbe probabilmente una nuova guerra, se il re di Francia avanzasse le sue pretensioni per conto del delfino e così l'imperatore pel re dei romani, per l'arciduca e per gli altri suoi figli. Per evitare tali disordini gli Stati generali hanno trovato opportuno di prevenire gli accidenti che potrebbero insorgere alla morte del re Cattolico. Si é quindi convenuto che il re di Francia tanto in nome proprio che a nome del delfino e suoi discendenti si riterranno soddisfatti che restino assegnati, senza impedimento o contraddizione da parte dell'imperatore e suoi discendenti, i regni di Napoli e Sicilia con tutte le loro dipendenze e come si trovano ora soggetti alla monarchia spagnuola, cioè Santo Stefano, Porto Ercole, Orbetello Talamone, Porto Lungone, Piombino, la città e marchesato del Finale, la provincia di Guipuzcoa e nominatamente le città di Fontarabia e di S. Sebastiano ad eccezione dei luoghi al di là dei Pirenei od altre montagne di Navarra, Chiava, Biscaglia che resteranno alla Spagna, come passeranno alla Francia le provincie al di quà dei Pirenei e delle sopraddette montagne che fossero attualmente in possesso di Spagna, dividendo essi monti un territorio dall'altro. Passeranno pure al delfino gli stati del duca di Lorena come li possedeva Carlo IV e come gli furono dati pel trattato di Ryswich passando invece a questi il ducato di Milano (che si spera non sarà rifiutato essendo un partito assai vantaggioso). Tale cessione vien fatta, sotto ogni ragione e titolo, in perpetuo retaggio alla corona di Francia, con quelle clausole, privilegi e dichiarazioni che sono estese in esso trattato. — Le fortezze e porti facenti parte dei luoghi ceduti saranno conservati intatti, nè potranno esser demoliti. — All'Arciduca Carlo, secondo figlio dell'imperatore, si rilasciano tutti gli stati di Spagna, i paesi e piazze che possiede il re Cattolico in Europa e fuori di essa, con diritto alla successione. Non potrà esso arciduca passare nella Spagna e nel ducato di

Milano durante la vita del re Cattolico se non col di lui consenso. — Premorendo al re di Spagna esso arciduca Carlo, senza figli, la parte assegnatagli passerà ad altro figlio o figlia dell'imperatore (escluso il re dei romani) o ad uno dei figli di questo re a scelta dell'imperatore. — Seguono le garanzie pel conseguimento di quanto è stato stabilito col presente contratto e viene fissato il termine per le risoluzioni della corte di Vienna.

Firmati i plenipotenziari.

N. B. Il detto esemplare fu mandato dall'amb. in Francia Alvise Pisani con suo dispaccio 26 maggio 1700 N. 100.

V. Du Mont. *Corps universel* cit. T. VII, p. II, p. 477 sgg.

119. (120). 1700, Marzo 3 e 25. — c. 326. — Versione in italiano del n. 118.

120. (121), — 1700, Ottobre 2. — c. 335 (289). — Versione in volgare di brano di testamento del re Carlo II di Spagna. Sussistendo, malgrado la rinunzia delle regine Anna e Maria Teresa, nella casa di Francia il diritto di successione al trono spagnuolo, dichiara di eleggere a suo successore il duca d'Anjou (Filippo di Francia) secondo figlio del delfino di Francia, al quale lascia tutti i suoi domini; se questi premorisse o diventasse re di Francia gli sostituisce suo fratello duca di Berry (Carlo), e, nello stesso modo, a questo l'arciduca Carlo, e a costui il duca di Savoia. Esprime il desiderio del matrimonio del duca d'Anjou con un'arciduchessa per conservare la pace fra l'impero e la Francia. Vuole che il regno con tutte le sue dipendenze, tanto entro la Spagna che fuori, resti intero, nè mai venga smembrato. Comanda poi a tutti i suoi sudditi di conformarsi a tale sua volontà, facendo anche atti solenni di obbedienza al nuovo re, secondo l'uso dei vari paesi. I quali sono: Castiglia, Leon, Toledo, Galizia, Siviglia, Granata, Cordova, Murcia, Iaen, Algarvia, Algesiras, Gibilterra, Isole Canarie, Indie, « Isole e terraferma del mar Oceano del nord e del sud », le Filippine ed altre scoperte o che si scoprissero; per la corona di Castiglia e per quella d'Aragona: l'Aragona, Valenza, Catalogna, Napoli, Sicilia, Maiorca, Minorca e Sardegna, poi il regno di Navarra, lo stato di Milano, i ducati di Brabante, Lussemburgo, la Gheldria, la Fiandra e quanto gli spetta nei Paesi Bassi, nonchè tutto ciò che gli competesse per diritti di successione.

Copia fatta a Madrid nel 2 novembre 1700. — Sottoscritta da don Antonio di Ubiglia e Medina, ed Antonio Ortiz d'Italora.

V. Du Mont. *Corps universel* cit. T. VII, p. II, p. 485 sgg.

121. (122). — 1700, Ottobre 2. — c. 337 (291). — Versione simile alla precedente. Il re ordina che se alla sua morte il successore designato non fosse nel regno, sia tosto costituita una giunta di governo composta del presidente o governatore del consiglio di Castiglia, del vice cancelliere o presidente di quello di Aragona, dell'arcivescovo di Toledo, dell'inquisitore generale, di un grande e di un membro del consiglio di stato, coll'assistenza della regina sua moglie se resterà nel regno. A quest'ultima è riservata la facoltà di assegnare il luogo delle riunioni e dato voto preponderante in esse, e sottoscriverà gli atti in luogo del re. Prescrive poi le norme da osservarsi nella trattazione degli affari e nella compilazione degli atti dalla mentovata giunta. Vuole conservati anche dopo la sua morte ai magistrati e alle autorità ora esistenti i diritti e le giurisdizioni rispettive fino a nuove disposizioni della giunta o del re successore.

Dato e sottoscritto come il n. 120.

V. Du Mont. *Corps universel* cit. T. VII, p. II, p. 492 sg.

122. (123). — 1700, Ottobre 2. — c. 338 (292) t.° — Versione in italiano di biglietto con cui Carlo II re di Spagna nomina a formar parte della giunta di governo ordinata nel n. 121 don Rodrigo Manuel Manriquez dell'Ara conte di Fuensalida gentiluomo di camera, membro del consiglio di stato, e il grande di Spagna, quale rappresentante della nobiltà, don Francesco Casimiro Pimentel conte di Benevento.

Dato come il n. 120. — Sottoscritto dal re e alla copia (in data 2 nov.) come il n. 120.

V. Du Mont. *Corps universel* cit. T. VII, p. II, p. 493.

123. (124). — 1701, Settembre 7. — c. 338 (293) t.° — Versione in italiano di trattato concluso tra l'imperatore, il re Guglielmo d'Inghilterra e gli Stati generali, in cui, in considerazione che dopo la morte di Carlo II re di Spagna, il re di Francia (Luigi XIV), adducendo i diritti di successione derivanti dal n. 120 al duca d'Anjou, occupò la Fiandra spagnuola e il ducato di Milano, mandò un'armata nel porto di Cadice ed altra verso le Indie spagnuole, si dichiara che l'imperatore, per sostenere i propri diritti sui feudi d'Italia e di successione in Spagna e nei Paesi Bassi spagnuoli, il re d'Inghilterra (Guglielmo III) e gli Stati generali delle provincie unite dei Paesi Bassi temendo per la sicurezza della navigazione e del commercio loro, trovarono necessario stringere alleanza alle seguenti condizioni: Sarà amicizia perpetua fra i tre contraenti. Scopo d'essa è l'assicurare all'imperatore la successione di Spagna, agli altri due alleati la libertà e la sicurezza dei commerci e della navigazione. E dapprima tenteranno di conseguire tali fini per vie pacifiche. Se ciò non venisse fatto entro due mesi dopo la ratificazione del presente, gli alleati si aiuteranno con tutte le loro forze per conseguire gli scopi loro. Procureranno di ricuperare i Paesi Bassi spagnuoli onde siano barriera fra la Francia e l'Olanda, il ducato di Milano, i regni di Napoli e Sicilia, le isole presso le Asturie e nel Mediterraneo. L'Inghilterra e le Provincie unite potranno conquistare quanto crederanno utile delle Indie spagnuole. In caso di guerra colla Francia le parti si comunicheranno i piani delle operazioni. Niuna di esse potrà trattare di pace se non col consenso delle altre e dopo conseguite adeguate soddisfazioni, specialmente che Francia a Spagna non si uniscano in un sol regno o sotto un solo re, che i francesi non si impadroniscano delle Indie spagnuole, e che siano conservati agli inglesi e agli olandesi gli antichi diritti e privilegi di com-

mercio e navigazione in Spagna, nel Mediterraneo e in tutti i domini del defunto
re. Fatta la pace si provvederà a stabilire le norme di navigazione e commercio
degli inglesi ed olandesi nei luoghi che furono del detto re di Spagna. E si
pattùirà anche circa l'esercizio della religione nei detti luoghi. In caso che
altra potenza assalisse uno degli alleati a motivo del presente, essi si aiuteranno
vicendevolmente contro l'aggressore. Fatta la pace, l'alleanza presente resterà
difensiva a guarentigia della pace stessa. I contraenti potranno invitare altri
potentati, e specialmente il S. R. Impero, ad entrare nella presente, che sarà
ratificata entro sei settimane.

Fatto all'Aja. — Sottoscritto da Pietro conte di Goess e Gian Venceslao
conte di Wratislau de Mitrowitz per l'imperatore, da Giovanni di Marlborough
barone di Churchill pel re d'Inghilterra, e per gli Stati generali da D. Eck, signore
di Pantaleon, di Gent e di Erlekum, F. B. van Reede, Antonio Hensius, Guglielmo di Nassau, Everard van Weede, Guglielmo van Haren, B. I. van Welvelde
e W. Wichers.

Segue annotazione che una copia in latino (anzi son due) di questo trattato
presentato in Collegio dall'ambasciatore imperiale il 17 novembre 1701, si trova
nella filza 109 delle *Esposizioni Principi.*

V. Du Mont. *Corps universel* cit. T. VIII, p. I. p. 79 sgg.

COMMEMORIALI

LIBRO TRENTESIMO.

DEI COMMEMORIALI

(MDCXCVIII-MDCCIV)

REGESTI.

PARTE Iᵃ

1. (2) — 1698, Gennaio 23. — c. 7 (3). — Estratto di lettera (in francese) di lord Paget (ambasciatore inglese in Turchia). Dice che il 25 Dicembre ebbe una lunga conferenza con il gran visir, al quale dimostrò sorpresa per non aver avuto risposta all'offerta, fatta già nel 1693 dal re d'Inghilterra, di mediazione per la pace coll'imperatore di Germania e la Turchia. Il 29, Alessandro Maurocordato primo interprete del sultano, gli riferì che il gran visir risponderà sull'*uti possidetis*, che quantunque avesse fatte sì gran perdite, la Turchia non chiedeva che il ristabilimento della Transilvania sotto principe proprio, la qual cosa il Paget disse impossibile. E ciò ripetè anche due giorni dopo a nuove premure fattegli. Il 2 gennaio il gran visir si dichiarò pronto a render facili le trattative e chiese che i forti di Petervaradino, di Essach ed altri minori fossero demoliti. Il 10 ebbe luogo un gran consiglio del divano, e il giorno successivo, al Maurocordato, che gliene riferiva, il Paget escluse le domandate demolizioni. Il detto interprete poi chiese di vedere le facoltà date al Paget dal suo re, fondate su impegno dell'imperatore, e promise le proposte scritte del visir. Lo scrivente suppone che la Turchia non insisterà nelle suddette domande, pur che abbia qualche soddisfazione, crede che le basterà la demolizione di qualche fortezza minore, come Illok, Possega e Brod. Quando il gran visir consegnò al Paget i n. 3, e 2, alla domanda se la Porta insisterebbe sulle sue proposte, il primo rispose che raccomandava le cose al re d'Inghilterra. Al mentovato consiglio del divano intervennero il gran visir, il mufti, il kan dei tartari, due cadì leschieri, l'agà dei giannizzeri ed il reis effendi.

Data a Adrianopoli. — (Allegato n. 1 al dispaccio n. 302 dell'amb. veneto in Germania, Ruzzini. — *Dispacci Germania* [copia], filza 178, c. 663 a 666).

2. (4) — s. d. (1698, Gennaio 23 ?). — c. 11 (7). — Lettera del gran visir a Guglielmo III re d'Inghilterra, Scozia, Irlanda ecc. In seguito a lettera di

questo, presentata da lord Paget suo ambasciatore, che annunziava avere l'imperatore di Germania e i suoi collegati accettata la mediazione del detto re per concludere la pace con la Turchia; e a simile offerta fatta dagli Stati generali dei Paesi Bassi si dichiara: Non si é risposto finora circa la detta mediazione perchè non si riteneva accettabile dalla Turchia la base dell'*uti possidetis* in senso stretto. Considerando però i benefici della pace, il sultano inclinerebbe a trattare, e si consegnarono al Paget le condizioni a cui la Turchia consentirebbe (v. n. 3).

Data nei quartieri d'inverno presso Adrianopoli. — Tradotta come il n. 3. (Allegato n. 3 al dispaccio n. 302, come il precedente n. 1).

3. (3) — 1698, 27 Gennaio. — c. 9 (5). Traduzione in latino del memoriale consegnato dal gran visir di Turchia all'ambasciatore inglese. In esso si dice che, accettata dall'imperatore di Germania e da' suoi alleati la mediazione del re d'Inghilterra e degli Stati generali dei Paesi Bassi, la sublime Porta concluderebbe pace alle seguenti condizioni: Restino a chi li possiede ora i territori e luoghi occupati; le truppe tedesche escano dalla Transilvania che sia ridata ai transilvani e rimessa come prima sotto il protettorato dell'imperatore e del sultano, il territorio di Temesvar abbia per confini i fiumi Maros e Tibisco (Theiss); Titel, fra il Tibisco e il Danubio rimanga abbandonato, e gli abitanti continuino nella soggezione come in passato. Il territorio oltre la Sava continui a dipendere da Belgrado; Petervaradino sia demolita; Illok, Possega e Brod siano evacuate, e se ne fissino i confini. I luoghi sui confini della Bosnia, oltre l'Unn, restino alla Turchia, e si stabiliscano i confini per evitare contestazioni. Sia poi demolita Kamenetz, i polacchi sgombrino dalla Moldavia, e si ritornerà all'antica amicizia con essi.

Dato il 15 di Redscheb, anno 1109 dell'egira. — Tradotto in latino da Alesandro Maurocordato interprete generale della Porta. — (Allegato n. 3 al dispaccio n. 302, come il n. 1).

4. (5) — 1698, Marzo 12. — c. 13 (9). — Guglielmo III re dell Gran Brettagna, di Francia e d'Irlanda, a Leopoldo I imperatore dei romani ecc. Desiderando dar prova d'amicizia al secondo, e il bene dell'impero, il re dice d'avere proposta, per mezzo del suo ambasciatore Paget la propria mediazione per la pace colla Turchia e n'ebbe in risposta la lettera n. 2, che manda coi n. 1 e 3 col mezzo di un segretario dello stesso Paget. Stima che la Turchia sarà arrendevole nei negoziati; chiede che l'imperatore impartisca al Paget e al rappresentante gli Stati generali le facoltà necessarie per l'ufficio di mediatori.

Dato a Kensington. — Sottoscritto dal re e da Giacomo Vernon (Allegato n. 4 al dispaccio n. 302, come il n. 1).

5. (6) — 1698, Marzo 31. — c. 15 (11). — Gli Stati generali del Belgio all'imperatore. Avendo già da qualche anno offerto, col re della Gran Brettagna, all'imperatore la loro mediazione per negoziare la pace fra quest'ultimo e la Turchia, la loro buona volontà restò senza effetto. Ora il detto re comunicò ad essi scriventi i documenti n. 1. 2. 3, e poichè i turchi si mostrano inclinati a trattare, chièdono se l'imperatore non trovi opportuno d'approfittare dell'occasione, e all'uopo ripetono l'offerta di mediazione, pregandolo, nel caso, di mandare le necessarie facoltà al loro rappresentante ed a quello del mentovato re presso il sultano.

Dato all'Aja. — Sottoscritto da N. de Nassau e da A. Fagel. (Allegato n. 5 al dispaccio n. 302, come al n. 1).

6. (1) — 1698, Aprile 19. — c. 5 (1). — Brano di lettera n. 302 di Carlo Ruzzini, ambasciatore in Germania, al doge (in italiano). Dice che finalmente si conoscono le proposte della Turchia per la pace, le quali sembrano accettabili per una discussione in congresso, benchè, come ebbe a riportargli Alessandro Maurocordato, la base dell'*uti possidetis* a favor di Venezia non sia esplicitamente ammessa dall'imperatore e dalla Polonia. Procurò di sapere quello che fece il Ministero di Vienna dopo il ritorno del segretario dell'ambasciatore inglese Paget. Il conte Kinsky riferì quanto quello aveva portato in una conferenza col conte Kaunitz, col presidente del consiglio di guerra e col cancelliere; poi, invitato lo scrivente a casa sua, ove intervennero i predetti meno il presidente, vi si lessero i n. 1, 2, 3, 4, e 5, del primo dei quali riassume il contenuto un po' diffusamente, accennando solo a quello degli altri.

(*Dispacci Germania* [copia], filza 178, c. 639 a 643).

7. (7) — 1698, Aprile 29. — c. 17 (13). — Il senato all'ambasciatore presso la corte imperiale, Carlo Ruzzini. In risposta al n. 6 si encomia la sua condotta. Chieda udienza all'imperatore, lo ringrazi per le comunicazioni fatte fare ad esso ambasciatore, gli dichiari d'aver facoltà di accettare per conto della republica la mediazione del re d'Inghilterra e degli Stati generali; che Venezia si rimette a ciò che l'imperatore crederà fare circa le pratiche collo zar di Moscovia e e col re di Polonia; che circa la formula dell'*uti possidetis* senza eccezione, la republica intende conservare quanto avrà occupato fino alla fine della guerra, e che su tal base si tratti in un congresso di tutti gli interessati; che all'uopo esso ambasciatore ebbe pieni poteri e riceverà le necessarie istruzioni per condurre le trattative in buon accordo coi rappresentanti imperiali. — Gli si ordina poi di fare simili comunicazioni al Kinsky e agli altri ministri. Gli si promettono facoltà, istruzioni ed aiuti per la buona riuscita della sua missione. Gli si trasmette la lettera n. 8, perchè la consegni all'ambasciatore inglese a Vienna, e così il n. 9 da rimettere a quello d'Olanda; si unisce pure il n. 10.

ORIGINALE firmato dal segretario Agostino Bianchi in *Deliberazioni Senato Corti*, filza 141 (416).

8. (8) — 1698, Aprile 29. — c. 19 (15). — Il senato al re d'Inghilterra (in italiano). Lo si ringrazia per la conferma (espressa ultimamente dal suo ambasciatore in Francia a quello veneziano) della continuata sua disposizione a farsi mediatore di pace, conferma rinnovata colle proposte mandate dal Paget a Vienna. Gli si raccomanda di incaricare il suo ambasciatore, di tutelare, assieme a quello degli Stati di Olanda, gl'interessi di Venezia.

(L'ORIGINALE, come il precedente n. 7).

9. (9) — 1698, Aprile 29. — c. 21 (17)). — Il senato agli Stati generali delle Provincie unite dei Paesi Bassi (in italiano). Dalla partecipazione fatta dall'imperatore delle proposte del gran visir per la pace si è sentito con piacere essere la mediazione appoggiata ai rappresentanti l'Inghilterra e gli Stati. Si confida che questi vorranno far tutelare gl'interessi di Venezia.

(L'ORIGINALE, come il n. 7).

10. (10) — 1698, Aprile 29. — c. 23 (19). — Il senato al segretario residente in Polonia (Girolamo Alberti). Avendo il gran visir iniziato pratiche coll'ambasciatore d'Inghilterra per trattative di pace coll'imperatore e i suoi alleati, il secondo mandò il proprio segretario al re, che lo rispedì a Vienna con un progetto di congresso fra gl'interessati. Lo si informa di ciò perchè, parlando col re, riferisca le buone intenzioni della republica di render facili e vantaggiose per tutti gli alleati le trattative. (Il documento è in italiano).

(L'ORIGINALE, come il n. 7).

11. (12) — s. d. (1698, Giugno, prima del 10). — c. 27 (23). — Formula di *declaratoria*, con cui l'imperatore Leopoldo I fa sapere che, se la Porta ottomanna dichiarerà di ammettere, come usò sempre in addietro cogli imperatori precedenti, il principio dell'*uti possidetis* e pel detto sovrano e pei suoi alleati, re e governo di Polonia, republica di Venezia e zar di Moscovia, mediante corrispondente scritto, egli e questi, accettata la detta base che promettono d'osservare, sono pronti ad intervenire ad un congresso per trattare delle altre condizioni di pace coll'interposizione dei mediatori. È riservato ai detti re di Polonia e zar di prendervi parte (dopo conforme dichiarazione di accettare il mentovato principio) e di concludere, come anche Venezia, ognuno secondo le proprie circostanze, la pace.

A norma dell'ambasciatore si nota: È in sua facoltà di aggiungere, omettere o suggerire quello crederà opportuno; di fare la dichiarazione sia in nome del solo imperatore, sia aggiungendovi quello di Venezia; esser più conveniente che la dichiarazione sia fatta in nome dei ministri che in quello dei sovrani.

(Allegato n. 1 al dispaccio 10 Giugno. — v. n. 13).

12. (13) — s. d. (1698, Giugno, prima del 10). — c. 29 (25). — Dichiarazione simile alla precedente ma compilata in modo che autori ne appariscano i ministri dell'imperatore e di Venezia.

Data a Vienna. — (Allegato n. 2 al dispaccio 10 Giugno. — v. n. 13).

13. (11) — 1698, Giugno 10. — c. 25 (21). — Brano di lettera dell'ambasciatore

Ruzzini al doge, data a Medlitz (in italiano). Il conte Kinsky gli consegnò il n. 11 e il giorno dopo il n. 12, che è modificazione del primo creduta di forma più conveniente.

(*Dispacci Germania* [copia], filza I79, c. 103 a 110).

14. (14) — 1698, Giugno 17. — c. 31 (27). — Il Senato all'ambasciatore alla corte imperiale, Carlo Ruzzini, (in italiano). Accusando ricevuta dei n. 11, 12 e 13, si esprime soddisfazione per la tutela degli interessi di Venezia, ai quali si mostra favorevole la corte imperiale, e lo si incarica di ringraziare l'imperatore e il conte Kinsky. Lodando l'ambasciatore pel suo operato, lo si invita a caldeggiare l'unione del congresso, nel quale, circa la demolizione di fortificazioni, sgombro e permuta di luoghi e territorî, si crede vantaggioso insistere perchè avvengano secondo una lettera del Kinsky al Paget dell'aprile scorso. Si vorrebbe poi che nella *declaratoria* (v. n. 12) fossero specificati in termini meno generali i punti da trattarsi, del commercio, della navigazione, della confermazione di trattati antichi ecc., che, non danneggiando l'imperatore, sarebbero di vantaggio alla republica. In ogni modo, se non potrà ciò ottenere, sottoscriva la declaratoria col ministro imperiale come stà. Gli si unisce all'uopo la plenipotenza. (v. n. 15).

L'ORIGINALE firmato da Agostino Bianchi, segretario, trovasi in *Deliberazioni Senato Corti*, filza 141 (416).

15. (15) — 1698, Giugno 17. — c. 33 (29). — Lettera in forma di ducale del doge Silvestro Valier (in italiano) con cui si conferisce a Carlo Ruzzini, cav., ambasciatore alla corte imperiale, piena facoltà di sottoscrivere, col ministro dall'imperatore all'uopo designato, la *declaratoria* destinata a fissare i preliminari per iniziare colla Turchia le negoziazioni di pace; di determinare quindi le basi; di ricevere eguale declaratoria dai ministri turchi, scegliere d'accordo il luogo del congresso e trattarvi, coi rappresentanti di tutti gli alleati, la pace.

(L'ORIGINALE, come il precedente n. 14).

16. (16) — 1698, Giugno 23. — c. 35 (31). — Leopoldo I imperatore ecc., fa sapere: Essendosi per opera degli ambasciatori del re d'Inghilterra e degli Stati generali aperta la via a venire a trattative di pace colla Turchia, conferisce a Francesco Uldarico conte Kinsky, consigliere intimo, cav. del Toson d'oro e supremo cancelliere del regno di Boemia, piena facoltà di sottoscrivere col plenipotenziario di Venezia (v. n. 15) la *declaratoria* n. 17.

Spedita in copia dal Ruzzini con sua lettera 5 luglio, n. 326. — (*Dispacci Germania* [copia], filza 179, c. 173).

17. (17) — 1698, Giugno 23. — c. 37 (33). — I due plenipotenziarî nominati nei n. 15 e 16 fanno sapere e dichiarano che, quando la Porta ottomanna sia per dichiarare in un istrumento, conforme al presente, di accettare come base di trattative di pace la formula dell'*uti possidetis ita porro possideatis*, l'imperatore, e Venezia anche pei loro alleati Polonia e zar, accettando la stessa formula, acconsentiranno ad intervenire ad un congresso per negoziare ed un armistizio, e la regolazione dei confini dei rispettivi dominî, la permuta di territorî, la demolizione e lo sgombro di luoghi fortificati, e quanto sarà d'interesse dei singoli alleati per istabilire, con l'intervento dei mediatori, la pace durevole; riservano poi il diritto di prender parte al congresso ai detti re di Polonia e zar, quando accettino espressamente la mentovata formula.

Dato a Vienna. — Sottoscritto dal Kinsky e dal Ruzzini. — Trasmesso alla Signoria con lettera del Ruzzini 5 luglio, n. 326. — (*Dispacci Germania* [copia], filza 179, c. 175).

18. (18) — 1698, Luglio 2 e 4. — c. 39 (35). — Quesiti proposti (il giorno 2) dallo zar di Moscovia: 1. Che intenzioni abbia l'imperatore, continuare la guerra colla Turchia o far la pace? — 2. A quali condizioni accetterebbe questa? — 3. Accetterebbe l'imperatore le condizioni proposte dalla Turchia per mezzo del re d'Inghilterra?

Si risponde al 1.º (il giorno 4): « L'imperatore non chiese ai turchi la pace, nè, pei successi ottenuti, ha motivo di chiederla, nè deporrà le armi se non potrà averla sicura ed onorevole per sè e pei suoi alleati. — al 2º: La prima condizione dovrà essere quella dell'*uti possidetis*, dalla quale non intende affatto di derogare. — al 3º: E' bensì vero che il sultano mandò al re d'Inghilterra e questi all'imperatore certe proposte, che furono trasmesse, il 25 aprile, a Venezia, e al conte Scolnitzky rappresentante imperiale in Polonia, anche perchè le comunicasse all'inviato dello zar a quella corte; si seppe poi che tale comunicazione non fu fatta, onde tosto si è provveduto, ed alla presente si unisce il memoriale al n. 20.

Trasmessa dal Ruzzini con lettera 12 luglio, n. 328. — (*Dispacci Germania* [copia], filza 179, c. 192 a 195).

19. (22) — 1698, Luglio 4. — c. 43 (39). — Lettera del conte Kinsky agli ambasciatori del re d'Inghilterra e degli Stati generali. Rispondendo a loro lettera del 19 maggio, riferì all'imperatore le loro proposte circa la pace coi turchi e li ringrazia in nome di lui. In conformità ai desiderî espostigli circa i preliminari, dopo conferito coll'ambasciatore di Venezia, trasmette loro il n. 17 riassumendone il contenuto, come pure i n. 16 e 15, e li prega di stabilire coi turchi i preliminari delle trattative sulla base dell'*uti possidetis* chiedendo loro declaratoria conforme al n. 17, ed altri documenti necessarî per procedere alla convocazione del congresso. Circa il tempo di questo, l'imperatore e Venezia lasciano in facoltà della Porta lo stabilirlo; ma desidererebbero un luogo comodo per le trattative, e non trovandolo ai confini, esclusi i fortificati come Buda, Erlau (*Agria*) ecc., proporrebbero Vienna, che offre ogni agevolezza; ma se ai turchi non piacesse, si potrebbe scegliere un luogo fra Petervaradino o Szeghedin (dell'imperatore) e Belgrado o Temesvar (dei turchi), oppure Debreczen, stipulando che debba, con uno spazio di due miglia all'intorno, restar libero da milizie dei belligeranti, con provvedimenti di comune accordo per la sicurezza dei partecipantivi. Si esclude ogni trattativa di armistizio.

Data a Vienna. — Trasmessa come il n. 18. — (*Dispacci Germania* [copia], filza 179, c. 201 a 205).

20. (19) — 1698, Luglio 7. — c. 40 (36). — Memoriale in cui, a replica delle risposte dategli nel n. 18, lo zar (era allora a Vienna), si dice grato all'imperatore per aver unite alle proprie, nelle iniziate trattative di pace, le proposte relative alla Moscovia, ciò che per disunire gli alleati, la Turchia aveva omesso. Onde ridurre i nemici in istato da non poter più offendere, trova necessario che, oltre il territorio da lui occupato, i turchi gli cedan la fortezza di Kertsch per poter tenere in freno i tartari, che continuamente molestano i luoghi vicini. — Se non si potesse ottenere tale cessione, chiede si continui la guerra almeno per un anno, onde poter conseguire maggiori vantaggi e pace più soddisfacente per tutti.

Trasmesso come il n. 18. — (*Dispacci Germania* [copia], filza 179, c. 195 a 197).

21. (20) — 1698, Luglio dopo il 7. — c. 41 (37). — Progetto di risposta al n. 20. L'imperatore non intende mancare ai patti che lo legano ai suoi alleati. — E' di sommo interesse conchiudere una pace durevole e sicura dopo 15 anni di guerra, in cui si spesero tanti milioni. Si riconoscono le ragioni dello zar per desiderare il possesso di Kertsch, ma si prevedono le grandi difficoltà che opporrà la Turchia; però nel congresso la Moscovia potrà farne la domanda, che sarà secondata dall'imperatore. — Quanto al continuare la guerra, per ora nulla si può decidere, ma conviene aspettare l'esito del congresso; l'imperatore si manterrà fedele all'alleanza e nulla farà senza renderne consapevole lo zar.

Trasmesso come il n. 18. — (*Dispacci Germania* [copia], filza 179, c. 197 a 200).

22. (21) — s. d. (1698, Luglio 7?). — c. 42 (38). — Aggiunta al n. 21 (primo e secondo punto). Circa il chiedere la cessione di Kertsch, si osserva che non essendo molto vicina la convocazione del congresso, potrebbe darsi il caso che gli alleati prendessero Kertsch, che resterebbe allo zar pel principio dell'*uti possidetis*.

Trasmesso come il n. 18. — (*Dispacci Germania* [copia], filza 179, c. 200).

23. (23) — 1698, Luglio 25. — c. 48 (45). — Traduzione in latino di documento, con cui il sultano di Turchia (Mustafà II), per far pace e rinnovare l'amicizia coll'imperatere e i suoi alleati, colla mediazione del re d'Inghilterra e degli Stati generali, dà facoltà al suo gran visir Hussein pascià di rilasciare la declaratoria n. 25, e di conferire pieni poteri per le trattative come nel n. 24.

Dato il 13 Moharrem 1109 (*sic*) [1110] dell'egira. — Tradotto da Alessandro Maurocordato.

1698, Agosto 23. — Roberto Ermanno de Bertram, segretario ecc., attesta la conformità della copia.

Dato a Vienna. — Trasmesso dall'ambasciatore Ruzzini con lettera 6 Agosto, n. 339 e l'autentica con lettera 23 detto, n. 345. — (*Dispacci Germania* [copia], filza 179, c. 288 e 289).

24. (24) — 1698, Luglio 22. — c. 50 (47). — Traduzione in latino di documento con cui il gran visir (v. n. 23) dà a Mehemet effendi, gran cancelliere dell'impero ottomanno, e ad Alessandro Scarlatti, segretario, facoltà di iniziare coi plenipotenziari dell'imperatore di Germania e di Venezia le trattative di pace e condurle a buon fine.

Dato, tradotto, autenticato e trasmesso come il n. 23. — (*Dispacci Germania* [copia], filza 179, c. 289 a 291).

25. (25) — 1698, Luglio 22. — c. 52 (49). — Traduzione in latino della declaratoria corrispondente e conforme al n. 17, emanata dai plenipotenziari turchi, nella quale accettano per base dei futuri negoziati di pace la formula dell'*uti possidetis*.

Dato in campo presso Sofia il 13 Moharrem 1109 (*sic*) [1110] dell'egira. — Tradotta, autenticata e trasmessa come il n. 23. — (*Dispacci Germania* [copia], filza 179, c. 291 a 294).

26. (26) — 1698, Luglio 14/24. — c. 54 (51). — Lettera di lord Paget e del Collier, rappresentanti il re d'Inghilterra, e gli Stati generali, al conte Kinsky. Rispondendo a lettere di quest'ultimo del 4 e 15 corr., portate dal segretario del Paget, contenti dell'approvazione imperiale del loro operato, finora felice, per la pace, dicono di avere ricevuto il n. 17; che le negoziazioni pei preliminari procedono bene; che la formula dell'*uti possidetis* sembra essere accettata dalla Porta; che in corrispondenza dei n. 15 e 16 trasmettono i n. 23 e 24; che i turchi sono pronti ad intervenire al congresso, avendo la Porta date le facoltà necessarie a Mehemet effendi e ad Alessandro Maurocordato [Scarlatti], con ingiunzione di sbrigarsi al più presto possibile, sicchè sono disposti a partire cogli scriventi per Belgrado per fissare d'accordo la sede del congresso medesimo, pel quale proporrebbero Salánk, dove sarà d'uopo vivere sotto tende. Gli scriventi proposero Vienna, poi Debreczen, ma i turchi vogliono luogo neutro. Non si può preventivamente parlare d'armistizio.

Data nel campo ottomanno sotto Sofia. — Copia autenticata come il n. 23. — (*Dispacci Germania* [copia], filza 179, c. 294 a 297).

27. (39) — 1698, Luglio, verso la fine. — c. 80 (77). — Versione (in latino) di firmano, con cui il sultano di Turchia nomina suoi plenipotenziari Mehemet effendi, presidente della cancelleria imperiale, ed Alessandro Scarlatti, segretario intimo, dando loro facoltà di negoziare, colla mediazione dei rappresentanti l'Inghilterra e i Paesi Bassi, trattati di pace ed amicizia coll'imperatore di Germania, re e governo di Polonia, zar di Moscovia e republica di Venezia, promettendo ratificare quanto saranno per concludere.

Dato in campo presso Sofia, alla metà del mese di Moharrem, 1110. — La traduzione e la copia autenticate da Giovanni Bielli, consigliere e segretario. — Inserto in lettera dell'Erizzo del 3 Novembre, n. 366, con traduzione italiana. — (*Dispacci Germania* [copia], filza 179, c. 657 a 660).

28. (30) — 1698, Agosto, 1. — c. 62 (59). — Memoriale indirizzato al co. Kinsky, cancelliere di Boemia, al co. Kaunitz, vice cancelliere dell'impero, al co Buccelleni cancelliere dell'Austria, legati dell'imperatore Leopoldo, da Procopio Bogdanovitch Wosnitzin, legato plenipotenziario dello zar di Moscovia. Dichiara che in una conferenza avuta il 30 luglio coi detti ministri espose: Ringrazia l'imperatore dell'accoglienza avuta e dell'accordatagli conferenza coi nominati personaggi, riservando di trattare con essi dopo l'arrivo di due suoi colleghi plenipotenziari. Consegnò già all'imperatore le sue credenziali. Assicurò circa la costante amicizia dello zar per l'imperatore, non solo contro i nemici infedeli, ma contro tutti che nutrissero mal animo riguardo ad esso sovrano. Ricorda quanto operò lo zar in adempimento degli obblighi contratti col trattato dell'8 febbraio 1697, cose già note alla corte imperiale, segnalando, fra altro, l'elezione del re di Polonia, l'esercito radunato, la flotta messa in mare di 70 navi e molti altri legni, stipendiando anche persone competenti dell'Inghilterra e dell'Olanda, colla quale spera nel venturo anno combattere i turchi e i tartari, mentre ora già sono cominciate le operazioni contro di Belgrado e Kamien-Kaszyrskii e nella regione di Azow. Ringrazia in nome dello zar per la comunicazione a questo fatta delle trattattive per la pace, per l'invito al congresso, e per la comunicazione dei documenti relativi; ma insiste che in ogni caso la pace abbia a tornar vantaggiosa a tutti gli alleati, altrimenti sarebbe meglio continuar la guerra. Ringrazia pure per la comunicazione del n. 26, e prega di esser messo anche in avvenire a giorno delle ulteriori pratiche, insistendo perchè le trattative seguano per parte di tutti gli alleati di comune accordo e a saputa di ognuno.

Dato a Vienna. — Mandato come il n. 30. — (*Dispacci Germania* [copia], filza 179, c. 358 a 366).

29. (28) — 1698, Agosto 7. — c. 58 (55). — Memoriale presentato all'imperatore Leopoldo da Giovanni Gomolinski, vescovo di Kiew, ablegato straordinario di Polonia. Ringrazia l'imperatore per non avere, in obbedienza ai patti, iniziato le trattative di pace coi turchi senza darne avviso agli alleati. Dice desiderare il suo re che gli sia rilasciato un impegno scritto che non si concluderà il trattato senza l'intervento di tutti gli alleati, compreso il granduca di Moscovia. Riconosce accettabili le condizioni esposte dai mediatori, ma prega non sia consentita la demolizione di Kamenetz; la Polonia non solo non potrebbe acquietarsi colla restituzione di essa, ma nemmeno con quella della Moldavia; sono immensi i sagrifici fatti per la lega, essa perdette il fiore delle sue milizie nelle molte spedizioni, come in quelle di Vienna, della Bessarabia, di Budzanow, della Moldavia ecc; perdette Kiew e Smolensko con intere provincie: è tormentata dalle invasioni dei tartari; ha 30 milioni di debito coll'esercito, e 200 ne spesè nella guerra; raccomanda perciò che l'imperatore, in considerazione di tanti danni, faccia tener contò di ciò che la Polonia andrà proponendo nel corso delle trattative. Benchè l'imperatore creda, per vantaggio dei popoli, venuto il tempo di far la pace, l'ablegato considera che la Turchia potrebbe essere maggiormente indebolita; avere la Polonia in piedi un forte esercito, essere possibile che i nemici, riavutisi dalle perdite, dopo la pace, rinnovino più tardi le ostilità; però il re non rifugge dalla pace. Circa il luogo del congresso, il re esclude soltanto che sia fatto in campo o presenti i capi degli eserciti, essendo egli stesso alla testa del suo.

Trasmesso dall'ambasciatore Ruzzini con lettera 16 Agosto, n. 343. — (*Dispacci Germania* [copia], filza 179, c. 318 a 322).

30. (29) — 1698, Agosto 14. — c. 60 (57). — Risoluzione sovrana dell'imperatore Leopoldo I, in risposta al n. 29. Avendo sempre egli adempiuto scrupolosamente gli obblighi incombentigli pei trattati, non trova dovere rilasciare ulteriori obbligazioni scritte. Egli finora non fece proposte di condizioni speciali per sè, e tutti gli alleati potranno fare nel congresso quelle che crederanno del proprio interesse, e l'imperatore appoggerà le ragionevoli. Egli avrebbe creduto inumano il respingere proposizioni intese a far cessare l'effusione di sangue; tuttavia se non si potrà ottenere una pace onorevole, vi sarà tempo di pensare alla guerra, purchè si stia preparati. Se la Polonia ha in pronto un forte esercito, neppure l'imperatore risparmiò spese, essendo preparato a ricevere lo sforzo dei turchi contro il regno d'Ungheria. Circa il luogo del congresso, la Turchia non vuol mandare i suoi rappresentanti più in qua di Salank e, adducendo varie ragioni, l'imperatore spera che la Polonia non vorrà rifiutarvisi.

Data a Vienna. — Mandata in copia dall'Erizzo con lettera 23 Agosto, n. 345. (*Dispacci Germania* [copia], filza 179, c 354 a 357).

31. (31) — 1698, Agosto 14. — c. 64 (61). — Sovrana risoluzione dell'imperatore Leopoldo in risposta al n. 28. Ebbe la relazione dell'esposto dal legato di Moscovia nella conferenza coi ministri tenuta il 9 corr. Ringrazia lo zar per la solenne ambasciata inviatagli, per l'amicizia dichiaratagli, che dice di ricambiare. Circa le trattative di pace non mancò di informare lo zar, fin dal principio, di quanto fu fatto, anzi non essendosi fatto menzione di esso zar nelle prime proposte turche, le respinse, sicchè ora la Russia potrà tutelare nel congresso i propri interessi, che saranno sostenuti, in quanto è giusto, dagli alleati. Avendo la Porta aderito al congresso, l'imperatore non può rifiutare l'occasione di por fine alle stragi, tanto più che insistono per la pace la Spagna, la Gran Brettagna e i Paesi Bassi. Confida quindi che tutti gli alleati converranno al congresso, e dichiara non assumere responsabilità per chi mancasse.

Non trova impossibile il discutere fra gli alleati le condizioni prima di trattarne coi turchi. I preparativi di guerra dello zar gioveranno a far più arrendevole la Porta; ma la guerra è sempre incerta.

Data a Vienna. — Mandata come il n. 30. — (*Dispacci Germania* [copia], filza 179, c. 366 a 370).

32. (27) — 1698, Agosto 16. — c. 56 (53). — Ducale (in italiano) deliberata in senato, colla quale, stabiliti i preliminari, si danno pieni poteri a Carlo Ruzzini di negoziare in qualsiasi luogo e concludere pace colla Porta ottomanna e coi suoi rappresentanti.

(L'ORIGINALE firmato dal secretario Marin Angelo Negri, esiste in *Deliberazioni Senato Corti*, filza 141 [416]).

33. (34) — 1698, Settembre 1. — c. 70 (67). — Copia di lettera del conte Kinsky ai legati delle potenze mediatrici. Risponde a loro lettera n. 26, non avendo prima potuto conoscere le intenzioni di tutti gli alleati. L'imperatore è lor grato per quanto fecero; e poichè la Porta accettò la base dell'*uti possidetis,* esso e Venezia nominarono già i loro plenipotenziari, ai quali si associerà il legato dello zar, e tutti saranno verso il 15 al luogo del congresso, confidandosi che non mancherà il rappresentante della Polonia, come se n'ebbe affidamento. Quanto al luogo del congresso, l'imperatore avrebbe scelto Petervaradino, ma permette che a questo si possa ancora pensare, tornando ad offrire Vienna o Debreczen. Approva poi la negativa circa il concludere l'armistizio.

Data a Vienna. — Mandata dal Ruzzini con dispaccio n. 349. — (*Dispacci Germania* [copia], filza 179, c. 403 a 405).

34. (32) — 1698, Settembre 2. — c. 69 (66). — Lettera dell'imperatore Leopoldo al doge. Avendo in tutto il corso della guerra contro i turchi, sempre rigorosamente osservati gli obblighi verso gli alleati, promovendone i vantaggi, egualmente agirà nelle trattative di pace, tanto più sapendo che Venezia nutre eguali sentimenti. Nelle ardue negoziazioni che stanno per aprirsi gioverà il valido concorso dell'ambasciatore veneto eletto a plenipotenziario (v. n. 32), ed egli darà ai suoi rappresentanti istruzione di andare d'accordo con lui.

Data a Vienna. — Mandata dal Ruzzini col n. 35. — Dispaccio 3 Settembre dell'amb. Ruzzini n. 349. — (*Dispacci Germania* [copia], filza 179, c. 402 e 403).

35. (33) — 1698, Settembre 3. — c. 68 (65). — Brano di lettera (n. 349). dell'ambasciatore Ruzzini al doge, (in italiano). E' stato nominato plenipotenziario dell'imperatore il conte Alfonso Oettingen; il conte Kinsky disse che quel sovrano credette necessario aggiungervi un militare, ma non dei più alti; il conte Leopoldo Schlich è *generale di battaglia* (maggiore) ed essendo governatore di Szeghedin potrà giovare per la designazione dei confini; il segretario del consiglio di guerra, e il conte Marsili li accompagneranno come segretario ed assistente.

Data a Ebersdorf. — (*Dispacci Germania* [copia], filza 179, c. 396).

36. (35) — 1698, Settembre 13. — c. 72 (69). — Brano di lettera (n. 352) dell'ambasc. Ruzzini. La Polonia manda al congresso il palatino di Posnania; passerà per Vienna onde procurare di ottenere pei suoi mandanti i vantaggi non conseguiti in guerra.

Data a Ebersdorf. — (*Dispacci Germania* [copia], filza 179, c. 421).

37. (38) — 1698, Ottobre 17. — c. 78 (75). — Proclama degli ambasciatori straordinarî plenipotenziarî imperiali al congresso, nel quale dichiarano l'armistizio e la neutralità in tutto il paese fra la Sava e il Danubio e sui fiumi stessi, da Petervaradino a Semlino e da Ilok per Tovarnik, Njemci, Morovic sino a Raca ed a Bosut, quindi lungo la Sava sino a Semlino; ed ingiungono a tutti i sudditi imperiali in nome dell'imperatore tanto militari (ungheresi, croati, rasciani, tedeschi) che ecclesiastici e civili, di astenersi da ogni ostilità, sotto pena della vita. Dell'esecuzione è incaricato « il general colonnello comandante » barone di Nehenes, che farà publicare il presente.

Dato a Futack. — Il documento è in versione italiana. — Inserto in lettera del Ruzzini 18 ottobre, n. 362. — (*Dispacci Germania* [copia] filza 179, c. 594 a 597).

38. (37) — 1698, Ottobre 18. — c. 76 (73). — Brano di lettera (n. 362) come al n. 35. Gli ambasciatori moscovita e polacco sono arrivati a Petervaradino, il primo si scusò coll'imperiale e col veneto di non esser con loro, ignorando ove fossero; il secondo deve ancora farsi riconoscere.

Data dalle tende sotto Futack. — (*Dispacci Germania* [copia], filza 179, c. 599).

39. (36) — 1698, Ottobre 25. — c. 74 (71). — Brano di lettera (n. 363) del Ruzzini. Resta fissata nel mezzo della campagna presso Carlovitz la sede del congresso, accampati sotto tende; i diversi plenipotenziarî si disposero in modo da radunarsi agevolmente. Il 20 il segretario del Paget portò notizia del prossimo arrivo dei mediatori e dei turchi, dell'accettazione dell'armistizio. Disse che non potendosi avere i passaporti sottoscritti di mano del sultano in corrispondenza di quelli dell'imperatore, si pensò far senza degli uni e degli altri, tanto più data la dichiarazione di neutralità del paese; restando ai mediatori facoltà di rilasciarne ai privati.

(*Dispacci Germania* [copia], filza 179, c. 597 e 598).

40. (40) — s. d. (1698. Novembre, primi giorni). — c. 82 (79). — I plenipotenziari delle due potenze mediatrici, Guglielmo Paget, barone di Beaudesert, e Iacopo Collier dichiarano che i plenipotenziarî adunati in Carlovitz pel trattato di pace approvarono le seguenti loro proposte: che vengano bandite tutte le cerimonie troppo solenni e ingombranti nei rapporti che i plenipotenziarî avranno fra loro, tolte le difficoltà di visita e le vicendevoli pretese di precedenza. Che se i rappresentanti di una delle potenze interessate avessero a concludere il rispettivo trattato prima di altri, sia consegnato questo ai mediatori, nè possa subire modificazioni di sorta; condotti poi tutti a buon fine, saranno dai mediatori stessi fatti sottoscrivere e consegnati a chi spetta. Nessuno dei plenipotenziari potrà, contro la forma dei propri poteri, ritardare od intralciare la conclusione dei trattati in modo alcuno; in caso tutti gli altri dovranno adoperarsi per eliminare al più presto le difficoltà; se ciò non potesse ottenersi, sarà assegnato, col consenso di tutti, congruo termine per l'appianamento delle difficoltà, e si troverà modo che gli altri possano adempire il loro mandato. Il territorio che, per la sicurezza delle trattative, fu dichiarato neutrale, lo resterà fino alla conclusione finale, dopo la quale gl'intervenuti al congresso potranno andarsene in piena sicurezza. Tutti i plenipotenziarî esigeranno dai loro dipendenti un contegno conveniente che non dia luogo a lagni di sorta. Nel campo niuno potrà girovagare o fare strepito; i contravventori saranno arrestati e consegnati ai loro principali.

Inserto in lettera del Ruzzini dell'8 Novembre, n. 367. — (*Dispacci Germania* [copia], filza 180, c. 56 a 59).

41. (41) — s. d. (1698, Novembre, primi giorni.) — c. 84 (81) — Disposizioni deliberate dai plenipotenziari per la sicurezza e mantenimento del buon ordine nel campo sotto Carlovitz: Tutti i dipendenti da essi dovranno di giorno e di notte rispettare le sentinelle e le pattuglie ed obbedire alle loro ingiunzioni. E' proibito il girovagare di notte, il far rumore di qualunque specie, sono vietate le conventicole nelle bettole, che si chiuderanno al segno della ritirata; i contravventori saranno arrestati e consegnati ai rispettivi signori. Così quelli che commettessero risse o delitti. Queste disposizioni si estendono alle barche e alle altre taverne poste fuori del campo. Si prescrive l'immediato asporto dei cadaveri e delle immondizie dal campo e severa sorveglianza sugli incaricati di tali uffici.

Inserte come al n. 40. — (*Dispacci Germania* [copia], filza 180, c. 59 a 61).

42. (42) — 1698, Novembre 15. — c. 89 (86). — Brano di lettera (n. 368) di Carlo Ruzzini al doge (in italiano). Dà conto del primo colloquio dei plenipotenziari imperiali e turchi davanti ai mediatori, avvenuto nel campo, non essendo ancora finita la casa per le adunanze. Si occupa quasi esclusivamente delle formalità osservate, limitandosi a dire non esservi trattato che della divisione della Transilvania, respinta dagli imperiali, e alla formula dell'*uti possidetis* accettata da tutti.

Data « dalle tende sopra Carlovitz ». — (*Dispacci Germania* [copia], filza 180, c. 68 e 69).

43. (43) — 1698, Novembre 25. — c. 88 (85). — Ducale con cui nominato plenipotenziario Carlo Ruzzini, cav. ambasciatore, per negoziare e concludere, sulla base dell'*uti possidetis*, un trattato di pace ed amicizia coi plenipotenziarî turchi Mehemet effendi, gran cancelliere dell'impero ottomanno, ed Alessandro Scarlatti, secretario intimo del detto impero, colla mediazione dei rappresentanti la Gran Brettagna e i Paesi Bassi. (Il testo è in italiano).

ORIGINALE firmato dal secretario Agostino Bianchi in *Deliberazioni Senato Corti*, filza 142 (418).

44. (44) — 1698, Dicembre 27. — c. 90 (87). — Brano di lettera (in italiano) del senato a Carlo Ruzzini. Si esprime piacere che i mediatori siano soddisfatti del n. 43. Si ricorda il n. 32 restituito.

L'ORIGINALE firmato da Marin Angelo Negri in *Deliberazioni Senato Corti*, filza 142 (418).

45. (47) — 1699, Gennaio 25. — c. 102 (99). — Copia del trattato concluso dai plenipotenziarî del sultano nominati nel n. 46 e lo zar di Moscovia, colla mediazione come nel precedente. In esso si pattuisce: Sarà sospesa ogni ostilità fra i contraenti per due anni dal 25 dicembre 1699, (a. n.) [1698] durante i quali si negozierà un trattato di pace e d'amicizia. In tal tempo cesserà qualunque mossa d'armi, e specialmente i tartari di Crimea si asterranno da incursioni e danni nei dominî moscoviti; i contravventori, di qualunque parte siano, saranno puniti.

Fatto in Carlovitz. — Inserto in lettera del Ruzzini 30 gennaio n. 393. (*Dispacci Germania* [copia], filza 180, c. 496 a 501).

1699, Gennaio 26. — V. n. 51.

46. (45) — s. d. (1699, Gennaio 26. Data che si rileva dalla lettera del Ruzzini in cui è inserto questo documento). — c. 92 (89). — Copia del trattato concluso dai plenipotenziarî di Mustafà sultano di Turchia con Stanislao conte in Moschcznietz Relioroy Konskie, Malakow palatino di Posmania e governatore di Cracovia rappresentante di Augusto II re e del governo di Polonia, mediante gli uffici di Guglielmo Paget barone di Beaudesert, ambasciatore di Guglielmo III re della Gran Bettagna, e di Iacopo Collier per gli Stati generali del Belgio. In esso si pattuisce: Cessino le ostilità fra le parti e si rinnovi l'antica amicizia, si ristabiliscano i confini fra i due stati, che restino inviolati come prima delle due ultime guerre. Tutti i luoghi entro i confini della Moldavia, com' erano prima della penultima guerra, siano sgombrati dai polacchi, e quella provincia resti alla Turchia. Kamenietz e il suo territorio sia evacuato similmente dai turchi, sicchè l'Urania e la Podolia restino libere alla Polonia negli antichi confini, e il sostituto etmanno dei cosacchi di Urania, che ora risiede in Moldavia, sia rimosso; si fissano poi le norme per la detta evacuazione da compiersi entro il 15 Maggio, restando libero a tutti gli abitanti dei luoghi da evacuarsi di partire colle lor cose per stanziarsi dove vorranno. Nessun suddito ottomanno, e

specialmente i tartari, molesti i paesi e le persone dipendenti dalla Polonia ;
perciò la Porta ordinì sotto gravi pene alle autorità subordinate di curare che
non venga dai suoi soggetti turbata la pace, di castigare severamente i contravventori, e di far risarcire i danni che facessero; altrettanto farà la Polonia. Si
dichiara l'assoluta indipendenza del regno di Polonia dalla Turchia. I tartari,
che nelle ultime guerre invasero la Moldavia, ne escano tornando alle rispettive
sedi. I cattolici possano, secondo le concessioni già fatte dalla Porta, esercitare
il loro culto liberamente nell'impero ; l'ambasciatore polacco esporrà al sultano ulteriori istanze in argomento. Resti libero ai sudditi delle parti il vicendevole
commercio, pagando i consueti diritti, come è stabilito dalle antiche capitolazioni;
i mercanti polacchi, che ritornano in patria dalla guerra, potranno portar seco
cavalli, ma non cose vietate; così pure gli schiavi legalmente liberati; le facoltà
dei sudditi di una delle parti, che muoiono nei domini dell'altra, saranno a cura
dei compatriotti rimesse ai légittimi eredi; niuno sia costretto a pagar debiti non provati ; e le prove si prescrivono rigorose; si estendono ai polacchi i vantaggi delle
capitolazioni coi loro alleati. Si stabiliscono le norme per la liberazione dei prigionieri di guerra fatti schiavi. Finchè la Polonia osserverà la pace, il voivoda
di Moldavia si manterrà fedele alle antiche capitolazioni ; essa non darà ricetto
ai fuggitivi da quella provincia e dalla Valacchia, ma li consegnerà alle rispettive loro autorità; altrettanto farà la Turchia rispetto ai polacchi; questo però,
solo se è pattuito nelle antiche capitolazioni. Si confermano le capitolazioni
stesse, in quanto non contraddicano al presente.

Inserta in lettera di C. Ruzzini, n. 392, datata dalle tende sopra Carlovitz,
27 Gennaio. — (*Dispacci Germania* [copia], filza 180, c. 482 a 492).

47. (46) — 1699, Gennaio 26 — c. 96 (93). — Copia del trattato concluso
dai plenipotenziari del sultano, mediante gli uffici ecc. (come nel precedente),
con Volfango conte d'Oettingen, ciambellano, consigliere intimo, presidente del
consiglio aulico, Leopoldo conte Schlick, signore di Passau e Weisskirchen,
ciambellano e generale, plenipotenziari dell'imperatore Leopoldo I. In esso fu
pattuito: La Transilvania resti all'imperatore, conservando gli antichi confini
colla Valacchia e la Moldavia fino al Maros. La provincia di Temesvar resti alla
Turchia, conservando gli antichi confini verso la Transilvania, e lungo il Maros
fino al Tibisco, e lungo questo fino al Danubio, con quanto è compreso fra i
detti fiumi ; nei luoghi di Karansebes, Lugos, Lippa, Szerb, Csnad, Kanizsa, Becse,
Kis-Becskerek e Szakalházá e in ogni altro entro i predetti confini, saranno demolite
le fortificazioni, nè più rialzate od edificate di nuove; il corso di detti fiumi
possa essere usato dai sudditi delle due parti, nè s'impedirà la navigazione in
essi ai legni provenienti dall'impero; i sudditi turchi potranno pescarvi e tenervi
molini in quanto non ne impediscano la navigazione; non saranno permesse
derivazioni d'acque dal Maros, per mantenervi la massa d'acqua per la navigazione; le isole di quel fiume rimangano agl'imperiali. La regione fra il Tibisco e il Danubio della Rača resterà all'imperatore, che non aumenterà le fortificazioni di Titel. Si determina la linea di confine della confluenza del Danubio

col Tibisco fino al Bosut verso Morarwich nella regione del Sirmio, lasciando
il paese aperto e senza fortificazioni. E così fra il Bosut e la confluenza del
fiume Unna nella Sava; il letto di questa e le isole resteranno comuni ai due
stati; la regione di qua dell'Unna, nella Bosnia e fino alla Sava, compresivi
Novi, Dubiza, Sessenhaussen, Dubočac e Brod sarà lasciata libera dalle milizie
dell'imperatore; si determineranno i confini sopra Novi verso la Sava e Kostaj-
nica ed altre isole colla sponda dell'Unna posseduta dall'imperatore, e i
luoghi al di là dell'Unna, lontani dalla Sava, rimangano in potere di chi li
possiede, i confini saranno determinati da commissarî. Tutti i confini fissati
dai commissarî saranno in avvenire rispettati. Entro i proprî confini ognuna
delle parti potrà, meno nei luoghi qui sopra indicati, erigere fortificazioni e
villaggi ove crederà opportuno. Saranno proibite in avvenire le incursioni ed
ogni atto ostile fra i sudditi delle parti; i trasgressori saranno puniti dalle autorità del luogo ove fossero presi e restituite le cose rubate; le autorità che
non adempissero a tale obbligo saranno destituite. Niuna delle parti darà asilo
a ribelli o delinquenti dell'altra, ma li arresteranno e puniranno; saranno puniti i magistrati che ciò trascurassero, e coloro che favorissero tali rei. Si pattuiscono le norme per la elezione dei commissari, per la determinazione dei confini, e per le loro funzioni, e così pure per lo scambio e liberazione dei prigionieri.
Si rimettono in vigore le antiche concessioni dei sultani per l'esercizio della
religione cristiana in Turchia. Si richiamano in vigore le antiche capitolazioni
relative al commercio, se ne stabiliranno di nuove, e si osserveranno dalle
parti gli antichi trattati. Per rendere poi più solida l'amicizia, le parti s'invie-
ranno vicendevolmente solenni ambascierie nel prossimo giugno. Si fissano le
prerogative dei rappresentanti dell'imperatore in Turchia e quelle dei loro dipendenti. I commissarî pei confini si aduneranno in luogo da designarsi da essi il
giorno dell'equinozio del 1699, ed eseguiranno entro due mesi il loro mandato.
Le ratificazioni del presente saranno scambiate entro un mese. Il presente durerà
in vigore per 25 anni, e potrà essere prolungato d'accordo fra le parti; dovrà
da esse essere osservato e l'osservanza commessa in tutti i loro dominî; l'osserverà pure il kan dei tartari di Crimea.

Inserto come il n. 46. — (*Dispacci Germania* [copia], filza 180, c. 433 a 449).

V. Du Mont. *Corps universel* cit. T. VII, p. II, p. 448 sgg.

48. (48) — 1699, Gennaio 26 — c. 104 (101). — Copia del trattato stipulato
fra i plenipotenziarî dell'imperatore Leopoldo I e quelli del sultano di Turchia,
nominati nel precedente e consegnato a questi ultimi. Con poca diversità è nel
suo contenuto simile al precedente.

Fatto sotto le tende nel congresso di Carlovitz. — Inserto in lettera del Ruzzini 4 febbraio n. 395. *(Dispacci Germania* [copia], filza 180, c. 508 a 525).

49. (49) — 1698, Febbraio 7 (m. v.) — c. 110 (107). — Il senato delibera che
il doge faccia la ratificazione del trattato di pace fra la republica di Venezia
e i turchi n. 51. (Il documento è in italiano).

Sottoscritto da Agostino Bianchi segretario.

ORIGINALE in *Deliberazioni Senato Corti,* filza 142 (418).

50. (50) — 1698, Febbraio 7 (m. v.) — c. 112 (109). — Il segretario Agostino Bianchi dichiara che, letto in senato il n. 51, fu trascritto in pergamena « in forma di libretto », sottoscritto dal doge e da esso segretario e munito di bolla d'argento.

ORIGINALE in *Deliberazioni Senato Corti,* filza 142 (418).

51. (51) — 1698, ind. VII, Febbraio 7. (m. v.) — c. 114 (111). — Il doge ratifica l'allegato e ne promette l'osservanza.

Dato nel palazzo ducale di Venezia. — Sottoscritto dal doge e da Agostino Bianchi segretario.

ORIGINALE in *Deliberazioni Senato Corti,* filza 142 (418).

ALLEGATO: 1699, Gennaio 26. — Documento in forma di ducale con cui si fa sapere che per ricondurre la pace e l'amicizia fra la republica di Venezia e l'impero ottomanno, colla mediazione come nel n. 43, non avendo il plenipotenziario di quella, Carlo Ruzzini, potuto concludere le sue negoziazioni, e non essendo possibile prorogare di più il termine di esse, i plenipotenziarî dell'imperatore e quello del re di Polonia e quelli del sultano pattuirono (le condizioni che seguono sono in italiano): La Morea, fino ai resti dell'antica muraglia che la divideva dal continente, rimanga intera a Venezia. La terraferma greca al sultano; la republica abbandonerà Lepanto; il castello di Rumelia e la fortezza di Prevesa saranno demoliti. Le isole di S. Maura con Capo di ponte detto Perathia e Leucade rimarranno a Venezia. L'evacuazione di Lepanto e le dette demolizioni si faranno dopo la designazione dei confini della Dalmazia; intanto i presidî di quei luoghi rimarranno quieti; gli abitanti degli stessi potranno partirsene. Il golfo fra la Morea e la terraferma resterà ad uso comune. Le isole dell'Arcipelago e dei mari d'intorno resteranno, nello stato precedente alla guerra, alla Turchia, nè Venezia potrà esigervi contribuzioni. La Turchia non esigerà più il tributo per Zante dalla republica, alla quale resterà pure l'isola di Egina. Si determineranno i confini dei due stati in Dalmazia passanti per le fortezze di Knin, Vrlika, Sinj, Dobranje, Vrgorac, Citluk, Gabela, tutte nel dominio veneto, assegnando loro uno spazio tale da essere distanti un'ora dal confine; nei luoghi opportuni si porranno segnali di questo; la fortezza di Knin avrà il suo fianco verso la Croazia austriaca; se dentro la suddetta linea sorgesse qualche fortezza turca, questa resterà al sultano con spazio come sopra; per Citluk lo spazio sarà di un'ora di fronte e di due di fianco, da essa il confine andrà fino al mare; i confini saranno rigorosamente rispettati da ambe le parti; sorgendo questioni fra i commissarî, non suscettibili di accomodamento fra essi, saranno devoluti ai rappresentanti dell'imperatore, dell Inghilterra e degli Stati generali presso la Porta. Il territorio di Ragusa sarà continuo con quello della Turchia. Cattaro, Castelnuovo e Risano resteranno coi loro territori a Venezia, e i commissarî ne determineranno i confini, senza interrompere la continuità del territorio di Ragusa colla Turchia. I commissari pei confini si aduneranno, con conveniente scorta, e in Dalmazia e verso Cattaro il 22 marzo. Nessuna delle due parti darà asilo o aiuto a malfattori soggetti all'altra, ma saranno presi e consegnati ai rispettivi governi. Ciascuna di esse potrà riparare o rinforzare le proprie fortificazioni esistenti, ma non erigerne di nuove presso i confini; si potranno però costruire borghi e villaggi dove farà comodo; gli abitanti si tratteranno vicendevolmente da amici, e i magistrati confinanti d'ambo le parti procureranno di appianare le contese. In quanto riguarda la religione, la liberazione e permuta di schiavi e il commercio, si osserveranno i trattati e le concessioni anteriori, che vengono confermate. Da oggi in poi cesseranno le ostilità da ambe le parti; ed è accordata generale amnistia per tutti i fatti avvenuti durante la guerra. Al momento della sottoscrizione del presente per parte dei contraenti principali, sarà fissata la durata di esso, e si potranno aggiungere altri articoli. (Continua in latino): Quando il plenipotenziario veneto crederà di poter accettare questi articoli, potrà sottoscriverli, farne redigere l'istrumento solenne, senza variazione, salvo se si trattasse di restringere maggiormente l'amicizia, e mandarlo ai mediatori; se poi i plenipotenziari turchi partissero da Carlovitz prima che ciò fosse fatto, è accordato a Venezia il termine di 30 giorni, dalla conclusione generale, per ratificare il presente e rinnovare poscia, entro due mesi dall'arrivo della solenne ambasciata turca in Vienna, il trattato d'amicizia per mezzo del suo ambasciatore colà. Ma se Venezia non volesse accettare le surriferite condizioni, i plenipotenziari suoi e turchi potranno, pure in Vienna col mezzo dei mediatori e coll'intervento d'un ministro imperiale, stipularne di nuove. Se entro sei mesi dall'arrivo in quella città dell'ambasciata turca, nel qual tempo s'intenda valere la sospensione d'armi pattuita, nulla potesse essere concluso, Venezia dovrà provvedere da sè ai propri interessi.

Fatto in Carlovitz, sotto le tende.

Un esemplare trovasi inserto al decreto del senato 1698, 7 febbraio (m. v.) *(Deliberazioni Senato Corti*, filza 142 (418) ed una parte in *Dispacci Germania* [copia], filza 180, c. 428 a 432).

V. Du Mont. *Corps universel* cit. T. VII, p. II, p. 453 sgg. e p. 458 sgg.

52. (52) — 1698, Febbraio 21 (m. v.) — c. 118 (115). — Carlo Ruzzini plenipotenziario della republica di Venezia dichiara (in italiano) di trasmettere, per mezzo del suo segretario Gio. Battista Nicolosi, il n. 51 ai rappresentanti delle potenze mediatrici, esistenti in Belgrado, perchè lo mandino alla Porta ottomanna, inserendone copia autentica nei loro registri.

Data a Petervaradino. — Sottoscritta dal Ruzzini. — Copia autenticata dal Paget e da Collier. — Inserta in lettera del Ruzzini del 27 Febbraio, n. 299.

53. (53) — 1699, Febbraio 25. — c. 120 (117). — Gli ambasciatori Paget e Collier, quali rappresentanti le potenze mediatrici al congresso di Carlovitz, dichiarano di aver ricevuto, per trasmetterla alla Porta, la ratificazione n. 52.

Dato a Belgrado. — Sottoscritto dai dichiaranti. — Il documento è in italiano. — Inserto come il n. 52.

54. (54) — 1699, Marzo 12. — c. 122 (119). — Annotazione (in italiano) che furono scritte lettere a vari potentati e ministri per partecipare la conclusione della pace (v. n. 51); al re d'Inghilterra, all'amb. Erizzo in Francia, all' amb. di Francia a Venezia, ai re di Francia é di Polonia, agli Stati generali, ai duchi elettori di Baviera e di Brunswick e Luneburgo, al secretario veneto in Polonia, ai residenti veneti a Milano e Napoli, all' amb. veneto in Spagna ed al re di Spagna.

(L' ORIGINALE di detta lettera, in *Deliberazioni Senato Corti*, filza 143 [420]).

55. (55) — 1699, Marzo 13. — c. 124 (121). — Versione in italiano della ratificazione fatta da Hussein pascià, gran visir, in nome del sultano, del trattato allegato al n. 51.

Data a Adrianopoli. — Sottoscritta dal visir e tradotta da Rinaldo Carli, dragomanno. — Inserta in lettera del plenipotenziario Ruzzini del 28 marzo, n. 401.

PARTE II^a

56. (56) — 1698, Febbraio 19 (m. v.) — c. 130 (1). — In seguito a comunicazione dell'ambasciatore Ruzzini che la Porta aveva destinato il pascià di Bosnia come commissario per la designazione dei confini della Dalmazia ed Albania, il senato delibera l'elezione del commissario per la republica, con 400 ducati il mese di stipendio, più 2000 di donativo, e che gli sia addetto per segretario un notaio della cancelleria con ducati 200 di donativo e 30 di salario mensile. (La deliberazione è in volgare), (v. n. 58).

(ORIGINALE firmato dal segretario Giuseppe Zuccato con annotazione che fu eletto il nob. Giovanni Grimani, al quale furono date le commissioni sotto il 25 febbraio, e queste si trovano nella filza *Costantinopoli*, n. 43. - *Deliberazioni Senato Rettori*, filza 133 [417]).

57. (58) — 1699, Febbraio 20. — c. 134 (5). — Brano di traduzione dell' ordine dato dal sultano di Turchia ad Alì pascià, destinato governatore della Bosnia, in cui, riassumendosi il tenore del trattato allegato al n. 51 in quanto riguarda i confini della Dalmazia, si comanda e raccomanda al detto pascià di procurare l'esecuzione, d'accordo col commissario della republica.

Dato in Adrianopoli. — Inserto in lettera di Giovanni Grimani del 9 giugno, n. 13, dalla quale fu tolto il presente sunto. — *Commissario in Dalmazia*, dispacci 1699, 31 marzo - 8 novembre.

58. (57) — 1698, Febbraio 25 (m. v.) — c. 132 (3). — Ducale deliberata in senato, in cui si dichiara (in italiano) che, in séguito alla pace colla Turchia, fu eletto a commissario per la designazione dei confini in Dalmazia ed Albania Giovanni Grimani, al quale si conferiscono i poteri necessari. (v. n. 56).

Deliberazioni Senato Costantinopoli, filza 43.

59. (59) — 1699, Marzo 1. — c. 136 (7). — Versione come la precedente, colla quale si ordina ad Osman, già *siliktar agà*, che in esecuzione del trattato allegato al n. 51, compiuta, d'accordo col commissario veneto, la designazione dei confini di Bosnia, Dalmazia, Croazia e territorio di Cattaro, si unisca con Ismail pascià, comandante il presidio di Negroponte, e sotto la direzione di questo passi in terraferma per la definizione anche di quei confini.

Data in Adrianopoli e tradotta da Rinaldo Carli, dragomanno. — Inserta come il n. 57.

60. (62) — s. d. (Febbraio 1701) — c. 142 (13). — Versione in italiano di lettera di Alì pascià (v. n. 57) ad Osman agà (v. n. 59), a Murad bei, *mir alem* ed Alì effendi *defferdar dei timari*. Conchiuso che avranno l'affare dei confini e dati gli ordini per le pattuite evacuazioni, conferiscano col commissario di Venezia per trovar modo di stabilire una vera pace e che i confini siano rispettati. Quindi propone che i sudditi turchi non passino su territorio veneto sotto pretesto di coltivar campi o pascolare animali, e viceversa i veneti; che sia regolato il transito sulle strade passanti pei confini in relazione al traffico ed ai dazî; che gli schiavi viaggianti siano muniti di passaporto; che non siano lasciati vicino ai confini ufficiali, che potessero suscitare questioni. Riferiscano poi l'esito della conferenza.

Sottoscritta dal mittente. — Tradotta da Rinaldo Carli. — Trasmessa col n. 64.

ALLEGATO n. 2 al dispaccio 24 febbraio 1700 (m. v.) del Grimani in *Dispacci del Commissario in Dalmazia*, filza 1700, 10 ott. a 1701 5 aprile.

61. (65) — 1700, Febbraio (m. v.) — c. 148 (19) — Istrumento (in italiano) in cui si espone che, in forza del trattato riferito nel n. 51, il commissario veneto Giovanni Grimani e il turco Osman agà *siliktar*, procedettero alla determinazione dei confini secondo il pattuito nel trattato medesimo. In esso, partendo dalla fortezza di Knin, si viene descrivendo minutamente il percorso della linea confinaria e s'indicano i luoghi ove si eressero i segnali relativi, in semicircolo, intorno alle fortezze di Knin, Sinj, Dobranje, Vrgorac, Citluk e Gabela e in linea retta fra l'una e l'altra di esse e dall'ultima al mare al luogo detto Sordups. Eseguita tale confinazione, si dichiara che i luoghi, già occupati da uno dei contraenti e destinati all'altro, furono consegnati al destinatario; che quindi si procedette a togliere ogni impedimento alla contiguità fra il territorio di Ragusa e la Turchia, togliendo i presidî di alcuni luoghi, dei quali presero possesso i turchi (si nominano la tenuta di Zavala, Počitelja, Raono, Trebinje, Zubci). Si continuò poi la confinazione fra le fortezze di Castelnuovo e Risano cominciando dal luogo detto Sutorina fino ai confini del Montenegro e del sangiaccato di Skodra, provincia di Rumelia; si dichiara poi che tutte le terre a destra del termine dello stesso confine saranno di Venezia, quelle a sinistra, cioè « le tenute » di Krivosje, Bagzani, Riggiani, Rudine, Njegusi, Grab e Drgalf, della Turchia, che ne prese possesso.

Sottoscritto dal Grimani e da Giuseppe Zuccato segretario. — Inserto nel n. 64.

ALLEGATO n. 3 al dispaccio 24 febbraio 1700 (m. v.) del Grimani. — *Dispacci del Commissario in Dalmazia*, filza 1700, 10 ottobre a 1701, 5 aprile.

62. (61) — 1700, Febbraio 20. (m. v.)   c. 140 (11). — Copia di lettera (in italiano) di Giovanni Grimani ad Osman agà, commissario turco. Scambiati gli istrumenti della designazione dei confini di Dalmazia ed Albania, dichiara non avere autorità di unirvi in un solo documento anche la confinazione della Morea ; come l'agà aveva chiesto; che però trasmetterà alla Signoria tale domanda.

Data a Drgalf. — Sottoscritta dal Grimani. — Tradotta dal dragomanno Rinaldo Carli. — Trasmessa dal Grimani col n. 64.

ALLEGATO n. 1 al dispaccio 24 febbraio. — (*Dispacci del Commissario in Dalmazia*, filza 1700, 10 ottobre a 1701, 5 aprile).

63. (64) — 1700, Febbraio 21 (m. v.) — c. 146 (17) — Versione in italiano del passaporto rilasciato da Osman agà, commissario ottomanno, per il viaggio da Castelnuovo a Knin del seguito e del bagaglio di Giovanni Grimani.

Sottoscritta da Osman. — Tradotta come il n. 60. — Inserta nel n. 65.

ALLEGATO n. 1 al dispaccio 26 febbraio 1700 (m. v.) del Grimani. (*Dispacci del Commissario in Dalmazia*, filza 1700, 10 Ottobre a 1701, 5 aprile).

64. (60) — 1700, Febbraio 24 (m. v.) — c. 138 (9). — Brano di lettera (n. 109) di Giovanni Grimani al doge. Espone le difficoltà insorte per le pretese dei commissari turchi Osman ed Alì intorno alla forma degli strumenti di designazione dei confini (volevano ridotti in un sol documento i confini di Dalmazia ed Albania e quelli di Morea), e come infine, avendo rilasciata la lettera n. 62, ebbe da Osman l'istrumento. Narra come, essendosi impegnato con Alì effendi per la liberazione di uno schiavo di galera, ch'era a Spalato, ottenne altra copia dell'istrumento autenticata da Osman. Dice di una conferenza tenuta coi turchi, in cui ebbe copia del n. 60; ad essa conferenza assistettero il nob. Pietro Antonio Dolfin, il segretario Giuseppe Zuccato, il coadiutore Giovanni Zuccato, nipote di quello, e tutti i membri del séguito.

Data da Castelnuovo in Dalmazia. — (*Dispacci del Commissario in Dalmazia*, filza 1700, 10 ottobre a 1701 5 aprile).

65. (63) — 1700, Febbraio 26 (m. v.) — c. 144 (15) — Brani della lettera n. 110 (in italiano) di Giovanni Grimani al doge. Dice che il giorno dopo il suo arrivo in Castelnuovo fu celebrata solennemente la conclusione della pace, essendosi fatto venire il vescovo di Cattaro per la funzione religiosa.

Manda copia autentica dell'istrumento di confinazione (v. n. 61). (*Dispacci del Commissario in Dalmazia*, filza 1700, 10 Ottobre a 1701, 5 aprile).

66 (66) — 1701, Aprile 5. — c. 158 (29). — Brani di lettera (n. 111) di Giovanni Grimani al doge. Consegnò alla cancelleria di Castelnuovo copia autentica della parte del numero 61 riguardante quei confini. Loda la puntualità di Osman e di Alì effendi nella consegna dell'istrumento di designazione dei confini. Riferisce di aver adempiuto le volute formalità col provveditore generale a Zara, Alvise Mocenigo.

Data a Zara. — (*Dispacci del Commissario in Dalmazia,* filza 1700, 10 ottobre a 1701, 5 aprile).

PARTE III^a

67. (67) — 1699, Giugno 9. — c. 164 (1). — Annotazione che Giovanni Grimani spedì il n. 59 con lettera di questa data.

Data dalle tende nella campagna vicino alla torre di Kemitza.

(ORIGINALE in *Dispacci del Commissario in Dalmazia ed Albania,* 1699, 31 marzo - 8 novembre).

68. (68) — 1699, Giugno 13. — c. 164 (1). — Brano di lettera del senato (in italiano) al capitano generale da mar. Esprime soddisfazione per la sospensione delle ostilità, per la pubblicazione della pace e per la dimostrazione del contegno amichevole per parte dei turchi, come pure per l'ordine dato al vice provveditore di Tine, Marcello, per l'inventario delle prede fatte dalle galeotte venete corsare, onde poi poterne fare la restituzione.

ORIGINALE in *Deliberazioni Senato Rettori,* filza 134 (419).

69. (69) — 1701, Aprile 16. — c. 166 (3). — Ducale (in italiano) deliberata in senato, colla quale si fa sapere che fu eletto a commissario per la designazione dei confini della Morea e di altri luoghi conquistati in Levante, Daniele Dolfin cav., provveditore generale da mar, e per l'esecuzione di altri patti della pace coi turchi, con facoltà di trasmettere ad altri i poteri conferitigli.

ORIGINALE: *Deliberazioni Senato Costantinopoli,* filza 44.

70 (70) — 1701, Aprile 16. — c. 166 (3). — Il senato a Lorenzo Soranzo cav., ambasciatore straordinario alla Porta ottomanna. Gli si dà notizia dell'elezione precedente.

ORIGINALE: *Deliberazioni Senato Costantinopoli,* filza 44.

71. (71) — 1701, Aprile 16. — c. 168 (5). — Il senato a Daniele Dolfin provveditore generale da mar (in italiano). Fissati i confini della Dalmazia ed Albania (v. n. 61), si deliberò di affidare a lui la esecuzione della pace di Carlovitz per quanto spetta alla Morea, a S. Maura, all'evacuazione di Lepanto e alla demolizione delle fortificazioni di Prevesa e del castello di Romelia d'ac-

cordo coi commissarî turchi. All'uopo gli si manda la plenipotenza con facoltà
di delegare altri ; e gli si danno varie istruzioni in argomento.

ORIGINALE : *Deliberazioni Senato Rettori,* filza 138 (427).

72. (72) — 1701, Luglio 9. — c. 170 (7). — Brano di lettera del senato a
Daniele Dolfin. Si esprime soddisfazione pei buoni rapporti che seppe iniziare
col pascià di Negroponte, arbitro superiore per parte dei turchi nelle negoziazioni affidate ad esso Dolfin ; così per sostenere egli la precedenza della designazione dei confini ad ogni altro affare, nella quale però gli si raccomanda di
non ostinarsi.

ORIGINALE : *Deliberazioni Senato Rettori,* filza 138 (427).

73. (73) — 1701, Agosto 13. — c. 172 (9). — Brano di lettera come al n. 72.
Lo si encomia per aver indotto Osman agà, commissario turco, a segnare i
confini della Morea tra il mare di Examilion lungo le tracce dell'antica muraglia ; si approvano i regali in danaro allo stesso Osman, al dragomanno e a
Mehemet agà, confidenti del pascià di Negroponte; così pure di aver chiamato
il provveditore d'armata Paolo Nani colla squadra a Corinto per decoro della
missione. Si confida che saprà condurre a buon fine l'affare e lo si previene
essere intenzione del senato che rimanga sui luoghi anche dopo la conclusione,
per qualche tempo.

ORIGINALE : *Deliberazioni Senato Rettori,* filza 138 (427).

74. (76) — 1701, fine di Agosto. — c. 178 (15). — Versione in italiano di
dichiarazione fatta davanti al giudice Mehemet (v. n. 75) e a Daniele Dolfin,
da Alì, figlio di Mustafà, turco, oriundo di S. Maura ed abitante ad Arta, e
Ianni, figlio di Costantino, e Mano, figlio di Kuta, cristiani di Arta, già appaltatori delle peschiere del territorio di Arta, sotto il dominio veneto, di avere
ricevuto dal Dolfin 370 reali a titolo di compenso di danni.

Fatta a metà della luna di Rebi el-awwel l'anno 1113. — Sottoscritti
i testimoni : Hadgi Mehemet agà, voivoda, Hussein, Giuseppe, Ismail agà, tutti
di Arta ed Abdali effendi, scrivano d'Ismail pascià. — Tradotta come il n. 75.

ALLEGATO n. 3 al dispaccio n. 75.

75. (75) — 1701, Settembre 4. — c. 176 (13). — Versione in italiano del-
l'istrumento cauzionale per i confini posti a Corinto, Santa Maura e per la consegna
della fortezza di Lepanto. In esso Mehemet, giudice a ciò delegato dal sultano,
dichiara che Ismail pascià, governatore di Negroponte, ed Osman agà, commissari turchi, e Daniele Dolfin IV° cav. provveditore generale da mar,
commissario veneto per l'esecuzione della pace di Carlovitz, recatisi sui luoghi,
fissarono i confini della Morea lungo l'antica muraglia dell'Examilion, poscia
quelli di Santa Maura alla testa del ponte di Perathia. Passati poi a Lepanto,
questo fu consegnato ai turchi e furono demolite le fortificazioni di Prevesa
ed il castello di Romelia. Si dichiararono poi comuni le acque dei golfi di

Corinto e di Patrasso. Egina resterà a Venezia, le altre isole vicine alla terraferma alla Turchia.

Fatto in Lepanto. — Sottoscritto dai tre commissari. — Tradotto da Francesco Facci, dragomanno. — Inserto nel n. 76.

ALLEGATO n. 1 al dispaccio Dolfin 29 settembre 1701.

76. (74) — 1701, Settembre 29. — c. 174 (11). — Brano di lettera di Daniele Dolfin al doge (in italiano). Dà conto della consegna di Lepanto ai turchi e manda copia del n. 75, di cui trattiene l'originale.

Data a Cefalonia.

ORIGINALE: *Dispacci Provved. Gener. da mar*, filza 49 (27).

77. (77) — 1701. Ottobre 6. — c. 180 (17). — Brano di lettera come al n. 72. Avendo il pascià seraschiere di Negroponte, giunto in Arta, fatto comprendere in un colloquio col colonnello Rossi, la pretesa di avere Lepanto colle artiglierie esistentivi, si ordina al Dolfin di far ritirare, da quella piazza, prima di consegnarla, i cannoni migliori ed ogni altro strumento guerresco di valore. Lo si encomia per aver ottenuto il desiderato circa il confine al ponte di Perathia, per l'opera del governator de' condannati Bartolomeo Gradenigo nella demolizione di Prevesa e del capitano delle galeazze Marco Loredan in quella del castello di Romelia, e del provveditor d'armata Nani.

ORIGINALE con la firma di Biagio Bartolini, segretario, in *Deliberazioni Senato Rettori*, filza 139 (429).

78. (78) — 1701, Novembre 12. — 182 (19). — Brano di lettera (in italiano) del senato a Daniele Dolfin. Lo si encomia per aver condotto a buon fine la designazione dei confini commessagli, la consegna di Lepanto ai turchi, l'emigrazione delle famiglie fedeli dai luoghi ceduti a quelli. Di tutto è stato informato l'ambasciatore straordinario alla Porta, al quale manderà copia in turco dell'istrumento relativo alle dette designazioni e consegne. Si approva la convenzione circa le peschiere di Arta e la dogana di Prevesa. Lo si eccita a procurare che due villaggi nel territorio di Megara restino disabitati. Si approvano pure lo scambio di 8 schiavi turchi con altrettanti cristiani liberati, i doni fatti a funzionari turchi e le demolizioni compiute al castello di Romelia e a Prevesa.

ORIGINALE firmato dal segretario Angelo Zon, in *Deliberazioni Senato Rettori*, filza 139 (429)

79. (79) — 1705, Luglio 27. — c. 184 (21). — Annotazione che Alvise Marchesini, già segretario del provveditor generale Dolfin, consegnò al cancellier grande i seguenti documenti originali in turco: 1º il n. 75, 2º « cozetto » del cadì di Negroponte, Natolico e Missolungi, 3º « cauzione » di Osman agà per la navigazione, 4º altra pel commercio, 5º il n. 74.

PARTE IV^a

80. (112) — 1618, verso la fine. — 269 (73). — Versione in italiano di firmano del sultano Osman I. Ad istanza di Almorò Nani, bailo veneto, presentatagli dal dragomanno grande, Marc'Antonio Borisi, il sultano ordina: Si restituiscano al bailo pei rispettivi proprietarî tutte le navi, merci ecc. predate da corsari musulmani od anche cristiani a veneziani, destinate in Turchia o salpanti da essa, le quali si potessero riprendere. Non si dia ricetto nè alcun favore o comodità a sifatti corsari in S. Maura, Prevesa, Tunisi ed altre fortezze dell'impero, si procuri catturarli e si castighino; le autorità che ciò non facessero saranno punite Nessun veneziano potrà essere fatto schiavo; quelli ·che lo fossero, se si facessero musulmani, siano liberati, gli altri, consegnati al bailo. I baili avranno giurisdizione civile e criminale sui veneziani. Non si esigano dai veneziani, oltre i consueti dazî, nuove imposizioni; nè gli ufficiali di dogane, o altri, pretendano da essi doni. Si consegnino al bailo, a sua richiesta, i fuggitivi dai dominî veneti. Gli stranieri imbarcati su navi veneziane non siano molestati. I legni turchi, che navigando incontrassero dei veneziani, nulla esigano da questi. Sui vini di Candia e d'altri luoghi veneti non si esiga più del pattuito sotto Maometto III. Dai dragomanni al servizio veneziano non si esigano tributi od altro; morendo essi, le loro proprietà siano consegnate al bailo. I veneziani non siano tenuti responsabili pei danni che gli uscocchi di Segna dessero a sudditi turchi, e così pure pei danni che navi mercantili, partenti da Venezia, destinate alla Turchia, e viceversa, ricevessero da corsari in mare. Non siano molestati i pellegrini cristiani, sudditi di principi amici, che vanno a Gerusalemme; così i religiosi della chiesa del S. Sepolcro, che potrà, al bisogno, essere ristaurata. I veneziani avranno in Smirne buon trattamento eguale ai francesi. Le questioni di turchi col bailo saranno portate davanti al gran visir. Quelle coi consoli veneziani saranno decise alla Porta. I negozianti veneziani in Cairo, Aleppo ed altri luoghi vi siano ben trattati, secondo le concessioni già fatte da Solimano II.

Data a Costantinopoli. — Tradotta da G. B. Navon. — Inserta nel n. 133. ALLEGATO n. 13 al dispaccio 46. (*Dispacci Costantinopoli*, filza 166).

81. (115) — 1638, Aprile. — c. 275 (79). — Versione di firmano del sultano Ibrahim di contenuto simile al n. 80.

Dato a Costantinopoli. — Tradotto da Isacco Ralli. — Inserto nel n. 133. ALLEGATO n. 16 al dispaccio n. 46. (*Dispacci Costantinopoli*, filza 166).

82. (116) — 1640, dopo il 23 Maggio. — c. 277 (81). — Versione in italiano di firmano in cui Ibrahim, sultano di Turchia, esposto come certi mercanti turchi, essendo stati depredati dall'armata spagnuola di alcune stoffe acquistate in Venezia, caricate su navi venete dirette a Spalato, avessero preteso di essere risarciti dal bailo, dichiara ed ordina, che in caso di simili eventi il bailo non possa esser tradotto in giudizio, nè se ne debba tener responsabile Venezia, ma gli affari relativi vengano trattati diplomaticamente dal bailo stesso col gran visir. Vieta poi che dai suoi sudditi siano commesse cose contro i trattati, che dichiara volere osservati.

Dato in Costantinopoli, « primi di Çafar » 1050. — Inserto nel n. 133. Allegato n. 17 al dispaccio n. 46. (*Dispacci Costantinopoli,* filza 166).

83. (109) — 1670, Agosto 15 circa. — c. 263 (67). — Versione in italiano di ordine di Maometto IV sultano di Turchia. In seguito alla pace ultimamente conclusa, a richiesta di Alvise Molino, ambasciatore straordinario di Venezia, rinnovando decreti de' suoi predecessori Amurad IV ed Ibrahim, dichiara po tere i veneziani viaggiare e trafficare in tutti i suoi domini senza molestie. E' vietato ai corsari, naviganti nell'Arcipelago, di danneggiare i veneziani, e le autorità turche delle coste esigeranno da quelli malleveria di ciò. Le autorità stesse dei luoghi, ove i corsari conducessero navi e persone veneziane catturate, faranno restituire le une e liberare le altre, arresteranno i corsari e ne riferiranno alla Porta, sotto pena di destituzione. Non si farà colpa ai veneziani che castigassero corsari turchi, quando le dette autorità trascurassero le presenti disposizioni. Esse non si occuperanno di combattimenti fra veneziani e navi africane in mare. Il sultano giura di non agir mai contro i trattati. Volendo poi che i sudditi delle due parti possano liberamente trafficare in entrambi gli stati, le autorità turche vieteranno ai corsari di Tunisi ed Algeri di danneggiare i veneziani (v. n. 117).

Dato «gli ultimi della luna di Rebi el - awwel 1081». — Inserta nel n. 133, Allegato n. 10 al dispaccio 46. (*Dispacci Costantinopoli,* filza 166).

84. (111) — 1670, Agosto 20 circa. — c. 267 (71). — Altra versione del n. 83 fatta dai dragomanni Giacomo Tarsia, Alvise Fortis, Isacco Ralli e Gio. Battista Navon e da loro firmata nell' originale (nel 1702).

Inserta nel n. 133. Allegato n. 12 al dispaccio n. 46. (*Dispacci Costantinopoli,* filza 166).

85. (87) — 1679, Febbraio 15 circa. — c. 209 (15). — Versione in italiano di ordine del sultano di Turchia ai cadì di Durazzo e Vallona e al luogotenente del bey di Vallona. Ad istanza del bailo veneto, Giovanni Morosini, comanda che in quei porti si cessi dall'esigere il 10 % nuovamente imposto sulle navi veneziane, che vi approdano, e che non vi si imponga alcun nuovo dazio, oltre gli antichi consueti.

Dato in Adrianopoli, ai primi di Moharrem 1090. — Tradotto da Gio. Battista Navon, dragomanno. — Spedito dall'ambasciatore Lorenzo Soranzo con lettera 10 agosto 1700, n. 24 (*Dispacci Costantinopoli,* filza 164).

86. (80) — 1699, Marzo 12. — c. 195 (1). — Deliberazione del senato (in italiano) per l' invio di un ambasciatore straordinario alla Porta ottomana onde ratificare il trattato n. 51. — Eletto Lorenzo Soranzo cav.

(ORIGINALE firmato dal secretario Agostino Bianchi in *Deliberazioni Senato Costantinopoli*, filza 43).

87. (81) — 1700, Giugno verso il 10. — c. 197 (3). — Versione in italiano di ordine del sultano a Chagi Hussein, capitan pascià. D'accordo col capitan generale di Venezia formi l'elenco degli schiavi (prigionieri di guerra) d'ambe le parti per procedere poi allo scambio di essi.

Dato a Costantinopoli. — Tradotto da Giov. Battista Navon, dragomanno. Spedito a Venezia dall'ambasciatore Soranzo con lettera 10 agosto n. 22. (Allegato al dispaccio suddetto. — *Dispacci Costantinopoli*, filza 164.)

88. (83) — 1700, Giugno 25. — c. 201 (7). — Versione in italiano di ordine del sultano al capitan pascia e ai castellani dei Dardanelli. A richiesta dell'ambasciatore Soranzo, comanda che si impedisca ad una nave corsara algerina, che stava fuori dei Dardanelli, di molestare due vascelli veneziani, ora in partenza per la loro patria.

Dato, tradotto e spedito come il n. 87.

89. (86) — 1700, Luglio primi giorni. — c. 207 (13). — Versione simile al n. 90. Avendo i religiosi « franchi » (cappuccini) del convento di Panaglia Angelo Chieresiti, in villa di Ara nell'isola di Nixia, fatto ricorso alla Porta contro certi usurpatori di terreni loro spettanti e pei quali avevano pagato regolarmente i tributi *(carazo delle cinque biade)*, il sultano ordina ai destinatari d'indagare se le querele siano fondate, e di rendere giustizia a chi spetta.

Dato, tradotto e spedito come il n. 87. — (Suballegato n. 13 in dispaccio 10 agosto 1700, n. 24. — *Dispacci Costantinopoli*, filza 164).

90. (84) — 1700, Luglio 12. — c. 203 (9). — Versione in italiano di ordine del sultano al visir Hussein capitan pascià e al cadi di.... (*sic*). Rendano giustizia ai francescani del monastero di D. Angelo Chieresiti nell'isola di Nixia contro gli usurpatori dei loro beni.

Dato e spedito come il n. 87. — Tradotto da Giacomo Tarsia, dragomanno. (Allegato n. 13 al dispaccio n. 24 dell'ambasciatore straordinario Lorenzo Soranzo 10 agosto 1700. — *Dispacci Costantinopoli*, filza 164).

91. (82) — 1700, Agosto, primi giorni — c. 199 (5). — Traduzione in italiano di ordine del sultano ai cadì di Durazzo. Avendo l'ambasciatore Soranzo reclamato contro il « diritto del capitano », nuova esazione imposta in quella città ed altre vicine sulle navi veneziane, il sultano ingiunge che si osservino gli antichi trattati e che non si esigano diritti di nuova creazione dai veneziani.

Dato, tradotto e spedito come il n. 87 (lettera n. 24). (Allegato 6, inserto in dispaccio suddetto. — *Dispacci Costantinopoli*, filza 164).

92. (85) — 1700, Agosto primi giorni. — c. 205 (11). — Versione in italiano di ordine del sultano al visir Ismael pascià, capo del presidio di Negroponte.

Faccia verificare se Mustafà, capo dei bombardieri a Durazzo, abbia quivi fatto costruire una nave per corseggiare nel golfo di Venezia, il che sarebbe contro la volontà d'esso sultano e ne riferisca.

Dato, tradotto e spedito come il n. 90. — (Allegato n. 14 in dispaccio 10 agosto 1700, n. 24. — *Senato Dispacci Costantinopoli*, filza 161).

93. (90) — 1700, Settembre. — c. 215 (21). — Versione in italiano di ordine del sultano. Ad istanza di Petros, sirio giacobita abitante in Edessa, che per maneggi di certo Giorgis e d'altri suoi correligionari era stato deposto dalla dignità di patriarca del suo rito, comanda che, serbando egli una condotta incensurabile, sia rimesso e confermato nella detta dignità; che sia riconosciuto per patriarca dai giacobiti dei conventi di Sanfiron, Maden, Chiesoucheif, dai religiosi di S. Giacomo, e delle città di Aleppo, Damasco, Mesopotamia, Edessa, Mordin, Mossul e Gerger, senza alcuna opposizione. Vuole che esso patriarca possa, come in addietro, raccogliere elemosine; che le autorità non si ingeriscano nelle successioni dei religiosi giacobiti morti, i testamenti dei quali dovranno essere rispettati, e così pure i beni delle chiese giacobite.

Tradotto da Alvise Fortis, dragomanno. — Spedito dall'ambasciatore Soranzo con lettera 4 novembre n. 31. (*Dispacci Costantinopoli*, filza 164).

94. (89) — 1700, Ottobre primi giorni. — c. 213 (19). — Versione in italiano di ordine del sultano. Ad istanza del conte Volfango d'Oetting, ambasciatore straordinario dell'imperatore, il sultano, richiamando in vigore quanto era stato pattuito negli anni 1617 e 1649, comanda che i religiosi cattolici e i gesuiti non abbiano a patir molestie nei suoi stati; possano riparare le loro abitazioni, non siano disturbati nell'esercizio del culto; non paghino dazi che su ciò che portassero per far commercio; morendo uno di essi, le autorità mussulmane non s'ingeriscano nella sua successione; non siano molestati da vescovi greci, serbi e bulgari nelle lor chiese.

Dato a Costantinopoli. — Tradotto da Gio. Battista Navon. — Spedito dal bailo Lorenzo Soranzo, il 4 novembre 1700 col n. 31. (*Dispacci Costantinopoli*, filza 164).

95. (88) — 1700, Ottobre 10. — c. 211 (17). — Versione in italiano di ordine del sultano al cadì di Galata. Ad istanza degli abitanti di quella città comanda gli sia riferito, dopo regolare indagine giudiziaria, sull'antichità della chiesa di S. Pietro di Galata, sulle sue condizioni asserite rovinose, ed a chi spetti il risarcimento dei danni da essa patiti.

Dato a Costantinopoli e tradotto da Gio. Battista Navon. — Spedito dall'ambasciatore Soranzo con lettera 4 novembre, n. 31. (*Dispacci Costantinopoli*, filza 164).

96. (91) — 1700, Ottobre 10. — c. 217 (23) — Versione di ordine del sultano al cadì e al sangiacco di Gerusalemme. Ad istanza dell'ambasciator imperiale Volfango conte d'Oetting conferma ai religiosi «franchi» esistenti in Gerusalemme il tranquillo possesso, già loro accordato in passato, del monastero e della chiesa del S. Salvatore, della chiesa di S. Giovanni con giardino, della sepoltura sul monte Sion, dei monasteri, chiese ecc., da essi tenuti in Betlemme, Nazaret, Safet, Saida e Ranama, della chiesa di S. Maria detta « la piccola cupola » i locali che occupano dentro il S. Sepolcro. Concede loro il libero esercizio del culto sul Monte Oliveto, dove nacque S. Giovanni, e in quelli di Joachin e Anna. Vuole che le autorità, incaricate delle perquisizioni, non molestino i detti religiosi; che questi possano provvedersi del necessario al vitto da chi piace loro, restaurare le loro abitazioni, recarsi senza opposizioni alla Porta pei proprî interessi; vieta alle autorità di esiger danaro da loro ingiustamente e che alle porte di Gerusalemme siano visitate le loro cose, quando lo siano già state nei porti della costa. Ordina che tutto ciò sia osservato, che i cattolici possano liberamente esercitare il loro culto, senza molestie per parte di chicchessia, e che i destinatarî facciano rispettare da tutti tali concessioni.

Dato a Costantinopoli. — Tradotto da Giacomo Tarsia. — Spedito come il n. 93. (*Dispacci Costantinopoli*, filza 164).

97. (92) — 1700, Dicembre 15. — c. 219 (25). — Versione in italiano di ordine del sultano al cadì e al castellano di Durazzo. Ricordati gli obblighi vicendevoli della Turchia e di Venezia circa l'amichevole trattamento delle navi dei due potentati nell'incontrarsi in mare, il non dare ricetto ne' rispettivi porti a corsari, la liberazione e restituzione delle persone fatte schiave ne' dominî della republica da corsari di Barberia e d'altri luoghi, dice che l'ambasciatore Soranzo gli riferì che due navi di Barberia, pirateggiando nell'Adriatico, predarono varî legni; che una di quelle tornò in patria colla preda, l'altra rimase nel detto mare, catturò due bastimenti di Perasto, che portò a Dulcigno, e si unì a certe galeotte di Mustafà *topri*, pascià di Durazzo, il quale ora pretende aver comperato i detti bastimenti e protegge il capitano corsaro. Ordina quindi che, verificati i fatti, il detto Mustafà sia imprigionato in Durazzo, che i destinatarî facciano di tutto relazione alla Porta e ne attendano le disposizioni.

Dato a Costantinopoli. — Tradotto da Alvise Fortis. — Inserto in lettera 28 febbraio 1700 (m. v.) n. 39 del Soranzo. (*Dispacci Costantinopoli*, filza 166).

98. (93) — 1700, Dicembre 15. — c. 221 (27). — Versione come nel precedente. Essendosi l'ambasciatore Soranzo lagnato che in Durazzo si esiga sui bastimenti veneziani, ch'entrano in porto, il 10 % sotto nome di *dritto del capitano*, malgrado siasi ciò altra volta vietato, ricordando l'ordine già dato che in tutti i porti della Turchia cessino le esazioni di nuovi diritti non consentiti dai trattati, conferma tale disposizione e vuole che si finisca dal molestare per ciò i detti bastimenti.

Dato e inserto come il n. 97. — Tradotto da Gio. Battista Navon. (*Dispacci Costantinopoli*, filza 166).

99. (113) — s. d. (1701). — c. 271 (75). — Memoriale presentato da Giacomo Tarsia al reis effendi, per la rinnovazione delle concessioni contenute nel n. 80, dal quale differisce in pochi articoli. Fu esso consigliato dal Maurocordato che gli suggerì di abbandonare il segno imperiale di Osman (1618 ?) per chiederne uno di nuovo (v. n. 133).

ALLEGATO n. 14 al dispaccio 46. (*Dispacci Costantinopoli*, filza 166).

100. (149) — s. d. (1701). — c. 343 (177). — Versione di ordine del sultano al pascià di Bosnia, relativo alla liquidazione dei conti per le decime per gli anni 1699 e 1700, dovute dagli abitanti dei paesi inclusi nell'impero turco in forza della pace e già riscosse da Venezia. Esposto l'andamento della questione, in cui si nominano Osman, già commissario alla confinazione, Alì, già pascià di Bosnia, il provveditore generale veneto in Dalmazia, Počitelie e Njegusi, si ordina al destinatario di procurare la riscossione di quei crediti.

Dato l'anno 1113.

(1704, Gennaio ?). — Si fa nota che altro conforme fu mandato all'odierno pascià di Bosnia Seifrellah. (*Dispacci Costantinopoli*, filza 167).

101. (94) — 1701, Febbraio 15. — c. 223 (29). — Versione in italiano di ordine del sultano al cadì ed altre autorità di Smirne. Avendogli l'ambasciatore Soranzo riferito che alcuni soldati algerini molestano in quella città i veneziani, pretendendo da questi la consegna d'uno che asserivano loro schiavo fuggito, ed invadendo con minaccie anche la casa del console veneto, comanda ai destinatarî di far cessare tali molestie e pretese, e di proteggere i veneziani conforme ai trattati.

Dato a Costantinopoli. — Inserto in lettera del Soranzo n. 41. — Tradotto da Gio. Battista Navon. (*Dispacci Costantinopoli*, filza 166).

102. (95) — 1701, Marzo 17. — c. 225 (31). — Versione in italiano di ordine del sultano al cadì di Smirne. Ad istanza dell'ambasciatore Soranzo, comanda che non si abbia a pretendere *carazo* (tributo) dagli abitanti di Zante, Morea, Tine ed altri luoghi soggetti a Venezia, che vanno temporaneamente a Smirne.

Dato e inserto come il n. 101. — Tradotto da Gio. Battista Navon. (*Dispacci Costantinopoli*, filza 166).

103. (96) — 1701, Marzo 17. — c. 227 (33). — Versione ecc., come al n. 102, al cadì di Tenedo. A richiesta dell'ambasciatore Soranzo, che s'era lagnato essersi in Tenedo costretti due veneziani a pagar *carazo*, ripete l'ordine dato nel n. 102 e comanda si restituisca ai due predetti quanto ingiustamente pagarono.

Dato, inserto e tradotto come il n. 101. — (*Dispacci Costantinopoli*, filza 166).

104. (98) — 1701, Aprile 15. — c. 233 (37). — Firmano di Mustafà II sultano dei turchi nel quale si dichiara che, rottasi l'antica amicizia con Venezia, per la mediazione di Guglielmo III, re d'Inghilterra, e degli Stati generali dei Paesi Bassi, si decise di fare la pace, onde ne seguì il congresso di Carlovitz, ove lord Guglielmo Paget e il conte Giacomo Collier, adempiendo l'ufficio di mediatori, procurarono venisse conclusa anche con Venezia. Ma tardando le istruzioni al plenipotenziario di questa, fu stipulato il documento allegato al n. 51. Venuto successivamente alla Porta Lorenzo Soranzo, cavaliere e procuratore di s. Marco, quale ambasciatore straordinario di Venezia, a sua istanza, presentata dal gran visir, il sultano dichiara di. aver fatto le seguenti concessioni: Si ripetono gli articoli dell'allegato al n. 51, indi prosegue : conferma tutte le concessioni già fatte dai suoi predecessori a Venezia, che dichiara incluse nel presente, compresa la cessione di Parga alla republica. Il possesso di Candia resta alla Turchia, le palanche di Suda e Spinolonga a Venezia, come nel n. 55 del libro XXIX. I danni dati da ufficiali turchi a veneziani ecc., come nel detto documento fino all'articolo relativo ai fuggitivi per debiti ecc. da uno stato nell'altro. I prigionieri di guerra (schiavi) saranno scambiati fra le parti, condotti a Corinto i turchi, a Negroponte i veneziani ed ivi consegnati : intanto saranno ben trattati. Continua riproducendo gli articoli del citato documento relativi agli schiavi fuggiti da Venezia fino a quello relativo alla non responsabilità del bailo pei veneziani debitori dei turchi. Omessi i nomi della Morea e di Lepanto, e dicendosi invece « dominio » del sultano, si riproducono gli articoli seguenti, omettendosi pure quello del tributo per Zante, fino a quello relativo ai viaggi periodici per Alessandria ecc. Si aggiunge poi : Nelle questioni insorgenti ai confini dei due stati, per delitti od altro, giudichino i magistrati del luogo, e solo in caso di non possibile definizione, riferiscano ai governi. I sudditi d'ambe le parti si tratteranno amichevolmente e potranno viaggiare e trafficare liberamente nei vicendevoli dominî; sarà proibito ai musulmani di Algeri, Tunisi, Tripoli, ed altri di molestare i veneziani e quanti viaggiano sulle lor navi. Venezia possa liberamente mandare il suo bailo, che sarà rispettato come in passato, e così pure consoli, dragomanni ecc., con facoltà di esercitare le loro funzioni, con esenzione da dazî ecc., per le loro robe. I cristiani potranno esercitare liberamente il loro culto in Turchia, riparare le loro chiese e pellegrinare a Gerusalemme ed ai luoghi Santi. I mercanti veneziani per la riscossione dei loro crediti verso turchi, fatta in via giudiziaria, non paghino più di due aspri per cento di tassa ; i contratti tra veneziani e turchi siano registrati dal cadì dei luoghi ove si fanno, e si determina la procedura in caso di contestazioni ; se un mercante o capitano veneziano si facesse turco, le merci e cose di veneziani a lui affidate saranno consegnate ai rappresentanti della republica. Si stabiliscono le norme pel commercio dei veneziani nei dominî del sultano, pei dazî ed altri diritti da essi dovuti. Il sultano termina promettendo di osservare quanto stà nel presente, fino a che duri la pace con Venezia.

Dato nel campo di « Dand Passà ». — Tradotto e sottoscritta la traduzione da Tommaso Tarsia dragomanno grande, Giacomo Tarsia « dragoman da strada », Alvise Fortis, Isacco Ralli e Gio. Battista Navon, dragomanni pubblici. — Inserta in lettera dell' ambasciatore Soranzo del 20 aprile, n. 42. (*Dispacci Costantinopoli*, filza 166).

> V. ROMANIN, *Storia documentata di Venezia*, Venezia, Naratovich, 1859, T. VIII, p. 416 sgg.

105. (97) — 1701, Aprile 20. — c. 231 (35). — Due brani di lettera, n. 42, di Lorenzo Soranzo, al doge (in italiano). Annunzia, col primo, di avere ottenuto finalmente l'istrumento solenne della pace colla Turchia, firmato dal gran sultano con tutte le formalità praticate altre volte in simili istrumenti; col secondo, ne accompagna la traduzione (v. n. 104), dicendo che porterà egli stesso l'originale a Venezia.

Dato a Pera.

106. (128) — Agosto, ultimi giorni. — c. 301 (165). — Versione in italiano di ordine del sultano al cadì di Durazzo e ad altri ufficiali. L'ambasciatore di Venezia riferì che i consoli di Francia e dei Paesi Bassi, pretendono esigere in Sajada, Bastia (Bastova), ed altri porti dell'Albania, dai negozianti veneziani che vi caricano merci sopra proprie navi « *il soldo del Bay* » contro ogni diritto. Comanda perciò il sultano che, a norma delle capitolazioni, le navi venete e il loro carico, pagati i diritti consueti, non siano più oltre molestati e non si ammettano in alcun modo le pretese dei consoli mentovati.

Dato in Adrianopoli. — Tradotto da Giacomo Tarsia. — Inserto in lettera dell' ambasciatore Soranzo del 5 aprile 1702, n. 49. — *Dispacci Costantinopoli*, filza 166.

107. (104) — s. d. (1701, Settembre). — c. 253 (57). — Versione in italiano di lettera di Hussein pascià gran visir, in risposta al n. 116. Fu consegnato a Tomaso Tarsia il firmano di rinnovazione delle antiche concessioni. Si è scritto pel cambio dei prigionieri, dando gli opportuni ordini al capitan pascià. Si farà il possibile per favorire le negoziazioni del Tarsia.

Data in Adrianopoli. — Inserta nel n. 133.

ALLEGATO n. 5 al dispaccio n. 46. — *Dispacci Costantinopoli*, filza 166.

108. (101) — 1701, Settembre 10. — c. 247 (51). — Traduzione in italiano di lettera dell'ambasciatore Soranzo ad Hassan agà *chiaia* del gran visir. Si congratula per tal dignità di recente conseguita dal destinatario; ha incaricato il dragoman grande di far simile ufficio a voce, augurando che vorrà nutrire verso di esso scrivente sentimenti amichevoli.

Tradotta da Giacomo Tarsia. — Inserta nel n. 133.

ALLEGATO n. 2 al dispaccio n. 46. — *Dispacci Costantinopoli*, filza 166.

109. (102). — 1701, Settembre 10. — c. 249 (53). — Lettera dell'ambasciatore Soranzo al *reis effendi* in Adrianopoli. Il latore, Tomaso Tarsia, espri-

merà a voce i sentimenti di gratitudine che nutre l'ambasciatore verso il
destinatario. Poi gli esporrà alcune « occorrenze » relative alla pace conclusa
colla cooperazione di esso *reis* ; e specialmente il desiderio della rinnovazione
delle antiche concessioni.

Traduzione in italiano dell'originale, eseguita da Tomaso Tarsia. — Inserta
nel n. 133.

ALLEGATO n. 3 al dispaccio n. 46. — *Dispacci Costantinopoli*, filza 166.

110. (105) — s. d. (1701, Settembre). — c. 255 (59). — Versione in italiano di lettera di Hassan agà, in risposta al n. 108. Accusa ricevuta di dono
e protesta disposizioni amichevoli.

Tradotta da Alvise Fortis. — Inserta nel n. 133.

ALLEGATO n. 6 al dispaccio n. 46. — *Dispacci Costantinopoli*, filza 166.

111. (106) — s. d. (1701, Settembre). — c. 257 (61). — Versione in italiano di lettera del gran cancelliere Mehemed, in risposta al n. 109. Si userà
ogni favore col Tarsia ; si è disposto per la casa dei baili in Galata.

Tradotta da Giov. Battista Navon — Inserta nel n. 133.

ALLEGATO n. 7· al dispaccio n. 46. — *Dispacci Costantinopoli*, filza 166.

112. (103) — 1701, Settembre 10. — c. 251 (55). — Lettera (in italiano)
dell'ambasciatore Soranzo ad Alessandro Maurocordato, segretario intimo e consigliere del sultano. Gli raccomanda Tomaso Tarsia pregando di coadiuvarlo nella
sua missione d'ottenere la rinnovazione degli antichi firmani. Spera che, malgrado la morte del capitan pascià, si sia disposto pel cambio dei prigionieri ;
lo assicura della gratitudine di Venezia per quanto farà a vantaggio di lei.

Data dalle Vigne di Pera. — Inserta nel n. 133.

ALLEGATO n. 4 al dispaccio n. 46. —⸲ *Dispacci Costantinopoli*, filza 166.

113. (107) — 1701, Settembre 11. — c. 259 (63) t.° — Lettera (in italiano)
di Alessandro Maurocordato, in risposta al n. 112. Coadiuverà volentieri il
Tarsia nelle sue negoziazioni ; sentì con piacere che la republica gradisce la
sua devozione nella quale protesta voler continuare ; ringrazia pel dono di
vetri.

Data in Adrianopoli. — Inserta nel n. 133.

ALLEGATO n. 8 al dispaccio n. 46. — *Dispacci Costantinopoli*, filza 166.

114. (130) — 1701, Settembre 20. — c. 305 (109). — Versione in italiano
di ordine del sultano al cadi di ... (sic). A richiesta dell'ambasciatore Soranzo,
ed in esecuzione delle capitolazioni, ordina la restituzione al console veneto in
Durazzo, di due soldati che, scesi da navi veneziane approdate alla Valona per
far acqua, furono « trattenuti da Alì agà de' garibi » della fortezza di Canina,
che non volle consegnarli al capitano delle dette navi.

Dato in Adrianopoli. — Tradotto da Giacomo Tarsia. — Inserto in lettera del Soranzo del 10 aprile 1702. n. 51.

ALLEGATO al dispaccio n. 51. — *Dispacci Costantinopoli*, filza 166.

115. (132) — 1701, Settembre 20 circa. — c. 309 (113). — Versione in italiano di ordine del sultano al capitan pascià. Per onorare il nuovo bailo veneto destinato alla Porta mandi ai Dardanelli due galere ad attenderlo per condurlo a Costantinopoli.

Dato in Adrianopoli « alla metà della luna di Rebi el-akhir » del 1113. — Tradotto da G. B. Navon. — Inserto in lettera dell'ambasciatore Soranzo del 22 aprile 1702, n. 56. — *Dispacci Costantinopoli,* filza 166.

116. (100) — 1701, Settembre 29. — c. 245 (49). — Traduzione in italiano di lettera dell'ambasciatore Lorenzo Soranzo al gran visir in Adrianopoli. Il dragoman grande, Tomaso Tarsia, è incaricato di pregare esso visir di dar ordini sia eseguito quanto è pattuito nel n. 104, e specialmente l'articolo che conferma gli antichi ordini e privilegi emanati a favore dei veneziani, i quali l'ambasciatore dice desiderare siano confermati e rinnovati. Circa il cambio dei prigionieri dice che Venezia ha già prese le disposizioni liberandone molti e molti mandandone verso Corinto ; chiede che i veneziani siano inviati a Negroponte. Chiede infine che siano tolti, fino alla liberazione, i rigori a cui alcuni dei veneziani erano sottoposti.

Tradotta da Giacomo Tarsia. — Inserta nel n. 133.

ALLEGATO n. 1 al dispaccio n. 46. — *Dispacci Costantinopoli*, filza 166.

117. (108) — 1701, Ottobre 15. — c. 261 (65). — Versione in italiano di firmano del sultano, nel quale a richiesta dell'ambasciatore Soranzo, ricordato essersi pattuita la scambievole sicurezza del traffico dei veneziani e dei turchi, conferma e rinnova per tutto il *Mar Bianco* (Mediterraneo e dipendenze) gli ordini contro i corsari contenuti nel n. 83, comprendendovi anche gli algerini e tunisini.

Dato in Adrianopoli. — Tradotto dai dragomanni Giacomo Tarsia, Fortis, Ralli e Navon. — Inserto nel n. 133.

ALLEGATO n. 9 al dispaccio n. 46. — *Dispacci Costantinopoli*, filza 166.

118. (110) — 1701, Ottobre 15 circa. — c. 265 (69). — Versione in italiano del n. 117 con qualche diversità di forma.

Dato e inserto come il n. 117. — Tradotto da Giacomo Tarsia.

ALLEGATO n. 11 al dispaccio n. 46. — *Dispacci Costantinopoli*, filza 166.

119. (129) – 1701, Novembre 19. — c. 303 (107). — Versione in italiano di *buiurdì* (ordinanza) del capitan pascià ai cadì e ad altri ufficiali delle isole dell'arcipelago e dei porti e territorî circostanti. Essendo stata conclusa capitolazione con Venezia, e pattuito in essa che i naviganti veneziani non

siano molestati, si uniformino perciò i destinatarî a tale disposizione e vietino sopratutto ai legni algerini, tripolini e tunisini di danneggiare i detti naviganti.

Tradotta da Alvise Fortis. — Inserta in lettera dell' ambasciatore Soranzo dell' 8 aprile 1702, n. 50. — *Dispacci Costantinopoli,* filza 166.

120. (117) — s. d. (1701, Novembre 24) (*). — c. 279 (83). — Lettera (in italiano) dell' ambasciatore Soranzo al gran visir, in risposta al n. 107. Spera che colla prossima andata del capitan pascià alla corte del sultano, si possa definire lo scambio dei prigionieri. Spera eziandio gli siano rilasciati i documenti di rinnovazione delle concessioni del sultano Osman, confermate dai successori. Prega di ordinare « che siano levati i divieti alli sudditi di questo imperio di trafficare per le scale di Risano, Ciclut (Cilipi ?), Castelnuovo e Narenta », mandandovi ufficiali (*emini*) come fa il defterdar di Bosnia in altri ; e di impedire il corseggiare dei barbareschi che ora infestano le acque di Smirne.

Traduzione di G. B. Navon, dragomanno. — Inserta nel n. 133.

ALLEGATO n. 18 al dispaccio n. 46. — *Dispacci Costantinopoli,* filza 166.

(*) Data riferita nell' inserta alla lettera originale del Soranzo.

121. (131) — 1701, Novembre ultimi giorni, — c. 307 (111). — Versione di ordine del sultano ai cadì e ad altri ufficiali dei Dardanelli e di Tenedo. A richiesta dell' ambasciatore Soranzo comanda che, a norma delle capitolazioni, non si esiga da Giovanni Orebich, capitano veneziano, che si reca in detti luoghi per caricare vallonea, più dell' antico dazio e di 300 aspri per ancoraggio ; che del resto non sia molestato.

Dato in Adrianopoli. — Tradotto da G. B. Navon. — Inserto in lettera del Soranzo del 18 aprile 1702, n. 54. — *Dispacci Costantinopoli,* filza 166.

122. (118) — s. d. (1701, Dicembre 31) (*). — c. 281 (85). — Versione in italiano di risposta di Hussein gran visir, al n. 120. Si sono raccomandati al capitan pascià gli affari del cambio dei prigionieri e dei corsari nelle acque di Smirne e si è scritto ad Halil pascià governatore della Bosnia per provvedimenti invocati nei porti di Risano ecc. Quanto al resto si osserveranno le capitolazioni.

Data in Adrianopoli. — Tradotta da G. B. Navon. — Inserta nel n. 133.

ALLEGATO n. 19 al dispaccio n. 46. — *Dispacci Costantinopoli,* filza 166.

(*) Data del ricevimento.

123. (119) — s. d. (1701, Dicembre 31) (*). — c. 283 (87). — Versione di lettera di Mehemet reis effendi, cancellier grande, in risposta ad altra a lui dell' ambasciatore Soranzo. Conferma quanto è detto nel n. 122.

Data, tradotta ed inserta, come il n. 122.

ALLEGATO n. 20 al dispaccio n. 46. — *Dispacci Costantinopoli,* filza 166.

(*) Data del recapito della lettera.

124. (114) — s. d. (1702). — c. 273 (77). — Articolo (in italiano) che si desidera introdotto in firmano del sultano, cioè che gli abitanti dei territori veneti di Cattaro, Perasto, ecc., confinanti coll'Albania turca, possano provvedersi di grani in Durazzo, Baštova, Valona ed altri luoghi di quel paese.

Inserto nel n. 133.

ALLEGATO n. 15 al dispaccio n. 46. — *Dispacci Costantinopoli*, filza 166.

125. (125) — 1702, Gennaio ultimi giorni. — c. 295 (99). — Versione in italiano di ordine del sultano al pascià di Negroponte, e al cadì ed altri ufficiali di Durazzo. Avendo l'ambasciatore Soranzo denunziato che un legno corsaro di Tripoli, dopo presa una barca, entrò nell'Adriatico, dove assalì inutilmente alcuni perastini e poi approdò a Durazzo, dove il comandante della squadra veneta alla custodia di quel mare chiese alle autorità il sequestro del detto legno e del suo equipaggio; il sultano ordina ai destinatari di fare un'inchiesta sul fatto e poi riferire, nè togliere il sequestro fino a nuove disposizioni della Porta.

Dato in Adrianopoli. — Inserto in lettera del Soranzo del 5 aprile 1702, n. 49. — Tradotto da G. B. Navon. — *Dispacci Costantinopoli*, filza 166.

126. (120) — 1701, Febbraio 20 (m. v.). — c. 285 (89). — Risposta (in italiano) dell'ambasciatore Soranzo al n. 123. Prega che sia sollecitato il capitan pascià a mandare ad effetto il cambio dei prigionieri che va per le lunghe. Insta per la rinnovazione delle concessioni del sultano Osman e pei provvedimenti per i porti di Risano, ecc., a vantaggio del commercio dei due stati.

Traduzione di G. B. Navon. — Inserta nel n. 133.

ALLEGATO n. 21 al dispaccio n. 46. — *Dispacci Costantinopoli*, filza 166.

127. (121) — s. d. (1702, Marzo?). — c. 287 (91). — Il reis effendi Mehemet risponde al n. 126, riferendosi al n. 128 e professando sentimenti amichevoli.

Data, tradotta ed inserta come il n. 122.

ALLEGATO n. 22 al dispaccio n. 46. — *Dispacci Costantinopoli*, filza 166.

128. (122) — s. d. (1702, Marzo?) — c. 289 (93). — Versione di lettera del gran visir Hussein all'ambasciatore Soranzo. Rispondendo ad altra di questo, relativa allo scambio dei prigionieri e all'apertura dei porti di Risano ecc., al commercio, dice che verso mallevaria d'esso ambasciatore sono stati liberati 4 gentiluomini, ma che il numero dei turchi dati in cambio non fu sufficiente; che però s'era affidato l'affare dello scambio al capitan pascià Abdul Fettal, che trovò essere 94 i prigionieri veneziani; che il sultano ordinò se ne liberassero 30 e che si procedesse nelle trattative. Circa i porti, nei trattati si parla solo di quelli ove « ab antiquo è stato solito risiedere emini », si era tuttavia ingiunto ad Halil pascià di Bosnia di studiare la cosa e riferire, in seguito a che fu ordinato che, conforme alle capitolazioni, la libertà di commercio riguardi solamente « le scale solite ab antiquo ».

Data, tradotta ed inserta come il n. 122.

ALLEGATO n. 23 al dispaccio n. 46. — *Dispacci Costantinopoli*, filza 166.

129. (123) — s. d. (1702, Marzo). — c. 291 (95). — Risposta dell'ambasciatore Soranzo al n. 128. Le capitolazioni guarentiscono sicurezza di commercio ai sudditi d'ambo gli stati. Venezia acconsente che vadano emini a Risano ecc., e tiene aperto i suoi porti di Zara, Spalato ecc. Il pascià di Bosnia vorrebbe proibire il commercio nei detti porti ottomanni. L'ambasciatore prega che si diano ordini per la loro apertura.

Traduzione di G. B. Navon, dragomanno. — Inserta in lettera del Soranzo del 1 aprile 1702, n. 47. — *Dispacci Costantinopoli*, filza 166.

130. (124). — s. d. (1702, Marzo ?) — c. 293 (97). — Versione in italiano di lettera del gran visir al capitan pascià. In seguito a sollecitazioni dell'ambasciatore di Venezia, si è deciso il cambio di 30 dei 90 prigionieri veneziani. Fattane la scelta, riferisca e si provvederà.

Tradotta da G. B. Navon. — Inserta in lettera del Soranzo del 3 aprile 1702, n. 48. — *Dispacci Costantinopoli*, filza 166.

131. (126) — 1702, Marzo 15 circa. — c. 297 (101). — Versione in italiano di ordine del sultano ad Ismail pascià di Negroponte. Ricordato il pattuito nelle ultime capitolazioni circa il trattamento da usarsi contro i corsari danneggianti i veneziani; esposto il fatto del corsaro tripolino (qui è nominato Halil reis), di cui il n. 125; dice che l'ambasciatore Soranzo gli riferì che il corsaro tripolino fu lasciato libero in Durazzo, che di poi accusò quel console veneziano di avergli tolto il timone e ne minacciò a mano armata la casa e la persona; ordina infine che sia proceduto secondo i trattati.

Dato, tradotto ed inserto come il n. 125. — *Dispacci Costantinopoli*, filza 166.

132. (127) — 1702, Marzo 15 circa. — c. 299 (103). — Versione di ordine come al n. 125. L'ambasciatore. Soranzo si è lagnato che essendo andato tempo addietro, Bernardo nipote del capitano Giovanni da Cattaro, suddito veneto, alla bottega del fornaio *Aslan Cassin* e Alì, in Durazzo, per acquistar biscotto, questi lo derubarono del denaro e l'uccisero. Ordina perciò il sultano che si faccia la dovuta inquisizione, procurando di arrestare i rei, quando non si fosse già proceduto, e siano restituiti i danari rapiti.

Dato, tradotto ed inserto come il n. 125. — *Dispacci Costantinopoli*, filza 166.

133. (99) — 1702, Marzo 30. — c. 241 (45). — Lorenzo Soranzo al doge (lettera in cifra n. 46, in italiano). — Apprese con piacere la soddisfazione del senato per la conclusione del n. 104, che egli potè conseguire fra molte difficoltà, essendosi già allora la corte del sultano trasferita ad Adrianopoli; spera di ottenere in seguito altri firmani di speciali concessioni. Pensò di mandare nella detta città il dragoman grande Giacomo Tarsia per tali negoziazioni, ma non potè farlo subito essendo questi caduto malato; nel partire lo munì di commendatizie (v. n. 116, 108, 109, 112) delle quali ebbe le risposte (v. n. 107, 110, 111, 113). Prima cura dell'inviato fu di avere la rinnovazione dei due segni imperiali, uno di sultan Mehemet padre, l'altro di Osman proavo dei regnanti, e l'ebbe del primo (v. n. 117), però il reiseffendi ne volle mutato il proemio come può rilevarsi dal n. 83, cosa che spiacque allo scrivente. Il quale fa notare anche altre differenze nel testo del nuovo firmano coi vecchi, derivanti da non perfetta interpretazione, cosa che può mettere in posizioni imbarazzanti i diplomatici; quindi fece fare altra versione del firmano stesso (v. n. 118), e anche qui rilevò delle differenze per le quali redarguì il Tarsia, che si giustificò facendo confrontare il n. 117 coll'84. Maggiori difficoltà incontrò il dragomanno per la rinnovazione del n. 80, a cui la Porta non voleva aderire; onde col segretario Maurocordato fu compilato un memoriale contenente le condizioni (v. n. 99), alle quali si avrebbe potuto aggiungere l'articolo n. 124. Ma il Soranzo credette di non dover accettare, e ne dice le ragioni, e mandò al Tarsia i n. 81 e 82, con commenti, per istruzione. Scrisse poi in proposito al gran visir (v. n. 120) e n'ebbe la risposta n. 122 accompagnata dal n. 123. Continua esponendo le successive difficoltà di conclusione e la condotta subdola dei ministri turchi per eludere le sue premure, che fa apparire derivata dalle richieste della Francia a favore dei frati e dei luoghi di Terrasanta e oppugnate dal muftì e dai greci protetti dalla Russia. In seguito poi, in attesa del bailo, scrisse la lettera n. 126 che, come i nuovi uffici del Tarsia, ebbe esito negativo (v. n. 127 e 128). Parla poi dei documenti delle capitolazioni ottenuti e delle loro copie da trasmettersi a Venezia, in Dalmazia e in Morea; delle pretese degli ufficiali della Porta per compenso e dei doni fatti al reis effendi e al suo scrivano.

Data dalle « Vigne di Pera ». — Traduzione della cifra in *Dispacci Costantinopoli*, filza 166.

134. (133) — 1702, Settembre ultimi giorni. — c. 311 (115). — Versione in italiano di ordine del sultano al capitan pascià e al cadì di Scio. Ad istanza dell'ambasciatore Soranzo, ricordato il pattuito nelle capitolazioni in argomento di corsari che catturassero o depredassero veneziani, comanda che si eseguisca quanto quelle prescrivono circa il veneziano Giovanni Mareschi che imbarcatosi in Tenedo su legno di certo « Harnaut Suleiman reis » e diretto a Napoli, fu, presso Capo d'oro, assalito da un corsaro tripolino, fatto schiavo e il legno condotto a Scio per esservi venduto col carico imbarcatovi.

Dato in Adrianopoli. — Tradotto da G. B. Navon. — Inserto in lettera dell'ambasciatore Soranzo del 15 ottobre, n. 72. — *Dispacci Costantinopoli*, filza 167.

135. (135) — 1702, Settembre ultimi giorni. — 315 (119). — Versione di ordine del sultano al cadì di Smirne. In seguito a reclami dell' ambasciatore Soranzo, comanda che, a norma delle capitolazioni, i doganieri di quella città non possano, oltre i dazî consueti, esigere alcunchè sotto verun titolo dai negozianti veneziani che caricano e scaricano merci in quel porto.

Dato in Adrianopoli. — Tradotto da Alvise Fortis. — Inserto in lettera del Soranzo del 29 dicembre, n. 80. — *Dispacci Costantinopoli,* filza 167.

136. (134) — 1702, Novembre 15 circa. — c. 313 (117). — Versione in italiano di ordine del sultano ad Omer « che per appannaggio gode il sangiaccato di Lepanto ». Mehemet scrivano dell' agà de' giannizzeri di Lepanto, espone come giunta ivi una barca del cancelliere del provveditor di Patrasso con carico di olio di Cristo Jorghi figlio di Lambrino e Jani Isolano, veneti, i quali sedussero a fuggire due suoi schiavi russi con danaro tolto allo stesso Mehemet, e poi gli ammazzarono presso Gastuni ; come mediante lettera di Ismail pascià gia governatore di Negroponte, il danneggiato ottenne dal comandante delle navi venete, allora a S. Maura, 70 zecchini ; chiese che per giustizia gli venga risarcito il danno equamente. Il sultano quindi ordina ad Omer che, a norma delle capitolazioni, veda di procurare dai rappresentanti veneti in Morea il dovuto risarcimento ; non ottenendolo, riferisca alla Porta.

Tradotto da G. B. Navon. — Inserto in lettera dell' ambasciatore Soranzo del 29 dicembre, n. 79. — *Dispacci Costantinopoli,* filza 167.

137. (140) — 1703, Gennaio primi giorni — c. 325 (129). — Versione in italiano di ordine del sultano al caimacan Jussuf pascià. Verifichi in via giudiziaria la cattura fatta da certo Marco, corsaro spagnuolo, nelle acque di Samo, di Achmet bey, figlio di Hussein, uno dei *chalvazı* del serraglio, con un suo legno caricato di succo di limone ed altro, nell' isola di Istanchio e diretto a Costantinopoli, ove il detto capitano vendette metà del carico e poi colla nave se n' andò a Napoli, mentre Achmet potè fuggire. Ciò perchè l' ambasciatore di Venezia possa adoperarsi per ricuperare la detta preda (v. n. 139).

Dato in Adrianopoli. — Copia autenticata da Abubecher cadì di Costantinopoli. — Tradotto da G. B. Navon. — Inserto come il n. 140. — *Dispacci Costantinopoli,* filza 167.

138. (139) — 1703, Gennaio 15 circa. — c. 323 (127). — Versione in italiano di istrumento in cui Muharem giudice dichiara che Abdullach reis, figlio di Hassan padrone di metà d' un legno catturato presso Rodi da « nemici infedeli » confessò, presente Costantino, figlio di Jora, procuratore dei rappresentanti di Venezia, di avere ricevuto nel porto di Suda il legno stesso che gli fu consegnato da certo Giorgetto per ordine del provveditore straordinario di quel luogo in seguito a disposizione dell' ambasciatore Soranzo.

Fatto in Canea. — Testimonî : Chazi Mehemed, figlio di Chazi Chussein ;

Raba Jusuf, figlio di Mehemed; Raba Mustafà, figlio di Alì ed Osman Celebi, figlio di Alì. — Tradotto ed inserto come il n. 140. — *Dispacci Costantinopoli*, filza 167.

139. (141) — 1703, Gennaio 24. — c. 327 (131). — Versione d'istrumento rogato in Galata da Abubecher figlio di Achmed, notaio. In esso si dichiara esser provato che il succo di limoni di cui è parola nel n. 137, era proprietà di Achmed bey.

Sottoscritto da cinque testimoni turchi indicati col solo nome di persona e di padre. — Inserto come il n. 140. — *Dispacci Costantinopoli*, filza 167.

140. (136) — 1703, Febbraio 15 circa. — c. 317 (121). — Versione in italiano di ordine del sultano ad Hussein pascià di Valona ed ai cadì di Masrach. In seguito a reclamo dell'ambasciatore Soranzo, facciano render giustizia a Luca figlio di Vuco, da Dobrada, suddito veneto, che in Iesri Seme, territorio di Masrach, fu truffato da Hassan Baydar ed altri, di 30 zecchini e di merci caricate su legni di Matteo e Vincenzo di Nicolò da Dobrada.

Dato in Adrianopoli. — Tradotto da G. B. Navon. — Inserto in lettera del Soranzo 23 marzo 1703, n. 85. — *Dispacci Costantinopoli*, filza 167.

141. (137) — 1703, Febbraio 15 circa. — c. 319 (123). — Versione simile alla precedente. Essendo naufragati presso Iesri Seme i legni comandati da Matteo e Vincenzo di Nicolò da Dobrada, Mustafà e Kalil doganieri di Valona fecero distruggere i navigli e sequestrare le merci imbarcatevi. Il sultano ordina che, in forza dei trattati, verificata la cosa, coll'assistenza anche del chiaus Hassan, inviato da lui a Valona, i capitani danneggiati vengano risarciti.

Dato, tradotto ed inserto come il n. 140. — *Dispacci Costantinopoli*, filza 167.

142. (138) — 1703, Febbraio ultimi giorni. — c. 321 (125). — Versione in italiano di ordine del sultano a Chazi Mehemet, capitan pascià. Avendo una fregata spagnuola corsara assalito nei dintorni di Nauplia un legno del Cairo comandato da *Panno Scioto* (di Scio?), questi difendendosi catturò quella nave facendo schiavi 58 corsari; sopraggiunta una nave della republica veneta, tolse questi ultimi al *Panno*, dichiarando che li consegnerebbe alle autorità turche in cambio di altrettanti prigionieri veneziani. Si comanda al destinatario di procedere al cambio predetto.

Dato, tradotto ed inserto come il n. 140. — *Dispacci Costantinopoli*, filza 167.

143. (147) — 1703, Maggio 9. — c. 339 (143). — Versione del seguente documento: Al disposto dei trattati pei casi di questioni fra sudditi dei due stati ai confini, si fa seguire rapporto in cui Seifullah pascià di Bosnia espone alla Porta che certo Hussein, mercante di Mostar, si recò con altri colleghi a Venezia, ove vendute le merci, nel ritorno verso Ragusa su nave veneta, furono presso le coste dell' Istria catturati col legno da un capitano Furtin francese, che dopo tre mesi li lasciò liberi, ma spogliati del loro avere. Kalil predecessore dello scrivente mandò con sua lettera i danneggiati al provveditor generale veneto in Dalmazia che li rimise a Venezia, ma inutilmente; in fine lo scrivente dichiara non essere state in questo caso osservate dai veneziani le capitolazioni.

Tradotto da G. B. Navon. — Inserto in lettera dell'ambasciatore Soranzo e bailo Giustinian del 12 gennaio 1703, n. 110. — *Dispacci Costantinopoli*, filza 167.

144. (143) — 1703, Settembre ultimi giorni. — c. 331 (135). — Versione di ordine del sultano al cadì dei Dardanelli. A richiesta dell' ambasciatore Soranzo, comanda che niuno impedisca agli equipaggi delle due navi veneziane che ivi attendono l'ambasciatore stesso per ricondurlo in patria, di acquistar vettovaglie ecc., per proprio uso. Ciò per le non legittime pretese di certo Mustafà « comandante in quelle parti ».

Dato a Costantinopoli. — Inserto in lettera dell' ambasciatore Soranzo del 1 ottobre, n. 98, all. 4. — *Dispacci Costantinopoli*, filza 167.

145. (142) — 1703, settembre ultimi giorni. — c. 329 (133). — Versione di ordine del sultano al cadì di Tenedo. Espostogli dall' ambasciatore Soranzo quanto successe ai due vascelli veneti che condussero il bailo di Venezia, Ascanio Giustinian, i quali giunti avanti ai Castelli, avendo mandato Gio. Maria Salata, veneziano, per far acqua a Tenedo, fu egli aggredito ed ammazzato, ordina che sia fatta ricerca dei colpevoli, e siano essi puniti secondo giustizia.

Dato e inserto (all. 3) come il numero precedente. — *Dispacci Costantinopoli*, filza 167.

146. (144)   1703, Ottobre 1. — c. 333 (137) — Versione di ordine del sultano, con cui, a richiesta dell'ambasciatore Soranzo, concede che Bernardo Macola, veneziano, possa esercitare l'ufficio di console della republica in Lepanto. Comanda perciò che, osservando le capitolazioni, nessuno abbia a molestarlo; che non sia tenuto responsabile per debiti d altri; che si osservino rispetto ad esso, le prescrizioni dei trattati circa gli schiavi veneziani, le prede fatte dai corsari, gli uomini e le cose ricuperate dai naufragî, il commercio dei suoi connazionali, l'esenzione dei medesimi dal *carazo* (tributo) e da ogni ingerenza delle autorità turche nelle successioni dei morti nell' impero, la giurisdizione del console nelle liti fra veneziani, la rigorosa giustizia da amministrare al console se ricorresse alle autorità turche, la libertà ad esso di scegliersi il giannizzero e il dragomanno.

Dato a Costantinopoli. — Tradotto da Alvise Fortis. — Inserto in lettera del Soranzo del 19 novembre, n. 103. — *Dispacci Costantinopoli*, filza 167.

147. (146) — 1703, Novembre ultimi giorni. — c. 337 (141). — Versione di ordine del sultano al cadì di Smirne. A richiesta di Ascanio Giustiniani,

bailo veneto, comanda che si facciano cessare le pretese dei giannizzeri destinati a Smirne, di esigere dai naviganti veneziani un diritto a cui non hanno
alcun titolo.

Dato, tradotto ed inserto come il n. 147. — *Dispacci Costantinopoli*,
filza 167.

148. (145) — 1703, Dicembre primi giorni. — c. 335 (139). — Versione
di ordine del sultano al pascià e al cadì di Scutari di Albania. Avendo
certi Marco Stucian (o Stucanovich), Zorco e Pietro Mattio (da Perasto), sudditi veneziani, predato nelle acque di Durazzo, un naviglio di Achmed reis
(turco da Dulcigno), ammazzati due dell'equipaggio, due fatti schiavi e ferito
esso Achmed, Alì *cariascher* di Romelia mosse lite al rappresentante dell'ambasciatore veneto alla Porta. Essendo però questo contrario ai trattati, il sultano
comanda che il danneggiato ricorra al competente foro contro i danneggianti
per essere risarcito sui loro beni.

Dato a Costantinopoli. — Tradotto da G. B. Navon. — Inserto in lettera
di Lorenzo Soranzo ambasciatore ed Ascanio Giustinian bailo, del 18 dicembre,
n. 107. — *Dispacci Costantinopoli*, filza 167.

149. (148) — 1704, Gennaio primi giorni. — c. 341 (175). — Versione di
lettera del sultano alla Signoria. Annunzia di avere ben accolto il nuovo
bailo Ascanio Giustiniani cav., e che l'ambasciatore straordinario Lorenzo
Soranzo prese commiato; esprime sensi di amicizia.

Data e tradotta come il n. 147. — Inserta in lettera del Soranzo del 22
febbraio, n. 211. — *Dispacci Costantinopoli*, filza 167.

COMMEMORIALI

LIBRO TRENTESIMO PRIMO.

DEI COMMEMORIALI

(MCCCCXC - MDCCLV)

REGESTI.

---

1. (1) — 1703, Ottobre 20. — c. 2. — Brano di lettera (in italiano) di Daniele Dolfin III, ambasciatore in Germania, al doge. Dice che sono terminate con soddisfazione le questioni di precedenza suscitate dall'ambasciatore di Olanda Collier a Costantinopoli. L'inviato degli Stati generali gli portò in persona l'allegato.

Data a Vienna.

ALLEGATO: 1703, Settembre 10. — Versione in italiano di ordine degli Stati generali delle Provincie unite al loro ambasciatore a Costantinopoli che mantenga buoni rapporti con quello di Venezia, e che nel rango di precedenza lo segua immediatamente. — *Dispacci Germania* [copia], filza 186, pag. 412 (Dispaccio) e 420 (Allegato).

2. (2) — 1706, Gennaio 12. — c. 2 t°. — Istrumento in cui il doge Alvise Mocenigo, il console e il senato maggiore e minore di Zurigo e lo sculteto e il senato maggiore e minore di Berna, considerando la convenienza di rinnovare gli antichi vincoli di colleganza, essendo rappresentante di Venezia Vendramino Bianchi, dichiarano di avere pattuito: 1. La republica veneta e le due città conserveranno buona amicizia. — 2. Volendo

Venezia far guerra o difendersi, le due città permetteranno la levata di 4000 fanti volontari divisi in due reggimenti, i colonnelli dei quali saranno uno di Berna, l'altro di Zurigo, e i reggimenti divisi in compagnie di 200 uomini; se occorresse minor numero di fanti, non meno però di 2000, il colonnello sarà uno solo, nella prima spedizione, di Zurigo col luogotenente di Berna, nella seconda viceversa; il colonnello che abbandonasse il comando sarà sostituito da uno della stessa città; tali milizie serviranno contro chiunque nella terraferma d'Italia; quella delle due città che fosse minacciata di guerra, potrà negare la levata; le dette milizie non serviranno per mare; ogni compagnia avrà due luogotenenti, il portabandiera, quattro prefetti dei vigili (ufficiali dei vigili al fuoco), quattro sotto ufficiali, sei caporali, sei appuntati, quattro tamburi e un trombetta, un chirurgo ed alabardieri, compresi nel numero dei 200 militi. — 3. Venezia anticiperà ai singoli capitani per le rispettive compagnie 533 doppie di Spagna da restituirsene 30 ogni mese; per ogni soldato che si trovasse mancante nelle mostre, il capitano rifonderà 1 doppia e mezza meno una lira. — 4. Le singole compagnie riceveranno il soldo dal dì della partenza dalla rispettiva città, certificata dall'autorità di questa e al ritorno avranno un mese di paga ai confini della republica; non si faranno viaggiare quando la neve impedisca il passaggio pei monti. — 5. Le milizie staranno in servizio tre anni; in caso di vittoria riceveranno la paga d'un mese. — 6. I reggimenti, per opportunità di servizio potranno essere inviati in battaglioni, in diversi luoghi, o anche le singole compagnie, le quali non dovranno suddividersi. — 7. In campo obbediranno al comandante in capo e agli alti rappresentanti della republica, nei presidî, ai rettori dei luoghi. — 8. Quella delle due città che fosse minacciata da guerra potrà richiamare le proprie milizie e Venezia, pagherà loro un mese di stipendio e darà loro sicurtà e mezzi di trasporto fino ai confini. — 9. I soldati saranno armati di fucile, baionetta e bandoliera; se tale armamento è dato dalla republica, sarà compensato detraendo sei soldi al mese dalla paga di ognuno; le compagnie riceveranno 333 doppie di Spagna il mese, i colonnelli 145, calcolate 29 lire venete l'una; si stabilisce che la doppia italiana valga 28 lire venete e soldi 10, lo zecchino 17 lire, il ducato d'oro o ongaro lire 16, lo scudo o coronato d'argento lire 9 soldi 12, il filippo o la giustina veneta lire 8 soldi 10, il ducato corrente lire 6 soldi 4; i capitani delle compagnie che avessero fino a 220 soldati effettivi, riceveranno doppie 1 e 1/3 al mese di più, quelli che ne avessero soli 175 perderanno 20 doppie, e meno di 165, doppie 40: la republica non sarà tenuta di dare gratuitamente la polvere ed il piombo per le armi; se le compagnie diminuissero per battaglie o contaggi, i capitani riceveranno la paga intera per due mesi. — 10. Le milizie godranno di tutti i diritti e privilegi loro accordati in Francia ed avranno libero esercizio di culto nei luoghi a ciò destinati, nonchè onorevole sepoltura. — 11. Gli ammalati saranno curati negli spedali senza perdere il soldo e visitati liberamente dai loro cappellani militari. — 12. Non pagandosi prontamente lo stipendio mensile, questo sarà commisurato sull'ultima mostra. — 13. I colonnelli saranno eletti dalla republica, i capitani dalle due città di Zurigo e Berna, fra i cittadini di quelle, capaci di pubblici uffici; gli ufficiali subalterni dai capitani fra i loro concittadini. — 14. I cittadini e sudditi delle due parti, potranno viaggiare, trafficare ecc. liberamente nei vicendevoli territorî, pagando i consueti diritti, trattene le imposte personali e ciò che ognuno porta con sè; potranno chiudersi i confini per sospetto di contagio; saranno esenti da ogni gravezza per ciò che portano con sé i soldati reduci dal servizio di Venezia, e le cose dei cittadini di Berna e Zurigo morti nel territorio della republica, e dei veneti defunti nelle due città; ogni compagnia delle predette potrà avere un proprio vivandiere, per solo uso dei commilitoni. — 15. Le due parti concederanno libero transito pel proprio territorio a milizie che si recano al servizio dell'altra, purchè osservino le leggi del luogo e previo avviso ai reggitori. — 16. Esse vieteranno il passaggio a nemici dell'altra pel proprio territorio. — 17. Se le due città, o una di esse, dovendo l'altra aiutarla, avessero guerra, Venezia pagherà a ciascuna 4000 ducati veneti al mese per tutta la durata delle ostilità, anticipatamente di tre in tre mesi; a guerra finita si renderanno i conti restituendo il non speso. — 18. Se una delle parti, aiutata dall'altra, farà pace, ne avvertirà la seconda, prima di concludere, perchè vi possa esser compresa. — 19. Alla fine d'ogni anno dalla ratificazione del presente, Venezia pagherà ai magistrati di ciascuna delle due città 711 doppie di Spagna. — 20. I cittadini e sudditi, potranno stare e viaggiare nei territorî degli uni e degli altri liberamente, purchè non si immischino di cose religiose. — 21. Nessuna delle parti darà ricetto a ribelli, traditori e rei di delitti atroci dell'altra, ma, a richiesta, li arresterà e consegnerà. — 22. Il presente durerà in vigore 12 anni, e per altrettanti se non sarà disdetto un anno prima del suo spirare. — 23. Le questioni che sorgessero fra le parti saranno sottoposte al giudizio di arbitri (da adunare in Coira) eletti da ciascuna di esse; in caso di discrepanza di giudizio tra essi, verrà scelto un quinto arbitro. — 24. Quelle fra privati sudditi delle due parti, si giudicheranno nel foro naturale del reo — 25. Durante l'alleanza, niuna delle parti potrà concludere patti contrari alla presente. — 26. Le due città fanno riserva pei vincoli che hanno coll'impero, coi loro confederati svizzeri, colla Francia. — 27. Si eccettua il caso che questi potentati assalissero la republica ne' suoi domini. — 28. Le parti procureranno facoltà di transito per le milizie summentovate pel paese dei Grigioni.

Sottoscritto da Enrico Escher, console di Zurigo, e da Emanuele Graffenriedt, console di Berna.

V. Du Mont, *Corps universel* cit. T. VIII, p. I, p. 184, sgg.

3. (3) — 1706, Dicembre 17. — c. 8. — Istrumento (in italiano) col quale il doge Alvise Mocenigo, rappresentato come nel n. 2, e i capi e consiglieri delle Tre leghe dei Grigioni, ricordando l'antica amicizia, e nominatamente l'alleanza conclusa nel 1603, e volendo rinnovarla, pattuiscono: Le due repubbliche saranno amiche. In caso di bisogno, Venezia potrà levare nel paese dei grigioni fino a 4000 uomini e non meno di 1000, per

servire in Italia contro chiunque, sotto colonnelli e capitani eletti da quella;
si riserva la neutralità dei grigioni durante la presente guerra; in caso di
arruolamenti di svizzeri per conto di Venezia, un terzo del numero totale
sarà di grigioni che formeranno corpo a parte; se le Tre leghe fossero minacciate di guerra, potranno rifiutare la levata; ogni compagnia avrà ufficiali, sot-
toufficiali ecc., come è detto nell'art. 2, del n. 2; qui si aggiungono quattro sergenti
e tre tamburi. Seguono articoli conformi a quelli del n 2 fino alle parole « l'ultima mostra », sostituendo le Tre leghe ove parlasi delle due città o d'una di esse.
Ogni compagnia potrà avere un proprio vivandiere ecc., come nell'art. 14 del n. 2;
Le milizie grigione saranno trattate in tutto come le altre di Venezia. I cittadini e
sudditi delle due parti ecc., come nell'art. 20 del n. 2. Si fissano le norme pel
passaggio attraverso il paese dei grigioni di milizie che andassero ai servigi di
Venezia. Ciascuna parte impedirà il passo pei propri territori a nemici dell'altra. Se le Tre leghe fossero minacciate di guerra, Venezia pagherà loro 4000 ducati
il mese ecc., come nell'art. 17 del n. 2. Essa pagherà « alli signori delle Tre leghe »
in Coira, l'annua pensione di 711 doppie di Spagna, mentre duri in vigore il
presente; e donerà a quelle (in Zurigo, Morbegno o Chiavenna) otto cannoni
di bronzo, due ogni 4 anni. Tutti i grigioni potranno liberamente e sicura-
mente viaggiare, trafficare e stare nei domini di Venezia, purchè non si occu-
pino di cose di religione; niuna delle parti accoglierà ribelli o rei di delitti atroci
fuggiti dall'altra, ma, a richiesta, li consegnerà. Il presente durerà in vigore per 20
anni, ed altrettanti successivamente se non sarà disdetta un anno prima dello spirare. Le questioni fra le due parti saranno definite in Chiavenna da arbitri eletti
da esse e al bisogno da un terzo nominato da Berna o Zurigo. Quelle fra privati.
come nell'art. 24 del n. 2. Niuna delle parti potrà concludere alleanze, come
nell'art. 25 del n. 2. Le Tre leghe fanno riserva per tutte le altre alleanze
e trattati a cui sono vincolate, salvo il caso che Venezia fosse attaccata ne'
suoi stati. Essa permetterà il transito per questi a 3000 some di grano acquistate all'estero dai grigioni, o l'acquisto di 2000 ne' suoi stati verso pagamento
dei dazi ordinari. Darà ai medesimi il sale, di cui abbisognassero, al prezzo pagato dagli appaltatori di Bergamo e Brescia. Quella delle parti che avesse
ricevuti, in caso di guerra, aiuti dall'altra, non inizierà trattative di pace
senza avvertirne l'alleata. Si pattuisce dalle parti il mantenimento in buono
stato della strada « sopra la montagna di S. Marco ».

Dato in Coira. — Sottoscritto da Gian Gaudenzio de Castelberg preside
della Lega superiore, Stefano Bnol vicepresidente della Lega della cattedrale,
Ottone Schwarz preside della Lega delle Dieci giurisdizioni.

1713, Giugno 15. — V. n. 4, alleg. A.
1713, Luglio 13. — V. n. 4, alleg. B.

4. (4) — 1713, Luglio 14. — c. 14. — Brano di lettera (n. 89, in italiano)
di Carlo Ruzzini, cav. proc. di s. Marco, ambasciatore straordinario plenipotenziario all'Aia. Il vescovo di Bristol (Berthuald) gli portò in persona l'allegato A,

dicendogli che altro documento eguale fu « consegnato ai francesi » (il che fece
lord Strafford al segretario Du Theil residente all'Aia). Il vescovo poi si scusò se
la redazione non era in tutto conforme ai desideri di Venezia, essendosi dovuto
vincere l'opposizione della Francia. Il Ruzzini insistette poi per l'inclusione di
Venezia nel trattato fra l'Inghilterra e la·Spagna e infatti la ottenne dopo varî
negoziati, come dimostra l'allegato B.

ALLEGATO A: 1713, Giugno 15. — Anna regina della Gran Brettagna, di
Francia e d'Irlanda, fa sapere: In forza della facoltà datale dall'articolo 28
del trattato concluso il 31/11 marzo passato in Utrecht fra essa e Luigi XIV
re di Francia, nomina la republica di Venezia onde sia fatta partecipe dei benefici del trattato stesso e si consideri in esso inclusa.

Data nel palazzo reale di Kensington. — Munita del regio sigillo e sottoscritta dalla regina e da Bolingbrohe.

ALLEGATO B: 1713, Luglio 13. — Articolo del trattato concluso fra la
regina d'Inghilterra e il re di Spagna. Per la neutralità osservata nella guerra
dalla republica di Venezia, si dichiara questa specialmente inclusa nel trattato.

L'ORIGINALE del dispaccio esiste in filza 5. *Senato Dispacci Haya* e quello
della lettera della regina Anna in *Lettere Collegio - Re e Regina d'Inghilterra*. n. 33.

1714, Maggio 10. — V. n. 5.

5. (5) — 1714, Maggio 11. — c. 15 t.° — Brano di lettera (n. 37, in italiano)
di Gio. Maria Vincenti, segretario veneto residente all'Aia, al doge. Manda
l'allegato. Giustifica la dilazione della spedizione per incidenti dovuti ai plenipotenziarî spagnoli che lo emanarono.

ALLEGATO: 1714, Maggio 10. — Riprodotto l'allegato B del n. 4 (in lingua
spagnola), i plenipotenziarî al congresso di Utrecht, duca di Ossuna e marchese
di Monteleon, attestano la conformità di quell'articolo col 22 del trattato originale concluso fra la Spagna e l'Inghilterra.

Data all'Aia. — Munita dei sigilli e sottoscritta dai due plenipotenziari.

ORIGINALE in *Dispacci dell'Haya*, filza 6.

6. (8) — 1715, Ind. IX, Dicembre 28. — c. 19 t.° — Il doge Giovanni Corner, in seguito a rottura del trattato di Carlovitz, per parte dei turchi, dà
facoltà (in italiano) a Pietro Grimani cav. ambasciatore ordinario presso l'imperatore, di stipulare con questo « la rinnovatione della Sacra Lega » contro i
detti infedeli.

Data nel palazzo ducale di Venezia. — Sottoscritta da Gaspare Marin
segretario (v. n. 8).

MINUTA ORIGINALE in *Deliberazioni Senato Corti*, filza 182 (497).

7. (7) — 1716, Febbraio 10. — c. 18 t.° — Carlo VI eletto imperatore dei
romani, re di Germania, Spagna, delle Due Sicilie, di Gerusalemme, delle Indie,

di Ungheria, Boemia, Dalmazia, Croazia, Slavonia ecc., arciduca d' Austria, duca
di Borgogna, Brabante, Stiria, Carintia, Carniola e Virtemberg, conte di Absburgo,
Fiandra, Tirolo, Gorizia ecc., fa sapere che per le minaccie dei turchi (che
rotto il trattato di Carlovitz, fecero guerra contro Venezia devastandone i
domini e nominatamente il Peloponneso) contro la cristianità, a tutela di questa
e a norma del trattato del 1684, nominandoli suoi plenipotenziari, dà facoltà
al principe Eugenio di Savoia, presidente del consiglio di guerra, luogotenente
generale imperiale e governatore del ducato di Milano, a Gio. Leopoldo Donato
di Trautsohn principe del S. R. I., conte di Folkenstein, a Filippo Lodovico
conte di Sinzendorf e Thannhausen, tesoriere ereditario dell' impero e cancelliere aulico e a Tommaso Gundaccaro conte di Stahrenberg, cavaliere del toson
d' oro, ciambellani e consiglieri intimi, dando loro facoltà di concludere col
rappresentante di Venezia alleanza per combattere contro i detti infedeli.

Dato a Vienna. — Sottoscritto dall' imperatore, da Gio. Federico conte di
Seilern e da Gio. Giorgio Buol e munito del sigillo imperiale (v. n. 8).

8. (6) — 1716, Aprile 13. — c. 15 t.° — Trattato in cui si dichiara che
avendo i turchi contro i patti di Carlovitz, intimato guerra alla republica di
Venezia, imprigionatone il rappresentante e recato altri danni, e respinti
gli inviti dell' imperatore Carlo VI a desistere, i plenipotenziari di questo nominati nel n. 7 e quello di Venezia (v. n. 6), sotto gli auspici di papa Clemente XI, pattuirono: È rinnovato e confermato il trattato riferito al n. 89
coll' articolo separato allegato al n. 94 del libro Commemoriale XXIX, a com-
plemento e dilucidazione dei quali si aggiunge: A tutela del regno di Napoli
e degli altri stati dell' imperatore e della republica in Italia, le parti si obbligano ad aiutarsi scambievolmente contro i nemici che durante la guerra col
turco gli attaccassero; il concorso dei singoli sarà fissato di caso in caso, e
fin d'ora Venezia promette 8 navi da guerra e 6000 fanti e l' imperatore
12000 fanti. Se venissero assaliti contemporaneamente il detto regno e il ducato di Milano o altro stato imperiale d' Italia, i 6000 uomini saranno da
Venezia, a sue spese, mandati nel detto ducato, in quello di Mantova e nei
domini imperiali di Toscana; le 8 navi soltanto a difesa del mentovato regno;
se l' assalito sarà il solo ducato di Milano o altra provincia, la republica darà
soltanto i 6000 fanti; se il solo regno, essa vi manderà al più presto le 8 navi
e 3000 fanti, questi da sostituirsi poi con altrettanti imperiali da inviarsi o in
Dalmazia o nel regno e fino alla sostituzione da pagarsi dall' imperatore; il
contributo di milizie o di navi sarà a tutte spese dell' alleato che lo fornisce.
L' imperatore promette di dichiarar guerra ai turchi nella corrente primavera
colle norme del trattato del 1684 che resta confermato. Le parti daranno libero passo pei rispettivi stati l' una alle milizie dell' altra, senza che quelle
rechino danni; e così pure ai vicendevoli sudditi. Benchè il re di Polonia, in
forza del trattato n. 89 del libro Commemoriale XXIX, sia tenuto ad aderire
ad ogni alleanza contro i turchi, il regnante Augusto, sarà invitato ad entrare
nella presente. Vi sarà pure ammesso lo zar di Moscovia, se lo desidererà,

come anche tutti i principi cristiani che lo domandassero, previa accettazione dei contraenti nel presente. Lo scambio delle ratificazioni seguira entro un mese. (v. n. 9 e 10).

Fatto a Vienna. — Sottoscritto dai plenipotenziari Eugenio di Savoia, Gio. Leopoldo principe di Trautshon, Filippo Lodovico Principe di Sinzendorff, Gundaccaro conte di Stahrenberg e Pietro Grimani cavaliere e munito dei relativi sigilli.

L' ORIGINALE trovasi inserto in *Deliberazioni Senato Corti*, 24 aprile 1716, filza 183 (501).

V. DU MONT. *Corps universel* cit., *Suppl.* T. II, p. I, p. 138. sgg.

9. (9) — 1716, Ind. IX, Aprile 24. — c. 20. — Il doge ratifica il trattato n. 8, promettendone l' osservanza.

Data come il n. 6. — Sottoscritta da Gio. Francesco Busenello segretario ed ebbe 132 voti favorevoli, 1 contrario e 3 astensioni.

10. (10) — 1716, Maggio 9. — c. 20. — Carlo VI imperatore ecc. (come nel n. 7) ratifica il trattato n. 8, promettendone l' osservanza.

Data, sottoscritta ecc., come il n. 7.

1718, Luglio 21. — V. n. 11, alleg. A. B.

11. (77) — 1718, Luglio 30. — c. 219. — Deliberazione del senato per la ratificazione degli allegati, il testo della quale è in latino. Si aggiunge (in italiano) che essa fu scritta in libretto membranaceo, sottoscritta dal doge Giovanni Corner, munita di bolla d' argento e spedita al plenipotenziario Carlo Ruzzini.

Sottoscritta (la deliberazione) da Giov. Francesco Busenello, segretario.

ALLEGATO A : 1718, Luglio 21. — Il plenipotenziario veneto dichiara solennemente (in italiano) la conclusione dell' alleanza difensiva contro i turchi, conclusa fra l' imperatore, la Polonia e Venezia, e ciò alla presenza dei plenipotenziari ottomanni Ibrahim agà e Mehemet agà e delle due potenze mediatrici Inghilterra e Paesi Bassi, Roberto Sutton e Giacomo conte di Collier.

« Data dalle tende di Passarovitz ». — Sottoscritta dal dichiarante e munita del suo sigillo.

I plenipotenziari delle potenze mediatrici attestano (in latino) essere stata fatta la riferita dichiarazione come sopra, accettata dagli ottomanni, e che sarà unita al trattato di pace colla Porta.

Sottoscritta e sigillata dai dichiaranti.

ALLEGATO B : 1718, Luglio 21. — Trattato (in italiano) in cui si dichiara che in seguito alla guerra fra Venezia e Acmet Kan imperatore degli ottomanni d' Asia e di Grecia; avendo Giorgio III re d' Inghilterra e gli Stati generali dei Paesi Bassi offerto la loro mediazione, accettata, e nominati all' uopo, il primo il cav. Roberto Sutton, e i secondi il conte Giacomo Collier a loro ambasciatori plenipotenziari, e destinato poi per le negoziazioni il luogo di Passarovitz nel regno di Servia, Ibraim effendi e Mehemet, secondo e terzo presidenti della camera, plenipotenziarî della Porta ottomanna, e Carlo Ruzzini cav. procurator di San Marco ed ambasciatore straordinario, plenipotenziario della republica di Venezia, pattuirono : 1. La fortezza di Imoski nell'Erzegovina, e nella Dalmazia ed Albania, Iscovaz, Sternizza, Unista, Torre di Rolok, Ercano e le altre fortezze, terre e luoghi venuti in possesso della republica di Venezia restino alla stessa. Quelli fuori di detta linea sieno dell'eccelsa Porta. — 2. Come fu stabilito pel trattato di Carlovitz, i distretti di Ragusi, e Popovo, e le ville Zarine, Ottavo e Zubzi già occupati dalla republica siano evacuati e consegnati alla Porta, così pure le terre dalla parte di Castelnuovo e Risano. — 3. Le isole di Cerigo, nel Mar Bianco, siano restituite alla republica. — 4. Le fortezze di Butrinto, Prevesa, e Vonizza, tenute dalla republica in virtù dell'*uti possidetis*, restino in possesso della medesima. — 5. Pei confini di Dalmazia, Erzegovina, Albania e Mar Bianco, siano da ambe le parti nominati commissarî di esperimentata probità ed inclinati alla pace. — 6. Non si darà ricetto nè dall'una nè dall'altra parte a fuorusciti di qualsivoglia sorte, ma saranno presi e consegnati all'altro stato. — 7. Si darà comunicazione di questa pace ai rettori di ogni confine e ciò entro 30 giorni per le parti di Bosnia, Albania e Dalmazia, e 40 per l'isola di Candia ed altri confini. — 8. Non si potranno violare i termini posti ai confini e saranno puniti i trasgressori con gravi pene. — 9. Sessanta giorni dopo la firma del presente, saranno liberati da ambe le parti gli schiavi fatti in tempo di guerra. — 10. Possano i cristiani esercitare liberamente il loro culto e siano riparate le chiese e monasteri che fossero stati danneggiati. — 11. Sia da parte della republica che da quella del governo ottomanno, se alcuno commettesse frodi in affari commerciali e fuggisse, si faccia restituire il frodato al legittimo proprietario. — 12. Sia lecito a ciascuna parte riparare e fortificare le fortezze presso il confine e rifare pure quelle demolite nella terraferma. — 13. Giungendo nel dominio ottomanno qualche mercante veneto, non sia questi molestato per debiti d'altri, e recandosi a Bursia o in qualche altro luogo, non possa recarvisi senza il passaporto del bailo. I marinai veneti non possano essere presi al servizio del dominio ottomanno. Si regolano le questioni che insorgessero tra cristiani, ed in caso di morte di alcuno, sia lecito agli eredi di prodursi in giudizio e gli sia fatta ragione. — 14. Sia libera la republica di mandar a Costantinopoli, in qualità di bailo, chi crederà meglio. I donativi soliti farsi dalla republica siano esenti da ogni dazio, baz, rest, cassaliè e messettaria. I consoli non possano procedere all'arresto dei mercanti veneziani, nè bollare le loro case nelle questioni che si agitassero tra detti consoli e mercanti. — 15. Sia lecito ai sudditi di ambe le parti di trafficare liberamente per terra e per mare, e sia imposto alle milizie di Algeri, Tunisi e Tripoli, di non commettere azione contraria alle capitolazioni imperiali. — 16. Sia demandato ai comandanti di confine il decidere sopra luogo nelle contese ed inimicizie per causa di omicidî od altra sorte di differenze. — 17. I mercanti veneziani che avessero a riscuoter danari, siano tenuti a contribuire al mubassir o sopraintendente, quel diritto che gli spetta sulla somma ricuperata e debbano recarsi al cadì per registrare i contratti. — 18. Vertendo lite tra veneziani, siano queste portate ai baili, quelle tra i baili ed i mercanti, siano ascoltate all'imperiale divano, ed in assenza del Gran Signor, al comandante destinato alla custodia di Costantinopoli con l'intelligenza del giudice. — 19. I veneziani non faranno opposizione ai mercanti mussulmani di Barberia che passassero nei paesi veneti con merci, pagando però i diritti e canoni richiesti dalle venete leggi. E così pure dicasi dei mercanti veneziani che facessero rotta per Costantinopoli, come pure sarà proibito di praticar a Gallipoli alcuna visita alle navi veneziane. — 20. Se qualche schiavo veneziano si rifugiasse nell'impero ottomanno e si facesse turco, si pagheranno al di lui padrone mille aspri, se invece fosse rimasto cristiano sarà, restituito. Lo stesso avvenga per gli schiavi mussulmani che fuggissero nel veneto dominio. — 21. Sia lecito come per l'antico costume fin dal tempo dell'espugnazione dell'Arabia, a due maone di avvanzarsi in Alessandria del Cairo due alle scale di Tripoli di Soria e Barutti soggette a Damasco, con le loro merci, nei tempi stabiliti. Siano tolte le nuove imposte nelle scale di Costantinopoli, Barutti e Tripoli. — 22. In affari di religione sarà lecito al veneto ambasciatore di produrre istanze al soglio imperiale, e sarà fermo e valido il contenuto nel trattato di Carlovitz. — 23. Nessuno degli ufficiali turchi possa inferir danni a paesi, fortezze e borghi della republica, ed in caso contravvenissero, saranno puniti. I mercanti veneti prima di entrare per mare o per terra nei porti o città imperiali di Costantinopoli, Galata, Arabia, Alessandria del Cairo, Gallipoli, debbano avvertirne i rispettivi castellani. — 24. In caso di naufragio di qualche veneto vascello si procurerà il salvamento di tutti gli uomini che verranno lasciati liberi, e saranno consegnate ai proprietari le merci e facoltà che si ricuperassero dal bordo della nave naufragata. — 25. Seguirà tranquillamente, come pel passato, il traffico mercantile nel dominio ottomanno, in Costantinopoli, Smirne, Cipro, Tripoli di Soria, Alessandria, Aleppo, pagando alle dogane tre aspri per cento, come si pratica dagli altri stati. — 26. Stabiliti i patti e le condizioni come furono di sopra espresse, si convenne che entro 30 giorni dal dì della sottoscrizione, siano ratificati dalle mani dei mediatori d'Inghilterra e d'Olanda. Non potranno essere modificate le condizioni accordate.

Dato dalle tende di Passarovitz e sottoscritto da Carlo Ruzzini ambasciatore straordinario e plenipotenziario della republica, da Roberto Sutton cavaliere aurato per parte di Giorgio III re della Gran Brettagna e da Giacomo conte di Collier per gli Stati generali dei Paesi Bassi.

Fu ratificato dalla republica con lettera ducale 30 luglio 1718.

L'ORIGINALE esiste in *Deliberazioni Senato Corti*, filza 187 (509).

V. DU MONT, *Corps universel* cit. T. VIII, p. I, p. 527, sgg.

1727, Dicembre 29. — V. n. 73, alleg. 9.

12. (17) — 1750, Ottobre 22. — c. 47 t.° — Maria Teresa imperatrice ecc., al conte Giov. Luca Pallavicini suo consigliere intimo, generale d'artiglieria, luogotenente, governatore e capitano generale della Lombardia (in italiano). Avendo nell'interesse della sicurezza de' sudditi, il governo della Lombardia concluso trattati con alcuni stati confinanti per la vicendevole estradizione dei malfattori, l'imperatrice dà al destinatario pieni poteri per stipulare altre simili convenzioni. Dà poi facoltà al gran cancelliere conte Cristiani (Beltrame) di sottoscrivere con altro ministro le convenzioni stesse in nome di essa sovrana. (v. n. 18).

Data a Vienna. — Sottoscritta dall'imperatrice col *vidit* di De Sylva, e dal barone De Palazzi. — Copia dichiarata conforme all'originale esistente nella *Cancelleria segreta di Milano*, (il 10 aprile 1751) da Saverio De Colla con sottoscrizione sua e di Guandalino.

Segue annotazione che il senato veneto conferì i poteri, per la conclusione della convenzione, al suo residente in Milano il 20 novembre.

1750, Ottobre 31. — V. n. 14, alleg. A.
1750, Novembre 18. — V. n. 14, alleg. B.
1750, Dicembre 5. — V. n. 13, alleg. A.
1750, Dicembre 5. — V. n. 13, alleg. B.
1751, Marzo 18. — V. n. 15, alleg. B.
1751, Marzo 21. — V. n. 15, alleg. A.
1751, Marzo 21. — V. n. 15, alleg. C.
1751, Marzo 21. — V. n. 15, alleg. D.

13. (14) — 1751, Marzo 28. — c. 31. — Maria Teresa imperatrice ecc., ratifica gli allegati A e B, promettendone l'osservanza.

Data a Vienna. — Sottoscritta dall'imperatrice, dal conte di Ulfeld e per *mandato* da Gio. Cristoforo Bartenstein, e munita del sigillo imperiale pendente.

ALLEGATO A: 1750, Dicembre 5. — Istrumento (in italiano) in cui si dichiara che volendo l'imperatrice e la republica di Venezia por fine alle secolari questioni, più volte ventilate e mai definite, circa i confini del Tirolo cogli stati veneti, i commissari sottodescritti dei due potentati, in forza dei poteri ricevuti, adunati il 7 settembre scorso in Rovereto, e il 10 dato principio alle conferenze, presero a trattare in primo luogo la vertenza dei confini di Vallarsa. Esaminate quindi le mappe rilevate dagli ingegneri, veduti i documenti presentati, uditi i rappresentanti delle comunità interessate (Recoaro pretendente il Campogrosso e Valle dei Signori il Piano della Fugazza, si citano la « Terminazione arbitraria Cobelli del 1608 » e « la donazione scaligera 1327, lo scoglio della Citilla e la Pria Tavella » riconosciuta per confine) determinano la linea confinaria per Campogrosso dal monte Bafelan, coll'obbligo a quei di Vallarsa di pagare a Recoaro 2500 lire venete o fiorini 500 per 100 campi di terreno ceduti ai primi. Similmente stabiliscono che i confini fra i comuni di Vallarsa e di Recoaro seguano il tracciato Cobelli di cui descrivono il percorso. Fissano il confine pel Piano della Fugazza tra i comuni di Vallarsa e di Valle dei Signori. Decretano che siano rinnovati i segnali dei confini, e poi questi siano verificati ogni biennio da commissari dei due stati e deputatati dei comuni interessati. Raccomandano l'erezione di muri o siepi o fossi sulla linea confinaria ne' luoghi aperti Pei danni datisi vicendevolmente in passato dagli abitanti dei detti comuni, si assegnano a Vallarsa, oltre i 500 fiorini accennati di sopra, altri fiorini 1000, onde quel comune « dal deposito Garzadori da esso levato » non avrà a restituire che 3200 fiorini, restituzione che sarà fatta depositando entro il 1 giugno la somma nel « negozio Tedeschi in Roveredo » che potrà esservi levata dai commissari veneti. Commissari delle due parti giudicheranno le questioni che insorgessero in avvenire. Sino alla ratificazione della presente per parte dei due sovrani, e sempre per l'avvenire, resta proibito ai sudditi di quelli di recarsi danno vicendevolmente, sotto comminatoria di gravi pene. È data piena amnistia ai sudditi delle due parti, pei danni datisi scambievolmente in passato. Se la presente non venisse ratificata, i diritti delle parti resteranno impregiudicati.

Data a Rovereto. — Sottoscritta da Paride conte di Wolckenstein commissario imperiale, da Giuseppe Ignazio Hormayr concommissario e da Pietro Correr commissario veneto e munita dei loro sigilli.

ALLEGATO B : 1750, Dicembre 5. — Dopo concluso quanto stà nell'allegato A, i commissari, pel buon andamento delle trattative future nella materia dei confini deliberano : Si discuteranno sempre unitamente le questioni riguardanti il diritto degli stati e quello dei privati. Non si attribuiranno ai comuni di uno stato possessioni nel territorio dell'altro, nei casi di tali possessi per diritti anteriori, i commissari procureranno « di ripiegare mediante qualche mezzo termine » : come pure di « levare ... la promiscuità dei possessi in territorii differenti ». I commissari avranno di mira l'evitare deliberazioni che potessero generare nuove vertenze in avvenire. Regolate le questioni, si riconosceranno « i termini antichi » non contestati. Nelle ulteriori trattative saranno norma i metodi usati in quelle per Vallarsa. Si riserveranno sempre i diritti fra sudditi dello stesso sovrano.. Imminendo la cattiva stagione, si riprenderanno le conferenze dei commissari in aprile per trattare dei confini di Folgaria ; all'uopo gli ingegneri prepareranno i loro disegni. Nella trattazione delle singole questioni, i commissari presenteranno prima di tutto i rispettivi documenti, ed altre scritture per passar poi alla discussione. I dubbi e le questioni che sorgessero su quelle carte saranno appianati amichevolmente dai commissari. Durante le trattative sarà proibito ai sudditi delle parti ogni atto contrario alla vicendevole quiete, e che potesse suscitare questioni ; i contravventori saranno puniti dai rispettivi giusdicenti. Sarà pure vietato, sotto severe pene, ai detti sudditi di rivolgere istanze o false querele ai commissari o ai rispettivi governi, e di fare davanti alle commissioni deposizioni non conformi a verità. Le questioni che sorgessero fra sudditi delle parti saranno giudicate dai magistrati ove giace lo stabile conteso, curando i commissari la sollecita giustizia. I commissari durante il congresso procureranno il mantenimento della quiete e la sollecita definizione di tutte le vertenze.

Dato e sottoscritto come il precedente.

Segue annotazione (in italiano) con la quale il doge Pietro Grimani, esposto come i commissari veneti Donà per i confini dell' Austria inferiore e Correr per quelli dell' Austria superiore firmarono coi commissari imperiali nel 31 ottobre, 5 e 18 novembre gli articoli relativi alle controversie confinarie, ratifica il trattato e con ducale 20 marzo 1751 spedisce all' ambasciatore a Vienna Andrea Tron la detta ratificazione.

ORIGINALE (in latino) in *Deliberazioni Senato Corti*, filza 281.

(Il diploma originale coi due allegati e col sigillo in cera racchiuso in teca lignea trovasi nella busta 41 *Patti sciolti*, al progress. n. 692).

14. (15) — 1751, Marzo 28. — c. 41. — Maria Teresa imperatrice ecc. ratifica gli allegati promettendone l' osservanza.

Dato a Vienna. — Sottoscritto come il n. 12.

ALLEGATO A: 1750, Ottobre 31. — I commissari imperiali e veneto sottoscritti, dichiarono che adunatisi in Mauten nella Carintia superiore, dal 26 settembre al 30 ottobre, per trattarvi la materia dei confini, deliberarono di convenire prima sulle norme generali e poscia sulle designazioni e condizioni speciali. Quindi pattuirono:

Norme generali: Oggetto della convenzione è il fissare i confini fra i due stati dal luogo ove coincidono quelli del Tirolo, della Carintia e degli stati veneti fino al finire di quelli dell' Istria. Si rivedranno i confini certi notandone i segnali e ponendoli ove mancassero. Dove sono dubbiosi o controversi, si studieranno le ragioni giuridiche e si delibererà per giustizia. Nella designazione di essi, anche se certi, si avrà riguardo a speciali convenienze degli stati contraenti. E tanto più nei punti dubbiosi. Stabilite le linee confinarie, vi si porranno i segnali. Restano impregiudicati i diritti dei privati. Delle contese per questi, i commissari si adopreranno per amichevole soluzione. Se essa non fosse possibile, le cause relative saranno giudicate dal foro ordinario del reo. Ed a risparmio di tempo, in via straordinaria. E per evitare inconvenienti fra i litiganti, i commissari prenderanno, durante la lite, i provvedimenti che crederanno adatti alle circostanze. Le liti insorgenti dopo la pubblicazione della convenzione saranno giudicate dal foro ordinario del reo. Saranno severamente e tosto punite le informazioni e le testimonianze false.

Articoli particolari: I confini tra le provincie del Tirolo e della Carintia e gli stati veneti rimangono inalterati non solo fino al monte Ball piccolo (tedesco Ball klein) ma fino al luogo detto Ball grande (ted. Ball gross); nei documenti di designazione saranno denominati i singoli luoghi coi nomi usati da ambo le parti. La sommità del Ball grande segnerà il confine territoriale. La linea confinaria dal Ball grande al monte Ludin resta lungo le sommità, e ne saranno notati i luoghi per cui passa. Sarà da riconoscere la linea confinaria fra il detto monte e il monte Cordin, salvi i diritti delle parti. Si riservano di trattare in Pontebba le questioni relative ai monti dai tedeschi detti Lanzes, dai veneti Lanza e ai luoghi detti dai tedeschi Wadozen e dai veneti Valdolce, e Aip o Laip dai veneti e dai carinziani Trog. Ottenuta dai sovrani la ratificazione del concluso dai commissari e pubblicato, si porranno i segnali stabili.

Fatto in Mauten. — Sottoscritto da Corbiniano conte di Saurau, Antonio barone de Fin, commissari imperiali, e da Giovanni Donà, commissario veneto.

ALLEGATO B: 1750, Novembre 18. — Continuazione della precedente.

Norme generali: Essendo fuggiti alcuni dei soldati imperiali, addetti per le guardie alla commissione, il commissario veneto promette che, in seguito a reclamo, saranno possibilmente arrestati e consegnati, purchè non siano puniti di morte. Restano in vigore le norme convenute il 12 ottobre p. p. pei tecnici, e al bisogno ne saranno aggiunte di nuove.

Articoli particolari: Si pattuisce circa il modo di fissare la linea confinaria delle contee di Gorizia e di Gradisca. Così circa la restituzione o il compenso degli animali toltisi scambievolmente dai sudditi delle due parti in quel di Tolmino nel passato agosto. Si ordina la restituzione ai carintiani, sudditi di Bamberga, di una vacca tolta loro da veneti di Dogna in Wolfsbach l'8 ottobre u. s. Decisosi il trasporto della commissione in Pontebba per la designazione della linea di confine nei monti, ma non potendosi ciò fare per la inclemenza della stagione, i commissari rimandarono al venturo anno tale operazione, e intanto gl'imperiali deliberarono di stabilirsi in Cormons e i veneti parte in Palmanova e parte in Brazano.

Fatto in Pontebba. — Sottoscritto comè l'allegato A.

L'ORIGINALE al progr. n. 963 dei *Patti sciolti,* serie I, b. 42.

15. (11) — 1751, Marzo 29. — c. 21 t.° — Maria Teresa imperatrice dei romani, regina d'Ungheria, Boemia, Dalmazia, Croazia e Slavonia, arciduca d'Austria, duca di Borgogna, Brabante, Milano, Stiria, Carinzia, Carniola, Mantova, Parma e Piacenza, Limburgo e Lussemburgo, Gheldria, Würtemberg, Slesia superiore ed inferiore, principe di Svevia e Transilvania, marchese del S. R. I., di Burgovia, di Moravia, Lusazia alta e bassa, conte di Absburgo, Fiandra, del Tirolo, di Ferretto, Kyburg, Gorizia, Gradisca ed Artois, di Namur, signora della Marca Slavonia, di Pordenone, Saline e di Mechlina ecc., duca di Lorena e di Bar, granduca di Toscana ecc., ratifica gli allegati.

Data a Vienna. — Sottoscritta dall'imperatrice, da Corficio conte di Ulfeld e per mandato da Gio. Cristoforo Bartenstein, e munita del sigillo imperiale pendente da cordone in seta ed oro e chiusa da teca di metallo dorato.

ALLEGATO A: 1751, Marzo 21. — Trattato in cui si dichiara che volendo l'imperatrice suddetta conservare l'amicizia e la buona vicinanza colla repubblica di Venezia, e questa con quella, e per por fine alle secolari controversie circa il patriarcato di Aquileja, il plenipotenziario nominato nell'allegato B, ed Andrea Trono cav. ambasc. veneto ordinario alla corte imperiale, pattuirono: L'imperatrice lascia al papa e a Venezia il decidere se al patriarcato predetto, abbiano a sostituirsi due vescovati o due arcivescovati, con facoltà e diritti eguali, uno per la parte dei domini imperiali, l'altro per quella dei veneti con residenza rispettivamente a Gorizia e ad Udine. Col patriarcato saranno abolite tutte le dignità, canonicati e benefici da esso dipendenti, i titolari prenderanno il nome dalle due nuove diocesi. Il cardinale Delfino (Daniele) conserverà fin che vive, il titolo di patriarca, senza però alcun diritto nella parte imperiale. Morto lui cesserà anche il titolo. Le due parti si obbligano a non impetrar mai in avvenire dalla S. Sede alcunchè di contrario e che non sia ammesso dal presente, riguardo al patriarcato. L'imperatrice ripete la dichiarazione che non pretenderà mai alcun diritto nei domini veneti col pretesto del patriarcato. Le rendite del patriarcato nei domini imperiali saranno attribuite alla sede di Gorizia, quelle nei veneti alla sede di Udine, nei casi dubbi le parti si accorderanno amichevolmente. Ciò che fosse stato tolto alla chiesa aquileiese durante le controversie, sarà restituito a' sensi dell'articolo precedente. Sarà impetrata dai contraenti l'approvazione papale all'erezione delle due nuove sedi. Il presente sarà ratificato entro 14 giorni.

Dato a Vienna. — Sottoscritto dall'Ulfeld e dal Tron e munito dei loro sigilli.

Gli ORIGINALI, raccolti in uno, fanno parte degli *Atti diplomatici* restituiti dal governo austriaco nel 1868 portanti il n. 208.

ALLEGATO B: 1751, Marzo 18. — Maria Teresa imperatrice ecc., dà facoltà a Corficio conte di Ulfeld, suo consigliere intimo, cancelliere aulico e di stato, supremo prefetto ereditario dell'argenteria del regno di Boemia, signore delle dinastie di Hostaschou, Prödlitz, Ottaslawiz e Zultoch, cavaliere del toson d'oro, di trattare e concludere coll'ambasciatore veneto alla sua corte, Andrea Tron, munito di pari facoltà, l'accordo amichevole sulle lunghe questioni del patriarcato di Aquileja, promettendo osservare quanto sarà da essi convenuto.

Data a Vienna. — Collazionata coll'originale e sottoscritta dal conte di Ulfeld il 21 marzo.

ALLEGATO C: 1751, Marzo 21. — Dichiarazione che l'imperatore (Francesco I) approvò il trattato allegato B.

Data a Vienna. — Sottoscritta da Rodolfo conte Colloredo.

ALLEGATO D: 1751, Marzo 21. — Andrea Tron, in seguito all'allegato C, quale plenipotenziario di Venezia dichiara che la republica si terrà obbligata verso l'imperatore, come lo è verso l'imperatrice, pel concluso nell'allegato A.

Data a Vienna. — Sottoscritta dal dichiarante e munita del suo sigillo.

16. (12) — 1751, Marzo 29. — c. 28. — Francesco (I) eletto imperatore dei romani, re di Germania e Gerusalemme, duca di Lorena e di Bar, granduca di Toscana, principe di Calabria, di Gheldria, di Monferrato e di Teschen nella Slesia, marchese di Charleville, di Pont-a-Mousson, e di Nomeny, conte di Provenza, di Valdemonte, di Albemonte, di Zutphen, di Saarwerden, di Salm, di Folkenstein ecc., ratifica la dichiarazione fatta in suo nome da Rodolfo conte di Colloredo, cav. del toson d'oro, suo consigliere intimo e secretario di stato e cancelliere dell'impero, relativa al trattato alleg. A del n. 15 ed accetta quella del rappresentante veneto (v. alleg. C e D del n. 15 che qui si ripetono).

Data a Vienna. — Sottoscritta dall'imperatore, dal Colloredo e per mandato da Paolo Antonio Gundel.

L'ORIGINALE in *Patti sciolti*, serie I, n. 964, b. 42).

17. (13) — 1751, Marzo 31. — c. 30. — Deliberazione (in italiano) del senato che ordina la trascrizione del n. 15 e documenti relativi nel Commemoriale ultimo, e la consegna degli stessi al cancellier grande per essere riposti nella secreta.

Seguono annotazioni: Che la plenipotenza data dal senato ad Andrea Tron, in data 11 marzo, sta scritta nella filza e nel registro delle deliberazioni *Roma expulsis*, colla ratificazione 31 detto, sottoscritta dal doge; che il breve pontificio di Benedetto XIV, a stampa, (ed in copia manoscritta) sopprimente il patriarcato di Aquileja e costituente gli arcivescovadi di Udine e Gorizia, si trova nel dispaccio 10 luglio 1751, n. 84, del cardinale Rezzonico (Carlo) da Roma.

Gli ORIGINALI di detti atti ed annotazioni trovansi in *Deliberazioni Senato - Roma Expulsis*, filza n. 66 e *Dispacci del cardinale Rezzonico - Roma Expulsis*, filza n. 34.

18. (18) — 1751, Aprile 10. — c. 49. — Convenzione in cui il conte (Beltrame) Cristiani gran cancelliere imperiale per la Lombardia austriaca e Francesco Iarca residente veneto a Milano pattuiscono: È vietato ai banditi con pena capitale da uno dei due stati di abitare nell'altro, i contravventori saranno presi e consegnati alle autorità del rispettivo paese, e potranno essere uccisi da chiunque se trovati in campagna, e gli uccisori riscuoteranno le taglie promesse; sarà punito chi darà asilo od aiuto ai detti banditi. Saranno similmente presi e consegnati alle autorità del rispettivo paese gli imputati di delitti gravi che fuggissero dall'uno nell'altro stato. Un malfattore domandato da una delle parti, il quale avesse pure commesso reato nei dominî dell'altra dopo riparatovi, sarà prima processato da questa, e consegnato a quella dopo subito il giudizio e scontata la pena. Si accordano 15 giorni di tempo ai banditi dai due stati per uscire da entrambi, dopo il qual tempo potranno essere presi ecc., come nell'articolo primo; le parti si comunicheranno vicendevolmente l'elenco dei rispettivi banditi e le notizie delle successive condanne; le autorità confinanti dei due stati corrisponderanno direttamente fra loro in argomento. — Seguono le norme per l'arresto dei condannati e degli imputati. I rei di delitti commessi fuori dei dominî dei contraenti, potranno essere reclamati per la punizione da quella delle parti che avesse diritto di giudicarli, purchè non abbiano diritto d'incolato nel luogo ove ripararono. Niuna delle parti potrà accordare grazie, salvacondotti o simili a banditi o inquisiti dall'altro, salvo i casi di citazione in giudizio. Si restituiranno ai rispettivi proprietari i corpi di reato sequestrati a rei. I giudicati sui confini dei due stati si accorderanno per l'esecuzione delle rispettive leggi contro vagabondi e persone sospette. I consoli delle due parti avviserànno le autorità dei varî luoghi della presenza in questi di banditi o malviventi del rispettivo paese onde sia proceduto contro di essi. Si consegneranno alla parte reclamante soltanto i rei di delitti commessi nel territorio di essa se saranno sudditi ; altrimenti si' arresteranno e giudicheranno dai magistrati del rispettivo stato. Coi delinquenti si consegneranno anche i corpi di reato e i processi istruiti nel luogo dell'arresto. La presente durerà in vigore cinque anni dalla pubblicazione (v. n. 20).

Fatta in Milano. — Sottoscritta dal conte Cristiani gran cancelliere di S. M. per la Lombardia austriaca e da Francesco Iarca residente veneto in Milano che la spedì con suo dispaccio 14 aprile, n. 41.

ORIGINALE in *Dispacci del residente veneto a Milano,* diretti al senato, filza 193.

19. (16) — 1751, Aprile 30. — c. 47. — *Deliberazione del senato che i trattati nell'affare dei confini del Tirolo e Friuli, ratificati dalla corte di ,Vienna abbiano ad essere trascritti nell'ultimo dei Commemoriàli e ne sia fatta consegna al cancellier grande.*

Sottoscritta da Michelangelo Marini segretario.

Segue annotazione che la ratificazione del n. 14 per parte del senato fu inserta in ducale 20 marzo.

ORIGINALE in *Deliberazioni Senato Corti,* filza 281.

20. (19) — 1751, Maggio 29. — c. 52 t.° — *Ratificazione (in italiano) deliberata in senato della convenzione n. 18.*

Sottoscritta da Giovanni Gobbi segretario (v. n. 21).

ORIGINALE in *Deliberazioni Senato Corti;* filza 281.

21. (20) — 1751, Luglio 17. — c. 53. — *Brano di lettera (in italiano) del senato al residente in Milano. Annunzia a quel governatore essersi dato ordine ai rettori di Bergamo, Brescia, Crema e Verona di far stampare e pubblicare la convenzione n. 18.*

Sottoscritta come il n. 20.

ORIGINALE in *Deliberazioni Senato Corti,* filza 281.

1751, Luglio 24. — V. n. 22.

1751, Ottobre 8. — V. n. 23.

22. (21) —· 1751, Ottobre 14. — c. 53 t.° — *Maria Teresa imperatrice ecc., ratifica l'allegato, promettendone l'osservanza.*

Data e sottoscritta come il n. 13.

Si nota che il trattato fu spedito a Venezia dal commissario Correr col suo dispaccio n. 66 e la ratificazione originale dall'ambasciatore a Vienna Tron col suo n. 185.

ALLEGATO: 1751, Luglio 24. — Trattato (in italiano) in cui si espone che i plenipotenziari nominati nel n. 14, riprese il 2 giugno le negoziazioni, volsero i lavori a definire le lunghe questioni fra la comunità di Folgaria austriaca, e quella di Lastebasse (già ad essa spettante), i signori di Velo e il comune di Arsiero, veneti, essendo restato infruttuoso il congresso di Rovereto del 1710. Avuto riflesso alle pretese dei veneti: della comunità di Arsiero, del piover del monte Toraro e del bosco di Campo Melone, dei conti Velo dei pascoli e boschi di Campo Asarone, Campo Luzzo e Melegna, con parte della Pioverna e Monte Melegnone e dei Lastaroli di una porzione dei beni di Folgaria, sentite quindi le parti contendenti, esaminate le scritture prodotte, riscontrato l'elaborato degli ingegneri del 1710 e verificatolo sui luoghi, pattuiscono: La linea di confine resterà quella fissata dalla sentenza roveretana del 1605. La detta sentenza è abrogata in tutto il resto e così qualunque altro trattato, convenzione ecc., anteriore al presente, che resterà sola norma di diritto. In quanto al diritto privato, si tirerà una linea dalla sommità di Agra per la val Culazzetto detta Culazzo dai Folgaretani e per la Melegna veneta si arriverà all'altezza corrispondente al punto di partenza. Se per tale operazione restasse esclusa qualche parte di detta Melegna, essa rimarrà ai conti di Velo che dovranno ridurla a prato. Presso la detta linea per lo spazio di un miglio dalle due parti, e così lungo tutta la linea fissata nel presente, il terreno si manterrà scoperto, trattine i ricoveri pei pastori e pel bestiame. La parte di Melegna veneta che resterà di qua dalla linea verso Folgaria sarà di questa comunità. E la parte opposta sarà dei veneti, sia verso il castello del Tovo, sia il tratto di Campo Luzzo, di Campo Asarone e la val Dona, il monte Torraro, Campo Melone, Campedello, Melegnone, Tonezza e le Laste alte. Si determina che quanto trovasi oltre la linea dalla detta sommità Agra alla fontana di Fra Bertoldo, dove cominciano le divisioni fra Laste basse e alte e del Bosco scuro, con Pioverna, col monte e la Selva Pioverna, sia di Folgaria, esente questa dal canone e da altre prestazioni pretese dai Velo. E così pure la linea continuerà dalla detta fontana per la Val Lunga all'Astico, escludendo le case di quelli di Laste, dietro le quali si scaverà un fosso segnante il confine. Tutto quello che trovasi dall'altra parte della linea nella Val Lunga alla Val Zuetta, alle Fratte, alla Val Rua, alla Val Vena, alla Val Lozza fino al Tonezza ed al Melegnone, sia dei Lastaroli. Tutte le proprietà di quelli di Laste nel territorio assegnato a Folgaria saranno entro un mese, dopo la ratificazione del presente, stimate, e dai folgaretani pagate ed entro sei mesi consegnate a questi ultimi che compenseranno i lastaroli proprietari con 300 fiorini, oltre il prezzo de' beni. I quali tutti formeranno per sempre parte della comunità di Folgaria. Nel caso che nel territorio di Laste vi fossero beni di folgaretani, essi dovranno permutarsi coi predetti dei lastaroli, previe stime. Sarà libera la vicendevole affittanza di prati e boschi, le affittanze però dovranno essere notificate dai veneti al capitano di Vicenza, dagli austriaci all'ufficio commissariale ai confini. Tutti gli altri beni rimarranno ai loro proprietari. Le parti rinunziano a ogni compenso pei passati scambievoli danni, e si annullano tutti i bandi e processi in materia confinaria. Dopo la ratificazione del presente si procederà alla destinazione dei segnali di confine e dei punti di loro impianto.

Fatto in Rovereto. — Sottoscritto da Paride conte di Wolckenstein, da Pietro Correr e da Giuseppe Ignazio Hormayr (v. alleg. A, al n. 13).

1751, Novembre 9. — Si aggiunge che seguìta la ratificazione del precedente, i commissari suddetti, per agevolarne l'esecuzione, pattuirono: I beni di quelli di Laste che dovranno cedersi a folgaretani saranno pagati entro un mese, ed evacuati entro altri sei; i 300 fiorini si sborseranno dopo l'evacuazione. I folgaretani non potranno aumentare in numero, nè ampliare le case così acquistate. Se nel territorio assegnato a Laste esistessero beni di folgaretani, saranno venduti o scambiati come sopra. Per togliere poi occasione ad eventuali questioni e ritardi nella detta esecuzione dichiararono: Le case che in forza del presente dovevano dalle due parti esser vendute l'una all'altra, saranno demolite entro tre mesi dalla pubblicazione del trattato, assolte le parti dal pagamento delle stesse, ma ferma la gratificazione dei 300 fiorini a quelli di Laste, che potranno trasportarne non solo i mobili, animali ecc., ma anche i materiali coll'aiuto dei mezzi di trasporto forniti da Folgaria e fissati dai commissari. I folgaretani non potranno, su fondi di loro proprietà in territorio veneto, eriger case o abitazioni permanenti, salvo ricoveri di pastori e bestiami.

Sottoscritto come sopra.

ORIGINALE in *Patti sciolti,* serie I, b. 42, n. 965.

1751, Ottobre 23. — V. n. 24.
1751, Novembre 9 — V. n. 22.

23. (22) — 1752, Febbraio 25. — c. 62 t.° — Maria Teresa imperatrice ecc., ratifica l'allegato, promettendone l'osservanza.

Data e sottoscritta dall'imperatrice, da Ulfeld, e per mandato da Bartenstein.

ALLEGATO: 1751, Ottobre 8. — I commissari plenipotenziari nominati nel n. 13, per definire le questioni insorte dopo la sentenza roveretana del 1605 e la successiva esecutoria del 1606, ed anche in seguito ad errori del perito veneto Giovanni Molino nella determinazione dei confini, fra i conti di Wolckenstein quali signori feudali d'Ivano col dipendente comune di Grigno da una parte, e la città di Vicenza e il Comune di Enego, dall'altra, fatti gli opportuni studi e rilievi, considerando inopportuna una nuova designazione di confini, pattuiscono: Restano ferme le suaccennate sentenza ed esecutoria. Saranno stabilite, la linea territoriale e le divisioni del monte Frizzone secondo la detta esecutoria, a riserva dei boschi aggiudicati ad Enego, e il territorio austriaco comincierà dalla linea che va pel fondo della Valle della Fontana o Prontol alla Brenta, si rinnoveranno i segnali di confine e si farà una nuova esatta descrizione del confine stesso. Il territorio (terza parte del monte) ora posseduto dai signori d'Ivano, resterà ad essi, e il così detto *Agusino,* che per errore del perito fu nel 1606 tolto a Grigno, è assegnato in compenso a Enego con obbligo di pagare alla città di Vicenza lire 380 l'anno per la perdita del diritto di pascolo nei boschi di Grigno. E questo comune resterà esente dalla servitù di pascolo ne' suoi boschi goduta da Vicenza in forza della sentenza roveretana. I signori d'Ivano compenseranno Grigno della perdita dei boschi e pascoli nell'*Agusino*. Nelle affittanze dei boschi e pascoli fatte dai detti signori nel monte Frizzone, saranno preferiti, a pari condizioni, gli uomini di Enego, verso idonee cauzioni. Questi ultimi ed ogni altro confinante dovrà, d'ora in poi, astenersi da ogni atto contrario al presente nei pascoli e boschi del monte Frizzone. E nell'asportare i prodotti dei fondi dovranno avvertirne i rappresentanti dei detti signori onde questi non siano defraudati; si determina poi la linea confinaria del detto monte fra Enego ed Ivano, per istabilire il territorio soggetto a decima a favore dei mentovati signori. I beni privati nei due territorî rimarranno ai rispettivi proprietarî. Si assolvono le parti vicendevolmente pei danni datisi in addietro, e si annullano tutti i bandi e processi. Dopo la ratificazione del presente, i plenipotenziarî riservano la qualità e la posizione dei segnali di confine.

Fatto in Rovereto. — Sottoscritto come l'alleg. A, al n. 13.

L'ORIGINALE esiste sotto il n. 967 nei *Patti sciolti*, serie I, b. 43.

24. (23) —. 1752, Febbraio 25. — c. 68 t.° — Maria Teresa imperatrice ecc., ratifica l'allegato e ne promette l'osservanza.

Dato e sottoscritto come il n. 23.

ALLEGATO: 1751, Ottobre 23. — Il conte d'Harrsch (Harrac) consigliere di stato, tenente maresciallo e colonnello d'un reggimento di fanteria, commissario imperiale, e Giovanni Donato rappresentante la republica di Venezia, determinano la linea di confine fra i due dominî imperiale e veneto, e precisamente fra i capitanati di Canale, *Solmino* sic (Tolmino), Plez e della Carinzia, austriaci, e la Schiavonia, possedimenti dell'abazia di Moggio, e la Carnia, veneti. Si designa la linea dalla sorgente del Judri sotto il monte Udigin fino al torrente Utscha (si nominano Trengia, Lovich o Liuck, Mattajur, e Mersin, discendendo per il rivo Meunick, la fontana della Pojanna o Rovich, il monte Mia, il rio Coroseclas o torrente Biela, che divide Lonck da Bergona e il monte d'Oro o Baba). Nella valle dell'Utscha, segnando il confine il *costone* del Gragulnich o Granulich, resti ai privati di Osseacco o Resia quanto hanno acquistato. Tarvis stia alla convenzione del 1723 con Raccolana, Chiusa ed annessi. Si verifichi il sito del prato di Reinuz o del Broilo ed il *cretto* Rudinverch o Rudniurch o *Cretto Rosso* fra i comuni di Wolfsbach o Valbruna e di Dogna. Dal monte Plania al *cretto* di Bielga o monte Mitschilla all'alpe Berda, Pozet, Poriz, il rio di Nich sino alla Fella. Sia confine il rio di Pontebba fino al luogo detto Riosecco, e di qui si deciderà circa il monte Layp sino alla cima del Ludin, salvi i diritti dei privati. Per le questioni che insorgessero per confini fra i sudditi delle parti si osserverà il deliberato dei commissarî del 30 aprile e 1 maggio, si vietano le violenze e si dispone per la eventuale procedura. Si proibisce poi di passare i confini con armi o in truppa. Si pattuisce la mutua restituzione dei delinquenti, di pubblicare i nomi di questi, e pure la procedura pei rei non sudditi delle parti, le pene per la sconfinazione degli animali, la procedura pei crimini minori, la pubblicazione annua, dopo verificazione, della linea confinaria, l'annullamento di tutte le pretensioni, innovazioni, vendite ecc. passate, contrarie al presente.

Fatto a Cormons. — Sottoscritto dai due commissari.

Segue annotazione che il trattato fu trasmesso dal Donato col suo dispaccio n. 59, e ratificato dall'ambasciatore a Vienna, Tron, col dispaccio n. 205, a cui fu risposto con ducale 22 aprile 1752.

L'ORIGINALE, comprendente l'allegato, trovasi in *Patti sciolti*, serie I, b. 42, n. 966.

1752, Aprile 19. — V. n. 39.
1752, Aprile 20. — V. n. 38, alleg. A.
1752, Maggio 12. — V. n. 29, alleg. A.
1752, Maggio 18. — V, n. 29, alleg. B.

25. (24) — 1752, Giugno 3. — c. 71 t.° — Gio. Battista conte Camucio decano, Francesco conte Florio teologo, Lodovico Felice Romani vicario imperiale e Pietro Paolo Cappello, rappresentanti i canonici austriaci e veneti, del soppresso capitolo patriarcale di Aquileja, dichiarano di avere pattuito quanto segue coi canonici veneti: Ogni membro del detto capitolo potrà esigere i suoi crediti anteriori al 1750, coll'appoggio degli altri, e i veneti levare il loro deposito dal Monte di Pietà di Gradisca. Gli aggravi sopra fondi in territorio austriaco saranno pagati colle loro rendite; quelli su fondi in territorio veneto, dai canonici veneti, i quali pagheranno anche i dovuti da prima della soppressione dalla mensa capitolare. Si divideranno le carte dell'archivio capitolare avùto riguardo agli interessi delle due nuove sedi arcivescovili. E con questo resta annullata ogni ulteriore pretesa delle parti.

Fatto in Gorizia, nella casa della Compagnia di Gesù, e sottoscritto dai detti rappresentanti.

1752, Giugno 4. — I due commissari, aggiungendo che le carte d'archivio d'interesse comune alle due parti dovranno esser date in copia all'altra, da quella a cui toccassero, approvano la surriferita convenzione.

Fatto in Gorizia. — Sottoscritto come sopra.

Altra simile trovasi inserta sotto il n. 6 al dispaccio 7 giugno 1752 n. 76 da Gorizia del commissario Giovanni Donà (*Roma Expulsis*, filza 36).

1752, Giugno 4. — V. n. 25.
1752, Giugno 28. — V. n. 29, alleg. C.

26. (32) — 1752, Luglio 15. — c. 90. — Il senato delibera (in italiano) di scrivere all'ambasciatore a Roma (Cappello Pietro) approvando il suo contegno col cardinale Millini (Mario); la bolla per l'erezione dell'arcivescovado in Gorizia, da lui mandata, fu trasmessa ai consultori in jure. Segue deliberazione per tale consegna onde essi dicano il loro parere.

Sottoscritto da Santorio Santorio, segretario.

L'ORIGINALE, in *Deliberazioni Senato - Roma Expulsis*, filza 69.

27. (25) — 1752, Luglio 26. — c. 73. — I rappresentanti nominati al n. 25, in esecuzione di quello, pattuiscono: Esaminati i conti presentati, i canonici veneti restano creditori di lire 1955 soldi 15 $\frac{1}{2}$. Compilato l'elenco dei crediti anteriori al 1750, si riportano per l'esazione al disposto del n. 25. I canonici veneti presentarono l'elenco degli aggravî su fondi nel loro territorio. Restituita dai veneti la chiave dell'archivio e insieme le carte relative alla sede di Gorizia, ne fu fatto inventario, come pure di quelle spettanti ai predetti, e di quelle d'interesse comune (v. n. 28).

Fatto e sottoscritto come il n. 25.

1752, Luglio 27. — I commissarî mentovati al n. 25, veduti i documenti di contabilità e gli elenchi delle carte d'archivio, approvano la precedente.

Data e sottoscritta come l'aggiunta al n. 25.

Altra simile con allegati originali citati in essa, trovasi inserta al dispaccio 5 agosto 1752 del commissario ai confini Giovanni Donà, dato da Gorizia. — *Dispacci Roma Expulsis*, filza 36.

1752, Luglio 27. — V. n. 27.

28. (26) — 1752, Agosto 19. — c. 74 t.° — Deliberazione del senato (in italiano) che approva i n. 25 e 27, e ne ordina la consegna al cancellier grande per la custodia.

Sottoscritta da Agostino Bianchi, segretario.

L'ORIGINALE, in *Deliberazioni Senato - Roma Expulsis,* filza 69.

29. (27) — 1752, Agosto 31. — c. 75. — Maria Teresa imperatrice ecc., (v. n. 15) ratifica gli allegati, promettendone l'osservanza.

Data e sottoscritta come il n. 23.

ALLEGATO A: 1752, Maggio 12. — I commissarî mentovati al n. 24, onde fissare i confini dei due stati lungo il fiume Isonzo, fra i comuni di Villesse, San Pietro dell'Isonzo e Cassegliano, pattuiscono che il confine sia un nuovo letto del fiume, del quale verrà determinata la larghezza, da essere sempre mantenuta senza alterazione, a cura delle parti, solo con facoltà di riparare i danni delle rive. Il confine tra gli stati segnerà anche quello fra le comunità predette; con Ruda provvederanno ad avviare il fiume nel nuovo letto. Si provvede per la riparazione della rotta di Villesse.

Fatto in Gorizia. — Sottoscritto e sigillato dai due commissarî, conte Harrsch e Giovanni Donà.

ALLEGATO B: 1752, Maggio 18. — I commissarî suddetti dichiarano che il corso presente dell'Isonzo sarà confine ai due stati fra Villa Vicentina e Paperiana, austriache, e Turriaco, Pieris e San Canciano, venete, colle norme suesposte, ed inoltre che il confine fra l'Isola Morosini, veneta, e Fiumicello, austriaco, cominci dal letto antico dell'Isonzo o Isonzato, ora diviso dal presente letto dell'Isonzo con un riparo; vi si porrà un segnale e si scaverà una fossa divisoria.

Fatto e sottoscritto come il precedente.

ALLEGATO C: 1752, Giugno 28. — Si stabiliscono i confini fra le ville austriache di Sagrado, Dobordò, Jamiano e Duino e il territorio veneto di Monfalcone; si nominano l'Isonzo, la chiesa di S. Maria di Fogliano, la Busa delli Vecchi, il bosco Torriano, la casa dei conti Torriani, il monte Cimon, il monte Droviza, il lago di Pietra Rossa. Da questo lago fino al Timavo restano i confini come al presente.

Fatto e sottoscritto come sopra.

L'ORIGINALE esiste sotto il n. 968 nei *Patti Sciolti*, serie I, b. 43.

1752, Agosto 31. — V. n. 30.
1752, Ottobre 20. — V. n. 37.
1752, Novembre 1. — V. n. 35.
1752, Novembre 2. — V. n. 31.

30. (28) — 1752, Novembre 5. — c. 79. — Maria Teresa imperatrice ecc., ratifica l'allegato, promettendone l'osservanza.

Data e sottoscritta come il n. 23.

ALLEGATO: 1752, Agosto 31. — I commissarî nominati nell'allegato al n. 13 per definire ogni controversia circa i confini fra i conti di Lodrone e la provincia di Brescia, e fra i medesimi conti e il comune di Bagolino, pel diritto privato, pattuiscono: la linea di confine sarà costituita dal fiume Caffaro dal suo sbocco vicino al palazzo Lodron, fino alla foce nel Chiese, e da questo fino al lago d'Idro. I due stati cureranno la conservazione inalterata dei corsi e degli alvei presenti delle dette acque; le riparazioni saranno fatte di comune accordo. Il *portone*, eretto dai veneziani al ponte del Caffaro nei riguardi di sanità sul proprio territorio, sarà mantenuto; resterà però in facoltà degli austriaci di erigerne uno sul loro; si determina la posizione dei *restelli* negli stessi riguardi; essendo il confine alla metà del ponte del Caffaro, questo sarà mantenuto a spese comuni. Quanto al diritto privato si determina la linea confinaria fra i Lodron e Bagolino, confermando la convenzione del 1539; i detti conti venderanno a quel comune la parte che posseggono entro i limiti assegnati a questo; e si prescrivono le norme per l'effettuazione di tal vendita. A Bagolino resterà il cosidetto *pradello* rimpetto al palazzo dei conti di Lodron. Resta comune alle due parti la pesca nel Caffaro e nel Chiese, che però resterà assegnata ad una delle parti, la quale corrisponderà all'altra equo compenso. Restano confermati a Bagolino i privilegi accordatigli nel 1539 circa l'esenzione da dazî in viveri portati da quegli abitanti pel territorio dei Lodron, e il dazio di 4 marchetti per sacco di carbone. Si assolvono scambievolmente le parti pei danni datisi in addietro. Si determinano i confini fra la giurisdizione dei Lodron e la valle di Vestono, e il territorio veneto, dallo sbocco del Chiese nel lago d'Idro seguitando dalla parte di Bondon sino al piede del monte Onin, ossia lungo la sponda settentrionale del lago, che resta ai conti con diritto di pesca nell'angolo detto Le Camerelle, e per esercitar questa, quelli d'Idro pagheranno ai conti sei fiorini o 30 lire venete l'anno; il lago poi nel resto sarà veneto; e si prosegue la descrizione del confine, nominandosi la cima Corna bianca o Caginaldo, Casal antico, Tignon, Cocca di Berardo o la Calva, la valle di Piombino, i Cocchetti delle Beole, il Covolo della Somma, Bollone, il monte Garda, il Dosso del Cocchetto, il monte Vesta, il fiume Droanello. Si pianteranno i segnali di confine a cura dei commissarî. Si determinano i diritti dei comuni di Bollone austriaco e Gargnano veneto sul monte di Fassane sorgente nel territorio della republica, verso pagamento per parte di Bollone di un'annua corrisponsione.

Data in Rovereto. — Sottoscritta dai commissarî Paride conte di Wolckenstein e Giuseppe Ignazio de Hormayr, austriaci, e Pietro Correr, veneto.

L'ORIGINALE esiste sotto il n. 969 nei *Patti Sciolti*, serie I, b. 43.

31. (30) — 1752, Dicembre 20. — c. 87. — Maria Teresa imperatrice ecc. (v. n. 15), ratifica l'allegato, promettendone l'osservanza.

Data e sottoscritta come il n. 23.

ALLEGATO: 1752, Novembre 2. — I commissarî nominati al n. 29, onde por fine alle contese fra i comuni austriaci di Nogaredo, Jalmicco e Visco, e i veneti Viscon di Torre, Claujano, Sottoselva e San Lorenzo, ne determinano la linea confinaria; vi sono nominati il torrente Torre, la braida Valentinis. Lungo la detta linea sarà scavato un fosso. Confermano i confini antichi fra le ville austriache di Aiello, Ioannis e Tappogliano (Topogliano) e le venete di Privano, Strassoldo, Ulturis, Saciletto, Perteolis, Cavenzano, e Campolongo. La questione pei boschi fra Ulturis e Aiello sarà decisa da arbitri. Il terreno ai confini di Aiello e Cavenzano sarà imperiale nella parte posseduta dai baroni de Fin, e veneto in quella della contessa Antonini Papafava dei conti Pianese. Si fissano i confini fra i territorî di Campolongo e di Ruda, nominandosi Tappogliano, il torrente Torre, la *Tavella* di S. Leonardo di Passeriano. I commissarî disporranno per assicurare le sponde del torrente predetto.

Fatto e sottoscritto come gli allegati al n. 29.

L'ORIGINALE esiste sotto il n. 970 nei *Patti Sciolti*, serie I, b. 43.

32. (29) — 1752, Febbraio 17 (m. v.) — c. 86 t.º — Il senato delibera che i trattati ai n. 29 e 30 siano consegnati al cancellier grande per la custodia nella cancelleria secreta.

Firmato da Michel Angelo Marini, secretario.

L'ORIGINALE in *Deliberazioni Senato Corti,* filza 286 b, c. 535.

33. (31) — 1752, Febbraio 17 (m. v.) — c. 89 t.° — Come al n. 32 pel trattato al n. 30.

L'ORIGINALE (duplicato) esiste in *Deliberazioni Senato Corti,* filza 286 b, c. 535.

34. (33) — 1752, Febbraio 24 (m. v.) — c. 90. — Il senato delibera di scrivere all'ambasciatore a Roma (Pietro Andrea Cappello), lodandolo per la sua opera negli affari dell'arcivescovado e del capitolo di Udine, specialmente nei particolari circa le rendite dei beni in territorio austriaco dovute al capitolo, circa la formola del giuramento da prestarsi dal capo di esso, la quale, colla bolla relativa a questi affari si spedisce al cardinale patriarca d'Aquileja, poi primo arcivescovo di Udine, Dolfin (Daniele). Si delibera di consegnare al cancellier grande la copia della bolla e le carte relative per la custodia in cancelleria.

L'ORIGINALE, in *Deliberazioni Senato - Roma Expulsis,* filza 70.

35. (34) — 1753, Aprile 5. — c. 91. — Brani di deliberazione del senato (in italiano). Si scrive all'ambasciatore a Roma (Pietro Andrea Cappello) lodandolo pel conseguimento delle undici bolle relative alla coadiutoria di monsignor Gradenigo (Bartolomeo) nell'arcivescovato di Udine; approvando il pagamento alla curia romana di varie partite per scudi 3000, e disponendo per la rimessa a lui di altri scudi 919, baiocchi 97 $\frac{1}{2}$. Si licenziano le dette bolle per l'esecuzione e si ordina siano custodite nella cancelleria segreta. Si delibera che gli arcivescovi di Udine debbano: ricevere il possesso delle temporalità dal senato come tutti gli altri vescovi dello stato; presentarsi al collegio prima o dopo del possesso stesso; e presentare certificato del subcollettore delle decime del clero di non esserne debitori. Così i canonici del nuovo capitolo dovranno ricevere il possesso dalla publica autorità e presentare il detto certificato.

L'ORIGINALE, sottoscritto dal secretario Agostino Bianchi, esiste in *Deliberazioni Senato - Roma Expulsis,* filza 71.

36. (36) — 1753, Aprile 7. — c. 104. — Maria Teresa imperatrice ecc. (v. n. 15), ratifica l'allegato, promettendone l'osservanza.

Data e sottoscritta come il n. 23.

ALLEGATO: 1752, Novembre 1. — I commissarî nominati al n. 13, per definire le questioni relative al Castello del Covolo ai confini della Valsugana col Veneto, pattuiscono: il castello sarà mantenuto nello stato presente per uso del presidio e del dazio, senza poter mai dilatare il suo recinto, e se ne formerà per norma il disegno. Il territorio della republica si estenderà fino alle porte e alle mura del castello e sarà demolito il casello fuori di Primolano. La fontana resterà fuori del recinto a beneficio comune. Il capitano conserverà l' uso privato dell' ortaglia fuori delle mura. Egli non potrà nella riscossione del dazio e pedaggio esigere più del prescritto dalle antiche tariffe imperiali, nè esercitare atti di giurisdizione fuori del castello. Saranno esenti dal pedaggio le milizie venete, i birri e ministri di giustizia, gli uomini di Feltre, Primolano e Cismon e d' altri comuni che già godono esenzioni e diritto di passaggio a piedi o a cavallo. Sarà proibito ai veneti il far pascolar capre sul monte del Covolo. La republica regolerà la tariffa del pedaggio e del dazio al ponte del Cismone (v. n. 40).

Fatto e sottoscritto come l' allegato al n. 13.

L' ORIGINALE trattato, esiste sotto il n. 972 nei *Patti Sciolti*, serie I, b. 44.

37. (35) — 1753, Aprile 7. — c. 92 t.° — Maria Teresa imperatrice ecc., ratifica l' allegato, promettendone l' osservanza.

Data e sottoscritta come il n. 23.

ALLEGATO : 1752, Ottobre 20. — I commissari nominati nell' allegato al n. 13, concluse le trattative pei confini fra i dominî austriaci e il Vicentino e il Bresciano, presero in esame le questioni per quelli fra la Pusteria e il Cadore. Esaurite quindi le pratiche opportune pattuiscono : Per le questioni fra le comunità di Toblach austriaca ed Auronzo veneta, circa i monti di Misurina ed adiacenti, cioè monte Cristallo, valle di Popenna bassa ed alta, valle di Spalto, in tedesco Sack Thal, Paludetti, monte Piana, paludi grandi di Campestrin, valle e monte di Rimbon, campi e valle 'di Rivis, Col di mezzo, monte Ongere, valle di Rimbianca, confermano le sentenze e convenzioni del 1582 e 1589, con varie modificazioni, descrivendo la linea confinaria, nominando, oltre alcuni dei luoghi suddetti, il monte dai Dobbiacesi chiamato Niderkofel o Croda bassa, Landro, Monte Piana, la strada di Buttistagno, l' acqua detta Rimbianco, le Crode di Col di mezzo o di Onghere ; dispongono per la erezione di segnali e di chiusure delle strade ai detti confini ; si riservano i diritti del comune di San Candido nel pascolo di Rivis o Schwabenalbel. Per le vertenze della comunità austriaca di Ampezzo colla veneta di Auronzo circa i monti di Misurina e i boschi goduti in addietro in comune, di Maraia, Anseio, Campedello, Col Sant' Angelo e Valbona, fatta la storia della vertenza dal tempo anteriore al passaggio di Ampezzo da Venezia all'Austria, ricordando documenti degli anni 1318, 1381, 1393 e 1500, i commissarî, per le ragioni che espongono, assegnano ad Auronzo, il possesso di Anseio e Maraia, ed in Misurina, Campedello e Col Sant'Angelo, e ad Ampezzo quello di Valbona e di quanto possedette fin oggi ; quindi descrivono il percorso della linea di confine fra gli stati conseguente alle predette assegnazioni, nominando le Crode dell'Arietto, la Creppa rossa, il rivo che sorte dal lago di Misurina, Somarida, il monte di Magaredo dell' Arietto. Circa le differenze fra Ampezzo e S. Vito del Cadore, per il monte Giau, già definite con sentenze degli anni 1582 e 1589, queste restano confermate colla linea confinaria allora stabilita e che si descrive. Si riservano i diritti dei privati sui prati nel territorio veneto; per evitare poi le incursioni degli animali, il comune di S. Vito erigerà e manterrà un argine che chiuda la valle, alto sei piedi con cinque di base, con cancello al passaggio della strada. Se ciò non fosse fatto entro tre mesi dalla publicazione del presente, il terreno indicato nel disegno sarà da S. Vito venduto o dato in affitto ad Ampezzo al prezzo che fisseranno i commissari. La strada dall'uno all'altro territorio sarà libera, salvo quando S. Vito volesse farvi passare il legname de' suoi boschi, previo avviso ad Ampezzo, e si stabiliscono altre norme in proposito. Per le questioni fra Sesto (Sexten) e il Comelico, derivanti da diverse interpretazioni delle convenzioni 1582 e 1589, i commissari fissano, descrivendola, la linea di confine, nominando il fiume Padola, la palude di Costion, la costa della Federa vecchia, il sasso di Popera. Si condonano vicendevolmente danni e spese avuti dalle parti pel passato, e si annullano tutti i processi e bandi (v. n. 40).

Fatto in Rovereto. — Sottoscritto da Paride conte Wolckenstein e da Giuseppe Ignazio Hormayr, commissari imperiali, e da Pietro Correr, commissario veneto.

L'ORIGINALE trattato esiste sotto il n. 971 nei *Patti Sciolti,* serie I, b. 43.

1753, Aprile 11. — V. n. 41.
1753, Aprile 25. — V. n. 42.
1753, Maggio 7. — V. n. 51.

38. (46) — 1753, Maggio 15. — c. 114. — Maria Teresa, imperatrice ecc. (v. n. 15), ratifica gli allegati A e B, promettendone l'osservanza.

Data e sottoscritta come il n. 41.

ALLEGATO A: 1752, Aprile 20. — In seguito al contenuto dell'allegato al n. 39, i commissari in esso mentovati, per definire le questioni relative all'uso delle acque del Tartaro e suoi influenti, vedute le convenzioni 15 marzo 1548 (v. n. 139 del Commemoriale XXII) e 16 novembre 1599 (v. n. 50 del Commemoriale XXVI), fatte le pratiche opportune, veduta e approvata la relazione da essi ordinata agli ingegneri Azzalini e Rossi, la quale sarà annessa alla presente (¹) col disegno relativo, pattuiscono: Dopo la ratificazione della presente, i detti ingegneri provvederanno, a spese degli utenti (²), alla riduzione in buono stato degli alvei del Tartaro ed influenti, in modo da irrigare 6040 campi di risaia, provvedendo che le acque usate tornino ai detti alvei. Le singole concessioni agli utenti, descritte in un prospetto allegato alla presente, non potranno essere aumentate o diminuite. Non si daranno nuove concessioni delle acque del Tartaro e suoi influenti Tartarello d'Isola alta, Graizella, Piganzo, Tartarello d'Isola della Scala, Tione, Tartarello di Ostiglia e Molinella; saranno poi regolate tutte le bocche di presa ed altri manufatti onde togliere ogni abuso, e poi mantenuti costantemente nello stato prescritto, sotto pena della perdita del diritto. Così sarà pure regolata e mantenuta l'acqua necessaria al molino dei marchesi Canossa sul Tione, e a quello del Monte di Pietà di Mantova sulla Molinella; una delle *usciare* dei molini di Gazzo resterà sempre alzata. Saranno mantenute nella presente condizione le seriole o derivazioni d'acqua dai detti fiumi, e si permette al marchese Cavriani di erigere un sostegno nel Cavo nuovo, sotto certe condizioni. Gli utenti veronesi dovranno provvedere all'annuale sgarbo dell'erbe del Tartaro ecc., i mantovani a quelle del Tartarello d'Ostiglia e della Molinella; il prefetto delle acque di Mantova sorveglierà l'esecuzione. Si provvede all'erezione di un sostegno nel Tartaro nel luogo detto Borghesana a vantaggio dei nobili Basadonna e conti Zanardi, e se ne regola l'esercizio. Si vietano le arelate in tutte le mentovate acque. Circa la pesca nel tratto del Tartaro scorrente fra i due stati, si approva la convenzione 14 aprile corr., (fra il conte Francesco Zanardi di Virgiliana e l'abate di S. Maria in Organo di Verona giurisdicente di Roncanova) [3]. Per la continua osservanza della presente, il consigliere del supremo consiglio di giustizia di Mantova delegato ai confini e un commissario veneto, visiteranno ogni anno insieme i luoghi opportuni, in compagnia degli ingegneri competenti. Sarà libero ai sudditi delle parti il transito di terra per Ponte Molino, e libera la navigazione del Tartaro e del Tione, salvo il pagamento dei diritti consueti; si provvede alla competenza di foro pei casi di rinvenimento di annegati nelle dette acque. L'Azzalini e il Rossi provvederanno all'esecuzione dei disegni relativi al presente. Sono revocate le convenzioni 1548 e 1599, in quanto si oppongano alla presente.

Data in Ostiglia. — Sottoscritta da Beltrame Cristiani e Pietro Correr.

Seguono nell'originale : a) la relazione senza data del prefetto generale alle acque mantovane Antonio Maria Azzalini e del matematico veneto Antonio Giuseppe Rossi ; b) la citazione di aver essi presentato a parte il disegno del Tartaro e suoi influenti ; c) la limitazione delle risaie mantovane e veronesi ; d) l'affittanza 1752, aprile 14, del diritto di pesca fatta dal co. Francesco Zanardi di Virgiliana a D. Celso Avanzi abate di Santa Maria in Organo di Verona qual giurisdicente di Roncanova, in atti di Felice Casetti notaio di Mantova e firmati quali testimoni il co. Lodovico Pellicelli, Antonio Ravigni (?) e Fausto Isalberti. Fatto in casa del march. Benedetto Sordi.

ALLEGATO B : 1753, Giugno 9. — Beltrame Cristiani, e Francesco Morosini II eletto savio del consiglio, commissarî, quello per l'imperatrice e questo per Venezia, a schiarimento e per la esecuzione di quanto è disposto nella precedente, pattuiscono : L'escavazione della materia di deposito nel Tartaro ed influenti, sarà di due piedi veronesi ; la Molinella sarà solo espurgata. Il divieto di nuove concessioni d'acqua si estenderà a 50 pertiche dal Tartaro ed influenti entro i dominî delle parti. Riconosciuto dannoso lo sgarbamento totale del Tartaro, dopo una conferenza di tutti gli interessati in Ostiglia, si decide che esso non abbia luogo in determinati tratti d'esso fiume e del Tartarello di Ostiglia, e si prescrivono altre norme in proposito. In relazione alle convenzioni 1548 e 1599, i veronesi potranno costruire uno sperone all'imboccatura della Fossa mantovana a fine di agevolare lo scolo nel Po per la chiavica di Ostiglia. Per togliere occasioni a nuove questioni circa la pesca nel Tartaro, il monastero di S. Maria in Organo, a nome degli interessati, darà in affitto ai conti Zanardi e successori, i diritti relativi. La presente sarà da ritenersi come parte integrante dell'allegato A.

Fatta in Rovereto. — Sottoscritta dal Cristiani e dal Morosini.

L'ORIGINALE trattato esiste sotto il n. 973 nei *Patti Sciolti*, serie I, b. 44.

(1) Esiste nell'originale (*Patti Sciolti*, n. 973), è ommessa nel Commemoriale come gli altri allegati.

(2) Nell'originale è allegata la lista degli utenti col numero dei campi rispettivi; essi sono: nel mantovano: marchese Cavriani per le acque della Molinella, conte Zanardi per la Corte di Ponte Molin, marchese Strozzi e Gordi per le Gazine, conti Beccaguti, Giusti e Verità, nobili Valiero per Mezzagatta, conte Pietro Emilii per Villimpenta. — Nel veronese: conti Orti e Giusti di Vigasio, conti Emilii, Cosmi, Valmarana, Montanari, Giusti di Gazzo, Cipolla, nobili Cavalli e Basadonna, convento di Roncanova, abazia di S. Zeno.

(3) È riportata nell'originale.

39. (47) — 1753, Maggio 15. — c. 126. — Maria Teresa, imperatrice ecc., (v. n. 15), ratifica l'allegato, promettendone l'osservanza.

Data e sottoscritta come il n. 41.

ALLEGATO: 1752, Aprile 19. — Riconosciuta dai rispettivi governi la convenienza di fissare i confini del ducato di Mantova colla provincia di Verona, Beltrame conte Cristiani, signore di Raverano, Casola e Casa Selvatica, consigliere intimo e gran cancelliere imperiale per la Lombardia austriaca, sovrintendente delle regie poste in Italia e vice governatore di Mantova, rappresentante l'imperatrice, e Pietro Correr, savio del consiglio, rappresentante Venezia, fatte le pratiche opportune, pattuiscono: In esecuzione dei preliminari conclusi in Palazzolo li 19 marzo 1752, sono ammesse come base del presente le mappe delineate dagli ingegneri prefetto Azzalini (Antonio Maria) per gl'imperiali e matematico Rossi (Antonio Giuseppe) per la republica. Colla scorta di esse si fissa la linea confinaria fra i territori veronesi di Castellaro, Lagusello e Monzambano, ed il territorio mantovano di Cavriana, poi fra Volta Mantovana e Borghetto veronesi, nominandosi le proprietà Odinelli e Borghetti; il fiume Mincio dividerà il territorio di Borghetto da quelli di Valleggio e Pozzolo, e si stabilisce il diritto di pesca dei rivieraschi. Si determina l'appartenenza della cosidetta Strada Levata che servirà all'uso promiscuo degli abitanti, e così della Strada Malavisina che va a Tormene; si nominano poi la fontana Lizari, il fosso Malvezzo, Castiglione mantovano, Pellaloco. Proseguendo in avanti da Malvezzo descrivono la linea, nominando la palazzina del Cortone in Cortalta, il fosso Divisorio, il Lateson, il fosso Rabbioso, la fossa Demorta che sbocca nel Tione, i beni dei Murari di Verona; lungo il Tione che mette nel Tartaro si nominano i beni dei conti Ravignani in veronese e di Gioacchino da Passano autore della casa Emilii nel mantovano; appartenendo il Tione ai due stati, non si faranno ulteriori concessioni delle sue acque per non diminuire la sua influenza nel Tartaro, il che si osserverà pure per la Molinella; si provvede poi ad evitare questioni per l'appartenenza delle isolette nel fiume, rettificandone il corso. Procedendo nella delimitazione si accenna a quattro strade e quattro fossi, e si ricordano S. Pietro in Valle, la strada Parolara, il Tione, poi il Dugal Gambino che entra nell'Anguora e sbocca nella Molinella, poi il redifosso. I restelli e guardie nei rispetti della sanità non occuperanno le strade e i fossi costituenti i confini. Resta vietata la costruzione di case non solo a cavallo dei confini ma anche in vicinanza per 30 pertiche. Restano libere a tutti la frequentazione delle strade e la navigazione nei fiumi e canali segnanti i confini. La manutenzione delle strade e degli alvei predetti sarà a carico dei comuni fiancheggianti, per metà. Dopo la ratificazione del presente i due ingegneri mentovati cureranno l'esecuzione dei lavori convenuti e l'impianto dei segnali. Eseguiti tali lavori, compileranno la mappa definitiva da servire di norma pel futuro e ne daranno quattro esemplari a ciascuna delle parti. Sarà concessa amnistia a tutti i rei di violazioni o danneggiamenti in materia dei confini. E della presente si daranno tre esemplari a ciascun contraente (v. n. 38 e 50).

Dato in Ostiglia. — Sottoscritto dai due commissarî.

L'ORIGINALE trattato esiste sotto il n. 974, nei *Patti Sciolti*, serie I, b. 44.

40. (37) — 1753, Maggio 26. — c. 106. — Il senato ordina (in italiano) la registrazione dei n. 36 e 37 nei Commemoriali, e la conservazione degli originali nella cancelleria segreta.

Sottoscritto da Michel Angelo Marini, segretario.

L'ORIGINALE, in *Deliberazioni Senato Corti*, filza 287 (710).

1753, Giugno 9. — V. n. 38, alleg. B.

41. (38) — 1753, Giugno 11. — c. 106 t.° — Maria Teresa, imperatrice ecc., (v. n. 15) ratifica l'allegato, promettendone l'osservanza.

Data a Vienna. — Sottoscritta dall'imperatrice, da Venceslao Antonio conte di Kaunitz-Rittberg e, per mandato, da Federico Binder.

ALLEGATO: 1753, Aprile 11. — Stabiliti colla convenzione 18 maggio 1752 i confini fra Fiumicello austriaco e le ville venete del territorio di Monfalcone fino « al riparo fatto tra l'Isola Morosini e il territorio di Fiumicello sul letto antico » dell'Isonzo o Isonzato, i commissarî nominati al n. 24, procedendo avanti nella determinazione della linea confinaria dal detto riparo, confermano quella già stabilita nel 1635 (v. n. 71 del Commemoriale XXVIII) fra i territorî di Grado e Fiumicello, e la descrivono nominando il canale Candiano, il canal delle Zemole, il Fiel, il canal del Suris, la valle Savorgnana, i boschi dei Savorgnano, dei Lottieri e dei Belligna, le rive del padovano. Lungo questo e nel piccolo canale detto Fiumesino, i gradensi avranno facoltà di pescare. Proseguendo si nominano il Natisone, la foce dell'Anfora, le bocche dei Lovi le are della Corbella, della Nova, la cava dell'Oro, del Gorgo, delle Torondole o Lorondole, della Panthera, di Francalonga o Francalanza, della Pallada, del Ponte, di Zimito, di Schiavada, dei Ferri e di Presignuol, con facoltà di pesca come sopra; poscia la Medaldola e l'Ausa, Strassoldo,

Cervignano, Mezzomilio. Venezia cede all' imperatrice la terra e il distretto di Moruzis, circondato dal territorio di Aquileia, sicchè l'Ausa resti confine dei due stati; sul fiume si farà un ponte a spese comuni; e poi sono nominati la roia detta pure Ausa, quelle di Saciletto, di Prediquar e di Freda, il fosso Primaro e il fiume Terzo.

Dato a Gorizia. — Sottoscritto dai commissari (v. n. 46).

L'ORIGINALE trattato, esiste sotto il n. 975 nei *Patti Sciolti*, serie I, b. 44.

42. (40) — 1753, Giugno 13. — c. 109 t.° — Maria Teresa ecc., come al n. 41.

Data e sottoscritta come il n. 41.

ALLEGATO: 1753, Aprile 25. — I commissari nominati al n. 24 per definire le questioni rimanenti, di poca importanza, descrivono la linea confinaria fissata fra Chiopris e Viscon di Torre, cominciando dal torrente Torre, nominando: il Pradolino ed altri possedimenti dei conti Gambara e dei Gratoni; poi fra Chiopris e Medeuzza, nominando il torrente Corno, il prato delle Croci, la braidata Puppi, il fiume Iudri e Villanova; poscia la linea fra Cormons e Brazzano, nominando la riva di S. Quirino e la strada detta dai veneti, del Molin, e dagli austriaci, del Confin. Il molino nuovo di S. Quirino resterà veneto, ma escluso da chiusure di passi per motivi di sanità, onde gli abitanti di Cormons e luoghi circostanti possano usarne (v. n. 46).

Dato e sottoscritto come il n. 24.

L'ORIGINALE esiste nei *Patti Sciolti*, n. 976, serie, I, b. 45.

1753, Giugno 30. — V. n. 49, alleg. B. C, D.

43. (42) — 1753, Luglio 7. — c. 111 t.° — Il senato delibera di scrivere a Pietro Andrea Cappello, ambasciatore a Roma. Si loda questo per aver ottenuto dal papa nella forma desiderata il breve che concedeva alla republica il diritto di nominare i vescovi di Caorle, Chioggia e Torcello; ed ancora per aver ridotto la spesa relativa a scudi 366, baiocchi 55, di cui si ordina il rimborso a lui. Ringrazi il Ruggia per le sue prestazioni nell'affare. Cerchi di scoprire le inclinazioni del papa, fatte intravvedere dal cardinale Valenti Gonzaga (Silvio), circa l'accordare alla republica il giuspatronato sui vescovati della Dalmazia. Presenti al pontefice la lettera al n. 44 e lo assicuri che non si ritarderà la nomina del nuovo vescovo di Chioggia. Si ordina la consegna del breve summentovato alla cancelleria segreta; e al savio di terraferma, Alvise Tiepolo, di raccogliere i documenti relativi all'offerta, già fatta dal papa, del giuspatronato sui vescovati della Dalmazia, e di presentare una relazione in argomento.

Sottoscritta da Agostino Bianchi, segretario.

L'ORIGINALE in *Deliberazioni Senato - Roma Expulsis*, filza 71.

44. (43) — 1753, Luglio 7. — c. 113. — Lettera al papa (in italiano) deliberata dal senato. Lo si ringrazia per la concessione della nomina dei tre vescovi di Torcello, Chioggia e Caorle.

Sottoscritta da Agostino Bianchi, segretario.

L' ORIGINALE, in *Deliberazioni Senato - Roma Expulsis,* filza 71.

45. (44) — 1753, Luglio 7. — c. 113 t.° — Il senato delibera che in seguito alla concessione fatta col breve mentovato nel n. 43, il 28 corrente sia fatta l' elezione del vescovo di Chioggia.

L' ORIGINALE, in *Deliberazioni Senato - Roma Expulsis,* filza 71.

46. (39). — 1753, Luglio 14. — c. 109. — Brano di lettera (in italiano) del senato all' ambasciatore a Vienna Correr (Pietro), con cui si accusa ricevimento dei n. 41 e 42.

Sottoscritta da Giuseppe Imberti, segretario.

L' ORIGINALE, in *Deliberazioni Senato Corti,* filza 288 (711).

47. (41) — 1753, Luglio 14. — c. 111. — Come al n. 46.

L' ORIGINALE, in *Deliberazioni Senato Corti,* filza 288 (711).

48. (45) — 1753, Luglio 21. — c. 113 t.° — Il senato delibera che in seguito alla morte di monsignor Diedo (Vincenzo Maria) dell'Ordine dei Carmelitani, vescovo di Torcello, il 9 agosto venturo si faccia l' elezione del successore (v. n. 43).

L' ORIGINALE, sottoscritto dal secretario Santorio Santorio, esiste in *Deliberazioni Senato - Roma Ordinaria,* filza 198.

1753, Agosto 4. — V. n. 49, alleg. A.

1753, Settembre 5. — V. n. 55.

1753, Settembre 10. — V. n. 52.

49. (49) — 1753, Settembre 28. — c. 134 t.° — Maria Teresa imperatrice ecc., ratifica l' allegato, promettendone l' osservanza.

Data e sottoscritta come il n. 41.

ALLEGATO A : 1753, Agosto 4. — I commissarî nominati al n. 24, per terminare ogni questione relativa a confini fra i fiumi Ausa e Muzzanella, a mezzodì, e la strada alta fra Palmada e Morsano, fissano, descrivendola, la linea di confine fra Ontagnano e Palmada e fino ai confini promiscui di Vieris e Modolet di cui decideranno poi. Proseguono per la linea fra Gonars e Morsano sino alla strada che va al fiume Avenale, che servirà di confine per un determinato tratto ; poi pel fosso detto Cembri fino alla strada da Castel Porpetto a Corgnoi, per la strada verso la villa di Corgnolo fino a quella detta del Fen o Armentarezza, che servirà di confine fino al fiume Corgnolo ; il paludo del Rio Caldo resterà al comune di Corgnolo, e la Sgobita a Porpetto. Continuando la descrizione della linea nominano la strada detta di Palada, l' acqua detta il

Rivolo, la braida detta del Riul, il luogo detto Ronchis, i campi detti Fontanuzis, il prato detto Vidon, i campi detti Boccons, il fiume Corno, la braida detta della Tagiada. Le strade che da Porpetto vanno a S. Giorgio di Nogaro pel territorio di Zuccola, saranno libere agli abitanti dei due luoghi, proibito il portarvi olio, sale e tabacco. Seguitando a descrivere la linea dal fiume Corgnolo, nominano i campi di Pampaluna, il casale Novelli, la Zelina e la strada detta la Levada o Levaduzza, che va a Muzzana, la villa di S. Gervasio, il canale detto Cernatura, il bosco imperiale detto Bando, i boschi veneti detti Coda e Spessa, il fiume Muzzanella, la strada detta Levada di Marano, l'ara del Gorgo, l'ara detta Grande dagli austriaci, e del Molin dai veneti, quella detta Storta dagli austriaci, e di S. Giovanni dai veneti, Gorgo, l'ara di S. Pietro, la sacca della Valle, la foce della Zellina, la sacca detta dagli austriaci Chiamane, e dai veneti del Toffolo, il paludo detto del Figarol dai primi, e dai secondi Terra di Rottura, la foce del Corno, il canale di S. Giorgio, il fiume Zumiello, il campo di S. Bastiano che separa il Pradiceu dal territorio di Malisana, la roia del Presetto, quella del Saccon, il canale della Castra nova, la roia Zuina, Bagnaria, Ontagnano. I commissarî, per definire ogni questione fra Marano (lagunare) veneto, e i comuni di Carlins, S. Giorgio e S. Gervasio, austriaci, approvano gli allegati B e C, qui inserti. Per terminare poi anche le vertenze relative ai promiscui del Pradiceu, del Modolet o Magredo e del Vieris dichiarano: la villa di Gonars, austriaca, cede alle venete di Felletis, Bicinins e Chiasellis i diritti tutti sul Modolet e sul Vieris, e queste cedono a Gonars tutti i diritti sul Pradiceu, salvi i diritti dei giusdicenti Wassermann, che riscuoteranno dalla sola detta villa il canone solito pagarsi dalle tre venete. Al comune di Malisana godente pure diritti nel Pradiceu si assegnano 60 campi di questo. Sarà abolita qualsiasi fiera o sagra solita farsi nei mesi di luglio e dicembre presso la chiesa di S. Pellegrino sulla strada alta, e si terranno invece negli stessi giorni, un anno in Gonars e l'altro in Morsano.

Dato a Gorizia. — Sottoscritto dai due commissarî conte Harrsch e Giovanni Donà.

ALLEGATO B: s. d. (1753, Giugno 30). — Le comunità austriache di Carlins, S. Giorgio e S. Gervasio e la veneta di Marano, pattuiscono: Resta confermato alle tre prime l'uso della pesca nelle due valli Chiamane o del Toffolo e Sacca della Valle; se ne determinano i confini e le discipline per la pesca; per comodo dei pescatori, il comune di S. Giorgio dà in affitto quanto è detto nell'allegato C.

Sottoscritto da Giovanni Zannutta del fu Giuseppe e da Domenico di Chiara fu Francesco, degano, (per essere illetterato sottoscrive per lui Giovanni Massaro) ambi pel comune di Carlins, e da Giov. Battista Caurlotto detto Morezza fu Nicolò e Antonio Zaccaria fu Valentino, per quello di Marano. — Giacomo Balbi, provveditore in Marano, dichiara autentiche le dette sottoscrizioni e Giò. Battista Corte, suo cancelliere, si sottoscrive a sua volta.

ALLEGATO C: 1753, Giugno 30. — Pasquale Scolz e Giacomo Zaina, rappresentanti il comune di S. Giorgio, danno in affitto a Nicolò Prochetta o Borchetta, rappresentato dal dott. Antonio Romani e a Valentino Dal Forno del fu Ubaldo, facienti per Marano, campi 3, quarti 2 1/8 di terreno sul paludo detto Figarol, verso l'annuo canone di fiorini 70, lire 36 di piccoli.

Sottoscritto dai sopraddetti rappresentanti.

ALLEGATO D: 1753, Giugno 30. — I rappresentanti dei comuni di Marano e di Carlins nominati nell'allegato B, pattuiscono la fornitura annuale per parte del secondo al primo, di un determinato numero di legnami per uso delle valli da pesca, al prezzo che si stabilisce.

L'ORIGINALE trattato esiste sotto il n. 977 nei *Patti Sciolti*, serie I, b. 45.

50. (48) — 1753, Settembre 29 — c. 134. — Brano di lettera (in italiano) del senato all'ambasciatore in Germania (Pietro Correr) che accusa ricevuta dei n. 38 e 39. Delibera poi la trascrizione di essi nei Commemoriali e la loro collocazione nella cancelleria segreta.

L'ORIGINALE, in *Deliberazioni Senato Corti*, filza 288 (711).

51. (58) — 1753, Ottobre 20. — c. 166 t.° — Maria Teresa imperatrice ecc., ratifica l'allegato, promettendone l'osservanza.

Data e sottoscritta come il n. 41.

ALLEGATO: 1753, Maggio 7. — I commissari Harrsch e Donato, per togliere abusi di commercio fra gli stati veneti e gli austriaci, pattuiscono: Resta vietato l'approdo di qualsiasi naviglio o imbarcazione alle due rive del fiume Ausa; è permesso solo a Cervignano ove è la muda (dazio) dalla parte austriaca, e appiè del ponte di detta villa, presso la *casa di S. Marco* dalla parte veneta. Sarà poi convenuta, d'accordo, la tariffa dei dazi da pagarsi.

Dato a Gorizia. — Sottoscritto dai commissari (v. n. 61).

L'ORIGINALE trattato esiste sotto il n. 979 nei *Patti Sciolti*, serie I, b. 45.

52. (51) — 1753, Ottobre 23. — c. 144 t.° — Maria Teresa imperatrice ecc., ratifica l'allegato, promettendone l'osservanza.

Data e sottoscritta come il n. 41.

ALLEGATO: 1753, Settembre 10. — Regolate le questioni per confini fra il Tirolo e le provincie venete contermini, il commissario imperiale conte Paride Wolchenstein e il veneto Francesco Morosini II cav., per stabilire norme statutarie atte ad impedire ulteriori questioni, pattuiscono: I comuni interessati, per mezzo dei rispettivi preposti, faranno annualmente visitare la linea confinaria da due esperti, i quali riferiranno al commissariato ai confini d'Italia per la parte austriaca, e ai provveditori ai confini per la veneta. Ogni due anni parteciperanno alla visita il commissario austriaco e i provveditori veneti; e si stabiliscono le norme per la riunione esecutiva; si delibera poi che tali visite abbiano luogo, un anno ai confini colle provincie di Vicenza per Vallarsa, Folgaria, Ivano e Castelcovolo; di Verona per i vicariati di Trento; di Brescia per Lodrone e Val Vestino; e l'altro anno a quelli del Cadore e Pusteria, e così alternativamente. I visitatori riferiranno l'esito di ciascuna visita ai rispettivi capi di provincia, e questi ai governi coi provvedimenti presi o proposti. I visitatori avranno facoltà di rimediare alla mancanza e difetti dei segnali, e provvedere nella forma più stabile e opportuna a spese dei comuni confinanti, salvo il regresso contro i colpevoli. Per fatti rilevanti avviseranno i capi di provincia e questi i governi. Il commissario e i provveditori veglieranno alla conservazione dei ripari divisori dei pascoli; le contravvenzioni relative a questa saranno multate di 100 ducati veneti. Le sconfinazioni di animali, o nei boschi, non potranno assere rintuzzate da privati o dal popolo. Ma le doglianze relative si porteranno al commissario o ai provveditori che, o tenteranno accomodamento o deferiranno la cosa ai capi di provincia. E si fissano altre norme in argomento. Si stabiliscono pure le norme per la collocazione dei *restelli* e guardie nei riguardi della sanità e per le guardie ai contrabbandi. Le autorità dei due stati dovranno vegliare alla rigorosa osservanza dei trattati, tenendosi responsabili il commissario austriaco e i provveditori veneti.

Fatto in Rovereto. — Sottoscritto dai due commissari e dal concommissario imperiale Giuseppe Ignazio de Hormayr.

L'ORIGINALE trattato esiste sotto il n. 978 nei *Patti Sciolti*, serie I, b. 45.

1753, Ottobre 31. — V. n. 57.
1753, Novembre 7. — V. n. 59.

53. (50) — 1753, Novembre 17. — c. 144. — In sua lettera odierna (in italiano) all'ambasciatore a Vienna (Pietro Correr), il senato accusa ricevuta della convenzione al n. 49. Ordina che questo sia consegnato al cancellier grande per la conservazione.

Sottoscritta da Girolamo Colombo, segretario.

L'ORIGINALE, in *Deliberazioni Senato Corti*, filza 289.

1753, Dicembre 5. — V. n. 58.

54. (52). — 1753, Dicembre 29. — c. 149. — Il senato accusa ricevimento all'ambasciatore a Vienna, del n. 52, (in italiano) e dice darne notizia al commissario Morosini per gli ulteriori incombenti.

Sottoscritto da M. A. Marini, segretario.

L'ORIGINALE in *Deliberazioni Senato Corti*, filza 279.

55. (53) — 1754, Gennaio 19. — c. 149 t.° — Maria Teresa imperatrice ecc., ratifica l'allegato, promettendone l'osservanza.

Data e sottoscritta come il n. 41.

ALLEGATO: 1753, Settembre 5. — I commissarî mentovati al n. 52, dopo la ratificazione dei trattati relativi ai confini del Tirolo col Cadore, col Vicentino e col Bresciano, dicono di essere passati all'esecuzione coll'impianto dei segnali di confine. Per appianare poi ogni questione circa i confini dell'alto veronese coi « quattro vicariati di Trento » (valle Lagarina), questioni mai risolte e quindi involute, pattuiscono: Le presenti determinazioni varranno per quel tratto di paese diviso dall'Adige, detto di Lessini e di Memole, al di quà dal fiume, la contrada di Mama, dell'Artilone ed adiacenze, e dell'Alpesine con Tretto di Spin. Tutti i terreni posseduti nel tratto stesso da comunità e privati dei vicariati di Ala, Avio e Brentonico, apparterranno al territorio di questi; e quanto è posseduto da' veneti, al Veneto; le acque scorrenti fra i due stati appartengono ai confinanti fino alla metà degli alvei. Le Scorteghere apparterranno ai vicariati, il resto dei Lessini, cioè Roncopiano, Campo Retratto, Coe Veronesi, Castelberto, Piocchio e le Gasperine, al Veneto. Delle Memole il monte di Pialda alta (meno la quarta parte spettante alla chiesa di Borghetto) tutta la Fitanza ed il monte detto della Pietà di Verona, colla parte del dosso corrispondente alla Pialda bassa per cui si accede al Veneto, si assegna al Veronese. Si conferma la linea confinaria del Corno di Gueggio o Agoggio sino al segnale sotto Borghetto a sinistra dell'Adige; al di là di questo la contrada de Schiapparolli, la campagna di Mama e la valle Dominica si dichiarano venete. L'Artilone e dipendenze, saranno del territorio dei vicariati. A questi spetterà il Prà d'Alpesina posseduto da Brentonico; al Veneto le montagne dette Tretto di Spin e Zocchi sopra la via Carrara, coi Passi delle Scalette e della Bocca di Navenne. I segnali esistenti giusta antecedenti patti, determineranno il confine, se ne pianteranno anche di nuovi; la linea poi percorrerà le vette dei monti. Restano in vigore tutti i diritti dei privati. Belluno (veronese) conserverà i suoi diritti nei boschi di Costalunga, Pendola e Lavachio. Gli abitanti di Ferrara (veronese) potranno continuare il taglio, per le proprie fabbriche, nei boschi di Avio posti fra la fontana di Campion e la Pozza dell'Artilon. Si conferma a' privati di Avio il possesso di alcuni beni rimanenti entro i confini veneti, e così ad alcuni di Belluno entro quelli di Avio. Le contestazioni fra privati saranno rimesse al foro ordinario competente; i beni di quelli di Avio posti nel veneto non saranno aggravati di nuove imposte comunali, ed essi potranno esportarne i frutti liberamente. Sono revocati tutti gli atti criminali per confini da ambe le parti, (v. n. 56).

Fatto e sottoscritto come il n. 52.

L'ORIGINALE trattato esiste sotto il n. 980 nei *Patti Sciolti*, serie I, b. 45.

56. (55). — 1754, Gennaio 31. — c. 154 t.⁰ — Maria Teresa imperatrice ecc., ratifica l'allegato, promettendone l'osservanza (v. n. 60).

Data e sottoscritta come il n. 41.

ALLEGATO: 1753, Ottobre 31. — I commissarî nominati al n. 21, passando a fissare i confini delle ville austriache racchiuse fra venete nella parte piana del Friuli, determinano prima quelli del territorio di Gorizzizza con Pozzo e Codroipo, venete, e dividono i promiscui di quei comuni, nominando Magredo, S. Lorenzo di Sedegliano, il Tagliamento ; Venezia poi cede all' imperatrice la sovranità su 339 campi (misura) a benefizio di Gorizzizza ; e la seconda alla prima sul terreno detto del Blasiz da incorporarsi nel territorio di Codroipo, salvi i diritti dei privati e la ricognizione dovuta alla commenda di Perzegnis dei conti Colloredo ; cede inoltre l' imperatrice 60 campi nel Pradiceu assegnati a Malisana, (veneta), andando a carico di Gorizzizza la contribuzione dovuta ai Wassermann per la giurisdizione di Gonars ; non sarà permesso di passare da un territorio all' altro per pascervi animali ; quelli di Gorizzizza potranno servirsi di sassi e sabbia del Tagliamento per proprio uso. Si fissano i confini del territorio austriaco di Gradiscutta, nominando i fiumi Marzia e Varmo, la strada Crociera, Santa Marizza, Varmo, Belgrado, la roia di S. Pietro o Dozina, le strade Levada e del Moro, la roia Schiavanis, Giaunico. Così i confini del territorio austriaco di Virco, nominando Virco veneto, Flambro. Si ripartiscono fra la detta villa austriaca e le venete di Virco, Flambro e Sterpo, le parti rispettivamente competenti dei promiscui. Poscia i confini delle ville austriache di Siviano e Flambruzzo, si nominano la roia di Brodiz, il fiume Stella, i comuni di Flambro, Flambruzzo, la roia Cusana, il canale Ribosa, il bosco della chiesa del Fald e la braida Marchiana, Ariis, il Castelluto ; e anche qui si dividono i promiscui ; il ponte sul Taglio nuovo sarà mantenuto a spese comuni di Siviano e Rivignano (veneta). Si fissano i confini del territorio di Campo Molle, nominando Rivignano e Teor, ville venete, la roia del Cragno, l' Armentarezza, il fosso del Busac. Finalmente quelli dei territori di Driolassa e Rivarotta ; e qui sono nominati il Roial Taglio, Teor, la frazione di Valderia e Palazzolo, i comuni di Rivarotta, il Cragno, il fiume Stella, Chiarmacis, Ariis.

Dato in Gorizia. — Sottoscritto dai commissarî.

L'ORIGINALE trattato esiste sotto il n. 981 nei *Patti Sciolti*, serie I, b. 46.

57. (56) — 1754, Gennaio 31. — c. 164 t.º — Maria Teresa imperatrice ecc., ratifica l' allegato, promettendone l' osservanza (v. n. 60).

Data e sottoscritta come il n. 41.

ALLEGATO : 1753, Dicembre 5. — I commissarî nominati al n. 24, stabiscono i confini del territorio austriaco di Precenico nominando il fiume Stella, la strada detta Grisenti, la chiesa di S. Salvatore, il lago o fosso Grancese, i canali della Lama e di Coron, Latisana, la punta di Blugugni, il littorale dello Sterpo detto del Moro. Restando il fiume Stella confine fra i due stati, la navigazione, la pesca e gli altri usi di esso, saranno liberi agli abitanti delle due rive.

Dato e sottoscritto come il n. 57.

L'ORIGINALE trattato esiste sotto il n. 982 nei *Patti Sciolti*, serie I, b. 46.

58. (54) — 1753, Febbraio 1 (m. v.) — c. 154. — Il senato all' ambasciatore a Vienna (in italiano). Accusa ricevuta del n. 55, e dice darne avviso al commissario Morosini (Francesco). Ordina che quel trattato sia consegnato al cancellier grande e trascritto nei Commemoriali.

Sottoscritto da M. A. Marini, segretario.

L'ORIGINALE, in *Deliberazioni Senato Corti,* filza 279.

59. (60) — 1754, Febbraio 27. — c. 168. — Maria Teresa imperatrice ecc., ratifica l'allegato, promettendone l'osservanza.

Data e sottoscritta come il n. 41.

ALLEGATO: 1753, Novembre 7. — I commissarî nominati al n. 51, per l'esecuzione dei vari trattati da essi conclusi, pattuiscono (in italiano): Nei luoghi già contenziosi che furono oggetto degli allegati ai n. 29, 31, 41, 42 e 49, si faranno dei fossi, la cui estensione in fondo sarà di pertica circa una, dove si può, per segnare le linee confinarie. Così lungo i confini antichi e indiscussi. I fossi saranno compiuti entro il febbraio venturo a cura delle ville contermini. Se queste non lo facessero, il 1 marzo si faranno cominciare i lavori mediante esecuzione militare. Saranno comunicati alle dette ville gli articoli dei trattati relativi a tali esecuzioni.

Dato e sottoscritto come il n. 49.

L'ORIGINALE trattato esiste sotto il n. 983 nei *Patti Sciolti*, serie I, b. 46.

60. (57) — 1754, Marzo 2. — c. 166. — Il senato scrive all'ambasciatore a Vienna, accusando ricevuta dei n. 57 e 58. Ordina poi la trascrizione di essi nei Commemoriali e la loro consegna al cancellier grande.

Sottoscritto da M. A. Marini, segretario.

L'ORIGINALE esiste in *Deliberazioni Senato Corti,* filza 290 (715).

61. (59). — 1754, Marzo 16. — c. 167 t.⁰ — Il senato all'ambasciatore a Vienna. Accusa ricevuta dei n. 51 e 59. Ordina la trascrizione di essi nei Commemoriali e la loro consegna al cancellier grande.

Sottoscritto da M. A. Marini, segretario.

L'ORIGINALE esiste in *Deliberazioni Senato Corti,* filza 290 (715).

62. (61) — 1754, Marzo 16. — c. 170. — Annotazione (in italiano) relativa alla ricevuta del n. 59, accusata dal senato all'ambasciatore a Vienna.

Sottoscritta da M. A. Marini, segretario.

L'ORIGINALE esiste in *Deliberazioni Senato Corti,* filza 290 (715).

63. (62) — 1754, Marzo 29. — c. 170 t.⁰ — Copia (in italiano) di lettera del cancelliere imperiale (conte V. A. di Kaunitz Rittberg) all'arcivescovo di Gorizia (Carlo Michele di Attemps), conforme al n. 64.

L'ORIGINALE esiste sotto il n. 984 nei *Patti Sciolti*, serie I, b. 46 e venne rimesso a Venezia con dispaccio n. 67 dell'ambasciatore veneto in Germania, Pietro Cappello.

64. (63). — 1754, Aprile 13. — c. 171. — Copia di lettera (in italiano) dell'imperatrice Maria Teresa, all'arcivescovo di Gorizia. Avendo questo ottenuto da Roma, senza il consenso imperiale, una bolla pel trasporto del diritto parrocchiale di Aquileia nell'antica cattedrale, contro il convenuto con Venezia, per cui il diritto competeva alla chiesa di S. Giovanni in Foro, gli ordina di spedire la bolla stessa alla corte, di non eseguirla, e di giustificarsi (v. n. 63).

Trasmessa dall'ambasciatore a Vienna.

L'ORIGINALE esiste sotto il n. 984 nei *Patti Sciolti,* serie I, b. 46, e venne rimesso a Venezia con dispaccio n. 74 dell ambasciatore veneto in Germania, Pietro Cappello.

1754, Luglio 3. — V. n. 69, all. 7.
1754, Luglio 13. — V. n. 66, all. B.

65. (68) — 1754, Luglio 16. — c. 178 t.⁰ — Versione in italiano di *cozeto* o istrumento in cui si dichiara : Essendosi dal sultano di Turchia ordinato ad agà Mehemet, pascià di Bosnia ed Erzegovina, di procurare un accordo circa le pretese di Venezia verso i ragusei che navigano nell'Adriatico o vi esercitano la pesca, in seguito a pratiche fatte dal pascià con Francesco Grimani, provveditor generale in Dalmazia e Albania, e colla signoria di Ragusi, il colonnello Giuseppe Zannoni pel Grimani e Matteo Sorgo per la detta signoria, alla presenza del pascià in Traunich, pattuiscono : In luogo del diritto di transito che le navi de' ragusei pagavano finora a Venezia, in riconoscimento della signoria di questa sull'Adriatico, d'ora in poi i due rappresentanti di Ragusi che si recano a far ufficio di complimento col capitano veneto in golfo al suo uscir di carica, dovranno portargli ogni tre anni un bacile d'argento del valore di 20 zecchini veneti. I navigli veneziani incontrando legni e barche di ragusei non li molesteranno. I sudditi veneti non entreranno ne' boschi dei ragusei a tagliarvi legne, nè molesteranno o danneggeranno in modo alcuno questi ultimi e le loro proprietà, nè impediranno loro la pesca nelle proprie acque, il che fu pattuito già 162 anni dalla republica per l'isola detta Sussaz.

Testimonî : Scehri Zoadar del defterdar di Costantinopoli, Seid Mehemet effendi scrivano della camera, Abdullah agà chiaia dei chiaus, Ibraim effendi scrivano, Mustafà effendi defterdar dei timari, Mehemed bei defterdar chiaiassi e Mustafà effendi defterdar, tutti e sei della Bosnia.

Nel titolo del documento è detto che fu « legalmente stipulato e bollato » da Ghiulsini Mehemet effendi fu cadì di Iosliza (Ioslowitz), ora naib di Brod, e da Alì effendi già cadì di Usiza (Usje), ed ora cadì specialmente incaricato del presente affare. Segue traduzione dell'attergato all'originale, con cui agà Mehemet pascià suddetto approva la convenzione, ed ordina sia eseguita.

Il tutto è tradotto da Tomaso Navon, dragomanno pubblico.

Si nota che il Grimani spedì il documento col dispaccio 29 luglio; che il 24 agosto fu invitato a mandarne copia in turco, il che eseguì col dispaccio

6 novembre n. 62, e che il 21 dicembre ne fu ordinato il deposito in cancelleria.

La traduzione del *cozeto* esiste inserta al dispaccio n. 48, dato da Cattaro il 29 luglio in *Dispacci del Provv. Gen. in Dalmazia*, filza 183.

1754, Luglio 30. — V. n. 67.
1754, Luglio 31. — V. n. 73.
1754, Luglio 31. — V. n. 73, all. 4.
1754, Agosto 12. — V. n. 66, all. A.
1754, Agosto 13. — V. n. 69, all. 8.

66. (64) — 1754, Agosto 16. — c. 171 t.° — Convenzione (in italiano) conclusa dai plenipotenziari cardinale Silvio Valenti e Pier Andrea Cappello ambasciatore veneto, per mettere fine a lunghe vertenze circa le acque del Tartaro. In essa si pattuisce : Sara tolto ogni impedimento al corso delle acque nel fiume; all'uopo ne saranno eliminati per sempre tutti i molini ed altri manufatti, sarà demolita la cosidetta rosta di Vallalta co' suoi argini. Un solo impedimento posto in avvenire al detto corso renderà nulla la presente. Il legato pontificio di Ferrara e il podestà veneto di Rovigo, provvederanno all'osservanza della presente e castigheranno i contravventori privati. Seguono altre disposizioni in argomento (v. n. 68).

Fatto in Roma. Sottoscritto dai due plenipotenziari.

ALLEGATO A : 1754, Agosto 12. — Breve del papa Benedetto XIV a Silvio Valenti cardinale, vescovo di Sabina. Gli conferisce pieni poteri per la conclusione della convenzione qui sopra, promettendo ratificarla.

Dato a Roma, presso S. M. Maggiore. — Sottoscritto dal cardinale Domenico Passionei.

ALLEGATO B : 1754, Luglio 13. — Il doge dichiara (in latino) di dar a Pietro Andrea Cappello, cav., ambasciatore ordinario presso la S. Sede, pieni poteri come sopra.

Data nel palazzo ducale di Venezia. — Sottoscritta da Santorio Santorio, segretario.

L'ORIGINALE, in *Deliberazioni Senato - Roma Expulsis*, filza 72.

Segue annotazione che la convenzione fu ratificata dal senato il 31 agosto 1754.

L'ORIGINALE, in *Deliberazioni Senato - Roma Expulsis*, filza 73.

1754, Agosto 17. — V. n. 69.

67. (66) — 1754, Settembre 4. — c. 175. — Federico Augusto III, re di Polonia, gran duca di Lituania, Russia, Prussia, Masovia, Samogizia, Kiev, Volhynia, Podolia, Podlachia, Livonia, Smolensko, Severia, Czernigov (Tchernigow), duca di Sassonia, Juliers, Cleves, Mons, Angre e Vestfalia, arcimaresciallo ed elettore del S. R. I., langravio di Turingia, marchese di Meissen, delle due Lusazie (Lausitz), burgravio di Magdeburgo, conte principesco di Henneberg, conte di Marck, Ravensburg, Barbio ed Hainaut, signore in Ravenstein ecc., ratifica l'allegato, promettendone l'osservanza.

Data a Varsavia. — Sottoscritta dal re (Augusto) e dal conte Enrico di Brull.

ALLEGATO: 1754, Luglio 30. — Gregorio Agdollo, consigliere aulico e rappresentante il re di Polonia (credenziale 17 aprile 1752), ed Andrea Corner ed Alvise Contarini I° (credenziali 27 luglio 1754), rappresentanti la signoria di Venezia, pattuiscono (in italiano): Tutte le telerie, trattene le miste di filo e cotone, del prezzo di 28 soldi veneti in su, fabbricate negli stati elettorali ed ereditari del re e trasportate a Venezia per le vie del Tirolo, Friuli ed altre di terra ferma, pagheranno soltanto l'1 per % di dazio. Tutte le stoffe di seta, anche con oro o argento, fabbricate in Venezia e trasportate nei mentovati stati, pagheranno quivi solo il 2 per % a titolo di dazio; quelle prodotte in altri paesi continueranno a pagare circa l'8 per %, eccetto che nelle fiere di Lipsia, dentro questa citta. Le manifatture sassoni e veneziane suddette, per godere di tali vantaggi dovranno esser munite di speciali contrassegni ed accompagnate da documenti che si determinano. Usandosi a Venezia esigere il dazio sulle telerie a un tanto per pezza, si ordinerà al governatore del fondaco dei tedeschi di uniformarsi al presente patto per le provenienze dalla Sassonia. Non venendo entro un anno conchiuso l'intero trattato di commercio fra i due potentati, il presente s'intendera annullato.

Fatto in Venezia (v. n. 70).

L'ORIGINALE esiste sotto il n. 985 nei *Patti Sciolti*, serie I, b. 46.

68. (65) — 1754, Settembre 21. — c. 174 t.° — Il senato all'ambasciatore presso il pontefice. Accusa ricevimento del n. 66, ratificato dal papa; gli manda copia delle istruzioni date al podestà di Rovigo per l'esecuzione, onde ne dia notizia al cardinale segretario di stato.

Segue ordine della consegna della convenzione originale al cancellier grande.

Sottoscritto da Santorio Santorio, segretario.

L'ORIGINALE esiste in *Deliberazioni Senato - Roma Expulsis*, filza 73.

69. (73). — 1754, Novembre 30. — c. 195 t.° — Maria Teresa imperatrice ecc., ratifica l'allegato.

ALLEGATO: 1754, Agosto 17. — I commissari plenipotenziari conte Beltrame Cristiani, per l'imperatrice, quale duchessa di Milano, e Francesco Morosini II, per Venezia, onde por fine alle questioni confinarie fra i rispettivi stati pattuiscono (in italiano): Base del presente sarà la pace di Lodi del 1454, 9 aprile fra Venezia e Francesco Sforza duca di Milano; il fiume Oglio sarà confine fra le provincie di Brescia e Cremona, dove scorre fra esse e come trovasi descritto nelle mappe degli ingegneri Merlo e Cristiani. Il fiume sarà comune ai due stati. E liberi ad entrambi saranno la navigazione e l'uso, salvi i diritti privati. Dopo ratificato il presente, cesserà l'esazione del dazio di transito pagato a Robecco dai naviganti veneti a favore della gabella grossa di Cremona ; i naviganti nel fiume con merci venete dovranno provare a Calvatone il trasporto di esse dallo stato veneto superiore all'inferiore. Le merci non venete e non destinate allo stato veneto, pagheranno il detto dazio alla posta di Calvatone, e al disotto di Bozzolo, ove tutti pagheranno per le merci ascendenti da luoghi inferiori. Continuerà l'esazione del dazio a Pontevico e a Robecco sulle merci sbarcate in terra, o da questa imbarcate. La giurisdizione sul fiume apparterrà ai due stati *pro indiviso*. La procedura relativa agli annegati nel fiume spetterà al foro naturale di essi ; per gli sconosciuti indagheranno d'accordo i magistrati delle due provincie predette ; pei delitti minori nel fiume giudicherà il foro del delinquente. La consegna vicendevole di rei seguirà nel mezzo del fiume. La pesca in esso, apparterrà per metà a ciascuno dei frontisti, che potranno accordarsi anche fra loro per altri modi, salvo ai governi l'imposizione delle norme. I pescatori non potranno usar mezzi che impediscano il corso delle acque, e gl'impedimenti esistenti saranno rimossi. Le parti permetteranno il libero ormeggio, alle rispettive sponde, dei molini e *porti* (chiatte da traghetto), specificati in appositi fogli sotto i n. 4 e 5 l'una dell'altra. Cessando l'esercizio di alcun molino nel fiume, non potrà esser surrogato da un nuovo senza l'assenso dei due governi ; vietata l'introduzione d'ogni nuovo molino o *porto*. Per riguardi di sanità potrà esser sospeso l'esercizio dei detti galleggianti. Sarà proibito l'uso di barche da tragitto arbitrarie. Continuerà l'uso delle derivazioni d'acqua per irrigazione ed industrie, descritte nelle mappe allegate ; saranno modificate le bocche delle seriole di Urago e Calciana ; per le concessioni di nuove, occorrerà il consenso dei due governi. Il naviglio Pallavicino continuerà a scorrere, verso il pagamento del consueto livello alla città di Brescia. Il naviglio Cremonese conserverà l'acqua dovutagli per la concessione del 1337 e regolazioni 1559 e 1561, vietato ogni escavo per approfondirlo ulteriormente e incaricati gli ingegneri Merlo (Carlo Giuseppe), Rossi (Antonio Giuseppe), Azzalini (Antonio Maria) e Cristiani (Paolo Antonio), di riferire circa il modo di impedire le trasgressioni del divieto. Il Merlo e il Cristiani esamineranno la verità dei lagni circa l'acqua scarsa della seriola Donna. Vedute le convenzioni fra la comunità di Rudiano bresciano e la casa Barbò di Milano, 23 dicembre 1500 in atti di Giov. Vincenzo Coletti, 12 febbraio 1677 e 3 gennaio 1717 in atti di Nicolò Albertoni, ambidue notai di Soncino, e la privata scrittura 14 maggio 1736, si dichiara spirata la convenzione del 1717 con i relativi obblighi delle parti, restando intatti quelli derivanti dalle altre. Restano ferme le convenzioni private 2 ottobre 1592, 10 maggio 1610, 1 maggio 1699, 2 settembre 1730 e 7 dicembre 1740, fra il capitolo di S. Maria della Scala di Milano e i compartecipi di Acqualonga, pei beni del primo in Castel Visconte ; la manutenzione dei rettifili alle sponde del fiume sarà a spese comuni. Si stabilisce il prezzo delle giornate pei lavori relativi. Le dette parti eleggeranno due nuovi periti. Sarà eseguita la convenzione 1699, dell'istromento 21 agosto 1728, in atti di Melchiorre Monza notaio di Milano, fra i detti capitolo e compartecipi per il gratuito tragitto degli abitanti di Castel Visconte e di Acqualonga, e per tutto il resto. Vengono incaricati gli ingegneri Merlo e Cristiani di provvedere al ristauro e ricostruzione dei rettifili sulle sponde del fiume fra i beni delle dette parti. Si provvede al compenso dei terreni che fossero all'uopo espropriati. Gli stati, per la parte di territorio che perdessero in causa di tali lavori, si dichiarano compensati; (sono nominati Seniga, Gabbionetta e il Mella). Le questioni private fra sudditi dei due stati, saranno giudicate dal foro del luogo dove sono i beni. Venendo a mutarsi, in seguito all'esecuzione dei rettifili, la territorialità di certi tratti di terreno, si delibera che il conte Barbò, il marchese Pallavicini, i privati di Soncino, i comuni di Genivolta e di Azzanello, il vescovo e l'ospitale di Cremona (lombardi), i conti Enrico, Carlo e Nestore Martinengo, il conte Martinengo di Villagana, il conte Tadini, Paolo Ruffoni, Attilio Borgondio, i fratelli Bargniani, il comune di Rudiano (veneti), ed altri nel caso, possidenti terreni entro quattro miglia e rispettivamente al di là del fiume, non siano soggetti pei detti beni a provvedimenti *contra forenses* e *non habitantes*. Rendendosi inutili, per l'esecuzione dei rettifili, certe opere esistenti nel fiume per regolarne il corso, si provvede alla loro eliminazione. Sarà proibito ai privati di far nuovi lavori nel fiume e s'impedirà ch'esso formi rami minori. Si permette un'opera di difesa del naviglio Pallavicino, e così al comune di Orzinovi per la sua seriola. Le spese pei rettifili saranno fatte una metà dalla camera di Cremona, l'altra da quella di Brescia, che verranno rimborsate da chi spetta; i frontisti delle due rive avranno carico della manutenzione dei rettifili stessi. Le isole che si formassero nel fiume spetteranno allo stato e ai proprietari della sponda più vicina. Per l'esecuzione di quanto sopra si faranno visite biennali da commissari delle due parti.

Fatto in Vaprio. — Sottoscritto dai due commissari.

Seguono nel trattato originale i seguenti allegati, che nel Commemoriale sono indicati come esistenti in copia nei dispacci del commissario Morosini.

N. 4. — *Specificazione dei porti appartenenti alla ripa di Brescia sul fiume Oglio:* porto di Rudiano, appartenente a quella comunità; di Barco, ai Martinengo; di Buonpensiere, ad Attilio Bargonzio; di Villagana, ai Martinengo; di Monticello, a Provaglio; di Mezzo, a Giovanni e fratelli Martinengo; degli Andrioni, dirimpetto ad Alfiano, al monastero di S. Giulia. — Promiscui: porto di Bordolano, appartenente a Bordolano cremonese e Quinzano bresciano; di Calcio, ai condomini di Urago (bresciano), e di Calcio, a Pumenengo e a Pallavicini di Portici (cremonesi); di Soncino cremonese che supplisce al ponte accennato nella pace di Lodi.

Molini sull'Oglio: molino della comunità di Seniga bresciana a Pontevico, il cui pedaggio spetta alla città e vescovo di Brescia ed alla comunità di Pontevico.

5. — *Specificazione dei porti appartenenti alla ripa Cremonese sul fiume Oglio:* porto di Castel Visconte, appartenente al capitolo della Scala; della Bina, al marchese Cauzio. — Promiscui: quelli indicati come tali nel bresciano.

Molini sull'Oglio: del conte Barni compossessore di Robecco; della casa Roncadelli composseditrice di Grimano; del marchese Ali e della comunità di Grontardo in Scandolara; del monastero di S. Giulia di Brescia, come padrone della comunità di Alfiano; e del marchese Antonio Pallavicino e del comune di Pescarolo.

6. — 1561, 24 Settembre: Convenzione tra i commissari conte Gio. Anguissola per sua maestà cattolica, e Domenico Bollani vescovo di Brescia per la republica veneta, per regolare la navigazione nel naviglio Cremonese. Sono nominati in essa: Giulio Martinengo da Urago; Gian Francesco Stella da Brescia; Gerolamo Scorreccio da Arezzo; Nicolò da Dolcigno; Francesco Secchi; conte Camillo Caprioli ed Antonio Martinengo; dottori Princivalle Barbisoni, Lodovico Lana, Vincenzo Stella, per la città di Brescia; dottori Paolo Iopa, Gio. Batta Mainoldi, Giampietro Ali, per la città di Cremona.

Fatta in Urago, in atti dei notai Mario Trussio e Gabriele Faita.

1561, 24 Settembre: Regolazione delle quattro soglie del naviglio Cremonese in esecuzione della capitolazione 1559.

Fatta e firmata come la precedente.

1561, 13 Ottobre: Dichiarazione di Gio. Batta Mazzino e Gio. Paolo Ziliani livellatori, di aver assistito continuamente all'esecuzione della precedente regolazione.

Fatta in Urago.

7. — 1754, 3 Luglio: Carlo Giuseppe Merlo, ingegnere di Milano, Paolo Antonio Cristiani, ingegnere per la Lombardia veneta, rilevano i rettifili da eseguirsi nell'andamento del fiume Oglio.

Fatta in Vaprio ed autenticata da De Marinis.

8. — 1754, 13 Agosto: I periti ingegneri nominati nel precedente, fanno il calcolo del perticato dei terreni che sono passati dall'una all'altra provincia pei salti fatti dal fiume Oglio.

Fatto e firmato come il precedente.

L'ORIGINALE trattato esiste sotto il n. 986 nei *Patti Sciolti*, serie I, b. 47.

70. (67). — 1754, Dicembre 6. — c. 178. — Il senato delibera la trascrizione nei Commemoriali del trattato al n. 67 e la sua custodia nella cancelleria segreta.

Sottoscritto da M. A. Marini, segretario.

L'ORIGINALE, in *Deliberazioni Senato Corti*, filza 292 (718).

1754, Dicembre 26. — V. n. 74.
1755, Marzo 14. — V. n. 71.

71. (69) — 1755, Aprile 13. — c. 181 t.º — Maria Teresa imperatrice ecc., ratifica l'allegato, promettendone l'osservanza.

Data e sottoscritta come il n. 41.

ALLEGATO : 1755, Marzo 14. — Per regolare il corso delle poste imperiali
fra la Germania e l'Italia, secondo l'intenzione dell'imperatrice, Venceslao
Antonio conte di Kaunitz-Rittberg, signore delle dinastie di Essen, Stadeldorf,
Wittmund, Mellerich, Austerlitz, Annover, Wesel, ecc., consigliere intimo di stato,
cavaliere del toson d'oro e cancelliere imperiale ; e Pietro Correr, ambasciatore ordinario di Venezia alla corte, pattuiscono : Continuerà il corso del cocchio postale pel trasporto di corrispondenze, merci e viaggiatori, da Vienna a
Mantova e viceversa per la via di Rovereto e Verona ; in quest'ultima città
subirà la visita e paghera i diritti consueti ; negli stati veneti potrà ricevere
e lasciare viaggiatori e merci, purchè non proibite. Si fissano le norme pel
trattamento delle corrispondenze e dei pacchi in Verona nei riguardi dei dazi,
con speciali esenzioni per le missive governative, e per la legittimazione di
queste. Il cocchio non potrà trasportare lettere chiuse per gli stati veneti ; quelle
che portasse da fuori saranno consegnate all'ufficio postale di Verona. Gli oggetti militari che per urgenza si trasmettessero fra gli stati imperiali colla
posta, saranno esenti da dazi nei veneti. I pagamenti delle loro prestazioni ai
maestri di posta veneti, si faranno giusta il convenuto da essi col consigliere
Visner. Continuerà il corso della posta fra gli uffici austriaci di Germania e di
Venezia per la via del Friuli, coll'osservanza delle norme in uso anche per la
staffetta recentemente introdotta ; le lettere dirette a luoghi veneti, si consegneranno agli uffici di destinazione gratuitamente ; le spedizioni postali venete
per Trieste saranno trasmesse dall'ufficio di Palma a quello di S. Giovanni in
Duino ; quelle per Vienna procederanno per Gorizia ; si disporrà che pel tragitto del Tagliamento e d'altri fiumi veneti, la posta non subisca ritardi ; tutto
ciò senza pregiudizio di quello tratteranno i commissari ai confini. La pretesa
sollevata dai corrieri veneti che si ritenevano lesi perchè le lettere dirette dalle
provincie belgiche e dalla Germania a Roma, si fanno ora passare per Mantova
e non sono più consegnate ad essi in Venezia, per l'inoltro all'ufficio veneto
in Roma, è lasciata per la decisione all'esame della commissione pei confini
di Lombardia (conte Cristiani e cav. Morosini) (v. n. 72).

Fatta a Vienna. — Sottoscritta dal Kaunitz e dal Correr.

72. (70) — 1755, Maggio 3. — c. 186. — Il senato ordina la consegna
del trattato al n. 71, al cancellier grande per la sua conservazione nella cancelleria segreta.

Sottoscritto da Michelangelo Marini, segretario.

L'ORIGINALE, in *Deliberazioni Senato Corti*, filza 293 (720).

73. (75). — 1755, Maggio 16. — c. 207 t.° — Maria Teresa imperatrice
ecc., ratifica l'allegato, promettendone l'osservanza.

ALLEGATO: 1754, Luglio 31. — I due commissari nominati al n. 69, continuando nella definizione delle questioni confinarie fra la Lombardia austriaca
e la veneta, pattuiscono (in italiano): Considerando esservi alcune pezze di territorio di ciascuno dei contraenti incluse nello stato dell'altro, fu deciso di

scambiarle vicendevolmente. Quindi l'imperatrice, quale duchessa di Mantova, cede a Venezia quello che possiede nel distretto di Asola, indicato nei disegni allegati, (si nominano le case dei Negrisoli e il terreno detto le Medulfe) in tutto campi 731,7,20. Venezia a sua volta cede all'imperatrice i terreni detti le Bologne e S. Cassiano, le Cesaree ed altri descritti pure in disegni allegati, insieme campi 731,7,20, posti nel mantovano. Si descrive la linea confinaria, nominando l'alveo di acqua viva del Tornapassolo, il dugale Tornapasso fino alla strada Caema, l'acqua viva del Tartarello, la Serioletta, il Tartaro e il molino di Marianna; le case de' Negrisoli, i dugali Zenerà e Corgolo o Gambino, Castelgoffredo, il Tartaro o Febressa, Casaloldo, la seriola Fuga, Castelnuovo, la strada di S. Vito, il dugale Mediarolo, la casa Pelizzari, il dugale Isolella, Carpenedolo, la seriola del comune di Acquanegra, il fiume Chiese, la seriola di Asola, Canneto, lo scolo detto il Ri, la strada di Sorbara, la seriola Turca, Casalromano. Gli alvei dei corsi d'acqua, i fossi e le strade fra i due stati, saranno comuni ad essi quanto a giurisdizione, salvi i diritti dei privati. Dopo la ratificazione si daranno gli ordini alle autorità competenti dei due stati per la conservazione de' confini fra le provincie venete e il mantovano a norma del piano allegato. Gli abitanti del territorio di Asola potranno esportare liberamente i frutti dei lori beni nei territori di Castiglione delle Stiviere, Calstelgoffredo, Redondesco, Marianna, Canneto, Ostiano, S. Martino dell'Argine, Bozzolo, Rivarolo fuori, Viadana ed Isola Dovarese, salvo nei casi di divieto per riguardi di sanità, nei quali dovranno smerciare i frutti stessi nel mantovano; così gli abitanti delle dette terre, possidenti nell'asolano. I detti abitanti d'ambo gli stati saranno esenti da leggi *contra forenses*, da tasse sugli stranieri, e potranno acquistar beni liberamente gli uni nello stato degli altri. Sarà vietata l'erezione di case a distanza minore di 30 pertiche dalla linea confinaria, sotto pena di demolizione e di confisca del suolo. Si prescrivono norme dirimenti questioni per diritti privati su acque passanti dall'uno nell'altro stato, cioè: fra il comune di Casaloldo veneto e Marianna e Redondesco, mantovani, insieme alla casa Castiglioni in concorso di Castelgoffredo (si cita una convenzione 27 ottobre 1567, in atti di Antonio Beffa Negrini, notaio di Asola, e si ordina la distruzione del molino della Rovere, nominandosi anche quello della Resega, la possessione di Cavallara, il Tartaro o Febressa); fra i detti comuni e casa, (citasi la convenzione 30 agosto 1490 in atti di Battista Agogeri, notaio di Carpenedolo, e la suaccennata, e si nominano i comuni di Piubega e Carpenedolo, gli utenti Carlo Donini ed Agostino Sangervasi); fra il comune di Casalpoglio ed i privati di Castelgoffredo; (si citano: convenzione 15 luglio 1755, fra Clemente Rosa e il detto comune, in atti di Luigi Canzoli, notaio di Milano, sentenze di magistrati di Mantova, convenzione 22 maggio 1494, in atti di Girolamo Roci, notaio di Asola, e si nomina la chiavica Sibilla). Il comune di Castelnuovo ha facoltà di far togliere una macina da olio sulla seriola Gambino, concessa a Vincenzo Schinelli, con atto 16 novembre 1696, del notaio Uberto Carlotti. Si ordina l'esecuzione della transazione 29 dicembre 1727 fra il comune di Asola e quelli di Redondesco e Marianna, in atti di Marc'Antonio Torresani, notaio di Asola, circa il canale

Fuga. E tutte queste acque saranno descritte nella nuova mappa dei confini. Del presente saranno fatti sei esemplari, ed esso sarà ratificato entro due mesi.

Dato e sottoscritto come il n. 69.

L'ORIGINALE, in *Patti Sciolti*, n. 987, serie I, b. 47.

Allegati citati che mancano nel Commemoriale, ma che esistono nell' originale, nell' ordine seguente:

4. — 1754, 31 Luglio: Piano per la conservazione dei confini. Nomina di ingegneri da parte delle rispettive comunità limitrofe per la visita annuale. Riunione biennale dei provveditori ai confini veneti e del commissario generale dei confini del mantovano. Destinazione del tempo per dette visite e modalità imposte ai visitatori. Procedura contro i turbatori dei possessi dei due domini e contrabbandieri.

Fatto in Vaprio.

5 B. — 1567, 27 ottobre: Transazione stipulata tra il marchese Alfonso Gonzaga, signore di Castelgoffredo, da una, ed il conte Camillo del fu Baldassare Castiglione ed i comuni di Casaloldo, Marianna e Redondesco dall'altra, per la regolazione delle acque derivanti dal Tartaro. Si citano: il molino della Rover, la Febressa, il molino della Rassega, Cavallara, Gorgalia ed i Gorghi di sopra, dei Regini, di Gerolamo Pariotto, di Scipione dei Zani, della Pallacina, di Francesco Silva, di Gerolamo Giroldo, del Pasino, degli Acerbi, dei Rossi, di Cristoforo Locchino Lodola. I ponti sul Tartaro siano mantenuti a spese comuni. — Il marchese Gonzaga ogni sabato per 24 ore possa aprire le chiaviche per adacquare i suoi beni in Cavallara. — Non possa il marchese, nè alcun suo suddito, far escavi od altro nei gorghi del Pratola. — Si annullano tutti gli istromenti ed atti stipulati in precedenza alla presente; eccettuati quelli di donazioni fatte al Gonzaga e descritte nella ·sentenza di Beltramino Cassadro. — Possano i compartecipi condurre le acque del Lodolo nel Tartaro. — Sono inoltre nominati nella transazione, Giangiacomo Turco di Casaloldo, Antonio di Paolo Chianci da Acquanegra, Dario Quaranta di Asola, Gian Francesco Facchini di Casaloldo e don Alvise de Pignalosa patrizio spagnuolo e procuratore del marchese Alfonso Gonzaga per istromento in atti di Urbano Mazzardo notaio di Castelgoffredo, Andreolo Barba Ruzzenenti ed Antonio Facchini procuratori del comune di Casaloldo per istromento di Bartolomeo Romagnolo notaio di Casaloldo, Claudio Farrone e Girolamo Carminati procuratori del comune di Marianna per atti di Francesco Solazzo notaio di detto luogo, Giulio de Torroli e Camillo Vallario sindici e procuratori di Redondesco per rogito di Gian Benedetto Leoni notaio di detto luogo, e Girolamo Carminati procuratore del conte Camillo Castiglione per atti di Giacomo Filippo Ionello notaio di Mantova.

Seguono i capitoli relativi al caso di mancanza dell' acqua Cavallara al servizio di Castelgoffredo: in essi si citano i gorghi detti del Silvello, le terre di Agostino Carrara, le fosse attorno la Palazzina.

Fatti a rogiti del notaio Antonio Beffa Negrini.

6 D. — 1490, 30 Agosto: Transazione tra Carpenedolo e Casaloldo. Si concede al comune di Carpenedolo ed ai conti Gazoldo di scavare il vaso della seriola a beneficio di detti conti. Paolo di Casnigo, Agogerio degli Agogeri, Bono degli Agogeri, Guglielmino Lanfranchi e Teodoldo Toloni, sindici e rappresentanti di Carpenedolo, autorizzano quei di Casaloldo di scavare un vecchio fosso in contrada di Scaliaro cominciando dalla seriola di Casaloldo fino alla strada di Castelgoffredo verso i monti, per condurre le colaticcie ai prati della chiesa di Carpenedolo e di Benedetto Pesenti. Si citano ancora: la casa Lanfranchi presso la strada della Colla e di Domenico de Menci, Giovanni Beffa, Giovanni Fachini, Antonio Cortesi, rappresentanti di Casaloldo.

Fatto in Carpenedolo, in atti di G. B. di Bono degli Agogeri, notaio, ed Agostino di Francesco Terlera, pure ivi notaio. — Trascritto nel 4 marzo 1690, da Domenico di Massaletto Aldrighetto, notaio, e concordato da Cesare Somazzo, notaio per apostolica ed imperiale autorità del collegio di Milano.

7 E. — 1567, 27 Ottobre: Capitoli tra il comune di Casaloldo ed i comuni di Marianna e Redondesco e il co. Camillo Castiglione, sulle acque del Tartaro o Febressa. Si stabiliscono in essi le modalità di tempo e di luogo per l'uso delle acque, la partecipazione nelle spese, l'uso delle chiaviche per evitare i danni delle innondazioni, e l'erezione e riparazione delle fabbriche. Si citano, oltre i comuni suddetti, la strada di Righibezzo, le case degli Amadei o Pellizzoni.

Sottoscritti: Gio. Giacomo Turco, procuratore di Casaloldo; Giulio Tiraboschi, sindico di Casaloldo; Claudio Faroni, procuratore di Marianna; Gerolamo Carminati, procuratore del conte di Castiglione; Giulio Torolo, notaio e procurator di Redondesco.

Fatto in Marianna. — Atti Antonio Beffa Negrini e Bartolommeo Romagnolo, publici notai.

1569, 22 Novembre: Procura del co. Camillo Castiglione a Gerolamo Carminati per trattare e concludere transazioni, patti e convenzioni coi procuratori delle comunità di Casaloldo veneta e Marianna e Redondesco mantovane, in atti di Cesare del fu Lodovico Morandi notaio di Mantova, trascritta e collazionata da Federico fu Francesco Trotti, notaio pure di Mantova.

Presenti: Bartolomeo Biancardi detto Burato del fu Giovanni Giacomo e Giulio Malandrini del fu Francesco, con autenticazione delle firme notarili fatta in Mantova da Gio. Giacomo Beccaria di Pavia pretore del ducato di Mantova, contrassegnato da Annibale Tasso, notaio pretorio.

1753, 13 Giugno: Cenno storico sul dominio delle acque di Casaloldo. Copia tratta da un volume intitolato « Libro Rosso » ed autenticata dal notaio Gian Francesco Scarduelli del fu Gio. Batta, collazionata dal giureconsulto Cesare Somazzo notaio di Milano.

8 D. — 1491, 22 Maggio: Transazione fra Daniele Daina da Asola e quei di Casalpoglio, e Giacomo Sibilia da Castelgoffredo, per l'escavazione di una seriola e condotta d'acque ai beni di detto Daina in Castelnovo d'Asola. Premesso l'acquisto fatto dal Daina dal comune di Carpenedolo

di certe sorgive, si fissano le modalità per la loro condotta dalla contrada della Colla fino a destinazione. Si citano: un istrumento di Antonio Nani notaio di Asola, Lazzaro Doro, il protonotario di Mantova, Giannino Stoppe, il notaio Antonio Mangerio, la contrada Pojana, Baldassare Rizzardi, Antonio Della Donata, Domenico Butturini di Casalpoglio, il notaio Cristoforo Boccalini di Asola, Bartolomeo di Trinzano. Atti di Girolamo di Roci notaio di Asola. Copia autenticata dal notaio Cesare Somazzo di Milano, tratta da altra 24 aprile 1753 autenticata da Felicissimo Carlotti notaio di Casaloldo, tratta da altra 9 dicembre 1694 autenticata da Francesco Rizzardo notaio di Casalpoglio.

9. — 1727, 29 Dicembre: Convenzione tra la comunità di Asola e le comunità di Redondesco e Marianna per le acque Fuga e Tartaro. Divisione, regolazione e manutenzione delle acque e vaso Fuga, a comodo delle comunità e dei compartecipi della seriola Gazolla, Serioletta e Pianone.

Testimoni: Angelo qu. Angelo Poli, Gio. Battista qu. Felice Pedracini, Antonio qu. Carlo Giuntini, tutti di Asola. — Si nominano: dott. Giovanni Montini causidico di Mantova, Francesco Bonomi, tenente Giovanni Piubeni, notaio Gaudioso Savio, notaio Alessandro Centurini, dott. Stefano Berra, capitano Ferrante Soregotti, Ferdinando Lomini, Carlo Gajofami, dott. Antonio Osma, notaio Marcantonio Torresano, rev. don Gio. Batta Medola.

74. (71) — 1755, Maggio 20. — c. 186 t.° — Maria Teresa imperatrice ecc., ratifica l'allegato, promettendone l'osservanza (v. n. 75).

Data e sottoscritta come il n. 41.

ALLEGATO: 1754, Dicembre 26. — I commissari co. Harrsch e Donà, per regolare le questioni dei confini dell'Istria, lasciando al giudizio dei fori dei rispettivi paesi le questioni fra privati, determinano per la linea confinaria il corso della Rosanda. Resteranno austriaci i campi del barone Marensi, il Potocco, la villa di Carisana o Mascoli; la strada da Carisano a Recca, sia veneta. Si nominano: il luogo detto Nalarguze, la sorgente di Breslanca, la fontana Brestenich, la chiesa di S.ta Croce di Castellez, la strada de' Cranzi che va a Cernical, il luogo Babbinagoriza, quello detto Monticello o Mataunz, la strada di Rosariol, il monte Berda, il luogo Grizacortina, il fiume Risano, il suo influente Stivanzkipotoch, la sorgente Sturich, i campi del conte Tacco, il Carso col luogo detto Nadieglizau o Jgliza, quelli detti Prosscoria e Flandiadolina, la Foibanera, Debei Crip, le vette Nadgorize o Mali Crip, Gorize, Velichi Verch, la Scherbina, Jessero, Podgoria distretto di S. Servolo, monte Kognik o Cavallo, monte Peloso o Cosmativerch, monte Goliz, il luogo detto Sbtauniza o Glavignech, i monti Rachitovich o Gradniza e Sirobotnich o Spizativerch o Sbeuniza, le vette Zidina o Malaglaviza, Piscovaglaviza-Nastaie e Sillovez o Vellichiverch, le ville Vodiza e Dane, l'acqua Patocco, le vette Soragomilla-Verch o Lipnich, Brigh-Slip o Glaviza, Velligaglaviza, Prognaglaviza, Difckina-Glaviza, Oslach, Bonarschiverch sotto Mozvilla, Kopitnick, Nadau, Camena-Vrata, Lamotina e Schia, i luoghi Sotto Sucha Vodiza, Osidanez, Suchiccuchi e Boliunschidou, Garbinapez, Glavinadol o Signorebaz, Platniza, Nacraidrage e Cobiliach o Pechina; la vetta

Paulobregh o Moroverch, il *buco* Velichidou, la vetta Verch, i luoghi Stariclanz, Se-
mich, le chiese di Sant' Elena e Sant'Andrea, Belligrad, i luoghi detti Fessura, Valle-
nadvinogradi, Podputa, Altagrisa, Monte Merdel, Malibreg, Bucoviza, Stupimb:egh,
Idicivene Macesta-Naduelo, Gherdiclanaz o Brutto passo, Musarini o Iamona,
Glaviza-Luboch–Drago o Nadrazocotiza, Vilinajama, Babindub e Sternanadetro-
gier, l' acqua Potcrequina, Podgorize, l' acqua Lipoviz-Draga, il rivo Podscora-
zize, i luoghi Polli-Lipevodi, Nadprizunaz, Nadsmricovaz, Seniza, il rivo Pod-
zaicca, il monte Cognano-Berdo, la chiesa di S. Antonio, le vette di Golli-Brich e
Cherova-Gniva, Ussoia, Chergnidou o Kranscomesso, Giapnenibrigh, il rio Ussoja,
il rio Dugert o Boglienedusse, il rio Laze, Restinipuz, il rio Colle Pollazina,
il rio Marauschiach, Sant'Andrea, il luogo Sterpallina, il rio Chrusegliach, San
Spirito, i luoghi Chrisischie, Raune, Campon, i rivi Stuiana-Lichina, di Lazi
e la fontana Cernivrajach, il luogo Crasiez, la fontana di Draguchio, il rio
Tomas, la Fiumera, Topol, Arbore-Gradin, Nad-Knesgnach, Malignischie, il rio
di Dugoberto, la Fiumera di Bottenigla o Fiume Negro, Sergogninastena, il
rio Bolas, la roia Slubaniza o Sameschi-Potoc, le ville di Zumesco, lo Zuf,
l' acqua Bristovaz, i luoghi Badagn, Racovgniach, Montelaz, Crassa-Mendicovich,
Fineda, Millocanich, Zvonovischa, Bellicamen, Miamor, Ternoviza o Ternova-
loqua, i monti Rosgnach e Giachich, le vallette Giaminach e Dumbochidolaz, i
campi Grabich, i luoghi Corridigo, S. Lorenzo, Pietra Babba. Seguitando lungo
la linea non contenziosa si arriva ai punti controversi tra Sumbergh ed Albona.
Si citano: il luogo Gerguro-Vaglaviza o Baracovaz, la Zatica o bosco di Giorgio
Chersich, i luoghi Chrisach o Mariaschiza, Naglavinez e il bosco di Belziz.

Data a Gorizia. — Sottoscritta dai due commissari.

L' ORIGINALE trattato esiste sotto il n. 988 dei *Patti Sciolti*, serie I,
b. 48.

75. (72). — 1755, Luglio 19. — c. 195. — Brano di lettera (in italiano)
del senato all'ambasciatore a Vienna. Si accusa ricevimento del trattato dell'Istria
(v. n. 74) e si avvisa che se ne darà notizia al commissario Giovanni Donà per
le ulteriori pratiche di esecuzione. Si ordina poi la trascrizione del documento
nei Commemoriali e la sua custodia nella cancelleria segreta.

Sottoscritto da Michelangelo Marini, segretario.

L' ORIGINALE, in *Deliberazioni Senato Corti*, filza 294 (724).

76. (74) — 1755, Agosto 30. — c. 206 t.° — Il senato, all' ambasciatore
a Vienna (in italiano). Si approva la sua fermezza verso il conte Kaunitz, nel
respingere ogni alterazione dello stipulato nell' allegato al n. 69; e non si du-
bita che anche il trattato pei confini dell'Asolano (Brescia) non incontrerà
difficoltà. Si ordina poi la trascrizione e la custodia come al n. 75.

Sottoscritto da Michelangelo Marini, segretario.

L' ORIGINALE, in *Deliberazioni Senato Corti*, filza 294 (724).

77. (76) — 1755, Settembre 27. — c. 217. — Il senato, all' ambasciatore a Vienna (in italiano). — È lodato per aver superate le difficoltà frapposte dal direttore della cancelleria del conte Kaunitz alla ratificazione n. 73, della quale si accusa ricevimento. Si ordina poi la trascrizione ecc., come al n. 75.

Sottoscritto da Michelangelo Marini, segretario.

L'ORIGINALE, in *Deliberazioni Senato Corti*, filza 294 (724).

COMMEMORIALI

LIBRO TRENTESIMO SECONDO.

DEI COMMEMORIALI

(MDCCLV–MDCCLXXII)

REGESTI.

———

1755, Novembre 6. — V. n. 1.
1755, Dicembre 31. — V. n. 3.
1756, Marzo 11. — V. n. 5.

I. (1) — 1756, Marzo 20. — c. 1. — Maria Teresa, imperatrice ecc., ratifica il trattato concluso in Gorizia dai commissarî e ne promette l'osservanza.

Data a Vienna. — Sottoscritta dall'imperatrice, da Venceslao Antonio conte di Kaunitz e Rittberg e per mandato da Federico de Binder.

Allegato: 1755, Novembre 6. — Convenzione stabilita dai commissari imperiale e veneto per togliere le differenze di confine tra il fiume Iudri e la valle Utsca pei monti delle signorie austriache di Canale e Tolmino e della veneta Schiavonia. Si premette che i beni dei particolari che si troveranno entro i confini delimitati dalla convenzione, rimarranno di proprietà degli attuali possessori, cioè dei veneti anche se risultassero in confine austriaco, e degli austriaci anche se fossero in territorio veneto. Nei capitoli poi si nominano il fiume Iudri, i due pattocchi Javestir e Idria o Zozapotem, il luogo detto Chemiza dai veneti e Rabonza o Steffingo dagli austriaci, la sommità Slimegauge, indi Dibuccavagese o Potscalu, Planeniza, Zazagradem, Kraischiverdo, Nackunizi, Frazi, Collovrat o Nascali, Vlessich, Nacrosich o Montechuch. Si accorda ai comunisti veneti di Trenchia di poter boscare privatamente nelle dipendenze di parte austriaca per lo spazio che verra loro assegnato, con la corresponsione annua di un fiorino in segno di dominio, da pagare all'officio dei boschi di Gorizia. Seguono poi le confinazioni verso l'Isonzo, e vengono nominati: la località Perdicziack, il dirupo Potcotlam, il colle Sablenzi, i siti Fortin, Hudna o Loch, il pattocco Posovize, le sommità Sirasirciz, Pezlapozi, Navolauli-Casui, Matajur, Naverchpoliz o Soprascrile, Smreze, il Natisone, il rio Meunich, la fontana di Pojana, e seguendo il corso di essa, il pattocco Pot-Koslam;

indi il Monte Mia, la sommità di Naprivolù, il colle di Santa Elena, l'acqua Biela, il rio Romarch o Corozeclaz, il monte Stù o' Plassemberg.

Data a Gorizia. — Sottoscritta dal conte d'Harrsch (Harrac), commissario imperiale, e da Giovanni Donà, commissario veneto.

L'ORIGINALE esiste sotto il n. 98-9 dei *Patti sciolti,* serie I, b. 48.

2. (2) — 1756, Aprile 2. — c. 7. — Estratto di deliberazione del senato diretta all'ambasciator veneto in corte cesarea, Pietro Correr. Si ordina la trascrizione nel Commemoriale del trattato al n. 1 e la consegna dell'originale al cancellier grande per la sua custodia. Si accenna alla spedizione delle ratifiche con dispaccio del Correr da Vienna 20 marzo 1756, n. 181, e con l'altro del commissario Donà, n. 200.

Sottoscritto da Michel Angelo Marini, segretario.

L'ORIGINALE, in *Deliberazioni Senato Corti,* filza 296 (727).

3. (3) — 1756, Aprile 12. — c. 7 t.° — Maria Teresa, imperatrice ecc., approva le convenzioni relative alle sommità dei monti della Schiavonia veneta fino alle due Pontebbe, veneta ed austriaca, all'abazia di Moggio, con Pletz e la Carinzia austriaca.

Data e sottoscritta come il n. 1.

ALLEGATO: 1755, Dicembre 31. — Convenzione stabilita tra i due commissari, imperiale e veneto, a séguito di quella stabilita nel 6 novembre dello stesso anno. Dalle sommità dette dagli austriaci Plassemberg e dai veneti Stù, si prosegue verso ponente per le sommità Bergnischi-Verch o Poje, Naversitch o Drevaz, Dernoclo o Plate e Musiz o Abruaz; indi verso tramontana discendendo nella valle d'Ucea si trova la sommità Robove o Schirochi-Berdo, e di nuovo verso ponente si segna una linea che termina alle sommità Sternaberdo o Podlamen. Da queste, tirando una linea retta fino al confluente tra il rio Longiplaz e l'acqua d'Ucea, si discende ad Acquamar, poi si ascende verso tramontana alla sommità Schwalenberg o Tanarobo. La linea confinaria passa continuando verso levante per le sommità Uschautze o Scrimist-Berdo, Nadvolaulim-Patokem o Zarasuka, Kosiberto, Schredniza o Plassigie, Craulich o Schridni-Berdo, ed Ostrich o Craugulnich. Quindi si procede per la linea non contesa, cioè per le sommità Ostrich, Babba, Canin, e per le cime Prostrelenich o Prival, Prisnohora o Medon, Liuk o Questat, e Schrankenleiner o Robon. Da detta sommità di Robon, per una linea retta, si giunge a Riosecco, poi al Creto Rosso, e di là al Monticulo o Monticello sino alla sommità della Carnedul. Di là si discende alla valle detta la Saltaria o Satsera; dal qual punto per una linea possibilmente retta si arriva alla Costa dei Buoi; questa serve di principio ad una nuova linea che arriva alla sommità del Plagnis mantenendo le strade di comunicazione per discender nella valle. Ripigliando poi la linea di confine si passa per le sommità Mizilla o Piper, e Creto di Bielga o Lipnich. Si va poscia all'origine dell'acqua Schwefelbach e si percorre per il Monticolo o Pozzet, da cui si scende al luogo detto Dirupo, e per una linea obliqua, al sito Monteforte. Di là si ascende alla sommità del Boriz o Vellica-Rauna, poi pel rio detto Nicrot o Nitsch fino al torrente Fella. Sarà proibito di far tagli nel bosco presso il rio di Nitsch a sicurezza della Pontebba veneta, per cui sarà obbligo di publicare ogni anno questo articolo nelle ville austriache di Leopoldskirchen e della Pontebba austriaca.

Data in Gorizia. — Sottoscritta come al n. 1.

L'ORIGINALE esiste sotto il n. 990 dei *Patti sciolti*, serie I, b. 48.

4. (4) — 1756, Aprile 30. — c. 11 t.° — Estratto di ducale all'ambasciatore veneto in corte cesarea, Pietro Correr. — Deliberazione come al n. 2.

Sottoscritta da Michel Angelo Marini, segretario.

L'ORIGINALE, in *Deliberazioni Senato Corti*, filza 296 (727).

1756, Maggio 17. — V. n. 8.
1756, Giugno 9. — V. n. 6.

5. (5) — 1756, Giugno 27. — c. 12. — Maria Teresa, imperatrice ecc. ratifica la convenzione 1756, fatta in Gorizia dai due commissari, imperiale e veneto.

Data e sottoscritta come al n. 1.

ALLEGATO: 1756, Marzo 11. — Convenzione della commissione imperiale e veneta, per definire le differenze di confini vertenti tra la Carinzia e la Carnia. Ripigliando pertanto il confine dove fu lasciato colla convenzione 31 dicembre 1755, dall'acqua detta la Pontebbana, si arriva allo sbocco del rio detto Pricot dai veneti, Brigetisch-Graben dagli austriaci: abbandonando questo rio e volgendo a destra contro corrente, si giunge al rio Dürnbacher-Graben o Riosecco fino allo sbocco del rio di Lanza. Poi per il rio delle Laste si va al Prato Barbacis, e per una linea retta di circa pertiche 600, si ascende al Pittstall o Piano delle Fratte, dal quale discendendo per pertiche circa 290, si giunge all'Auf das Cordin-Wipfl o Colle delle Corde. Poi ascendendo verso ponente all'incontro del corso, si trova la sorgente del rio dell'Inferno, dalla quale dopo una linea di pertiche 120 circa, si giunge alla Val di Puortis, dove principia il monte Ludin grande o Weidecker-Thörl-Köpfl. Cominciando poscia dallo sbocco del Dürnbacher-Graben o Riosecco ed andando contr'acqua verso le sommità dei monti, si arriva alla punta detta dagli austriaci Rudniger-Höhe e dai veneti Cima d'Aip. Indi si seguita per le sommità dette

dagli austriaci:	*dai veneti:*
Silleekofl	Creto di Valdolce
Zottag-Höhe	{ Cima della bella Palla { Colle sopra il paludo della Canevata
Ringmauer	{ Castellerio { Colle di Latuja

dagli austriaci :	*dai veneti :*
Schulter-Köpfl	Colle dei Cadini
Cordin	Colle del Lazzetto
Die Rothe Wand	Colle di Sgiarnat
Ober-grosse See-Pigl	{ Colle Tonin { Cima del Lago
Ober-Kleine-See-Höhe auf den Pigl in Klein-Cordin	{ Colle della Palla dell'Aria
Rothe-Pigl	Colle del Lago
Mark-Pigl	Colle del Confine,

dal quale colle si discende al rio dell'Inferno. Nel tratto di terreno circoscritto dalle dette località, resteranno in proprietà dei comuni e dei privati sudditi della republica i boschi e prati come erano da loro goduti per innanzi. Il passaggio per quei monti restera libero, sia per le persone, che per gli animali, così pure per i fieni, legnami, ecc., nè potranno essere perciò dai veneti imposti aggravî di sorte. Per unica ricognizione, la gastaldia della Carnia sarà tenuta a pagare ogni anno, a nome dei veneti possessori, all'ufficio che verrà destinato da sua maestà, il vogtetico, o censo annuo di fiorini 15 allemanni per tutto quello che posseggono entro i limiti sopraenunciati. In caso di controversie tra veneti, o tra veneti ed austriaci, si dovrá ricorrere ai rispettivi rappresentanti, essendo proibita ogni rappresaglia.

Fatta a Gorizia. — Sottoscritta dal conte d'Harrac e da Giovanni Donà.

L'Originale esiste sotto il n. 991 dei *Patti sciolti*, serie I, b. 48.

6. (10). — 1756, Giugno 30. — c. 20. — Federico Augusto III, re di Polonia; granduca di Lituania, Russia, Prussia, Mazovia, Samogizia, Kiovia, Volinnia, Popolia, Podlachia, Livonia, Smolensko, Severia, Czernicovia; duca di Sassonia, di Jülichs, di Cleve, di Monti, di Engern, di Vestfalia; arcimarescialo ed elettore del sacro romano impero; langravio di Turingia; marchese di Meissen, alta e bassa Lusazia; burgravio di Magdeburgo; conte principe di Henneberg; conte della Marca, di Ravensburg, Barby ed Hannau; signore di Revenstein, ecc., ratifica l'allegato.

Dato in Dresda. — Sottoscritto dal re Augusto, da Enrico conte di Bruhl e contrassegnato da Federico Ferber.

Allegato: 1756, Giugno 9. — Gregorio Agdollo, consigliere aulico e di commercio di sua maestà il re di Polonia, per plenipotenza 17 aprile 1756, e Marcantonio Dolfin ed Alvise Contarini I° cav., per plenipotenza conferita loro dal veneto senato con decreto 2 aprile 1756, stabiliscono un trattato di commercio tra la Polonia e la republica di Venezia, nei seguenti articoli: 1. Tutte le telerie, eccettuate le miste di tela e bombace, fabbricate negli stati di Polonia e Sassonia (e qui sono specificate le qualità delle tele), pagheranno al loro trasporto per le vie del Tirolo e Friuli o per altre della terra ferma, per esser vendute a Venezia, il solo dazio dell' uno per cento. — 2. Le manifatture di lana e stame (eccettuati i panni) provenienti per la stessa causa a Venezia dai reali stati, pagheranno il tre per cento d' aggravio. — 3. Tutte le manifatture sassoni che di là saranno trasportate a Venezia per mare o per terra, a solo scopo di transito, pagheranno 1/3 per cento. — 4. Le manifatture suddette che venissero caricate su bastimenti provenienti dal Baltico e per le quali non si dovesse pagare che 1/3 per cento, potranno essere trasbordate da un legno all' altro senza altra spesa, e mancando occasione di trasbordo, saranno conservate nelle dogane di Venezia o di Verona fino al momento di congiuntura di imbarco per altri stati. — 5. Verrà stabilita in Venezia una casa della compagnia dei mercanti sassoni che sarà, insieme col suo direttore, esente da qualunque tassa o taglione. — 6. Nelle spedizioni di merci per mare ad Amburgo con navigazione veneta, sarà confermato alla compagnia sassone quanto le fu concesso dal senato nel 1749. — 7. Nelle controversie che insorgessero tra mercanti sassoni in Venezia o nella veneta terraferma, si deputerà un magistrato pel giudizio di prima istanza, ritenuta quale giudicatura d' appello la quarantia od il collegio. — 8. Sarà proibita ad ambe le parti la vendita delle merci al minuto, la quale dovrà esser fatta a pezze intere. — 9. Tutti i drappi di seta, lavorati in Venezia, cioè, velluti lisci e in opera, damaschi di paragone e alla lucchese, drappi alla cavaliera ossia droghetti, cordoloni, rasi, terzanelle, ammuerri (moerri), tabinetti, podusuè, manti, nobiltà, fazzoletti, purchè non abbiano oro e siano trasportati negli stati di sua maestà a scopo di vendita, non pagheranno che il 2 per cento, e quelli provenienti da altre nazioni saranno soggetti al dazio generale (eccettuati quelli della città di Lipsia a motivo delle sue tre fiere franche). — 10. Il pelo di cammello e il fil di capra che da Venezia verranno trasportati negli stati elettorali, saranno esenti da ogni dazio. — 11. Tutte le manifatture venete e del levante che passeranno per transito negli stati elettorali, pagheranno solo 1/3 per cento. — 12. Il re di Polonia ordinerà ai suoi ministri di accelerare la costituzione della casa di commercio sassone in Venezia. — 13. Si autorizza lo stabilimento di una casa di commercio in Dresda tra i mercanti veneti e i sassoni. — 14. A garanzia delle merci dell' uno e dell' altro stato, dovranno esser queste racchiuse in casse ben condizionate ed accompagnate da fedi di magistrati delle rispettive città con bollette indicanti il numero delle casse, la qualità e quantità delle pezze con le rispettive bracciature, e per il pelo di cammello e il fil di capra, il numero delle balle col rispettivo peso. — 15. Per metter d' accordo il dazio per i cammellotti, che in Venezia è fissato a un tanto per pezza, ed in Sassonia a un tanto per cento, i commissari si atterranno al convenuto pel valore delle telerie e formeranno una tariffa a tenore della quale i doganieri esigeranno il dazio del tre per cento. — 16. Si converrà pure sui mezzi per evitare le frodi sotto nome di transito. — 17. La durata del presente trattato sarà di 15 anni. — 18. Ed avrà principio di esecuzione dopo la ratifica delle parti contraenti.

Fatto a Venezia. — Sottoscritto dai due commissari.

L'ORIGINALE, esteso su 4 fogli di carta con sigillo in cera rossa fissato con cordoncino di seta, esiste sotto il n: 992 dei *Patti sciolti*, serie I, b. 48, e la minuta originale dei 18 articoli firmati dai commissarî e muniti dei rispettivi sigilli in ceralacca rossa, è inserta nel decreto del senato 1756, agosto 21 (v. n. 11).

7. (6) — 1756, Luglio 10. — c. 17. — Estratto di ducale all'ambasciatore veneto a Vienna, Pietro Correr. Gli si accusa ricevuta della convenzione al n. 5, e si ordina la trascrizione di essa nei Commemoriali e la consegna al cancellier grande, dell'originale per custodirlo nei propri armadî.

Sottoscritto da Michel Angelo Marini, segretario.

L'ORIGINALE, in *Deliberazioni Senato Corti*, filza 296 (727).

8. (7) — 1756, Luglio 31. — c. 17 t.° — Ducale all'ambasciatore a Roma, Pier Andrea Cappello. Gli si accusa ricevuta della bolla originale spedita il 5 giugno col dispaccio n. 367, e con la quale fu posto termine alle controversie che agitavano il capitolo della cattedrale e la diocesi di Verona; lo si invita poi a porgere ringraziamenti al pontefice per aver fatto cessare l'attrito che teneva agitata quella chiesa. Si ordina al savio cassier di provvedere al pagamento di scudi 398 e baiocchi 10 per la spedizione della bolla; ed al cancellier grande di farla trascrivere nel Commemoriale (il che non venne eseguito), conservando l'originale insieme colle altre bolle. (L'originale trovasi nella busta n. 19 delle *Bolle ed Atti della Curia Romana,* sotto il n. 825). — Lo si avvisa che, dietro parere del consultore in jure (Triffone Vrachien), venne licenziata la bolla 1756, maggio 17, circa la soggezione del capitolo di Verona e dell'abazia di S.ta Maria in Organo a quel vescovo e successori, la qual bolla però non avrà effetto che alla morte del cardinale patriarca Dolfin.

Sottoscritta da Santorio Santorio, segretario.

L'ORIGINALE, in *Deliberazioni Senato - Roma Expulsis*, filza 76.

9. (8) — 1756, Luglio 31. — c. 18 t.° — Ducale al cardinale patriarca Dolfin, arcivescovo di Udine, che accompagna copia della bolla di cui al n. 8.

Sottoscritta come al detto n. 8.

L'ORIGINALE, in *Deliberazioni Senato - Roma Expulsis,* filza 76.

10. (9) — 1756, Luglio 31. — c. 19. — Ducale ai podestà di Verona (Vincenzo Pisani), di Brescia (Agostino Sagredo), e di Vicenza (Giacomo Trevisan). Si accompagna loro copia della bolla di cui al n. 8, perchè sia consegnata ai rispettivi vescovi, dicendo a quello di Verona che, nel caso indicato, abbia a riportarne piena esecuzione, ed a quelli di Brescia e Vicenza, che quali esecutori apostolici, al momento opportuno, ne curino l'effettuazione.

Sottoscritta come al n. 8.

11. (11) — 1756, Agosto 21. — c. 26 t.° — Il senato dichiara di aver ricevuto la ratifica della convenzione di commercio dal re di Polonia, stipulata come al n. 6. Dimostra ai plenipotenziari il suo pieno aggradimento per la buona riuscita dell'affare. Ordina la trascrizione di essa convenzione nel Commemoriale e la consegna dell'originale al cancellier grande per la sua custodia.

Sottoscritto da Michel Angelo Marini, segretario.

L'ORIGINALE, in *Deliberazioni Senato Corti*, filza 297 (729).

12. (12) — 1756, Dicembre 18. — c. 27. — Ducale al residente in Milano, Giovanni Colombo. Si approva il suo operato per la conclusione e sottoscrizione del patto (1756, Dicembre 7) riguardante l'arresto e reciproca consegna dei banditi e malviventi, firmato dal senatore Crivelli e da esso residente, e se ne ordina la publicazione a mezzo della stampa.

Sottoscritta da Giovanni Zon, segretario.

L'ORIGINALE, in *Deliberazioni Senato Corti*, filza 297 (729).

13. (13) — 1756, Dicembre 18. — c. 27 t.° — Ducale ai rettori di Verona, Brescia, Bergamo e Crema. Si spedisce loro la copia della convenzione accennata al n. 12 e se ne ordina la stampa e la publicazione in tutti i luoghi soggetti alla loro giurisdizione

Sottoscritta da Giovanni Zon, segretario.

L'ORIGINALE, in *Deliberazioni Senato Corti*, filza 297 (729).

14. (14) — 1758, Luglio 10. — c. 28. — Lettera del papa Clemente XIII al doge e republica di Venezia. Partecipa la sua esaltazione al pontificato. Si dichiara favorevole all'incremento di gloria e di felicità della republica e ringrazia per la parte che il cardinale Daniele Dolfin e l'ambasciatore veneto Pietro Correr hanno preso per la sua esaltazione.

L'ORIGINALE, scritto su carta di lino e tutto di mano del pontefice, è munito del suo sigillo privato e trovasi esposto nella serie degli autografi dei papi; porta il n. 826 delle *Bolle ed Atti della Curia Romana*, b. 19.

15. (15) — 1758, Luglio 19. — c. 29. — Clemente XIII al doge Francesco Loredan. Gli da notizia del ricevimento fatto a Pietro Correr, ambasciatore veneto, dopo il concistoro, alla presenza di tutti i cardinali. Ringrazia per la nomina del proprio fratello Aurelio a procuratore di S. Marco.

Sottoscritta da Gaetano Amato.

L'ORIGINALE esiste sotto il n. 829 delle *Bolle ed Atti della Curia Romana*, b. 19.

16. (16) — 1758, Agosto 5. — c. 30. — Clemente XIII al doge ed alla republica di Venezia. Ringrazia per le feste ordinate in occasione del suo esaltamento al pontificato e per la proroga di quattro mesi concessa per la sospensione del decreto del senato 7 settembre 1754, relativo alla disciplina ecclesiastica, allo scopo di ovviare a novità dannose al principato o che potessero turbare la quiete e il buon governo dei sudditi, e prega la signoria di volerlo ritirare in prova di affetto al vicario di Cristo.

Data in Roma, presso S.ta Maria Maggiore.

Una copia in carta, senza sigillo e senza firme, esiste sotto il n. 849 delle *Bolle ed Atti della Curia Romana*, b. 19.

17. (17) — 1758, Agosto 11. — c. 31 t.° — Clemente XIII al doge ed alla republica di Venezia. Ringrazia per gli offici fatti a nome loro dall'ambasciatore Pietro Correr, di cui tesse gli elogi. Prega la signoria di non esporre all'incomodo di un lungo viaggio gli ambasciatori a lui destinati, Angelo Contarini, Alvise Mocenigo, Marco Foscarini e Alessandro Zen, cavalieri e procuratori, ed i cavalieri, Andrea Tron, Antonio Diedo e Paolo Renier, savio del consiglio.

Data in Roma, presso S.ta Maria Maggiore. — Sottoscritta da Gaetano Amato.

L'ORIGINALE esiste sotto il n. 828 delle *Bolle ed Atti della Curia Romana*, b. 19.

18. (18) — 1758, Agosto 19 — c. 32 t.° — Clemente XIII al doge ed alla republica di Venezia. Esprime la sua riconoscenza pel ritiro spontaneo del decreto 7 settembre 1754 (v. n. 16).

Data a Roma, presso S.ta Maria Maggiore.

COPIA cartacea esiste sotto il n. 850 delle *Bolle ed Atti della Curia Romana*, b. 19.

19. (19) — 1759, Marzo 6. — c. 33. t.° — Convenzione tra lo stato pontificio da una parte, e gli stati della republica veneta dall'altra, per l'arresto dei banditi e malviventi. I plenipotenziari Luigi Maria Torrigiani, cardinale segretario di stato, per il pontefice, e Pietro Correr, per la republica di Venezia, stabiliscono: 1. I banditi con pena capitale non possano in modo alcuno abitare nè dimorare nei rispettivi domini e se presi entro gli stati, dovranno essere reciprocamente consegnati allo stato che li avrà banditi; coloro che gli ammazzassero, oltre l'impunità, avranno anche un premio; chi desse loro alloggio soggiacerà alle pene dei ricettatori. — 2. Quei malfattori contro ai quali non fosse stata pronunciata sentenza, ma che per titolo del reato dovessero soggiacere alla pena di morte naturale o civile od a quella della galera, dovranno essere consegnati a quello dei detti domini dove avessero commesso il reato. — 3. Se il reo al tempo della richiesta avesse commesso un delitto nel territorio dove fu arrestato, non sarà consegnato all'altro stato, ma sarà giudicato da quello dove avvenne l'arresto; chè se fosse assolto, allora verrà consegnato a quello che ne aveva prima fatto domanda. — 4. Si accordano ai malfattori 15 giorni dalla publicazione della presente convenzione per assentarsi dai due stati. — 5. L'arresto dei rei verrà fatto in base alle sentenze contro di loro emanate e rilasciate in copia dall'uno all'altro stato. — 6. Per delitti commessi fuori dei rispettivi domini, si dovrà procedere ad istanza di parte od ex officio, e potrà il governo, al quale il reo appartiene, richiederlo all'altro, purchè sia suddito di origine o per incolato. — 7. Non si potrà dall'una delle due parti far grazia, salvocondotto o fidanza agli inquisiti o banditi nello stato dell'altra. — 8. Se con l'arresto delle persone si sequestrassero cose rubate, dovranno queste esser consegnate insieme col reo, per la restituzione, ai danneggiati. — 9. Si dovrà mantenere la proibizione della permanenza nei rispettivi stati, di persone oziose, vagabonde o sospette, sì estere che nazionali. — 10. Sarà obbligo dei consoli di avvisare il giudice dove tiene residenza, se si trovino ivi banditi o malviventi, ed in caso non risieda, dovranno convocare la gente della terra per scacciarli, prenderli e, se del caso, anche ucciderli. — 11. Resta fissato reciprocamente che se il bandito o malvivente non sia suddito del sito dove ha commesso il delitto, dovrà il dominio nel quale ebbe luogo il reato farlo arrestare e punire, ma non consegnarlo ad altro giudice. — 12. Alla consegna dei banditi e malviventi saranno pure consegnati i corpi di reato senza spesa della parte. — 13. La presente avrà la durata di 5 anni dal giorno della sua publicazione.

Fatta in Roma. — Sottoscritta dal cardinale Torrigiani e da Pietro Correr ambasciatore veneto.

L'ORIGINALE esiste in *Dispacci Roma*, filza 279, inserta al n. 105, del 10 marzo 1759.

20. (20) — 1759, Marzo 25. — c. 36 t.° — Clemente XIII al doge ed alla signoria di Venezia. Manda in dono la Rosa d'oro da lui benedetta la quarta domenica di quaresima, giorno dell'Annunciazione di Maria Vergine. Latore di essa è il suo cameriere secreto Giuseppe Firrao. Concede indulgenza di 30 anni e 30 quarantene a coloro che assisteranno alla messa che verrà celebrata, alla prima esposizione di detta Rosa sull'altare, da Antonio Colonna Branciforte, arcivescovo di Tessalonica e nunzio apostolico in Venezia.

Data a Roma in S.ta Maria Maggiore. — Sottoscritta dal cardinale Domenico Passionei.

L'ORIGINALE esiste sotto il n. 836 delle *Bolle ed Atti della Curia Romana*, b. 19.

21. (21) — 1761, Gennaio 10. — c. 37 t.° — Clemente XIII al doge ed alla republica di Venezia. Motuproprio, col quale, confermando quanto operarono Sisto V e Benedetto XIII per la nomina ad auditore di Rota con la presentazione di quattro dottori di legge, concede al senato la prerogativa e diritto di nominare un nobile veneto, laureato in ambe le leggi, per suo auditore in perpetuo, nel modo stesso che li godono le principali corone di Germania, Francia e Spagna.

Dato a Roma in S.ta Maria Maggiore.

L'ORIGINALE esiste sotto il n. 846 delle *Bolle ed Atti della Curia Romana*, b. 19.

22. (22) — 1763, Luglio 18 (1177, 7 della luna di Moharrem). — c. 39. — Pace tra la republica di Venezia, rappresentata dal plenipotenziario Gaetano Gervasone, con Alì bassà e re d'Algeri, con l'agà dei soldati e col divano, stipulata nei seguenti articoli: 1. Seguirà pace ferma e sincera fra le due potenze con inclusione dei paesi e bastimenti dei sudditi veneti. Perciò il bey di Algeri ordina che i corsari non debbano recar alcuna molestia ai detti bastimenti, ma che reciprocamente si usino ogni cortesia. Se i veneziani concedessero passaporti a nazioni diverse dalla veneta per navigare nei mari algerini, il presente trattato di pace si intenderà rotto. (*Nota marginale:* Questo articolo fu regolato con la ratificazione della pace segnata il 23 giugno 1768) (v. n. 39). — 2. Le navi e bastimenti veneti che faranno porto in Algeri o in altri luoghi di quel dominio, pagheranno per la vendita delle loro merci, secondo l'antico costume, il 5 per cento sul venduto, come praticasi tra i francesi e gli inglesi. Le merci invendute e riportate a bordo non pagheranno alcun dazio. Quanto alle merci di contrabbando che servono per gli armamenti da guerra, cioè, polvere, zolfo, ecc., non si esigerà cosa alcuna. Segue una dichiarazione a detto articolo. (Vedi allegato in fine di questo). — 3. Le navi armate in guerra e le mercantili, incontrandosi, non si arrecheranno molestia, ma si useranno reciproche cortesie. — 4. Le navi di Algeri armate in corso, incontrandosi in bastimenti veneti, manderanno a bordo una lancia con due sole persone oltre i remiganti, le quali, entrate sulle navi venete dietro permesso del capitano e visti i passaporti, ritorneranno immediatamente, ed i bastimenti seguiranno il loro viaggio. Per 15 mesi dopo la firma del trattato, le navi algerine e venete non saranno inquietate per mancanza di passaporto. — 5. Sarà assolutamente proibito ai capitani o comandanti algerini di levare con violenza dalle navi venete alcuna persona a qualunque nazione appartenga. — 6. In caso di naufragio di navi venete, non si arrecherà alcun danno nè a persone nè a cose, ma si presterà ogni possibile aiuto. — 7. Nessun bastimento algerino avrà facoltà di armarsi in paesi di potenze nemiche alla republica, per esercitare il corso contro i sudditi veneti. — 8. Se qualche mercante veneziano acquistasse una presa in Algeri, o qualche capitano veneto in corso prendesse una nave e la vendesse a qualche mercante veneziano, possedendo un certificato di vendita, non possano essere molestati nella continuazione del loro viaggio. — 9. Non sarà permesso ai tunisini, tripolini, salettini ed altri, di portar a vendere in Algeri bastimenti spettanti a sudditi veneti. — 10. Se i bastimenti corsari veneti portassero prese in Algeri, lo potranno fare vendendole o trasportandole altrove e le navi da guerra venete non pagheranno alcun dazio e si accorderanno loro le provvigioni, qualora le richiedessero. — 11. Se all'arrivo in Algeri di qualche bastimento corsaro della republica, da quella città fuggisse uno schiavo, il quale si ricoverasse a bordo del bastimento, dovrà il capitano di questo, a richiesta del governatore, farne consegna. — 12. I sudditi veneti che arrivassero in Algeri, per nessuna ragione potranno esser fatti schiavi, nè venduti, nè comperati. — 13. Venendo a morte nel regno di Algeri qualche mercante o suddito della republica, gli effetti da lui lasciati saranno consegnati all'erede o all'esecutore testamentario che dovrà far l'inventario del denaro e delle cose, rimanendone custode fino alla consegna all'erede. In mancanza di erede o di esecutore testamentario in Algeri, assumerà l'inventario e la custodia il console veneto ivi residente. — 14. I mercanti veneti non potranno esser obbligati a far acquisto di mercanzie, ma sarà loro libero l'acquisto di quelle che essi crederanno più opportune. Non saranno imbarcate forzatamente mercanzie su navi di sudditi veneti, nè le navi potranno esser costrette a far viaggi contro loro volontà. Il console, o altro suddito veneto, non sarà costretto a pagare per altro suddito insolvente, se non quando fosse mallevadore. — 15. Se un suddito veneto fosse in lite con un mussulmano, la causa sarà discussa innanzi al bey ed al divano; se tra sudditi, dal loro console. — 16. In caso di ferimento od uccisione in rissa di sudditi veneti, i colpevoli saranno puniti a tenore delle leggi del paese; se un veneto ammazzasse un mussulmano e poi fuggisse, non sarà tenuto in modo alcuno responsabile il console o alcun altro suddito veneto. — 17. Il console veneto avrà piena libertà di azione, sarà libero di recarsi a suo piacere a bordo di bastimenti e di uscire dal porto. Nominerà a sua scelta il dragomanno e sensale, e potrà avere in permanenza un religioso per le funzioni ecclesiastiche. — 18. Ritenuta ferma e stabile questa pace, se in avvenire dovesse esser rotta, saranno liberi il console ed i sudditi veneti di partirsi da Algeri con tutti i loro beni, effetti e domestici, senza essere menomamente molestati, sì in pace, che in guerra. — 19. Non sarà arrecato alcun danno ai sudditi veneti anche se avessero preso imbarco sopra nave di nazione nemica, e così pure avverrà da parte della republica. — 20. Al giungere in porto di Algeri delle navi da guerra veneziane, appena il console avrà reso edotto il governo, si faranno le salve con 21 colpi di cannone che verranno corrisposte dalla nave con altrettanti. — 21. Il console veneto, per le provvigioni di proprio uso e bagagli, non pagherà alcun dazio. — 22. Se dall'una parte o dall'altra si contravverrà in qualche modo alla presente pace, essa non verrà interrotta, ma si chiederà vicendevolmente ragione e si puniranno i contravventori. — 23. I legni armati della reggenza d'Algeri non potranno entrare nel golfo di Venezia, dovendo servire di limite il Capo di S. Maria (di Leuca) da una parte e dall'altra Cimara (Kamara) e così pure dovranno tenersi lontani 30 miglia dalle isole. Potranno bensì ottenere da queste, abbisognando, provvigioni e rinfreschi. — Seguono: il formulario delle patenti rilasciate dalla signoria alle venete navi; quello provvisionale della carica di generale da mar; quello dei publici rappresentanti del Levante per barche piccole e pescereccie; e finalmente quello dei certificati da rilasciarsi dal veneto console in Algeri.

Dato in Algeri. — Sottoscritto da Gaetano Gervasone, ministro incaricato.

ALLEGATO: 1765, Aprile 24. — Dichiarazione dell'articolo secondo. Alì bassà e bey d'Algeri ad istanza di Giovanni Comatà, ministro incaricato degli affari della republica veneta, dichiara, che per le mercanzie di contrabbando, cioè, polvere, zolfo, tavole, legname da costruzione di navi, cordami, pece, catrame, attrezzi da guerra, non verrà dal governo della reggenza ricercata cosa alcuna,

nè la republica sarà obbligata di somministrare o negoziare di tali generi col
regno d'Algeri; per cui si esclude dall'articolo secondo tutto ciò che è relativo alle suddette merci.

Fatto in Algeri. — Sottoscritto da Giovanni Comatà.

L'ORIGINALE, in lingua e scrittura turca con la traduzione in italiano a
fianco, articolo per articolo, esiste nella raccolta documenti turchi, busta: *Documenti Algerini etc., fasc. Algeri*, n. 54.

23. (24) — 1763, Settembre 1. (1177, 22 della luna di Çafar) — c. 46 t.°
Trattato di pace stabilito tra la republica di Venezia ed Alì pascià e bey di
Tunisi, a mezzo di Gaetano Gervasone, ministro per la republica e dello stesso
Alì, consiglio e divano. Gli articoli di questa pace corrispondono parola per
parola, con quelli della pace di Algeri (n. 22), mutato soltanto Algeri con Tunisi. All'art. 23, dopo stabilito che le navi algerine abbisognando di provvigioni
e rinfreschi potranno rivolgersi alle isole della republica, si aggiunge: che i
legni armati della serenissima non faranno corso sopra gli amici della reggenza
di Tunisi entro il limite delle miglia 30, e la reggenza, a sua volta, si obbliga di
far restituire tutti i bastimenti veneti che fossero predati nelle sue acque dentro i detti limiti.

Scritto nel Bardo, solita residenza dei pascià di Tunisi. — Sottoscritto da
Gaetano Gervasone, ministro incaricato.

ALLEGATO A: 1764, Ottobre 6. (9 della luna di Rebi el-âkhir 1178). — Dichiarazioni ed esclusioni: 1. La republica di Venezia non concederà patenti o
passaporti a nazioni estere, e se i bastimenti tunisini ritrovassero passaporti o
patenti venete a nazioni diverse, sarà da loro fatta buona presa, nè perciò si
intenderà rotto il trattato. — 2. Resta di niun valore la seconda parte dell'articolo secondo, circa le mercanzie di contrabbando, polvere, zolfo, tavole ed altre
cose che spettino ad armamenti da guerra.

Fatto in Tunisi. — Sottoscritto da Giovanni Comatà, ministro incaricato.

L'ORIGINALE, in lingua e scrittura turca con la traduzione italiana a fianco,
articolo per articolo, esiste nella raccolta di documenti turchi, busta: *Documenti
Egiziani, Tunisini, Tripolitani*, n. 56.

24. (25). — 1764, Aprile-Maggio (nella luna di Schawwâl 1177). —
c. 53 t.°. — Trattato di pace tra la republica veneta, rappresentata dal N. U.
conte Prospero Valmarana, ed il cantone e divano di Tripoli, rappresentati
dal plenipotenziario chagi Abdurrahman agà. — Art. 1. I bastimenti veneti
naviganti incontrandosi in corso coi legni di Tripoli, non saranno da questi
molestati, ma si useranno reciprocamente cortesie. La republica non rilascierà
patenti o passaporti a nazioni diverse, e qualora per caso se ne trovassero, saranno
fermati i bastimenti, rimanendo però la pace in pieno vigore. — 2. Le navi
venete approdando in Tripoli, non pagheranno che il 3 per cento sulle merci
vendute, per quelle che fossero reimbarcate non pagheranno tasse di sorta. — Gli
articoli 3 all'11, mutato il nome di Algeri in Tripoli, sono eguali al n. 22. —

L' art. 12, in poche parole, riproduce quanto è esposto al n. 22. — Così pure, mutatis mutandis, gli articoli da 13 a 23 sono simili a quelli del n. 22 (pace di Algeri). — Seguono le dichiarazioni delle nomine dei plenipotenziari e le firme e sigilli di Alì pascià di Caramania e supremo comandante di Tripoli, di Chassan, figlio del bey e confaloniere del Cantone, di Jussuf vicegerente, di Mussà agà dei gianizzari, di Ibrahim capitano del porto, di Ahmet segretario del divano, di Mustafà tesoriere, di chagì Mehemet Seich, il prelato.

Sottoscritto, nella traduzione, da Giovanni Bellato, dragomanno.

L' ORIGINALE, in lingua e scrittura turca con la traduzione italiana a fianco, articolo per articolo, esiste nella raccolta documenti turchi, busta: *Documenti Egiziani, Tunisini e Tripolitani, fasc. Tripoli*, n. 66.

1764, Maggio 22. — V. n. 26.

25. (34) — 1764, Giugno 1. — c. 91. — Scrittura del chagì Abdurrahman, plenipotenziario del pascià e cantone di Tripoli, circa il trattato dei sali stabilito in Venezia col N. U. Prospero Valmarana, nel 19 ottobre 1763. In seguito a proroga di detto trattato, si conviene che la privativa dei sali dovrà decorrere dal giorno in cui la presente scrittura arriverà in mano del pascià, e da quel giorno si potrà dar carico di sali ai bastimenti veneti od esteri, muniti del certificato dei provveditori al sal, come al capitolo 9 del n. 30. I primi mille zecchini verranno esborsati in mano di esso chagì in Venezia, il quale ne rilascierà ricevuta. Il magistrato al sal provvederà le *peatelle* destinate al carico, la cui manutenzione però spetterà all' arsenale di Tripoli.

Fatto in doppio esemplare ; firmato, uno dal deputato veneto e da spedirsi al pascià ; l' altro da Abdurrhaman. — Tradotto da Giovanni Bellato, dragomanno.

L' ORIGINALE esiste sotto il n. 334 dei documenti turchi, busta: *Documenti Egiziani, Tunisini e Tripolitani.*

1764, Giugno 25. — V. n. 28.

26. (30) — 1764, Luglio 30. — c. 63. — Maria Teresa imperatrice ecc., ratifica la convenzione stipulata in Ostiglia dal plenipotenziario austriaco, don Paolo de Silva, consigliere intimo di stato e consultore presso il governo generale della Lombardia austriaca, e da quello veneto, cav. Andrea Tron, savio del consiglio, relativa alle poste di Milano e di Mantova con l' ufficio dei corrieri veneti, e ne promette l' osservanza.

Data in Vienna. — Sottoscritta dall' imperatrice, da Venceslao Antonio di Kaunitz e Rittberg, e per mandato da Federico de Binder.

ALLEGATO : 1764, Maggio 22. — Convenzioni stipulate fra i plenipotenziari sopranominati :

A) Per la corrispondenza tra l' ufficio del corrier maggior della città e stato di Milano coll' ufficio dei corrieri veneti : Art. 1. Il corriere ordinario veneto dovrà nel suo viaggio settimanale andare in posta a Milano, usando delle stazioni stabilite dall' ufficio di Milano in Vaprio e Colombarollo; a tal uopo l'ufficio suddetto dovrà far tenere lungo la strada fra Bergamo e Milano i cavalli necessari al detto corriere, che dovranno essere dei migliori ed atti alla corsa. Per ogni due cavalli e per ogni sedia in più, il corriere sarà obbligato di pagare lire sette milanesi, e, se gli abbisognasse un cavallo in più, paghera lire tre. Resta pure fissato in lire sette il prezzo di due cavalli pel corriere di Lione, per levare i dispacci di Francia, portati dalla staffetta di Ginevra. Ad eguale trattamento saranno soggetti i corrieri straordinari di Venezia e di Milano; senza contare la mancia ai postiglioni, che resta fissata in lire una per stazione. I passi dei fiumi, che dovranno essere sempre pronti, si faranno senza alcuna spesa, ed i corrieri saranno esenti da ogni pedaggio e pontatico : il peso delle loro valigie dovrà essere limitato alla portata di due cavalli. — Art. 2. I corrieri veneti saranno tenuti a distribuire lungo la strada, ai mastri di posta, tutte le lettere e trasmessi ricevuti nello stato veneto e giunti a Milano, il che dovranno effettuare di giorno, consegneranno all' ufficio maggiore tutto il resto della corrispondenza. Il detto ufficio, come pure i mastri, lungo la strada, saranno tenuti a far ricevere le lettere, plichi, trasmessi e gruppi, per darne ragione nei modi che si diranno in appresso. — Art. 3. Tutte le lettere non esenti, provenienti dallo stato veneto, giunte a Milano, verranno pesate all' ufficio e pagate in ragione di soldi sette l' oncia, moneta e peso di Milano, colla detrazione di lire dieci settimanali. Quelle che fossero di passaggio oltre lo stato di Milano, compresa Genova, non pagheranno alcuna tassa e l' ufficio si incaricherà dell' inoltro a destinazione. — Art. 4. In considerazione della spesa cui deve sottostare la corriera veneta, si accorda all' ufficio e mastri di posta di Milano, di dare gratuitamente ai corrieri veneti tutte le lettere dello stato di Milano dirette nello stato veneto. Le lettere provenienti da Torino e dirette nel veneto, che passano per l' ufficio di Milano, dovranno essere pagate dal corriere di Venezia in ragione di quattro soldi milanesi all' oncia. Per quelle procedenti da Ginevra e per quelle di Spagna e Francia per la via di Genova, si pagheranno dal corriere veneto soldi sette milanesi all' oncia, oltre la tassa di detti offici esteri. Così pure pagherà sette soldi all' oncia per le lettere forestiere provenienti da Genova o Svizzera. Le lettere dirette a Gorizia, Trieste e littorale austriaco, saranno pagate dall' ufficio di Milano al corriere veneto a ragione di sette soldi all' oncia e gli verranno affidate in pacco separato, che dovrà consegnare all' ufficio austriaco in Venezia. Quelle di governo per Vienna, saranno date al detto ufficio austriaco senza alcuna spesa. — Art. 5. Le lettere pubbliche e gli *ex officio* diretti all' ambasciatore cesareo a Venezia od ai ministri d' ambasciata, saranno consegnati senza pagamento alcuno. Saranno pure esenti da ogni tassa le lettere destinate alle religioni dei mendicanti, cioé dei cappuccini e dei riformati. — Art. 6. I pacchetti, gruppi o trasmessi verranno dettagliatamente trascritti sopra polizza e consegnati all' ufficio di Milano verso pagamento fatto, da questo al corriere, di soldi dieci, salvo rivalsa verso i destinatarî. Per quelli di passaggio a Milano e diretti per altri stati si pagheranno al corriere soltanto i dieci soldi stabiliti. Il corriere veneto di Lione potrà recarsi settimanalmente a Milano per levare il dispaccio di Francia portato dalla staffetta di Ginevra, a condizione di portarsi direttamente con la sua sedia al regio ufficio e consegnarlo al corriere ordinario di Venezia. I pacchetti diretti lungo la strada nello stato di Milano dovranno consegnarsi dal corriere ai singoli mastri di posti, i quali saranno tenuti pagargli il porto convenuto. - Art. 7. Giunto il corriere all'ufficio di Milano, saranno pesati in sua presenza i mazzi in monte e poi divisi; l'ufficio dovrà avvisare il corriere se intenda esaminare partitamente le lettere per rilevare se il riscontro sia stato eseguito regolarmente. — Art. 8. I ministri della compagnia dei corrieri residenti in Bergamo, dovranno ogni giovedì spedire un pedone patentato a Milano con le lettere di Bergamo, e nel sabato dovrà ritornare, allo scopo di prendere le lettere per la sua città. Verrà retribuito con lire cinque settimanali dall'ufficio di Milano. — Art. 9. Lo stesso dovrà essere osservato dai ministri di Crema, il cui pedone dovrà essere spedito il martedì, dovrà ripartire il mercoledì e verrà pagato con lire tre settimanali. — Art. 10. Sarà proibita da una parte e dall'altra ogni introduzione di pedone, cavallaro, o vetturale, che non sia compresa nella presente convenzione. — Art. 11. Sarà proibito ai corrieri veneti di ricevere lettere o pacchetti da Roma diretti a Milano, o ricevere a Milano quelli diretti a Roma, Romagna e Napoli, come pure quelle e quelli per Mantova, Parma, Piacenza, Reggio e Guastalla. — Art. 12. Le staffette che si spediranno dagli uffici di posta veneti, saranno puntualmente servite dai mastri di posta di Milano al prezzo di tre pàoli ed in ragione di posta. Quelle spedite da Milano per Venezia o luoghi lungo la strada, verranno regolate a tre paoli per posta, avvertendo che da Bergamo a Fusina si regolano a poste $18\frac{1}{2}$ che importano paoli $55\frac{1}{2}$, aumentati di sei paoli pel traghetto della laguna. Si regoleranno reciprocamente i conti di tre mesi in tre mesi. — Art. 13. I rispettivi sovrani in caso di contravvenzione prenderanno i provvedimenti da loro creduti opportuni. — Art. 14. Durante la presente convenzione non si potrà fare con stati esteri alcun contratto che possa nuocere ad essa. — Art. 15. In caso che per rivoluzione delle cose d'Italia, o per publica calamità, non si potesse dare adempimento alla convenzione, questa si riterrà annullata.

B) Articoli per la corrispondenza del regio ufficio di Mantova coll'ufficio dei corrieri veneti: Art. 1. Il corriere mantovano dovrà fare il suo viaggio per Venezia in posta, usando delle stazioni di Sanguinetto e Bevilacqua, e calcolate tre poste dalla prima oltre il confine fino ad Este, donde potrà proseguire il suo viaggio o con le barche di Este, Padova e Fusina, o con la posta. La compagnia dei corrieri della republica farà prestare al mantovano fino ad Este ed anche fino a Fusina, quando ne fosse richiesto, i cavalli che gli abbisognassero, verso pagamento, per ogni posta, di lire venete nove per ogni paio, e quattro e mezza per un solo cavallo, non compresa la mancia ai postiglioni, che sarà di trenta soldi per ogni stazione. I ponti e passi saranno gratuiti sì pel corriere mantovano che pel veneto. — Art. 2. Il corriere mantovano consegnerà ai mastri di posta dello stato veneto, e specialmente a quello di Padova, tutte le lettere, pacchi e gruppi che avesse raccolto lungo la strada e, giunto a Venezia, tutto il resto della corrispondenza, compresa quella proveniente da Parma, Piacenza, Guastalla e Reggio. — Art. 3. Tutte le lettere non esenti, raccolte in Mantova e destinate allo stato veneto, verranno pesate e pagate in ragione di undici soldi veneti all'oncia; quelle dirette oltre lo stato veneto dovranno essere portate e consegnate gratuitamente, e saranno numerate e legate in mazzo separato. Portando a Venezia lettere di Genova, non avendo l'ufficio di Mantova aderito al prezzo fissato da quello di Genova colla convenzione 13 aprile 1677, saranno libere le due parti di convenire come parerà loro meglio. — Art. 4. Le lettere in partenza da Venezia e lungo la strada, saranno date gratuitamente ai corrieri mantovani. Le lettere di Parma, Piacenza, Reggio, Guastalla, Bozzolo, Viadana e Sabbienate, verranno raccolte nell'ufficio di Venezia verso pagamento della francatura fino a Mantova, la quale francatura dovrà essere corrisposta al corriere mantovano senza alcuna trattenuta. — Art. 5. Saranno esenti da ogni tassa le lettere dell'ufficio generale dei corrieri, che saranno dirette all'ambasciatore cesareo a Venezia e ai suoi addetti, o ad altro ministro imperiale che si trovasse a Venezia, quelle dirette agli ufficî e magistrati, sì politici che militari di Venezia e di Mantova, gli *ex officio*, salva la rifusione delle spese pagate agli ufficî esteri. — Gli articoli 6 e 7, mutatis mutandis, sono eguali agli articoli 6 e 7 delle convenzioni tra Milano e Venezia. — Art. 8. L'ufficio di Mantova darà la corrispondenza delle lettere della città e del ducato, nonchè di quelle estere, dirette a Verona, Vicenza e loro territorî, all'ufficio dei corrieri di Verona, dal quale ufficio riceveranno quella destinata al mantovano con due staffette settimanali, l'una il martedì, l'altra il venerdì, che cambieranno le valigie a S. Zenone. L'ufficio di Verona spedirà ogni giovedì fino a Mantova le lettere da inoltrarsi nella Toscana e Bologna, a mezzo del corriere di Milano. — Art. 9. Una staffetta o corriere settimanale porterà a Mantova, dall'ufficio di Brescia, le lettere di questa città e quelle di Bergamo e Crema. Per tutte le dette corrispondenze da Verona e Brescia, l'ufficio dei corrieri veneti pagherà a quello di Mantova annue lire venete settecento. — Art. 10 ed 11 eguali al 10 ed 11 di Milano. — Art. 12. Il prezzo delle staffette da e per Mantova, sarà di tre paoli per posta ed in ragione di posta. — Art. 13, 14, 15, sono eguali a quelli di Milano.

L'ORIGINALE esiste sotto il n. 993 dei *Patti sciolti*, serie I, b. 48.

27. — (23) — 1764, Agosto 21 [e non luglio 22, come leggesi nel Commemoriale] (1178, 22 della luna di Çafar). — c. 45 A. — Traduzione di lettera di Alì bassà di Algeri al doge di Venezia. Si dichiara supremo comandante di Algeri d'Africa, servitore della staffa imperiale del gran sultano Mustafà Can, derivante da Alì figlio di Adamo imperatore dell'universo ecc. Dopo i complimenti d'uso e gli auguri di prospera salute al doge, accusa a questi ricevuta di lettera con 34 mila zecchini veneziani in luogo dei 40 mila algerini promessi per la stipulazione della pace, insieme con altri regali. Promette il mantenimento di questa, e fa elogio di Giovanni Comatà che si e prestato alla riuscita del trattato.

Fatta in Algeri. — Sottoscritta da Giovanni Bellato, dragomanno.

L'ORIGINALE esiste nella raccolta documenti turchi, busta: *Documenti Algerini etc., fasc. Algeri*, n. 54.

28. (31) — 1764, Settembre 24. — c. 77. — Maria Teresa imperatrice ecc., ratifica la convenzione stabilita fra i commissari veneto ed austriaco, sopra le acque del Tartaro.

Data a Vienna. — Sottoscritta dall'imperatrice, da Venceslao Antonio co. di Kaunitz-Rittberg, e per mandato da Federico de Binder.

ALLEGATO: 1764, Giugno 25. — Premesso che il ritardo frapposto all'esecuzione di quanto fu stabilito in precedenti trattati, fu causato dai disordini di questi ultimi anni, per togliere tali disordini sono nominati plenipotenziarî, da parte dell'imperatrice, don Paolo de Silva, patrizio milanese ecc., e da parte della republica, il cav. Andrea Tron fu savio del consiglio, i quali devengono alla stipulazione degli articoli seguenti: Art. 1. Base di questa sarà il trattato 20 aprile 1752, con le successive dichiarazioni di Rovereto 9 giugno 1753. — Art. 2. Si intendono approvati i suggerimenti dati nella relazione 15 giugno dai matematici tenente colonnello Nicola de Baschiera pei mantovani ed Antonio Giuseppe Rossi pei veronesi, e da altri periti incaricati di scorrere lungo il Tartaro, suoi influenti, e le fosse di Pozzolo e Molinella, suggerimenti allegati al presente atto sotto il n. I. (*NB. Gli indicati suggerimenti mancano tanto nel Commemoriale, quanto nel trattato originale*). — Art. 3. Le risaie di estensione superiore al numero dei campi fissati col trattato 1752 saranno ridotte al numero dei campi stabiliti con l'allegato C del suddetto trattato. Restano incaricati i matematici di tener presente la limitazione di 600 campi gia disposti ad uso dai veronesi, oltre a quelli assegnati dalla limitazione C, e come nella tabella unita al presente allegato sotto il n. II *(anche questa mancante)*, e ciò perchè il numero dei campi non abbia ad essere superato. — Art. 4. Dovranno le acque scorrere liberamente e non impedire il lavoro dei molini; per evitare però le frodi dei molinari e le sinistre interpretazioni, resta fissato che ciascun molino debba avere il suo stramazzo nella misura e modo fissati dagli ingegneri ed approvati dalla commissione. — Art. 5. Le fontane esistenti entro 50 pertiche dal Tartaro e suoi influenti, si lasceranno nello stato in cui sono, a riserva di quelle di cui fu suggerita l'otturazione dai matematici; sara proibito assolutamente il dar corso a fontane che scaturissero di nuovo, le quali dovranno essere immediatamente otturate. — Art. 6. Saranno otturati i redefossi scavati ai lati del Tartaro e del Pigonzo, che per concessioni 1620, 1637, 1654 e 1725, davano acque alla risaia di campi 90, nelle pertinenze di Isola della Scala, posseduta dal co. Ottaviano Pellegrini, al quale in compenso si daranno oncie 6 d'acqua del Pigonzo mediante un bocchetto sopra il molino della Giarella, con obbligo di scavare a sue spese le fontane Bottare per dar maggior acqua al Tartarello d'Isola della Scala, ed adattare il Cavo degli Erbazzoni che raccolga le acque dei siti paludosi per condurle a beneficio degli utenti inferiori. — Art. 7. I plenipotenziari limitano ai pretendenti il diritto di estrarre acqua dalla fossa del Pozzolo e dalla Molinella, a quanto fu stabilito dai matematici con la tabella allegata al n. IV *(anche questa mancante)*. — Art. 8. Si dovranno modellare le bocche, sì mantovane che veronesi, gli incili, stramazzi, briglie e soglie, per cui deriva l'acqua del Tartaro e suoi influenti, compresa la fossa di Pozzolo e Molinella, attendendo però il mese di settembre per non perdere in gran parte le risaie. Dopo avvenuta la ratificazione della presente, sarà obbligo del tenente colonnello De Baschiera insieme col prefetto delle acque mantovane Francesco Cremonesi, e del matematico Rossi coll'ingegnere Leonardo Barzai; portarsi sopra luogo per far eseguire le prescritte modellazioni a norma del trattato del 1752, assegnando cioè ad ogni 80 campi di risaia, un quadretto di acqua veronese. — Art. 9. Sarà proibito ai possessori di risaie alte, di formare nell'alveo dei predetti fiumi, acquedotti, pennelli, sostegni, briglie, roste o stuppe per rialzare il pelo dell'acqua, ma dovranno accontentarsi del quadretto fissato per ogni 80 campi. — Art. 10. Possedendo il marchese Ferdinando Cavriani una risaia (l'Agnella) in sito di difficile irrigazione, gli si accorda di far trasportare la bocca in vicinanza al bastione delle Zenzare, otturando le altre due che servono ora a detta risaia; gli si accorda pure la dilatazione della bocca della Pioppa e di adattare quella del Travenzolo con obbligo di dare le colaticcie alla risaia Gazzini. Finalmente gli si accorda di costruire ogni anno, il 10 di ottobre, un pennello per introdurre l'acqua nella pila Moralora, da distruggersi poi detto pennello al 10 marzo successivo. — Art. 11. Sara fatto togliere il Begone ed intestare la bocca del cavo Beveratore fatto costruire nell'alveo del Busatello dal Cavriani suddetto. — Art. 12. Gli sgarbamenti e graffionamenti stabiliti nel 1752 e nelle dichiarazioni di Rovereto, si continueranno; e per lo scavo dell'alveo del Tartaro, dal sostegno di Borghesana al bastione di S. Michele, la spesa sarà sostenuta dalle due camere a proporzione del beneficio ricavato da esso. — Art. 13. Se i matematici trovassero esistenti lungo i fiumi le arellate, stuppe, roste od altri impedimenti, ordineranno che siano tosto levati. — Art. 14. Approvatosi il suggerimento dei matematici sui fossi, redefossi, argini, stramazzi ecc., si ordina loro di darvi esecuzione. — Art. 15. Si intendera ridotta in via di legge l'altezza delle briglie attraverso l'alveo dei canali maestri, e si stabilirà l'altezza del sostegno della frasca per dar l'acqua alle risaie Cappello. — Art. 16. Se il conte Montanari desiderasse altro bocchetto, detto delle Quattro oncie, alla destra del Cavo di Nogara, sarà questo stabilito dai matematici. — Art. 17. Sarà ridotta a due quadretti veronesi la bocca festiva per irrigare i prati del conte Leonardo Pellegrini a Povegliano sul Tartaro. — Art. 18. Resta accordata al conte Ottaviano Pellegrini la bocca festiva per un solo quadretto nell'argine destro del Tione, nel distretto di Trevenzolo, per uso d'irrigazione. — Art. 19. La seriola Grimanella dovrà essere alla sua destra munita di un solido argine. — Art. 20. Dovrà eseguirsi quanto fu stabilito circa il molino sul Tione, del marchese Canossa, e quello sulla Molinella, del Monte di pietà di Mantova. — Art. 21. Per non danneggiare i padri

Olivetani di Roncanova ed altri utenti superiori del Tartaro in causa del ri-
gurgito delle acque, le chiavi del sostegno della Borghesana, saranno tenute
dagli agenti del N. U. Michiel successo al Basadonna, e del conte Francesco
Zanardi, affinchè provveggano all'apertura delle porte quando le acque arrivassero al segno in marmo da porsi a spese delle due camere. — Art. 22. Non si
potra in alcun modo alterare la figura del sostegno del Cavo Nuovo compita
dal marchese Ferdinando Cavriani, a termini dell'art. 5 del trattato 1752. —
Art. 23. Il Cavo Busatello, divisorio fra i due stati, dovra essere rettifilato
senza approfondirne l'alveo, e la sgarbatura dovrà esser fatta ogni anno dai
singoli frontisti. — Art. 24. I plenipotenziari si riservano, dopo che sara fatta
la modellazione delle bocche, di provvedere, anche nei casi di scarsezza, alla
indennita comune agli utenti. — Art. 25. Si stabiliscono le pene ai contravventori alle norme fissate. — Art. 26. Eseguite le operazioni prescritte, i matematici presenteranno la loro relazione. — Art. 27. I visitatori delle acque
mantovane e veronesi si recheranno ogni anno, il mese di giugno, insieme con
due ingegneri, alla visita del Tartaro e suoi influenti, e ne faranno tosto relazione ai rispettivi governi. — Art. 28. Restano fermi, in quanto non abbiano
subito modificazioni col presente, il trattato 1752 e le dichiarazioni di Rovereto. — Art. 29. Si compilerà d'accordo un editto per render noto a tutti,
quanto venne stabilito col presente patto. — Art. 30 Questo avrà effetto
subito dopo lo scambio delle ratifiche.

Fatta in Ostiglia. — Sottoscritta da Paolo de Silva ed Andrea Tron.

L'ORIGINALE esiste sotto il n. 994 dei *Patti sciolti,* serie I, b. 49.

1764, Ottobre 6. — V. n. 23.

1764, Novembre 1. — V. n. 29.

1764, Novembre 1. — V. n. 32.

29. (32) — 1764, Novembre 20. — c. 87. t.° — Maria Teresa imperatrice
ecc., ratifica le spiegazioni ed aggiunte fatte al trattato di Ostiglia 25 giugno
1764, dai plenipotenziari indicati nella convenzione presente.

Data a Vienna. — Sottoscritta come il documento n. 28.

ALLEGATO: 1764, Novembre 1. — All'art. 4. Saranno eseguiti degli studi
per far scorrere tutta l'acqua possibile del Tartaro e suoi influenti, a beneficio degli utenti inferiori. — All'art. 8. Le bocche, tanto nel veronese che
nel mantovano, dovranno essere costruite a seconda della maggiore o minore velocita delle acque, in modo che gli utenti abbiano un quadretto ef-
fettivo veronese per ogni 80 campi. — All'art. 10. Per sussidiare la risaia
Agnella del marchese Cavriani, oltre a quanto e disposto con questo articolo,
si riterrà anche la riserva fatta dagli ingegneri nella loro relazione del
18 giugno.

Fatto in Mantova. — Sottoscritto come il precedente.

L'ORIGINALE esiste sotto il n. 995 dei *Patti sciolti,* serie I, b. 49, sigillato
come il n. 28.

30. (33) — 1764, ... — c. 89 t.° — Capitoli del trattato sui sali di Tripoli, .convenuti e ratificati colla republica di Venezia. — Cap. 1. Il deì e la *reggenza* di Tripoli si obbligano di dare alla republica 2500 moggia di sale all'anno sopra misura bollata da essa. — Cap. 2. Resta fissato, per le dette 2500 moggia, il prezzo in zecchini veneti 2500, da pagarsi 1000 al giungere del primo carico a Venezia, e gli altri 1500 entro l'anno, anche se non fossero levate tutte le 2500 moggia, con facoltà ai veneti di levarle anche dopo spirato l'anno, senza altro pagamento. — Cap. 3. Potranno i veneti levarne una quantità maggiore, pagandola allo stesso prezzo. — Cap. 4. Si obbligano il deì e reggenza a tener pronte le 2500 moggia alla marina in ogni inverno, ed altrettante in ogni estate, e la spesa di trasporto a bordo deve avvenire senza publico aggravio. — Cap. 5. Resta la privativa della levata ai veneziani, nè potrà il deì spedire per conto proprio, sale in alcun luogo, fatta eccezione come al seguente. — Cap. 6. Se i cantoni di Algeri e Tunisi facessero richiesta di sale a Tripoli, potrà il deì fornirglielo, a solo consumo però di quei paesi. — Cap. 7. Il trattato durerà 20 anni ed avrà principio col 1° marzo prossimo, incondizionatamente dalla pace, e se questa non avvenisse, saranno rilasciati dal deì tanti passaporti, quanti saranno i bastimenti che andranno al carico dei sali. — Cap. 8. Sarà in facoltà del deì di ricevere in luogo di denaro, in tutto od in parte, generi o manifatture dello stato veneto, a prezzi correnti, e rimessi coi bastimenti che andranno al carico dei sali, e ciò senza alcun aggravio. — Cap. 9. Non si darà carico a bastimenti se questi non siano muniti di certificato dei provveditori al sal, verificato da chi rappresenterà in Tripoli la republica.

Sottoscritto da Alì, comandante di Tripoli d'Africa, che ratifica quanto è stabilito qui sopra. — Traduzione dall'idioma turco fatta da Giovanni Bellato, dragomanno.

L'ORIGINALE dei capitoli, con la traduzione a fianco, trovasi inserto al n. 25, ed esiste sotto il n. 334 dei documenti turchi, busta : *Documenti Egiziani, Tunisini e Tripolitani.*

1765, Aprile 24. — V. n. 22.

31. (29) — 1765, Giugno 14, (1178, 25 della luna di Dhul-hiddsche) — c. 59 t.° — Articoli del trattato di pace tra la serenissima republica e Siddi Mullà Mehemet, imperatore del Marocco. Mancano le premesse. Art. 1. È eguale a quello del trattato di Algeri (n. 22) colla variazione della data di tempo e di luogo e sostituzione del nome del beì. — Art. 2. La prima parte è eguale al precitato di Algeri, è più generico, non stabilendo il quantitativo del dazio, nè le merci dichiarate di contrabbando. Gli articoli da 3 a 23 sono eguali a quelli del trattato al n. 22, con sostituzione, dove trovasi, del porto di Algeri in porto di Salè.

Dato in Marocco, sottoscritto da Giovanni Comatà, ministro incaricato dalla republica, e sigillato col sigillo di S. Marco.

Nell'ORIGINALE traduzione, sottoscritta dal dragomanno Giovanni Bellato, agli articoli è premesso: che si è stabilita la pace tra la serenissima republica di Venezia e Siddi Mullà Mehemet, Ben Abdelà, Ben Ismail imperatore del Marocco, e Mechenes principe di Saffì, gran seriffo di Zafilet, gran signore del Sus e della costa della Guinea. Detta traduzione trovasi nella busta segnata: *Documenti Marocchini*, sotto il n. 65.

32. (35) — 1765, Giugno 19. — c. 92. — Trattato 2° del Tartaro per dichiarazione ed esecuzione del 1° — Maria Teresa imperatrice ecc., ratifica l'allegato di pari data, fatto in Mantova.

Sottoscritto dall'imperatrice, dal conte Venceslao Antonio de Kaunitz-Rittberg e, per mandato, da Federico de Binder.

ALLEGATO: 1765, Giugno 19. — I plenipotenziari Paolo de Silva, austriaco, e Andrea Tron, veneto, insieme coi matematici padre don Francesco Maria de Regi, dei chierici regolari di S. Paolo, tenente colonnello Nicolò de Baschiera, austriaci, e Giuseppe Antonio Rossi, veneto, approvano gli otto articoli riportati nella loro relazione 10 novembre 1764. — Art. 1. Gli otto articoli di cui sopra e le istruzioni segnate sotto i n. 7, 8, 9, dai matematici, siano la base di questo trattato. — Art. 2. Qualunque bocca irrigatoria ed ordigno che valessero a trarre acqua dal Tartaro ed alterare lo stato delle briglie, soglie, stramazzi o che ne diminuissero il corso, dovranno essere immediatamente rimossi. — Art. 3. Non si potranno mutare le bocche dal sito dove ora si trovano. — Art. 4. Gli utenti non potranno restaurare le bocche od altre opere senza il permesso dei rispettivi governi. — Art. 5. A chiarimento dell'art. III del trattato 1752 e del II delle dichiarazioni di Rovereto, che obbligano i due principi a non fare alcuna concessione di acque del Tartaro, si dichiara che sotto questa disposizione si intendono comprese anche le colaticcie che devono tornare nel Tartaro o suoi influenti, e le acque delle fontane entro le pertiche cinquanta. — Art. 6. Siccome alcuni fondi di diversi possessori ricevono l'acqua per un'unica bocca, così resta stabilito che siano misurati separatamente i campi di ciascun possessore per non imputare la trasgressione a chi non avesse contravvenuto. — Art. 7. Le escavazioni del Pozzolo e della Molinella ed altri influenti mantovani, cioè i tre *esseri* di Canedole, Due Castelli e Susano, l'Allegrezza, il Gabaldone e l'Anguora, il Tissero, il Busatello ed il Tartarello d'Ostiglia, da Mazzagatta allo sbocco nel Tartaro inferiore, dovranno esser fatte di cinque in cinque anni. Si fissano anche le norme per lo sgarbamento. — Art. 8. I chiaviconi del sostegno tra il molino della Giarella e quello dei Pellegrini, di quello allo sbocco del canale alla Pila Pindemonte in Pigonzo, di quelli posti vicino ad Isola della Scala nel territorio veronese e di quelli del Risoratore della fossa di Pozzolo nel mantovano, dovranno esser muniti di forti porte con loro chiavi da essere custodite da visitatori veronese e mantovano. — Art. 9. Restano incaricati i suddetti visitatori di praticare nei mesi di giugno e luglio di ciascun anno la visita del Tartaro e suoi influenti, compresa la fossa di Pozzolo e Molinella, e trovando qualche novità debbano rilevare le relative contravvenzioni. — Art. 10. Sarà cura dei periti di ambe le parti di recarsi sopra luogo, anche fuori del tempo delle visite, qualora fossero richiesti dai visitatori, per rilevare i disordini che fossero loro designati. — Art. 11. I possessori d'ambo le parti dovranno accontentarsi della quantità d acqua loro assegnata. — Art. 12. Le tavole topografiche eseguite dai matematici saranno allegate al presente trattato. — Art. 13. Si pubblicheranno gli editti imperiale e veneto, stabiliti dall'art. 29 del precedente trattato 1764. — Art. 14. Resterà fermo quanto venne stabilito nei trattati precedenti e che non subì alcuna alterazione col presente.

Fatto a Mantova. — Sottoscritto dai plenipotenziari.

Seguono le dichiarazioni 1 novembre 1764, che esistono sotto il n. 29.

L'ORIGINALE esiste nella busta n. 52 dei *Provveditori sopraintendenti alla Camera dei Confini.*

33. (27) — 1765, luglio 2 (1179, 13 della luna di Muharrem) — c. 58 B. — Lettera di Siddi Mehemet, figlio di Ismail re del Marocco, al doge di Venezia (Alvise Mocenigo). Gli partecipa di aver stabilito la pace alle condizioni del trattato 14 giugno 1765. Fa gli elogi di Giovanni Comatà ministro incaricato dalla republica, alla quale manda in dono dieci figlie di nazione Tabarchina, riservandosi di mandarne altre a richiesta.

Data, sigillata e firmata da Mehemet, figlio di Ismail. — Tradotta dall'originale da Giovanni Bellato, dragomanno.

L'ORIGINALE esiste nella serie *Documenti Turchi, fasc. Marocco,* n. 79.

34. (28) — 1765, Settembre 29 (13 della luna di Rebi el-âkhir 1179) — c. 58 B. — Traduzione di lettera di Alì Chogia, ministro del re di Marocco, residente in Algeri, al doge (Alvise Mocenigo). Descrive le feste praticate in occasione dell'arrivo al Marocco di Giovanni Comatà, ministro incaricato dalla republica, per trattare pace con quel re. Elogia lo stesso pel modo sollecito e sicuro di concludere e di sventare le calunnie contro i ministri marocchini. Dice che il Comatà ottenne in pochi giorni quanto non ha ancor potuto ottenere da alcuni anni il re di Francia. Stà per rimpatriare, e gli è compagno Mustafà Chogia, il quale informerà del tutto la republica. Esso Alì sta in attesa della ricompensa che sarà per dargli la signoria. Fu opera sua il regalo delle dieci schiave senza alcun prezzo.

Scritta in Algeri. — Sottoscritta dallo stesso Alì Chogia.

La traduzione eseguita dal dragomanno Giovanni Bellato è allegata alla lettera precedente del re di Marocco.

35. (26) — 1766, Agosto 16 (1180, 10 della luna di Rebi el-awwel). — c. 58 A. — Traduzione dall'idioma turco dei capitoli del trattato per il ristabilimento della pace tra la republica di Venezia ed il cantone di Tripoli, convenuto fra Giacomo Nani capitano delle navi ed Alì pascià di Tripoli, il primogenito di esso pascià, come bei del cantone, Achmet agà giaia, Mustafà

Casnador, Razi Giusuf, secondo giaia, Machmet Selli, primate del cantone, e Achmet, scrivano del divano. In seguito alla rottura dell' art. 23 del trattato di pace (al n. 24) avvenuta per cagione della nave tripolina capitanata da Reis venturiere, introdottosi nel porto di Zara, nati litigi per l' uccisione, da parte dei veneti, di alcuni uomini che si trovavano su detta nave, vennero delegati alla formazione dell' inchiesta, il suddetto N. H. Giacomo Nani ed Alì pàscià, i quali stipularono i seguenti capitoli: 1. Conferma della pace conclusa con le precedenti capitolazioni. — 2. Consegna al capitano Nani dei bastimenti veneti presi nel frattempo ed ora in potere del pascià, con tutte le merci, attrezzi ed uomini. — 3. Consegna da parte del pascià di un martegno in luogo del naufragato, e pagamento ai veneti di 200 zecchini d' oro, 10 schiavi del bagno, un carico gratuito di sale alla nave del capitano Tarabochia; pagamento al console veneto di 10 mila moggi di sale tratto dal luogo di Suara; conferma delle convenzioni stabilite circa i sali. — 4. Consegna ai relativi proprietarî Francesco Biasini e Gio. Batta Genova delle navi venete loro sequestrate nei porti della Canea e di Scio. — 5. Siano castigati, con la sovraintendenza del console veneto, il reis e gli altri che violarono il trattato. — 6. A maggior osservanza dell'articolo 23 violato, si stabilisce che in avvenire sia severamente gastigato chi contravvenisse a quello; si ordina che i corsari tripolini non esercitino il loro corso nelle acque ed isole dei veneziani, nè s' inoltrino nelle isole della Sapienza poste in faccia alla Morea fino al capo di Santa Maria (di Leuca); e questo capitolo, così ridotto, sarà incluso in tutte le patenti rilasciate ai corsari. — 7. Se in avvenire insorgesse qualche affare appartenente a veneziani, dovrà il pascià chiamare a sè il console e consegnargli le lettere, per la cui risposta si attenderanno otto mesi, durante i quali rimarranno le cose nello statu quo, e non si potrà arrecare alcun oltraggio ai sudditi veneti. — 8. Se la pace dovesse esser rotta, il console e sudditi veneti dimoranti in Tripoli saranno liberi di ritornare alla loro patria. — 9. Se alcuno dei corsari tripolini entrasse nelle acque venete ed accadesse che venissero uccisioni sulle navi dell' una e dell' altra potenza, ciò non darà luogo a litigio alcuno, avendo per l' infrazione al capitolo 23, Alì pascià dimostrato sommo dispiacere, e confermato il convenuto nei particolari dei sali di Suara. Il console veneto in Tripoli godrà di tutti i vantaggi e beneficî accordati agli altri consoli di quelle coste. Si dichiara infine che con quest' atto di capitolazione viene stabilita la pace, essendo intervenuto in esso anche il console veneto in Tripoli, co. Giuseppe Ballovich.

Fatta come sopra e sottoscritta la traduzione da Donato Sanfermo, publico dragomanno.

La traduzione originale fatta dal Sanfermo esiste nella serie documenti turchi, busta: *Documenti Tripolitani, fasc. Tripoli*, n. 340.

36. (36) — 1766, Settembre 8. — c. 98 t.° — Traduzione dallo spagnolo di lettera del marchese Grimaldi segretario di stato del re di Spagna (Carlo III), intorno a reciprocità di trattamento nel solenne ingresso dell' ambasciatore spagnolo a Venezia e del veneto a Madrid. Dichiara che essendo da molti anni ambasciatore di Spagna a Venezia il duca di Monteallegre, sarebbe atto improprio il fare ora l'ingresso solenne, che si dovrà fare invece alla venuta del nuovo ambasciatore.

Data a Sant'Idelfonso. — Sottoscritta dal Grimaldi con indirizzo al N. U. Alvise V° Mocenigo, ambasciatore veneto in Spagna.

La minuta della traduzione è inserta al dispaccio n. 222 in data 9 settembre del detto ambasciatore veneto.

37. (37) — 1767, Maggio 9. — c. 99 t.° — Convenzione stabilita tra i plenipotenziarî Carlo co. de Firmian, austriaco, e Gio. Francesco Zon, residente per la republica veneta a Milano, circa l'arresto dei banditi e malviventi. Ritenuta lodevole la convenzione 13 aprile 1762, viene questa riconfermata nei seguenti articoli: Art. 1. I banditi con pena capitale non possono abitare negli stati della Lombardia austriaca, ne in quelli della republica. — Art. 2. I malfattori non ancora condannati, ma che pei loro delitti meritassero la pena di morte naturale o civile o la galera perpetua o temporanea, dovranno esser presi. carcerati e consegnati allo stato al quale appartengono. — Art. 3. Se il malfattore si trovi imputato di delitto anche nello stato dove succedesse l'arresto, esso verra giudicato da questo, e, se assolto, dovrà essere consegnato all'altro stato pel nuovo giudizio. — Art. 4. Si assegnano ai malfattori o banditi 15 giorni dalla publicazione di questa convenzione per allontanarsi dall'uno o dall'altro stato. Si compileranno i cataloghi dei malfattori da ambe le parti, le quali poi faranno il catalogo generale da rimettersi ai giurisdicenti per la puntuale sua esecuzione. — Art. 5. L'arresto e consegna dei rei si faranno dietro presentazione della copia della sentenza per l'imputazione dei delitti indicati all art. 2. — Art. 6. Nel caso di delitto commesso fuori degli stati della Lombardia austriaca e veneto, sarà lecito al governo, che dovra procedere per detto caso, di reclamare presso quello in cui dimorasse. — Art. 7. Non si potrà dall'una delle parti far grazia o salvocondotto agli inquisiti o banditi dell'altro stato secondo le regole e pratiche criminali. — Art. 8. Nell'arresto di ladri con le cose rubate, queste verranno restituite ai legittimi proprietarî, dopo finito il processo. — Art. 9. I due stati passeranno d'intesa per tener fermi gli editti contro gli oziosi e vagabondi. — Art. 10. I consoli residenti nelle terre dei due stati, saranno obbligati di dar in nota al giudice del luogo, i malviventi, e se non vi esistesse giudice, li faranno direttamente scacciare, prendere ed anche uccidere quando siano banditi capitali. — Art. 11. La rimessa dei rei al luogo del delitto, dovrà farsi solo nel caso che il delinquente sia suddito del luogo dove commise il delitto, mentre se fosse suddito o d'origine o d'incolato, si dovra procedere all'arresto e giudizio, ma non rimetterlo ad altro giudice. — Art. 12. Avendo luogo la consegna dei rei, si dovrà insieme con essi rimettere anche i corpi di reato senza alcuna spesa dello stato ricevente. — Art. 13. La presente convenzione dovrà durare cinque anni.

Fatta a Milano e sottoscritta dai plenipotenziarî.

L'ORIGINALE trovasi inserto al dispaccio 13 maggio 1767 n. 33 del *Residente veneto a Milano,* filza 208.

38. (38) — 1767, Settembre 19. — c. 103. — Rinnovazione per altri cinque anni della convenzione 1759, 6 marzo, stipulata tra papa Clemente XIII, e la republica veneta.

Data a Roma. — Sottoscritta dai plenipotenziari Luigi Maria Torrigiani, cardinale, e Nicolò 2° Erizzo, ambasciatore veneto.

L'ORIGINALE esiste inserto al dispaccio dell'Erizzo in data 19 settembre 1767, n. 16. — *Dispacci Roma,* b. 287.

39. (39) — 1768, Giugno 23 (1182, 7 della luna di Çafar) — c. 104. — Rinnovazione di pace tra la serenissima republica di Venezia, rappresentata dall'almirante delle navi Angelo Emo, ed il regno di Algeri, rappresentato da Mahomet pascià beì, supremo governatore della città e regno, coll'intervento dell'agà, divano, soldati ed anziani di esso regno. — 1. Che sia ristabilita tra le due potenze la pace come fu fatta dapprima da Alì pascià nel 1763. Saranno perciò liberi i sudditi della republica di navigare in alto mare, e i corsari algerini non potranno fare loro alcun danno; sarà proibito alla republica di rilasciare passaporti o patenti a sudditi di altre nazioni per abilitare i loro bastimenti alla navigazione, e se i corsari si incontrassero in questi, potranno procedere al loro arresto e condotta in Algeri. Il console veneto ivi residente avrà però otto mesi di tempo per informare il suo stato, ed in attesa di risposta, non sarà esercitata alcuna ostilità.

Data in Algeri. — Sottoscritta da Angelo Emo, almirante della serenissima republica di Venezia.

N.B. Nel trattato originale seguono gli articoli fino al n. 23, poi i quattro formulari che formano il testo della pace segnata tra Alì pascià e Gaetano Gervasone, plenipotenziario della republica nel 20 luglio 1763 (n. 22).

L'ORIGINALE, in lingua e scrittura turca, con la traduzione italiana a fianco, articolo per articolo, esiste nella raccolta documenti turchi, busta: *Documenti Algerini·etc., fasc. Algeri,* n. 60.

40. (40) — 1769, Febbraio 16. — c. 104 t.° — Trattato concluso tra l'azienda generale delle gabelle di S. M. Carlo Emanuele I, re di Sardegna, rappresentato dall'avvocato Bertolino, primo ufficiale del dipartimento delle regie gabelle, e Giovanni Albertini fu Salvatore di Venezia, per la somministrazione, da parte della republica, di certa quantità di sale a principiare dal 1770 a tutto il 1779. Art. 1. Sara l'Albertini tenuto a provvedere dai magazzini delle salere venete, per il detto periodo le infrascritte quantità e qualità di sali, poste senza alcuna spesa nelle barche dette *canarole,* per essere condotte lungo il Po fino a Torino. — Art. 2. La quantità di sale sarà di staia 127660 di Trapani, e 22340 di Tripoli. — Art. 3. Sarà in facoltà delle regie gabelle di ridurre la levata a sole staia 140000. — Art. 4. Sarà pure facoltativo ad esse gabelle di levare, oltre le predette, altre staia 150000. — Art. 5. Il prezzo di detti sali resta convenuto in ragione di ducati 12 veneti al moggio, regolato questo, quanto ai sali di Trapani, a staia 70, e per quello di Tripoli, a staia 75 di peso di marco camerale di Milano. Il ducato sarà ragguagliato a soldi 55 e denari 2, moneta di Piemonte. — Art. 6. Volendo le regie gabelle avere un quantitativo maggiore delle staia 22340 di sali di Tripoli, e ciò per altre staia 40000 annue, dovrà il partitante fornirle al prezzo di ducati veneti 15 ed un terzo per ogni moggio di staia 75. — Art. 7. Detti sali di Trapani e di Tripoli dovranno essere consegnati ben netti, ben graniti, maturi, stagionati e mercantili. — Art. 8. Le staia soprannominate dovranno essere in peso di marco camerale di Milano da libbre grosse 24 da oncie 28 pur di Milano per cadauna libbra. — Art. 9. La consegna dovrà cominciarsi al 1 marzo di ciascun anno, incominciando dal 1770, o prima, se le regie gabelle lo richiedessero, e sarà ultimata al più tardi nei primi giorni di novembre. — Art. 10. Il pagamento verrà fatto all' Albertini od al suo legale rappresentante in Torino, dietro rilascio di regolare quietanza. — Art. 11. Sarà in facoltà delle regie gabelle di nominare in Venezia persona che assista alla consegna, peso e ricognizione dei sali. — Art. 12. In caso di guerra, peste, od altro impedimento, per cui non si potessero avere in Venezia i sali da Trapani o Tripoli, dovrà il partitante provare con documenti alle regie gabelle, la impossibilità di rimettere sali di dette provenienze, potendo in allora somministrare quel sale che sarà in grado di avere. Se ci sarà guerra, peste od altro impedimento lungo il Po ed il Ticino, il presente contratto rimarrà sospeso finche durerà l' impedimento. — Art. 13. Non adempiendo il partitante i suoi obblighi, sarà libero alle regie gabelle di provvedersi altrove di quella quantità di sale che non fosse fornita, a tutte spese e rischio del partitante medesimo. — Art. 14. Sarà a carico delle regie gabelle, l' addimandare il transito dei sali giusta il solito a Venezia, ed a peso del partitante, e ciò a tutte spese di esso. Dovrà l' Albertini fornire le opportune cauzioni a garanzia delle regie gabelle. Presente il mastro·uditore e patrimoniale camerale Ramma, che promette l' intiera osservanza del presente contratto.

Fatto a Torino. — Sottoscritto dal Bertolini, dal Ramma, da Giovanni Albertini, dai testimoni Lorenzo Pisanelli e Giuseppe Prunotti, e dal primo segretario Alloat. — Riconosciuta la firma dell'Alloat da Giovanni Berlendis, residente veneto a Torino.

41. (49) — 1769, Agosto 29. — c. 122 t.° — Articoli del trattato di commercio tra sua altezza serenissima Federico Augusto, duca elettore di Sassonia, e la republica di Venezia. — Art. 1. Ogni sorta di telerie fabbricate negli stati elettorali ed ereditari di S. A. S. il duca, elettore di Sassonia, eccettuate le miste di filo e bombace, e cioè fine ed ordinarie, bianche e greggie, e *lustre*, tessute in opera, tinte e dipinte, indiane, servizi da tavola, tele battiste, cambrate, terliccie, fazzoletti, ecc., da tre grossi al braccio, di moneta di Sassonia, corrispondenti a 28 soldi al braccio, di moneta veneta, qualora siano trasportate a Venezia per le vie del Tirolo, Friuli ed altre di terra ferma per esser vendute, continueranno a pagare il dazio dell'uno per cento come nel trattato 1756. — Art. 2. Le manifatture di lana e stame fabbricate negli stati elettorali, eccetto i panni, e che si trasporteranno a Venezia e nelle altre città della terraferma, per essere vendute, pagheranno 1 uno per cento, invece del tre, portato dal trattato 1756. — Art. 3. Le manifatture sassoni che passeranno per transito a Venezia, pagheranno un terzo per cento. — Art. 4. Le provenienze di dette merci dal Baltico che dovessero passare soltanto per Venezia, potranno, pagando il terzo come sopra, essere trasbordate da bastimento a bastimento e non trovandosi congiuntura d'imbarco, dovranno essere trattenute nella dogana che verrà destinata dal senato o dai Cinque savi alla mercanzia. — Art. 5. La casa della compagnia dei mercanti sassoni ed il suo direttore a Venezia, saranno esenti da ogni tassa ed altra imposizione, durante il presente trattato. — Art. 6. La compagnia e mercanti sassoni che dovessero spedire merci del Levante in Amburgo, possono farlo a tenore di quanto fu concesso loro pel decreto di senato 1749. — Art. 7. Per le questioni che insorgessero, sia nella dominante che nelle altre città di terra ferma, la compagnia ed i mercanti sassoni dovranno ricorrere ai Cinque savi alla mercanzia, come prima istanza, ed ai consigli di XL, o collegi, in grado di appello. — Art. 8. Non sarà permesso ai mercanti sassoni di vendere negli stati veneti le loro merci al minuto, ma soltanto a pezze ed a balle. — Art. 9. Le manifatture di seta della citta di Venezia, cioè velluti lisci ed operati, damaschi di parangone, ed alla lucchese, drappi alla cavaliera, ossia droghetti, cordoloni, rasi, terzanelle, ammuerri (moerri), tabinetti, podsuè, manti, nobiltà, fazzoletti, ecc., eccettuate quelle lavorate in oro e argento, che da Venezia saranno trasportate nella Sassonia per essere vendute, saranno sottoposte soltanto al dazio del due per cento, mentre le merci di detta qualità provenienti da altre nazioni e spedite negli stati elettorali, pagheranno il dazio generale dell'otto per cento. Si fa eccezione per le merci che arriveranno alla città di Lipsia nell'epoca delle sue tre fiere franche. — Art. 10. Saranno pure ammesse al dazio del solo due per cento tutte le merci di seta fabbricate nella terra ferma veneta, e dovranno percorrere la via di terra nel loro trasporto in Sassonia. — Art. 11. Durante il presente trattato, le mussoline fabbricate negli stati elettorali e trasportate in quelli della republica per causa di vendita, saranno esenti da ogni dazio. — Art. 12. Saranno pure esenti da ogni dazio il pelo di cammello ed il filo di capra, che da Venezia verranno spediti in Sassonia. Quelli provenienti da altri stati, pagheranno il sei per cento. — Art. 13. Le merci degli stati della republica e del Levante che fossero dirette ad altri stati, passando per quelli elettorali, non pagheranno che un terzo per cento, purchè siano munite dei recapiti giustificativi. — Art. 14. Sarà sollecitata la costituzione in Venezia della compagnia dei mercanti sassoni. — Art. 15. Sarà permessa la costituzione di una casa veneta di commercio in Dresda; il direttore di questa sarà esente da ogni tansa e taglione, salve le leggi fondamentali dell'elettorato circa gli stabilimenti dei cattolici in quelle provincie. — Art. 16. Le merci dell'uno e dell'altro stato, dovranno esser marcate pezza per pezza, con segno particolare, ed accompagnate da fedi dei rispettivi magistrati, e ciò per ovviare agli abusi ed alle frodi che potessero essere commesse. — Art. 17. Per i cammellottami e stami, sarà convenuto tra i plenipotenziarî il loro valore e fissata la tariffa da essere appesa negli uffici di dogana. — Art. 18. Si studieranno i mezzi necessarî per evitare che, sotto nome di transito, non abbiano ad essere commesse frodi. — Art. 19. Il presente trattato durerà 15 anni, e comincierà ad esser posto in vigore al compimento del trattato 1756.

Dato a Venezia. — Sottoscritto da Gregorio Agdollo, plenipotenziario di Sassonia, e da Gio. Alvise II Mocenigo, plenipotenziario veneto.

L'ORIGINALE, con le firme e sigilli in cera dei plenipotenziarî, trovasi inserto al decreto del senato 1770, 29 settembre, nella filza *Deliberazioni Senato Corti*, n. 340 (807).

42. (41) — 1769, Settembre 23. — c. 109. — Memoria presentata dal residente veneto a Torino, Giovanni Berlendis, al cav. Raiberti, primo ufficiale della secreteria di stato per gli affari esteri. Avendo la republica avocato a sè il contratto dei sali, stabilito nel 16 febbraio (n. 40), desidera che i pagamenti, di cui all'art. 10, siano fatti in Venezia nelle mani di Ignazio Testori, autorizzato a ciò dal senato. Inoltre, per assicurare il trasporto dalle salere publiche fino ai confini, e per impedire i contrabbandi, potra essa usare tutte le possibili cautele senza alcun aggravio per l'impresario delle condotte.

1769, Ottobre 2. — V. n. 44.

43. (42) — 1769, Ottobre 14. — c. 110. — Risposta del cav. Raiberti alla memoria del residente Giovanni Berlendis. Dichiara che sua maesta (Carlo Emanuele I) si adatta ai desideri espressi dalla republica, di far pagare cioè a Venezia nelle mani di Ignazio Testori, quanto nell'art. 10 del trattato (n. 40), venne stipulato con Giovanni Albertini in materia di sali, e di assicurarsi con ogni cautela per evitare il contrabbando nel trasporto dalle salere venete fino al confine.

44. (43) — 1769, Nóvembre 24. — c. 111. — Maria Teresa imperatrice ecc., ratifica il trattato conchiuso in Venezia fra i plenipotenziarî co. Jacopo Durazzo, suo ambasciatore presso la republica, ed Andrea Tron, cav. savio del consiglio.

Fatta in Vienna. — Sottoscritta dall'imperatrice, da Vençeslao Antonio di Kaunitz-Rittberg, e controfirmata per mandato, da Enrico Gabriele di Collenbach.

ALLEGATO: 1769, Ottobre 2. — Resesi necessarie qualche dichiarazione e qualche aggiunta alla convenzione 1652, per regolare il sistema della spedizione delle lettere andanti e venienti tra Vienna e Venezia, i plenipotenziari suddetti, ritenuta ferma la convenzione accennata, devennero alla stipulazione dei seguenti articoli: Art. 1. Le istruzioni che dalla corte di Vienna si daranno all'amministrazione del suo ufficio postale in Venezia, saranno comunicate alla republica per mezzo dei rispettivi ministri in Vienna o in Venezia. — Art. 2. Il detto amministratore verrà scelto dalla corte imperiale fra tre membri sudditi della republica, che gli verranno presentati, e dovrà farsi rappresentare in collegio dall' ambasciatore. — Art. 3. La tariffa delle lettere verrà stampata a notizia comune. — Art. 4. L' amministratore, mancando ai suoi doveri, sia verso l'impero, che verso la republica, verrà dalla corte imperiale rimosso, e la republica passerà alla formazione di una nuova terna per la scelta del nuovo amministratore. — Art. 5. Dovendo l' amministratore render conto dei proventi alla suprema direzione austriaca, sarà libero alla corte imperiale lo scegliere una persona con incarico di tenere i conti e di assistere all' apertura delle valigie e alla tassazione delle lettere, e non potrà pretendere alcuna parte delle prerogative concesse all' amministratore. — Art. 6. In caso di morte dell' amministratore, e fino a tanto che la republica proponga una nuova terna, l' ufficio resterà in amministrazione del più prossimo parente del defunto. — Art. 7. L' imperatrice, per dimostrare la sua stima verso la republica, rinuncia ad ogni giurisdizione sugli ufficiali della posta di Vienna nel territorio veneto fra Venezia e Gorizia, intendendosi cessata ogni prestazione agli stessi da parte di sua maestà. — Art. 8. La republica si obbliga, a mezzo della compagnia dei corrieri, di far trasportare la valigia delle lettere sigillate al confine austriaco, per la somma di lire 1944 e soldi 14 veneti per ogni trimestre; e così le staffette, per l' andata in lire 31.16, e per la venuta in lire 22.10, compreso in queste il pagamento dei passi sui fiumi e torrenti. — Art. 9. Si regola, a comodo dei passeggeri, la situazione delle poste di Ontagnano e Gorizia, austriache, e di Palmada e Codroipo, venete. Si sopprime, per parte austriaca, la posta di Gorizia, e, per parte veneta, quella di Palmada: la posta di Ontagnano viene trasferita a Visco, così che il corso pubblico tra l' Italia e la Germania si faccia solo tra Codroipo e Visco, e viceversa. — Art. 10. La republica, per dar segno di buon vicinare, conviene che sia continuato per le solite vie il passaggio delle staffette per il veronese. — Art. 11. A comodo dei viandanti, saranno pubblicate le tariffe per i passaggi dei fiumi. — Art. 12. Nel caso che l' esperienza dimostrasse qualche inconveniente nell' applicazione della convenzione 1752, si concerteranno tra i principi quei provvedimenti che servissero a togliere ogni controversia.

Dato a Venezia. — Sottoscritto dai due plenipotenziari.

L' ORIGINALE esiste sotto il n 996 dei *Patti sciolti*, serie I, b. 49.

45. (44) — 1770, Agosto 24. — c. 116 t.° — Clemente XIV, ricordato il dono fatto da papa Pio IV, alla republica, del palazzo di S. Marco in Roma, ed il breve 10 giugno 1564 dello stesso pontefice, e quanto gli ebbe ad esporre, in nome della signoria, il veneto ambasciatore a quella corte, Nicolò Erizzo, che per rendere più comodo l' uso di sua abitazione nel detto palazzo, stava costruendo nuove stanze nell' *Aula magna* soprastante al portico che conduce alla chiesa di S. Marco, aula che sempre godettero i suoi predecessori, come da lapide scolpita nel 1671; attesochè il capitolo ed i canonici di quella collegiata si erano opposti alla nuova costruzione, in seguito a preghiera di esso ambasciatore, accorda allo stesso, che possa usare di quell'aula per un passaggio alla tribuna già esistente in quella chiesa, e costruire nuove stanze nell'aula medesima.

Dato a Roma presso Santa Maria Maggiore *sub annulo piscatoris*. — Sottoscritto dal cardinale Andrea Negroni.

L'ORIGINALE esiste sotto il n. 854 della serie *Bolle ed Atti della Curia Romana*, b. 20.

46. (45) — 1770, Settembre 22. -- c. 118 t.° — Viglietto dell'ambasciatore cesareo, conte Jacopo Durazzo, diretto al N. H. Andrea Tron, delegato veneto, pel trattato al n. 44, col quale gli accompagna le istruzioni da darsi al conte Giacomo Seriman, eletto da sua maestà cesarea amministratore dell'ufficio di posta austriaco in Venezia.

Dato a Venezia e sottoscritto dal Durazzo.

L'ORIGINALE trovasi inserto al decreto del senato 1770, 24 novembre, esistente in *Senato Poste* filza 3 (839).

47. (46) — 1770, Settembre 22. — c. 119. — Istruzioni date dall'ambasciatore cesareo in Venezia, conte Jacopo Durazzo, al conte Giacomo Seriman, amministratore della posta austriaca in Venezia. Dovrà esso amministratore osservare il convegno 4 gennaio 1652 e la convenzione 2 ottobre 1769, ed inoltre sarà suo obbligo di assicurare e facilitare l'immediata corrispondenza fra i due stati. Appena giunti a Venezia i dispacci dell'ambasciatore veneto e la corrispondenza ordinaria e straordinaria diretta ai magistrati, dovrà farli subito recapitare. Lo stesso dovrà fare pei dispacci e lettere dirette a Vienna. La posta del sabato non sarà spedita, se non dopo ricevuto il solito plico ed avuto l'avviso del licenziamento. Sarà suo dovere tenere affissa in ufficio la tariffa postale ed invigilare che debba essere esattamente osservata, sorveglierà la spedizione delle valigie per mezzo delle cedule orarie. Avrà egli solo la direzione e rappresentanza della posta, e finalmente, dovrà rispetto e dipendenza alla cesarea camera aulica.

L'ORIGINALE, trovasi inserto al decreto del senato 29 settembre 1770, esistente in *Senato Poste*, filza 3 (839).

48. (47) — 1770, Settembre 22. — c. 120 t.° — Memoriale del conte Jacopo Durazzo, partecipante al collegio la nomina del conte Giacomo Seriman in amministratore della posta austriaca a Venezia, e presentato alle porte del collegio dallo stesso Seriman.

L'ORIGINALE esiste in *Esposizioni Principi*, filza 149.

49. (50) — 1770, Ottobre 3. — c. 128. — I savi alla mercanzia, al marchese Agdollo. Gli partecipano che al senato tornarono graditi i riscontri avuti dell'accettazione da parte di Federico Augusto, duca elettor di Sassonia, del trattato di commercio, e che attende ne sia data esecuzione anche da parte di quell' altezza.

Fatto a Venezia. — Sottoscritto da Bertucci Dolfin, Domenico Michiel ed Angelo Marcello, savi alla mercanzia.

1770, Novembre 19. — V. n. 50.
1770, Novembre 23. — V. n. 51, alleg. A.
1770, Novembre 27. — V. n. 51, alleg. B.

50. (51). — 1770, Dicembre 10. — c. 128 t.° — Il marchese Gregorio Agdollo, a riscontro della precedente, accompagna l' originale dell' allegato che segue.

Fatto a Venezia e sottoscritto dallo stesso.

ALLEGATO: 1770, Novembre 19. — Federico Augusto, elettore conte di Sassonia, ratifica il trattato di commercio conchiuso tra il suo plenipotenziario Gregorio Agdollo, ed il plenipotenziario veneto Giovanni Alvise II Mocenigo.

Fatto a Dresda. — Sottoscritto da Federico Augusto e controfirmato da Giovanni Celestino Just.

51. (48) — 1770, Dicembre 15. — c. 121 t.° — Damo del senato che ordina siano rimessi in copia al sovrintendente alla secreta, il promemoria spedito dall' ambasciatore a Vienna (Bartolomeo Gradenigo II) e la risposta dei ministri esteri circa la enumerazione dei propri domestici sudditi austriaci, per il loro registro.

Sottoscritto da Giovanni Marini, segretario.

L' ORIGINALE, in *Deliberazioni Senato Corti,* filza 340 (808).

ALLEGATO A: 1770, Novembre 23. — Promemoria del cancelliere di corte e stato in Vienna, Venceslao Antonio conte di Kaunitz-Rittberg, all' ambasciatore veneto a Vienna, interessandolo in seguito all' anagrafe generale indetta dall' imperatrice, di prender nota dei sudditi dell' impero che si trovassero in suo servizio e di avvertirli a presentarsi all' officio del circolo provinciale, quando fossero chiamati.

ALLEGATO B: 1770, Novembre 27. — L' ambasciatore veneto accompagna al conte di Kaunitz la nota delle persone suddite austriache, le quali si trovano al suo servizio

Dispacci Germania [copia], filza 273, c. 144 a 146.

52. (52) — 1771, Marzo 9. — c. 130. — Convenzione stabilita fra gli incaricati della posta di Bologna e l' ufficio dei corrieri veneti, in seguito a decreto del senato 9 giugno 1770. — Art. 1. Dalla corriera di Bologna non si fara che un solo viaggio settimanale per mezzo di tre corrieri da nominarsi, due da Francesco Lolli, tenente della posta di Bologna, ed il terzo dalla compagnia dei corrieri veneti. — Art. 2. Il Lolli sarà sempre responsabile di ogni e qualunque defraudo, commesso dalle persone da lui scelte, come la compagnia lo sarà pel suo corriere. — Art. 3. Il corriere, nel suo viaggio da Bologna, dovrà sempre servirsi di barca veneta nei luoghi dello stato veneto, e dovrà con essa e coi forestieri da lui condotti, arrivare sempre all' ufficio della compagnia, consegnando al corrier maggiore i detti forestieri ed i colli, gruppi, trasmessi, lettere sigillate in mazzi, che saranno ricevuti a norma delle polizze di viaggio. — Art. 4. I ministri della posta veneta esigeranno il prezzo di porto che poi rimetteranno ai corrieri bolognesi. — Art. 5. I detti ministri consegneranno ai corrieri bolognesi tutte le corrispondenze, gruppi, ecc., coperti dalla nota di viaggio; così pure sarà fatta nota dei forestieri che partiranno con la barca veneta. — Art. 6. Starà a carico del tenente Lolli ogni spesa e responsabilità dell' officio e ministero di Bologna, per cui resteranno a suo vantaggio i porti dei gruppi, colli, trasmessi e forestieri in andata e ritorno ; resteranno a vantaggio dei corrieri veneti, tutte le lettere. provenienti da Bologna, fermo l' obbligo dell' esenzione da tassa per le lettere al nunzio apostolico ed ai cappuccini e riformati. — Art. 7. La corrispondenza di lettere e trasmessi, non potrà essere data a qualsivoglia persona od ufficio, e dovrà tenere la via di Rovigo. Si fisseranno le giornate e viaggi. Si accomuneranno le spese tra i due uffici, e di tre in tre mesi si divideranno gli utili e i danni in giusta metà. — Art. 8. Si dichiarano liquidate le differenze passate che diedero origine alla presente convenzione e liquidati pure i rispettivi compensi tra il precitato tenente Lolli e Benedetto Giacomo Pesenti, rappresentante la compagnia dei corrieri veneti.

La minuta della presente trovasi inserta nel rapporto del N. U. Andrea Tron, sopraintendente alla camera dei confini, allegata al decreto del senato 16 marzo 1771, in *Senato Deliberazioni Poste*, filza 3 (839).

1771, Settembre 4. — V. n. 54.

53. (54) — 1771, Settembre 28. } c. 148. — Convenzione fra l' Austria, 1771, Ottobre 8. rappresentata dal conte Enrico d' Auspergh, e la republica di Venezia, rappresentata da Nicolò Donà, circa le spese da sostenersi per la estradazione dei delinquenti. — Art. 1. Corresponsione di zecchini tre per le spese di cattura, custodia ed alimenti, per ciascun delinquente da estradarsi. — Art. 2, 3, 4. Qualora dall' avviso dato dell' eseguito fermo, alla consegna del delinquente, trascorrano più di quindici giorni, oltre ai tre zecchini, dovranno esser rimborsate le spese occorse per la custodia ed il mantenimento del delinquente stesso, in ragione di soldi venti al giorno. — Art. 5. I due governi promettono di eseguire tale convenzione.

Data a Trieste. — 1771, settembre 28. — Sottoscritta da Enrico co. d' Auspergh.

Data a Capodistria. — 1771, ottobre 8. — Sottoscritta da Nicolò Donà, podestà e capitano.

Altro esemplare trovasi in relazione 1771, ottobre 20, di Nicolò Donà, ultimo ritornato da podestà e capitano di Capodistria, inserta nel decreto del senato 5 dicembre 1771 (*Senato Rettori*, filza 330).

54. (53) — 1771, Ottobre 3. — carte 132 t.° — Maria Teresa, in qualità di duchessa di Milano e Mantova, ratifica le convenzioni stipulate per la corrispondenza tra il regio ufficio del corrier maggiore della città di Milano, il regio ufficio di Mantova e l' ufficio dei corrieri di Venezia.

Data a Vienna. — Sottoscritta dall' imperatrice, da W. K. Kaunitz-Rittberg, e per mandato, da I. de Sperges et Palenz.

Convenzione 1771, Settembre 4. — Capitoli firmati da una parte dal barone de Rossi di Santo Secondo, amministratore generale delle regie poste nella Lombardia austriaca, autorizzato a ciò dal co. di Firmian, sovrintendente generale e giudice supremo delle predette regie poste in Italia, e dall'altra dal residente della republica di Venezia presso il governo generale della Lombardia austriaca, Cesare Vignola, espressamente autorizzato dalla republica di Venezia.

Convenzione per la corrispondenza tra il regio ufficio di corrier maggiore della città e stato di Milano, con l'ufficio dei corrieri veneti. — Art. 1. Il corriere ordinario veneto continuerà nel suo viaggio settimanale a prevalersi delle stazioni di posta stabilite dal regio ufficio. I corrieri straordinari veneti che viaggiassero nello stato di Milano, useranno delle stesse norme di quelli milanesi che viaggiassero nello stato veneto. Si determinano le tariffe. — Art. 2. I corrieri veneti dovranno usar diligenza di giungere a Milano di giorno, e portarsi subito al regio ufficio per consegnare tutte le lettere. — Art. 3. Divisione da parte degli uffici trasmittenti delle lettere in tre mazzi, uno contenente le lettere dirette oltre lo stato di Milano, l'altro le esenti, ed il terzo le non esenti dirette per la città e stato di Milano. Norme per la consegna dei tre mazzi. — Art. 4. Consegna delle lettere e relativa tariffa. — Art. 5: Divisione, da parte dell'ufficio di Milano, in tre mazzi, delle lettere di ritorno per ciascun ufficio veneto ; in uno saranno poste le lettere nate nella città e stato di Milano dirette per Venezia e stato veneto insieme con le esenti, nell'altro le lettere raccolte in Milano per Gorizia, Trieste e littorale austriaco, nel terzo le lettere forensi dirette a Venezia e stato veneto. Norme per la loro consegna. — Art. 6. Tariffa per le lettere nate nello stato di Milano, per quelle dirette a Trieste, Gorizia e littorale austriaco, e per quelle forensi per lo stato veneto, avuto riguardo alla tassa che alle lettere di Ginevra, Francia e Spagna procedenti da Ginevra, potesse essere imposta da detti uffici esteri. — Art. 7. Esenzione di tassa per lettere dirette a ministri e rappresentanti dei due stati, e condizioni relative. Esenzione per lettere dei cappuccini e riformati, tanto per l'andata, quanto per il ritorno. — Art. 8. Regolazione di conti fra i due uffici. — Art. 9. Tariffa per i pacchetti, ossia trasmessi o gruppi procedenti da Venezia e stato veneto e diretti allo stato di Milano e oltre detto stato, e di quelli di uscita dallo stato di Milano. Le stesse regole serviranno per il corriere così detto di Lione, che continuerà a venire a Milano ogni settimana per levare il dispaccio di Francia portato dalla staffetta di Ginevra, con l'obbligo di presentarsi con la sua sedia al regio ufficio, tanto al suo arrivo, quanto alla partenza. I corrieri potranno portare il loro portamantello, limitato alla discreta misura dei corrieri ordinari, senza che esso sia soggetto a visita o ricognizione. — Art. 10. La compagnia dei corrieri veneti spedira ogni giovedì da Bergamo un pedone a Milano, con le lettere di Bergamo, consegnandole gratis al regio ufficio. Nel sabato dovrà egli presentarsi al regio ufficio in Milano per prendervi le risposte. Indennizzo alla compagnia; suo orario ed itinerario. — Art. 11. Simile per il pedone da Crema per Milano. — Art. 12. Limitazione di competenza dei vari corrieri ed uffici.

Convenzione per la corrispondenza del regio ufficio di Mantova con l'ufficio dei corrieri veneti. — Art. 1. Il corriere ordinario di Mantova si servirà nel suo viaggio settimanale, sino ad Este nell'andata, e da Este nel ritorno, delle stazioni di posta stabilite dalla republica veneta. Si determinano le tariffe pei vari servizi. — Art. 2. Il corriere mantovano dovra consegnare agli uffici di posta intermedi, e specialmente a quello di Padova, tutte le lettere, trasmessi e gruppi diretti ai medesimi uffici, ed il rimanente, all'ufficio generale dei corrieri della republica in Venezia. — Art. 3. Divisione da parte dell'ufficio di Mantova, di tutte le lettere in tre mazzi per ciascun ufficio veneto tra Mantova e Venezia, contenenti, uno le lettere dirette per oltre lo stato veneto, l'altro le esenti, ed il terzo le non esenti dirette a Venezia e stato. — Art. 4. Tariffa per le lettere, scritture ecc. — Art. 5. Divisione delle lettere di ritorno negli uffici veneti, in tre mazzi; nel primo saranno comprese le lettere dirette per Mantova e ducato, insieme con le esenti, il secondo comprenderà quelle dirette oltre lo stato mantovano, eccettuate quelle per Parma, Piacenza, Reggio, Guastalla, Bozzolo, Viadana e Sabbienate, le quali formeranno il terzo mazzo. I mazzi saranno accompagnati da un foglio indicante il relativo peso da controllarsi dall'ufficio di Mantova. — Art. 6. Tariffa per le lettere dirette a Parma, Piacenza, Reggio, Guastalla, Bozzolo, Viadana e Sabbienate. — Art 7. Esenzione dal pagamento, delle lettere dirette ai rappresentanti, ministri ed ambasciatori dei due stati; condizioni relative. Esenzione per le lettere dirette ai cappuccini e riformati. — Art. 8. Regolazione di conti fra uffici. — Art. 9. Modalità per la consegna dei pacchetti, ossia trasmessi o gruppi, da parte dei corrieri, agli uffici di Venezia e Mantova. — Art. 10. Limitazione di competenza del regio ufficio di Mantova, in rapporto ai vari corrieri e ad altri uffici; orario ed itinerario. — Art. 11. Simile per l'ufficio dei corrieri veneti in Brescia per tutte le lettere dello stato veneto, comprese quelle di Bergamo e Crema. — Art. 12. Proibizione ai corrieri dei due uffici di ricevere lettere o pacchetti diretti ad altri luoghi ed appartenenti all'opposta corriera, a pregiudizio loro e del corriere di Milano.

Articoli generali: Art. 1. È vietata l'introduzione di pedoni, cavallari, vetturali, od altri, che portassero lettere, gruppi e trasmessi da Mantova, Milano o paesi confinanti a Venezia e viceversa. — Art. 2. La convenzione avrà principio un mese dopo il cambio delle ratifiche delle rispettive corti, dovrà durare anni sei e sarà prorogata di sei in sei anni, ove sei mesi prima della scadenza la convenzione non venga disdettata da una delle parti S' intendera sciolto l' obbligo della medesima nel caso di rivoluzione delle cose d' Italia, o di publica calamità.

Articolo declaratorio intorno all' esecuzione dell' art. 10 della convenzione 2 ottobre 1769, segnata in Venezia coll' ufficio austriaco. Le visite cui deve assoggettarsi il corriere austriaco, devono farsi nell' ufficio delle poste venete in Verona, senza che detto corriere sia obbligato di andare in dogana, nè assoggettarsi ad altre visite.

Data a Milano. — Sottoscritti G. F. B. de Rossi di S. Secondo; Cesare Vignola, residente veneto; Salvadori.

L' ORIGINALE trovasi sotto il n. 997 dei *Patti sciolti,* serie I, b. 49.

1771, Ottobre 8. — V. n. 53.

55. (56) — 1772, aprile 11. — c. 154. — Proclama (stampa) del serenissimo principe di Venezia, col quale fa sapere, che avendo l' imperatrice Maria Teresa, con dispaccio 18 luglio 1771, levate tutte le leggi ostative ed esclusive degli esteri dalle successioni testate o non testate dei beni mobili ed immobili esistenti nello stato di Milano a favore dei sudditi veneti, eguale trattamento viene fatto ai sudditi milanesi residenti nello stato veneto.

1772, Ottobre 7. — V. n. 56.

56. (55) — 1772, Ottobre 24. — c. 149 t° — Maria Teresa imperatrice ecc., ratifica le convenzioni stipulate circa le norme con le quali procederà la carrozza di corrispondenza tra i regi uffici di Vienna e di Mantova e viceversa.

Data a Vienna. — Sottoscritta dall' imperatrice, da W. Kaunitz-Rittberg e da Henricus Gabr a Collenbach.

1772, Ottobre 7. — Capitoli firmati da una parte dal co. Antonio Venceslao di Kaunitz, ministro cesareo per gli affari d' Italia, e dall' altra dal N. U. Bartolomeo II Gradenigo, ambasciatore di Venezia presso la imperiale e regia corte, ambedue quali ministri plenipotenziari a cio espressamente autorizzati. — Art. 1. Orario e tariffa per la carrozza postale, la quale spedita settimanalmente da Vienna, procederà per la via di Rovereto e s' introdurrà nello stato veneto tenendo la via della Chiusa fino a Verona. — Art. 2. Norme pel pagamento del publico dazio. — Art. 3. Esazione delle tasse postali. — Art. 4. Proibizione alla carrozza spedita da Mantova di caricare e scaricare effetti o trasmessi giunta che sia nello stato veneto, ma dovrà continuare il suo viaggio fino a Verona. — Art. 5. Il direttore dell' ufficio postale veneto in Verona, raccoglierà e spedirà effetti, trasmessi e persone, per ricarico della carrozza per tutte le città e luoghi di corrispondenza degli uffici imperiali e austriaci; norme per il pagamento dei dazi e delle tasse. — Art. 6. Regolazione di conti, di tre in tre mesi, fra gli uffici di Vienna e di Verona. — Art. 7. Indennizzo di fiorini 300 annui all'ufficio di posta di Verona da .parte di quello di Vienna, per riconoscimento di diritto, e compenso delle spese. — Art. 8. Durata della convenzione pel periodo di anni dieci, e norme per le ratifiche dei rispettivi sovrani.

Dato a Vienna. — Sottoscritto da W. Kaunitz-Rittberg e da Bartolomeo Gradenigo 2°

L'ORIGINALE, trovasi sotto il n. 998 dei *Patti sciolti*, serie I, b. 49. — Ratifica veneta 1772, novembre 28, in *Senato Poste*, filza 3.

COMMEMORIALI

LIBRO TRENTESIMO TERZO.

DEI COMMEMORIALI

REGESTI.

1. (1) — 1773, Marzo 27. — c. 1. — Convenzione fra lo stato pontificio e la republica di Venezia, per l'arresto dei banditi e dei malviventi. — Papa Clemente XIV e la republica di Venezia, a mezzo dei loro plenipotenziari, il cardinale L. Pallavicini e l'ambasciatore Alvise Tiepolo, rinnovano per anni cinque la convenzione che viene riprodotta, segnata il 6 marzo 1759 e rinnovata nel 1767 (v. n. 19 del Commemoriale XXXII).

Data a Roma. — Sottoscritta dal cardinale L. Pallavicini e da Alvise Tiepolo, ambasciatore veneto.

Stampa: Roma, 1773. — Stamperia della rev. camera apostolica.

L'ORIGINALE, trovasi in *Dispacci Roma*, filza 291, inserto al dispaccio n. 115 del 27 marzo 1773.

1774, Febbraio 28. — V. n. 2.

2. (6) — 1774, Marzo 26. — c. 8. — Ratifica del doge di Venezia, Alvise Mocenigo, del trattato concluso tra il re di Francia e la republica di Venezia, concernente la cessazione del diritto d'*aubaine*. (Albinaggio. Diritto che ha il principe sopra i beni di un forestiere non naturalizzato che muore nei suoi stati).

Data a Venezia. — Sottoscritta da Alvise Mocenigo, doge di Venezia e da Marcantonio Sanfermo, segretario.

1774, Febbraio 28. — Convenzione firmata e sigillata dai plenipotenziari: Emanuele Armando Duplessis Richelieu, duca di Aiguillon, pari di Francia, nobile genovese, cavaliere degli ordini del re, luogotenente generale delle armate, luogotenente della compagnia dei duecento cavalli leggieri della guardia ordinaria del re, governatore generale dell'alta e bassa Alsazia, governatore particolare della citta, cittadella, parco e castello della Fère, luogotenente generale della provincia di Brettagna nel dipartimento della contea nantese, ministro e segretario di stato nel dipartimento degli affari esteri e della guerra, da una parte; e dall'altra, Alvise Mocenigo 2° detto Giovanni, nobile veneto, ambasciatore della republica presso il re di Francia. — Nei tre articoli che compongono la convenzione, si abolisce il diritto di *aubaine* a favore dei sudditi dei due stati.

Data a Versailles. — Sottoscritta dal duca d'Aiguillon e da Alvise Mocenigo 2° detto Giovanni, ambasciatore.

Alla ratifica veneta sono allegati in originale il trattato e la plenipotenza al duca di Aiguillon.

La minuta della ratifica veneta trovasi in *Senato Corti*, filza 356.

Altra ratifica definitiva veneta trovasi in *Senato Corti*, filza 363, sotto la data 18 novembre 1775.

1774, Agosto 12. — V. n. 4.
1774, Ottobre 14. — V. n. 3.

3. (2) — 1774,. Novembre 28. — c. 1 bis. — Maria Teresa imperatrice dei romani; regina d'Ungheria, Boemia, Dalmazia, Croazia, Slavonia, Galizia e Lodomiria, arciduca d'Austria, duca di Borgogna, Stiria, Carinzia, Carniola, Brabante, Limburgo, Lussemburgo e Gheldria, Würtemberg· superiore ed inferiore, Slesia, Milano, Mantova, Parma, Piacenza, Guastalla, Oswieczym (Auschwitz), Zator, principe di Svevia, conte di Absburgò, Fiandra, Tirolo, Hainau, Kyburg, Gorizia e Gradisca, marchese del S. R. I., di Burgovia, di Lusazia alta e bassa, conte di Namur, signora della Marca di Slavonia, di Mechlina, di Lorena, duca di Bar, granduca di Toscana, ecc., ratifica le convenzioni stipulate per il passaggio della posta di Vienna per Udine.

Data a Vienna. — Sottoscritta dall'imperatrice, da W. Kaunitz-Rittberg e da Enrico Gabr. à Collenbach.

ALLEGATO: 1774, Ottobre 14. — Convenzione firmata dai plenipotenziari W. Kaunitz-Rittberg, ministro cesareo, e Bartolomeo Gradenigo 2°, ambasciatore di Venezia. Essendosi riservata ai principi, coll'art. XII della convenzione seguita nell'anno 1769, la facoltà di cambiare il corso delle lettere tra Vienna e Venezia, la republica desidera mutare l'art. IX della convenzione stessa che riguarda il corso delle lettere da Gorizia a Visco, da Visco a Codroipo e viceversa, in modo che esso sia invece diretto sulla via di Udine, via più lunga ma più comoda e sicura. I ministri plenipotenziari stabiliscono perciò che fra Gorizia e Nogaredo siano contate due poste, da Nogaredo a Udine una e mezza e così da Udine a Codroipo, ed in tale proporzione siano pagate le rispettive corse. Per parte veneta sarà accomodata la strada tra Nogaredo e Udine, togliendo ogni pericolo anche dell'inondazione del torrente Torre; saranno costruiti due ponti di pietra, uno presso Udine sul torrente Cromor, e l'altro tra Zompicchia e Codroipo; sarà risarcita della perdita della corsa, la vedova del mastro di posta di Visco, che dovrà passare a Nogaredo. Per parte austriaca si provvederà alle spese del trasporto della posta da Visco a Nogaredo e si farà riparare e mantenere la strada che si estende nel suo territorio. Rimane ferma la riserva dell' art. XII della convenzione 1769.

Dato a Vienna. — Sottoscritto da W. Kaunitz-Rittberg e da Bartolomeo Gradenigo 2°.

Altro esemplare in *Dispacci Germania* (copia), vol. 275, n. 294.

Ratifica veneta, 1774, novembre 19, in *Senato Poste*, filza 839 (3).

4. (3) 1774, Novembre 29. -- c. 4. t.° — Maria Teresa imperatrice ecc., ratifica la spiegazione agli art. 7, 8, 9 e 10, della convenzione 31 dicembre 1755 (v. n. 3, Commemoriale XXXII), in rapporto al confine della valle Saisera (Satsera) in Carinzia.

Data a Vienna. — Sottoscritta dall' imperatrice, da W. Kaunitz-Rittberg e da Enrico Gabr. à Collenbach.

1774, Agosto 12. -- Convenzione firmata dai ministri Giovanni bar. di Schlangerberg, commissario imperiale ai confini, e Ascanio Piccoli, provveditore ai confini. Cessione ai dognesi, di tutto il prato del Broilo, dei boschi e pascoli segnati nel disegno. Si nominano le cime del Rudniverk e del Plagnis. Agli austriaci, in compenso, si stabilisce il confine. Si nominano le cime dello scoglioso Carnedul, la sommità di Politen o Presdogna e del Rudniverk, il Carnitenthal, la Fontana, il monte Plagnis o Mittagkubl. Si stabiliscono le norme per cavar le miniere dentro il recinto del monte Rudniverk.

Data a Pontebba imperiale. -- Sottoscritta da Gio. barone di Schlangerberg, commissario imperiale ai confini e da Ascanio Piccoli, provveditore ai confini.

Ratifica veneta, 23 dicembre 1774, in *Senato Corti*, filza 359.

1774, Dicembre 23. — V. n. 4.
1775, Marzo 9. -- V. n. 5, 6.

5. (4) — 1775, Maggio 6. — c. 7 bis. — Proclama del doge di Venezia circa la rinnovazione per anni cinque, della convenzione 1767, maggio 9 (v. n. 37, Commemoriale XXXII), per l' arresto dei banditi e malviventi fra gli stati della Lombardia austriaca e gli stati veneti.

Dato a Venezia, senza firme. — Due esemplari a stampa. " Per gli figliuoli del qu. Z. Antonio Pinelli, stampatori ducali ,,

L' ORIGINALE, dato a Milano, 1775, marzo 9, firmato dai delegati Carlo co. di Firmian, per l' imperatrice Maria Teresa, e Simeon Cavalli, residente a Milano, per la republica veneta, trovasi allegato al dispaccio 26 aprile 1775, n. 32, del Residente veneto a Milano — *Dispacci Milano*, filza 218.

Ratifica veneta, 1775, maggio 6, in *Senato Corti,* filza 362.

6. (5) — 1775, Aprile 20. — c. 7. ter. — Proclama di Ferdinando principe reale d Ungheria e di Boemia, arciduca d' Austria, duca di Borgogna e di Lo-

rena ecc., cesareo reale luogotenente, governatore e capitano generale nella Lombardia austriaca, circa la rinnovazione, per anni cinque, della convenzione 1767, maggio 9 (v. n. 37, Commemoriale XXXII), per l'arresto dei banditi e malviventi fra gli stati della Lombardia austriaca e gli stati veneti. Conforme al proclama del doge di Venezia (v. n. 5).

Dato a Milano il 9 marzo 1775. — Sottoscritto da Ferdinando, dal co. di Firmian e da Corrado Olivera Fuentes.

Stampa: "In Milano, nella regia ducal corte, per Giuseppe Richino Malatesta, stampatore regio camerale,,

L'ORIGINALE, come al n. 5.

1775, Settembre 9. — V. n. 7.

7. (7) — 1775, Settembre 29. — c. 13. — Convenzione fra S. M. I. R. A. da una parte, e la republica di Venezia, dall'altra, circa la somministrazione dei sali di Tripoli e S.ta Maura, per lo stato di Milano, fatta a mezzo dei delegati Carlo co. di Firmian e Simeon Cavalli. Per il periodo di anni dieci a decorrere dal 1 gennaio 1775 passato, le publiche galere somministreranno staia novantadue mila annue di sale di Tripoli e moggia quarantadue annue da staia settanta, di sale di S.ta Maura. Lo staio sarà del peso di libbre grosse ventiquattro di once ventotto l'una, del peso di marco camerale di Milano. Non si farà alcuna eccezione nella qualità o quantità dopo che i sali saranno posti nelle canarole. Si conviene il prezzo in ducati veneti (da lire sei, soldi quattro) quattordici e mezzo il moggio di staia settantacinque, per il sale di Tripoli, e ducati veneti dodici il moggio di staia settanta, per quello di S.ta Maura. Al principio del contratto si somministreranno, a titolo di scorta, staia novantamila di sale di Tripoli e staia tremila di S.ta Maura, da pagarsi solo al termine del contratto. Secondo il bisogno ed a richiesta della finanza di Milano, la quantità di sale da consegnarsi sarà aumentata annualmente, agli stessi prezzi e condizioni di consegna, sino a staia settantamila di Tripoli e staia mille di S.ta Maura. La condotta fino alla Mesola sarà fatta dalla fraglia dei *paroni*, sotto la sorveglianza del magistrato al sal, verso il compenso di venete lire quattro per ogni moggio. Si accorda un aumento nella condotta di dieci soldi per ogni moggio quando fossero comandate discipline per riguardi di salute nelle comunicazioni dei due stati e di quello pontificio intermedio, per le quali occorresse un aumento di spesa nei trasporti. Il carteggio occorrente per la esecuzione del contratto, sara tenuto da Giuseppe Bonomelli, notaro del magistrato al sale, e da Francesco Domenico Manenti, interinalmente incaricato per la regia finanza di Milano. Qualora a motivo di peste o guerra negli stati veneti e nella Lombardia austriaca, per la interrotta navigazione fosse impedito il corso del contratto, questo s'intenda sospeso e non troncato. Data l'attuale scarsezza delle saline, per il primo anno sarà tollerato il ritardo nella consegna del sale fino al primo semestre del venturo anno 1776.

Data in Milano. — Sottoscritta da Carlo co. di Firmian e da Simeon Cavalli, residente delegato per la serenissima republica di Venezia.

L' ORIGINALE trovasi allegato al dispaccio n. 59 da Milano, del residente Simeon Cavalli, in data 7 ottobre 1775, filza 218.

Ratifica veneta, in *Senato Corti*, filza 363, sotto la data 1775, settembre 9.

1775, Novembre 18. — V. n. 2.
1776, Ottobre 24. — V. n. 8.
1777, Luglio 23. — V. n. 8.
1777, Luglio 25. — V. n. 8.
1777, Agosto 10 - 31. — V. n. 8.

8. (8) — 1777, Dicembre 20. — c. 15 t.° — Decreto del senato con cui si ordina che le tre carte concernenti i confini della Morlacca, cioè il trattato di Novegradi, 24 ottobre 1776, coi tre articoli di supplemento aggiunti quest'anno; il piano convenuto col co. di Aspremont per demarcare la linea; e l'istrumento di reambulazione (collocazione di termini) esteso nella cancelleria di Gospich, siano trascritte nei Commemoriali e custodite nella cancelleria segreta.

Dato a Venezia. — Sottoscritto da Gio. Pietro Legrenzi, segretario. *(Senato Corti.)*

1776, Ottobre 24. — Trattato di Novegradi in 20 articoli. — Giacomo Gradenigo, provveditor generale in Dalmazia ed Albania, quale rappresentante della republica di Venezia, ed il co. Francesco di Aspremont, ciambellano e colonnello della maestà cesarea, cavaliere dell'ordine di S. Stefano di Toscana, comandante del reggimento della Licca, rappresentante di sua maestà cesarea, espressamente delegati, si sono accordati nella presente convenzione che riguarda il godimento dei pascoli in vicinanza dei confini, fra gli stati austriaco e veneto, nel reggimento della Licca, senza che la convenzione stessa abbia alcun vigore circa lo stabilimento della linea territoriale fra i due stati. Viene stabilita la linea interinale che serve di direzione ai sudditi di ambo gli stati, la quale incomincierà dalla Zermagna, nel sito detto Gromilla, fino a Drevenachi Bunari. Si nominano, la situazione Ruiste, i monti Komm e Jagodnisk, le località Popov Greb u Dnu Razdola, Jvankovacz Bunar, il lago Sobotichka Loqua, i monti Gostussa, Vitrini Mlini, il luogo di Duboky Dol, il lago di Koparaczi Bunari, i monti Ossove, Vuchiak, Toplo Berdo, Oblikuk, il luogo Vracza, la valle Dubokydol, il monte Golloverh, i luoghi di Iadrino Bilo, Xulene, Iassle e Iabukovacz, i monti Visse Veliko Halan, Mali Halan, Halan detto Piana, Krug, Zovich, Ossiczenicza, Vlasko Grado, il lago Pechicza Voda, il monte Ploze, i luoghi di Babin Dolacz, Veliko Iessero, la valle Dozzi, i monti Veliko Berdo, Visse Ruino, Viglini Kuk, le valli Iavornik e Glavinovacz, i monti Ploche Velike, il luogo di Wrata, la valle Iadrina Poliana, l'acqua Terstenicza Loqua e la chiesa di S. Maria Maddalena di Terstenicza. I sudditi imperiali saranno ammessi nel tempo invernale al pascolo nel territorio dello stato veneto, pagando il consueto erbatico allo stato veneto, e viceversa i sudditi veneti potranno pascolare nell' estate nel territorio austriaco, pagando l' erbatico a quello stato. I pascoli invernali nel distretto dello stato veneto, saranno aperti agli austriaci nel tratto tra il fiume Zermagna ed il mare Adriatico da Prives a Tribain, ed i pascoli estivi nel reggimento di Licca, saranno aperti ai veneti che abitano tra il fiume Zermagna ed il mare Adriatico. I pascoli d' estate, di regola, incominceranno dal primo di giugno e termineranno con la fine di settembre, quelli d' inverno incominceranno dalla festa di S. Luca (metà ottobre) ed avranno termine colla fine di aprile, o al più, verso la metà di maggio. Le stazioni presso le quali i sudditi veneti ed austriaci dovranno presentarsi per il controllo degli armenti che pascoleranno, saranno : le austriache Poppen, Grachaez e Prag ; le venete Ervenik, Krupa, Zatton e Starigrad. Seguono le norme : per l' identificazione e fedi legittimatorie rilasciate ai sudditi che entreranno nei pascoli reciproci ; per ovviare alle liti e contese fra loro e definirle ; per la servitù dei terreni ; per la conservazione e coltivazione dei boschi ; per i provvedimenti contro i pericoli d' incendio nei boschi stessi ; per l' amministrazione della giustizia ; pei provvedimenti in caso di malattie contagiose. Le colpe commesse a motivo delle controversie per i pascoli fra i vari sudditi, dopo la ratifica della convenzione da parte delle rispettive autorità sovrane, s' intenderanno rimesse e perdonate. Pure dopo la ratifica saranno inviati sul luogo appositi ufficiali, pratici dei luoghi, con l' incarico di porre i segni sulla linea divisoria fra i due stati.

Dato a Novegradi. — Sottoscritto da Giacomo Gradenigo, provveditor generale in Dalmazia ed Albania e dal conte d'Aspremont.

L' ORIGINALE trovasi nella busta 258 dei *Provveditori ai confini*.

1777, Luglio 23. — Supplemento alla convenzione di Novegradi, 1776, ottobre 24 (art. 3). — Si chiarisce l' art. 19 che tratta dell' invio sul posto, di appositi ufficiali pratici per mettere i precisi confini, conducendo seco ingegneri per la demarcazione della linea in apposito disegno. Si conferma l' art. 1, che la convenzione s' intende diretta all' oggetto del godimento dei pascoli e non allo stabilimento della linea territoriale di confine, cioè fra i due stati. Si dà facoltà a ciascun principe di ritirarsi dalla presente convenzione quando voglia, previo un conveniente avviso.

Dato a Novegradi. — Sottoscritto da Giacomo Gradenigo, procurator generale e dal conte d'Aspremont.

L' ORIGINALE trovasi unito al precedente (*Provv. ai confini*, b. 258).

1777, Luglio 25. — Novegradi. — Piano circa le cose da eseguirsi a senso del convenuto nel congresso di Novegradi, il 24 ottobre 1776 e il 23 luglio 1777. — Due ufficiali conoscitori dei luoghi, con due ufficiali inquisitori dell' uno e dell'altro stato, accompagnati da quattro anziani de' più onesti e probi di ciascuna villa, percorreranno la linea interinale dei pascoli con la scorta dell' art. 2 della convenzione che la descrive ; in ogni punto ove passa la linea sarà posta una colonna ferma con la data dell' anno corrente. Gli ufficiali sono autorizzati di conciliare le difficoltà che vi fossero nella demarcazione della linea, facendola però passare pei punti della nomenclatura di cui il succitato art. 2. Saranno rispettate le terre date a divisione ai liccani negli anni 1773 e 1774. Gli ufficiali ingegneri dovranno formare un esatto disegno della linea stessa. Le operazioni di demarcazione, incomincieranno il giorno 10 agosto dell'anno 1777.

Dato a Novegradi. — Sottoscritto dal conte d'Aspremont, colonnello.

Altra copia trovasi inserta al dispaccio n. 163 del 1 agosto 1777, del *Provveditore Generale in Dalmazia ed Albania* (*Provveditori ai confini*, b. 254).

1777, Agosto 10-31. — Istrumento di collocazione di termini (Instrumentum reambulationis). — Verbale di collocazione di 68 punti, eseguita dalla commissione espressamente incaricata in ordine alle convenzioni precedenti.

Incominciato a Zermagna e finito a Tersteniczka. — Sottoscritti: Bartolomeo Knapich maggiore nel reggimento di fanteria illirico della republica veneta; Francesco Zavoreo Capitano militare architetto della republica veneta; barone Giuseppe Portner de Sfözfflej capitano cesareo regio del reggimento di fanteria di Licca; Giorgio de Lebwohl primo luogotenente del reggimento di fanteria di Luttermann, cesareo regio geometra.

Il 1° punto è collocato a Zermagna nel luogo detto Gromilla, e divide la regione dei veneti detta Prives da quella dei liccani detta colle Iarista e valle Zermagna. Di qui in linea retta si giunge al 2° punto a Raone Tavan posto sul versante del monte Komm. La linea attraversa Kamen Iaricha e dovrebbe giungere a Drevenagio Bunary, ma per includere le terre dei liccani dette Millinkovich Naztonine, essa converge a sinistra al 3° punto; quindi in linea retta giunge a Millinkovich, dove trovasi il 4° punto detto Vlaisaolia Vicha Loqua fisso in un sasso naturale chiamato Kosza Visse Sztaze, vicino al monte detto dai liccani Vuchia Glavicza e dai veneti Zerniverk. Di qui in linea retta si giunge al 5.° punto chiamato dai liccani Bunary Kod Suhe Loqua e dai veneti Pachkoninj Bunary, dove esistono dalla parte dei liccani due laghi ed un terreno chiamato Gravillo Merdail, e dalla parte veneta quattro laghi chiamati Iukanovczy Bunary. Di qui si passa al 6° punto detto Drevenaczy Bunary, dove sono tre fontane, in mezzo delle quali è collocata la pietra, sulla quale è scolpito l'anno 1777; una quarta fontana è a duecento passi nel distretto di Licca, ed è chiamata dai veneti Drevenak Bunary. Di qui la linea dovrebbe proseguire per la cima del monte Iagodnick, ma per poter includere alcuni terreni toccati al suddito liccano Dmitar Puppovacz, la linea corre per la vetta del monte Verh Visse Bunara e giunge al 7° punto. Di qui scorrendo verso Iagodnick alla distanza di trecentocinquanta passi, giunge all'8° punto presso il terreno del suddetto Puppovacz. Tra il 7° e l'8° punto dalla parte di Licca, vi è il distretto di Gaoka Loqua e dalla parte veneta il colle Kamenita Glavicza. Di qui la linea corre verso il distretto di Licca a destra da Drevenaczy Bunary al monte Iagodnick, includendo i terreni del Puppovacz, all'estremita dei quali vi è la pietra del 9° punto, a sinistra della strada che da Ruische conduce a Mokro e Polje. Per la troppa distanza dal monte Jagodnick e per includere nel distretto liccaño i terreni detti Klenove Dolline, fu fissato l'intermedio punto 10° sulla vetta del monte Narancheva Glavicza. A sinistra vi sono i terreni veneti Vracheve Dolline e quelli cesarei chiamati ugualmente, ed il terreno detto dai veneti Bradarova Torrina, prima posseduto da un suddito veneto ed ora assegnato al distretto di Licca. Di qui si giunge all' 11° punto, che è sulla sommità del monte Iagodnick, ed avanzando sessanta passi davanti il terreno del suddito liccano Magim Chick, terreno detto Dolline Pod Iagodnikom, si giunge al 12° punto, alla distanza di duecento passi dal quale dalla parte veneta, vi é il versante nominato Szenokosza, ed a sinistra il terreno del suddito veneto Pietro Sassich. Di qui in linea retta si giunge al 13° punto sulle ville venete Mokro, Polje ed Ervenick. Dalla parte dei liccani a destra vi è il monte detto dai veneti Razversia, dai liccani Chorkovacz. La linea dal punto 12° al 13° passa per il luogo chiamato Zernykerss dai liccani e Romichakerss dai veneti. Per linea retta si giunge al punto 14° in prossimità di Kabicha Verssak e del lago Kabicha Bunar, a quattrocentocinquanta passi distante dal quale è posta la pietra. A destra di questa vi sono piccoli terreni situati a Krivo Dol e spettanti ai liccani, e la vetta del colle Kabicha Verssak; a sinistra, dalla parte veneta, si trovano Mathievicheve Dolline, Bukarichina Torrina, il colle Glavicza, nonchè i sopraddetti Kabicha e Bukarichin Bunar. Di qui per la pianura detta Vekicha Rast si arriva al punto 15° detto Popoo Greb u Dnu Razdola. Tutti i terreni sulla direzione della linea di confine fino a questo punto della circonferenza del monte Komm sono assegnati in uso ai liccani. Di qui la linea discende obliquamente a destra ad Ivankovacz Bunar; ma, per la troppa distanza, fu fissato il 16° punto intermedio tra i due monti dalla parte veneta a sinistra detto Velika Chatma, e dalla parte cesarea a destra detto Vazino Berdo; in questa direzione vi è un piccolo terreno del suddito liccano Iuray Tolliaga. Di qui in linea retta proseguendo, trovasi il punto 17° ai piedi del colle chiamato Marechicha Kuk, vicino al quale, dalla parte dei liccani, trovasi il terreno Vekicha Pollicza e la circonferenza Debelli Kerss a destra, a sinistra il terreno del suddito veneto Boxo Ivankovich. Si giunge poi per linea retta al punto 18°, detto Ivankovacz Bunar, che è una fontana cinta di pietre, sopra due delle quali, una dalla parte del distretto di Licca e l'altra dal lato dello stato veneto, vi è inciso l'anno 1777. Di qui sopra il colle Kuknisse Millichicha Dollina si giunge al 19° punto dinanzi al lago Sobotichka Loqua per solo uso dei liccani, mentre dalla parte veneta vi è adiacente la rupe Kuk Visse Raichicha Greb. Di qui, obliquamente a destra, la linea giunge al 20° punto sulla vetta del monte Verh Gostussa. A sinistra, dalla parte veneta, trovasi Szobotin Verh, a destra, dalla parte liccana, il terreno Milichicha Dollina Di qui la linea volge obliquamente verso la vetta di Vitrini Mlini e quindi continuando per il monte Czernj Verh e discendendo, giunge al 21° punto nel versante Mallo Szedlo. Procedendo questa linea sopra i monti Glavicza e Kersztace, giunge al 22° punto sul monte Vissi Baba. Di qui si arriva al punto 23° sulla vetta del monte, dai veneti chiamato Verh Vitrinj Mlinj, e dai liccani Vissi Baba. La linea poi continua un po' obliqua a destra fino al punto 24°, sulla vetta del monte Erbine. Dal punto 23° al 24°, la linea abbraccia la circonferenza del Dubotly Dol e il soprapposto terreno Gorgutoo Dol; la valle Gusvichin Dol appartiene per la maggior parte ai liccani. In questa valle vi sono quattro piccoli campi, uno dei quali appartiene ai veneti. Dalla parte veneta, a sinistra, trovasi la valle Iassikovacz e la pianura Vitrinj Mlinj.

Di qui obliquamente a destra la linea giunge al punto 25°, che è il lago Kopanaczi Bunary. Nella parte cesarea vi è il monte boschivo Nannicha Ossoja, e nella parte veneta la pianura Tavan Kod Nannicha Ossoja, e al di là del lago Kopanaczi Bunary, il monte chiamato Muharova Zabao dai liccani e Vilzossnicha dai veneti. Nella stessa direzione sono inclusi il monte Vuchiak ed i terreni dei liccani. Dal lago predetto la linea prosegue pel monte Ossove. Il punto 26° trovasi sulla vetta del monte Zidane Erbine. Di qui la linea converge verso la vetta del monte Ossove, dov'è il 27° punto. La linea di questi due ultimi punti divide a sinistra la parte veneta con la valle Smuliana Dolena e Kalludierska Loqua, e dalla parte di Licca la pianura di Erbine. Dalla vetta del monte Ossove la linea giunge al monte Toplo Berdo, ma per la troppa distanza fu fissato il punto 28°, intermedio, sopra la valle Kalludierskj Dol. Di qui in linea retta si giunge al punto 29° nel terreno Kacharov Dollacz, alla cui sinistra; dalla parte veneta, trovasi la valle Kalludierskj Dol. Di qui, obliquamente a destra, la linea giunge al punto 30° sulla sommità del monte Verh Toploga Berda. Questa linea, da Ossove a Verh Toploga Berda, include tutta la pianura Iabukovacz, Toplo Ieszero ed i terreni dei liccani. La linea dovea poi dirigersi alla vetta del monte Oblikuk, ma per includervi alcuni beni dei liccani, furono posti dei segnali intermedi, e perciò il punto 31° trovasi sul versante roccioso del monte Zernopacz, precisamente sulla località Kaplia Voda, alla distanza di duecento passi. Di qui la linea retta continua per la sommità montuosa, dalla quale si vede il monte Oblikuk, e giunge al 32° punto sul Toplo Berdo, che confina dalla parte veneta col campo Manoillov Dol. Di qui piegando alquanto a destra, si trova il punto 33° all'estremità del terreno detto Ogarove Proszine, con la quale linea sono inclusi i terreni in uso dei liccani Ogarove Proszine, Dol Kod Rasticha, Dol Kod Kuka e Simicha Dol, ed i terreni in uso ai veneti Ternovj Dolacz, Gaszy Klanacz e Buliev Dolacz. Di qui in linea retta si giunge al punto 34° sulla vetta dell'Oblikuk, dalla quale linea s'includono i due piccoli terreni dei liccani, nominati Paravinzke e Dolline. La linea poi segue alquanto a sinistra fra sassi fino al punto 35°, Duboky Dol. Il lago ivi esistente rimane in uso ai due stati e così pure il terreno detto Bullieve Dolline per giusta metà. Di qui la linea retta giunge al punto 36° in Verh Duman, nella quale linea s'includono i terreni dei liccani Vassil Groka. Poscia, seguendo il corso delle montagne, si arriva al punto 37° in Pietra Trenisisk, poi al 38° sulla vetta del monte Golloverk, nella qual linea alla distanza di seicento passi e fra la vetta del monte vi è un lago di sola spettanza dei cesarei. Di qui direttamente si giunge al punto 39° in Iandrino Bijlo, e quindi al punto 40° posto nella via che da Graelacz e Stikada conduce ad Obrovacz. Di qui si arriva al punto 41°, detto Bukovij Klanacz, quindi al punto 42° sulla via che conduce da Milla Voda a Zaton, vicino alla selva del monte Ossichenicza. Dal punto 35° al 42° tutto il raggio di Xulene e Iassle è compreso per uso dei liccani. Di qui per linea retta a piè del monte Ossichenicza in mezzo alla selva, si giunge al punto 43°, sulla sommità del monte boschivo Verh Iz Pod Tuerdoga Bylla. Si arriva poi al punto 44° sulla sommità del monte boschivo Visse Velichi

Halan, e poi alquanto obliquamente a sinistra, al punto 45° sulla vetta del monte Mali Halan. A sinistra della linea dalla parte veneta vi è il raggio di Velichi Halan, ed a destra dalla parte dei liccani vi è il pascolo, da questi detto Nekicha Torina e dai veneti Mali Halan e più in giù la vedetta cesarea Prag. Seguendo il corso dei monti verso la parte veneta, si giunge al punto 46° sulla vetta del monte Bylo Visse Repiste. In questa linea il monte Plana è riservato all'uso dei liccani. La linea poi da Mali Halan giunge al monte Kruk, ma per esservi troppa distanza, converge al punto 47° sul monte Verh Visse Iavornika, la qual linea comprende nel territorio cesareo il monte Mali Gollich; dalla parte veneta vi è la valle Repiste e Bukova Draga. In linea retta si giunge quindi al punto 48° sulla vetta del monte Kruk. Si passa poi all'intermedio punto 49° alla Cappella di S. Pietro, e di qui volgendo un po' a sinistra si giunge al punto 50° sul monte Chovik. Seguendo il corso del monte, ed un po' obliquamente a sinistra, si trova il punto 51° sulla vetta del monte Ossichenicza. Tra questo monte e quello Chovich vi sono alcuni terreni veneti di proprietà Ronchevich e Giacomo Sirotkovich nel villaggio di Iessenicz. Quindi lungo la linea dal monte Kruk ai monti Chovich ed Ossichenicz nella valle Sziacha, vi sono terreni dei liccani, e nella valle Libinska Kossa, cioè Velike Libine, terreni dei veneti. Di qui la linea segue obliquamente a destra verso settentrione e giunge al punto 52°, in un colle che non ha nome, e la linea continua diritta fino al punto 53° alla Cappella di S. Giovanni, presso la quale avvi un lago riservato all'uso dei liccani. Per la fossa Orleacha e fra la cima del monte Veliko Szedlo si arriva al punto 54°, sulla vetta del monte Vlasko Grado. Questa linea include pei liccani il lago Pechicza Voda e la circonferenza Dussicza; dalla parte veneta confina Male Libine. La linea poi converge obliquamente a sinistra sulla cima del monte Plocha, e per la troppa distanza vi è posto il punto 55°, intermedio, sulla vetta del monte Verh Visse Ivine Vadicze; ed in linea retta a questo è collocato il punto 56°, sopra una pietra chiamata Czerlenj Kamen. Segue quindi il punto 57° sulla vetta del monte Ploche, con la quale linea sono incluse, dalla parte liccana, Babin Dolacz e Veliko Iessero, e dalla parte veneta, Iurassov Greb e la valle Velike Paklenicze. Di qui la linea converge fra sassi un po' obbliquamente a sinistra fino al punto 58° sulla sommità del monte Verh Velika Berdo Visse Ruino, per giungere all'intermedio punto 59°, sito sulla più vicina cima montana. Passando poi per Ribnich Ka Vrata, si giunge ad altro punto intermedio 60°, sulla vetta del monte Challoperk, e quindi al punto 61° Viglini Kuk. Con questa linea, dal monte Ploche al monte Viglini Kuk, si separano le valli Doezi e le circonferenze Iavornik e Glavinovacz dello stato liccano, dalle pianure Veliko e Malo Ruino dello stato veneto. La linea volge quindi a destra pel monte Bobicka e giunge al punto 62° sulla vetta inaccessibile del monte Ploche Velike, e seguendo i monti arriva al punto 63° nell'angusto passaggio detto Vrata, proseguendo poi fino al punto 64° sulla vetta del monte, cui fu posto il nome Verh Mijna. Questa linea include il terreno Iandrina Pulliana e la selva Dolliba, dei liccani. Si discende poi al punto intermedio 65° a Martolochka Kolza e all'altro punto intermedio 66° posto sul colle sopra il terreno Bristovacz. Poi in linea retta al punto 67° nel lago Tersteniczka Loqua, in uso ai due stati. Nella linea del monte Verh Mijna fino a questo lago s'includono pei liccani le case ed i terreni già del suddito veneto Illia Vukich e rimangono allo stato veneto i terreni chiusi con sassi di Stapachka Luka, Ianssev Dolacz, Mortolochka Pech, la valle Bristovacz, ed i ruderi della casa del suddito veneto Iaudre Vukich. Dal lago, la linea segue la valle Tersteniczka Draga e giunge al punto 68° fissato nel mezzo della chiesa di S. Maria Maddalena in Tersteniczka, nella qual linea sono inclusi, pei liccani, i terreni e la casa del quondam suddito veneto Illia Trossail.

Furono presenti a queste operazioni di collocazione di termini gli anziani delle ville: Per la parte cesarea, nel distretto di Licca, per *Zermagna*: Dmitar Puppovacz, Danielo Tojaga, Toma Marichich, Iuray Iarich. Per *Grachacz*: Maxim Iaksich, Illia Konchar, Nicola Gatessa, Stajan Dukich. Per *S. Michele*: Iacob Tomichich, Marco Ivessich, Nicola Chulliat, Marco Marcovinovich. Per *Raduch*: Mathessa Stevanich, Marco Sharich, Gerga Sullentich, Chijro Deanovich. Per *Medack*: Dmitar Niegovan, Dmitar Uzellacz, Manoilo Terbovich, Iovan Bruich. Per *Fabicza*: Todor Pievacz, Iuray Plechass, Iacob Plechass, Iosip Obradovich. — Per la parte veneta, per *Prives*: Auton Iambirachich, Tome Seovich, Gaio Seovich. Per *Mokro Polje*: Kuzman Mukaricze, Petar Poppovich, Achim Vukmiricze, Simo Kostich. Per *Ervenik*: Stevan Bukaricza, Achim Vekich, Vassil Mathievich, Sava Travichich. Per *Moskovoze*: Dnular Simich, Stevan Luich, Nicola Balliak, Milich Pavarine. Per *Zegar*: Dmitar Bandarov, Iovo Radossevich, Iaudre Millinkovich, Glicoria Vukchevich. Per *Zaton*: Mihailo Vukcha, Paval Marichich, Ante Modrich, Petar Iokich. Per *Iessenicza*: Stipan Domatkovich, Aulon Sarich, Millella Czuillich, Iure Ronchevich. Per *Selline*: Iure Iukich, Simo Zuanovich, Iurissa Knessevich, Nicola Knessevich. Per *Starigrad*: Iure Millovas, Rade Bussleta, Iure et Petar Osmokrovich (¹). Per *Triban*: Iacob Subchich, Millos Skalich, Sava Marinkovich, Paue Chiauss.

L'ORIGINALE, con sigilli, esiste nei *Provveditori ai confini*, b. 259.

Altra simile trovasi allegata al dispaccio 26 settembre 1773, n. 172, del *Provveditor Generale in Dalmazia ed Albania*.

(¹) I nomi degli anziani di Starigrad non figurano nel Commemoriale, ma esistono nel documento originale, al quale fu conformato il presente regesto anche nei riguardi di altre poche varianti

9. (9) — 1778, Maggio 2. -- c. 49 bis. — Convenzione per l'arresto dei banditi e malviventi fra lo stato pontificio, per una parte, e gli stati della republica di Venezia, per l'altra. Papa Pio VI e la republica di Venezia, a mezzo dei loro plenipotenziari, il cardinale L. Pallavicini e l'ambasciatore cav. Andrea Renier, rinnovano per anni cinque la convenzione segnata il 6 marzo 1759, e rinnovata negli anni 1767 e 1773 (v. n. 19 del Commemoriale XXXII).

Data a Roma. — Sottoscritti: L. cardinale Pallavicini; Andrea Renier, cav. ambasciatore, in virtù della plenipotenza della serenissima republica.

Stampa: « Per li figliuoli del qu. Z. Antonio Pinelli, stampatori ducali ».

Altra stampa simile: « Roma, nella stamperia della Rev. Camera Apostolica ».

L'ORIGINALE trovasi in *Dispacci Roma*, filza 294, inserto al n. 185 del 2 maggio 1778.

1778, Maggio 29. — V. n. 10.
1778, Maggio 30. — V. n. 10.

10. (10) — 1778, Giugno 1. — c. 50. — Biglietto del cardinale Pallavicini, segretario di stato del papa Pio VI, scritto ad Andrea Renier, ambasciatore veneto alla corte di Roma, col quale per incarico del pontefice lo avverte che nel concistoro del successivo lunedì, sarà elevato alla dignità cardinalizia mons. Giovanni Corner.

Dato a Roma. — Dalle stanze del Vaticano, 29 maggio 1778.

L'ORIGINALE trovasi inserto al dispaccio 30 maggio 1778, n. 189, dell'ambasciator veneto a Roma. — *Roma Expulsis*, filza 43, c. 534.

11. (11) — 1778, Agosto ..... — c. 50 t.º — Copia autentica di traduzione dal turco, eseguita dal veneto dragomanno e console Bellato, della lettera del pascià di Tripoli alla republica veneta. Il pascià di Tripoli risponde, dietro richiesta del capitano straordinario delle navi, Angelo Emo, di recedere dalla domanda fatta che fosse annullato l'articolo del trattato .... agosto 1766, che fissa la linea di limite ai corsari. Promette che per l'avvenire tutti gli affari d'interesse comune saranno definiti col mezzo del console veneto dimorante a Tripoli, e gli affari più importanti, col mezzo dei comandanti veneti che giungeranno a quella parte di quando in quando. Avverte che per dimostrazione di affetto verso la republica ed il suo comandante, ha spedito 40 uomini a cavallo per gli ammontamenti del sale, e lo stesso farà nel prossimo inverno, e dice di aver ingiunto ad un altro alcaide che risiede nelle vicinanze di Suara di prestarsi colla sua truppa all'ammontamento dei sali, in aiuto ai 40 cavalieri espressamente inviati.

Data nella luna di Schabân l'anno 1192 (fine di agosto 1778). — Sottoscritta da Antonio Bellato, dragomanno, console.

1778, Agosto, 3. — V. n. 13.

12. (13) — 1779, Luglio 13. — c. 62 t.º — Maria Teresa, imperatrice, regina, contessa del Tirolo e avvocata di Bressanone, ratifica la convenzione per confini tra la republica di Venezia ed il vescovo di Bressanone (Giuseppe) dei conti di Spaur.

Data a Vienna. — Sottoscritta da Maria Teresa, da W. Kaunitz Rittberg, e per mandato, da Enrico Gabr. di Collenbach.

1778, Agosto 3. — Protocollo e relazione (v. n. 13).

L' ORIGINALE esiste in *Atti diplomatici misti*, serie III, n. 47.

13. (12) — 1780, Aprile 15. — c. 52 t.° — Ratifica del vescovo principe di Bressanone Giuseppe dei conti di Spaur, della convenzione per confini tra esso vescovo e la republica di Venezia.

Data a Bressanone. — Sottoscritta dal vescovo.

1778, Agosto 3. — Protocollo e relazione delle operazioni commissionali eseguite l' anno 1778, nella visita della linea confinaria che divide i due ca-pitaniati bressanonesi di Fassa e Buchenstein dal capitaniato di Agordo e giu-risdizione della Rocca della provincia bellunese e porzione del cadorino. Sono nominati: le comunità di Soraga, (capitaniato di Fassa), di Falcade, di Pieve di Canale, (capitaniato di Agordo); le comunità venete delle Laste, Rocca, Ca-prile, Selva e Pescòl, il piano de' Zingani, la Creppa o Forca Rossa, il fiume Cordevole, l' acqua Fiorentina, il maso di Rove, il monte Giau, il colle Piom-bino, il rio di S. Pellegrino e di Fuchiade, l' acqua della Valfredda, le-crode della Marmolata, la cima di Sorauta, il colle Mogon, il campo Stenzon, i prati di S. Antonio di Alba e di S.ta Maddalena, lo scoglio Padon, la vicinia di Livinallongo, capitaniato di Buchenstein, le crode di Longiarezze, le località Ornella, Sottoguda, e Fedaja, le cime di Bronzolone, Zinglazze, Pizzoncol, il prato del Glazanei, il colle della Gallina, il colle d' Altamè, la costa di Love-tier ossia Segalla, i rivi d' Avedin, d' Agai e del Pian di Sala, il colle di S.ta Lucia.

Data a Livinallongo. — Sottoscritta da Giuseppe de Trentinaglia, com-missario di S. M. l' imperatrice regina apostolica, contessa del Tirolo ed av-vocata di Bressanone; Marco barone de Cazan in Griesfeld, commissario di S. A. R. vescovo e del S. R. I., principe di Bressanone; Gabriello conte Barcel-loni Corte, provveditore ai confini per la serenissima republica di Venezia.

L' ORIGINALE esiste in *Atti diplomatici misti,* serie III, n. 47.

1781, Maggio 16-17. — V. n. 15.

1783, Aprile 11. — V. n. 15.

1783, Settembre 6. — V. n. 14, 15.

1783, Ottobre 3. — V. n. 14, 15.

1784, Marzo 13. — V. n. 15.

1784, Aprile 24. — V. n. 14.

14. (14) — 1784, Agosto 13. — c. 71 t.° — Papa Pio VI, ratifica il concordato con la republica di Venezia, circa le acque di Tessarolo e di Val Precona.

Dato a Roma. — Sottoscritto da Innocenzo cardinale Conti.

ALLEGATO : 1784, Aprile 24. — Convenzione tra il pontefice Pio VI e·la republica di Venezia, a mezzo dei loro plenipotenziari cardinale Lazzaro Obizzo Pallavicini e N. U. Andrea Memmo, ambasciatore ordinario presso la santa sede, per lo scolo delle acque della presa di Tessarolo, dello stato veneto, nel publico condotto o canale detto il Poazzo, nelle campagne di Gurzone dello stato ferrarese, e per lo scolo delle acque di Val Precona dello stato veneto, per mezzo del cavo Arienti, nel canale Bentivoglio della bonificazione detta di Stienta nello stato ferrarese e pontificio. Le acque della presa di Tessarolo scolino nel Poazzo mediante uno sbocco, al quale sia applicata una chiavica regolatrice da costruirsi ov' è il terzo taglio dei veneti, detto la Piacentina, distante dall' argine sinistro del Poazzo, pertiche due, in territorio veneto, salvi i diritti territoriali reciproci. Si stabiliscono le norme per la costruzione, elevazione, custodia ed apertura della porta di detta chiavica, secondo il profilo formato dai due ingegneri deputati alla visita, Giuseppe Zaffarini pontificio e capitano Ignazio Avesani veneto. Si fissano le opere da farsi dalle due parti nel caso d' inondazione per rotte. Si regola l' apertura di fossi scolatori, nei quali non potranno essere introdotte che le acque piovane. La chiavica ed i fossi saranno costruiti sotto la vigilanza dei suddetti ingegneri a tutte spese dei possidenti di Tessarolo, i quali dovranno pure provvedere alle successive manutenzioni dei fossi e della chiavica. Appena finiti i lavori, saranno chiusi tutti i tagli fatti nello stato veneto, per i quali scorrono ora le acque di Tessarolo in Poazzo. Soltanto le golene venete della detta presa di Tessarolo dovranno avere il loro scolo nel Poazzo collo sbocco dei rispettivi fossi nella maniera da destinarsi dai sopraddetti ingegneri. Le acque della vicina presa, o comprensorio delle saline, non potranno introdursi nel Poazzo. I due ingegneri suddetti presenteranno ai loro principi una relazione dei lavori eseguiti per lo scavo d·i fossi e la costruzione della chiavica. Ogni tre anni, ed anche prima se vi fosse bisogno, due ingegneri nominati dai due stati, eseguiranno una visita ai fossi e chiavica, e fattane relazione scritta, la passeranno ai rispettivi governi. I predetti ingegneri eseguiranno pure ogni tre anni una visita al Poazzo, alla chiavica di Racano ed agli sbocchi di Gurzone, per i difetti che emergessero in ordine alla presente convenzione e presenteranno la relazione ai proprî governi. Le spese per gli sgarbamenti, scavi del Poazzo, risarcimento della chiavica di Racano e pel salario di quel chiavicante, saranno sostenute dai possidenti di Tessarolo. Le acque di Val Precona si introdurranno nei canali della bonificazione di Stienta, a condizione che vi si introducano soltanto fino a che il Canal Bianco, a cui dovrebbero andare, venga restituito alla sua antica attività per riceverle. Sarà perciò costruita a spese degli interessati di Val Precona, una chiavica regolatrice sul cavo Arienti da collocarsi dagli ingegneri pontificio e veneto, nel punto di unione dei due arginelli ferraresi, e si stabiliscono le norme per la sua costruzione e regolazione in rapporto anche alla chiavica maestra di Occhiobello al Po Grande. Si proibisce che i terreni Baccelli scolino in detta valle, ma si dirigeranno colle acque dei campi contigui negli scoli del circondario della bonificazione. I ferraresi potranno rialzare e rinforzare i loro arginelli circondanti Val Precona, ed agli

affittuari ed inservienti di detta valle sarà proibito di far tagli od altre innovazioni in detti arginelli, anche in caso di somma escrescenza. Le spese per
mantenere risarcita la nuova chiavica al cavo Arienti e quelle annuali di
sgarbamenti, scavi di canali maestri, risarcimenti della chiavica di Occhiobello,
salario del chiavicante, ed altre che possano contribuire a mantenere in buono
stato gli scoli principali di detta bonificazione, saranno a carico degli interessati
o affittuari di Val Precona in proporzione della loro possidenza. I due ingegneri
Avesani e Zaffarini, rassegneranno ai propri principi la relazione dell'esecuzione
dei lavori ; ed ogni tre anni, o prima se vi fosse bisogno, da due ingegneri,
uno pontificio ed uno veneto, saranno visitati i due comprensori per riconoscere
e riferire ai rispettivi governi il bisogno dei lavori occorrenti. Secondo la transazione fatta tra la republica di Venezia ed il duca di Ferrara Alfonso II, l' 8
febbraio 1569, per la quale le campagne ferraresi possono scolare le loro acque,
per la chiavica dell'argine di S. Donato, nel Canal Bianco, restituendosi questo
alla sua primitiva attività, vi dovranno scorrere non solo le acque di Val Precona, ma anche quelle delle campagne ferraresi, comprese nella transazione e
colle condizioni in essa stabilite. Le espressioni di territorio e di stato contenute nel presente concordato, non potranno recare pregiudizio alle reciproche
ragioni territoriali dei sovrani contraenti. I principi impegneranno la loro parola perchè il presente concordato venga osservato dai propri sudditi e si
scambieranno le relative ratifiche entro il limite di due mesi. Il concordato
viene sottoscritto in due esemplari dai due ministri plenipotenziari card. Lazzaro Obizzo Pallavicini e N. U. Andrea Memmo, e ad esso vanno unite le
rispettive relazioni documentate, della visita locale fatta da ciascuno dei due
deputati, pontificio e veneto, sig.ʳ avv. Settimo Cedri e sig.ʳ march. Giuseppe
Maria Manfredini, colle mappe e profili dei piani formati dai due ingegneri
Zaffarini ed Avesani.

Dato a Roma. — Sottoscritti : Lazzaro card. Pallavicini, segretario di stato
del papa Pio VI ; Andrea Memmo, in virtù della plenipotenza della serenissima republica.

1783, Ottobre 3. — Plenipotenza accordata da papa Pio VI, al cardinale Lazzaro Obizzo Pallavicini, per addivenire al concordato predetto con
la republica di Venezia, circa lo scolo delle acque di Tessarolo e di Val
Precona.

Data a Roma in S.ta Maria Maggiore. — Sottoscritto : I. cardinale
Conti.

1783, Settembre 6. — Plenipotenza accordata dalla republica di Venezia, all'ambasciatore presso la santa sede, Andrea Memmo, allo scopo
suddetto.

Data a Venezia. — Sottoscritta da Gio. Pietro Legrenzi, segretario.

Gli ORIGINALI trovansi nell'archivio dei *Provveditori Sopraintendenti alla
Camera dei Confini*, b. 104, (Polesine).

La ratifica veneta e la minuta del concordato trovansi in *Deliberazioni
Senato - Roma Expulsis*, filza 130.

15. (15) — 1784, Aprile 24. — c. 80. — Concordato circa gli scoli di Tessarolo e Val Precona.

Stampa : 1785. — « Per gli figliuoli del qu. Z. Antonio, stampatori ducali » (v. n. 14).

1783, Settembre 6. — Plenipotenza accordata dalla republica di Venezia, al proprio ambasciatore presso la santa sede, Andrea Memmo, per trattare il suddetto concordato. (Stampa) — (v. n. 14).

1783, Ottobre 3. — Plenipotenza accordata dal papa Pio VI, al proprio segretario di stato, cardinale Lazzaro Obizzo Pallavicini, per trattare il predetto concordato. (Stampa) — (v. n. 14).

1784, Marzo 13. — Relazione con la quale l' ingegnere pontificio Giuseppe Zaffarini e l' ingegnere veneto cap. Ignazio Avesani, presentano al cav. proc. Alvise Contarini, sopraintendente alla camera dei confini : la pianta o piano di Val Precona ; la posizione dei campi ferraresi Baccelli ; lo spaccato della nuova chiavica regolatrice da costruirsi al cavo Arienti all' unione dei due arginelli circondari.

Data a Ferrara. — Sottoscritta da Giuseppe Zaffarini, ingegner pontificio, e da Ignazio Avesani, capitano, ingegnere veneto. (Stampa).

1784, Giugno 11. — Ratifica del doge di Venezia, Paolo Renier, di concordato col papa Pio VI, circa le acque di Tessarolo e di Val Precona.

Data a Venezia. — Sottoscritta da Paolo Renier, doge di Venezia, e da Francesco Alberti, segretario. (Stampa).

1784, Agosto 13. — Ratifica del papa Pio VI, di concordato, con la republica di Venezia, circa le acque di Tessarolo e di Val Precona. (Stampa) — (v. n. 14).

1784, Ottobre 20. — Relazione dei due ingegneri al cav. proc. Alvise Contarini, sopraintendente alla camera dei confini, di quanto fu da loro eseguito a norma del concordato suddetto.

Data a Fiesso. — Sottoscritta da Giuseppe Zaffarini, ingegnere pontificio, e da Ignazio Avesani, capitano, ingegnere veneto. (Stampa).

1784, Gennaio 19 (m. v.). — L' ambasciatore di Venezia, a nome della republica, chiede al pontefice, a mezzo del cardinale Pallavicini, segretario di stato, la ratifica delle operazioni eseguite dagli ingegneri Zaffarini ed Avesani, a norma del concordato suddetto, come da relazione e disegni da essi presentati, e prega sia dato ordine a chi spetta, perchè a buona stagione venga scavato il Poazzo nella sua cunetta, dalla chiavica Piacentina, fino a quella di Racano.

Data dal palazzo di S. Marco in Venezia. (Stampa).

1785, Gennaio 29. — Il cardinale Pallavicini, segretario di stato, avverte l' ambasciatore di Venezia, che il pontefice accorda la chiesta ratifica.

Data dalle stanze del vaticano in Roma. (Stampa).

1783, Aprile 11. — Disegno del profilo che dimostra le altezze dei piani di Tessarolo sopra il pelo d' acqua del Poazzo, ritrovato li 16-17 maggio 1781, al sito del Ponticello.

Dato a Roma. — Sottoscritto da Giuseppe Zaffarini, ingegner pontificio; da Ignazio Avesani, capitano, ingegnere veneto; da Lazzaro card. Pallavicini, segretario di stato di papa Pio VI; e da Andrea Memmo, ambasciatore, in virtù della plenipotenza della serenissima republica di Venezia. (Stampa)

1784, Marzo 13. — Pianta di Val Precona che dimostra i terreni aratvi, prativi e vallivi, colle rispettive quantità e porzione dei terreni Baccelli, nello stato pontificio, esistenti nel comprensorio della bonificazione di Stienta, che scolano nel fosso di confine dei due stati.

'Data a Ferrara. — Sottoscritta come nel precedente disegno. (Stampa).

1784, Ottobre 20. — Disegno della presa di Tessarolo, dell'andamento dei nuovi scoli, scavati in essa presa, del sito della nuova chiavica, della sua pianta e spaccato, e della chiusura del tagli.

Dato a Fiesso. — Sottoscritto da Giuseppe Zaffarini, ingegnere pontificio, e da Ignazio Avesani, capitano, ingegnere veneto. (Stampa).

1784, Ottobre 20. — Disegno della pianta di Val Precona, del sito della nuova chiavica in ferrarese all'unione dei due arginelli contornanti detta valle, e del sito di un cavedone formato allo sbocco del fosso del confine tra i due stati in Fossa Pestrina, per impedire che le acque di Marinega ed altre non recapitino in aggravio di Val Precona.

Dato a Fiesso. — Sottoscritto come sopra. (Stampa).

Per gli ORIGINALI, v. n. 14.

1784, Ottobre 20. — V. n. 15.
1784, Gennaio 19 (m. v.) — V. n. 15.
1785, Gennaio 29. — V. n. 15.

16. (16) — 1787, Maggio 11. — c. 81. — Breve di papa Pio VI al patriarca di Venezia con cui abolisce alcune feste di precetto nelle diocesi di Venezia, Udine, To cello, Caorle, Chioggia, Treviso, Padova, Adria, Vicenza, Verona, Brescia, Crema, Bergamo, Belluno, Ceneda, Feltre, Concordia, Capodistria, Parenzo, Pola, Cittanova, e nelle abbaziali diocesi di Asola, Nervesa, S. Zenone di Verona, Sesto, Vangadizza ed altre che diconsi *nullius*, nonchè nelle porzioni delle diocesi straniere soggette alla stessa veneta republica, cioè di Ferrara e Ravenna. Si ritengano festivi il giorno della Risurrezione ed il seguente, quello della Pentecoste ed il seguente, tutte le domeniche dell'anno, il giorno della Natività di Nostro Signore Gesù Cristo, della Circoncisione, dell'Epifania, dell'Ascensione e del Corpus Domini, i cinque giorni consacrati alla Beata Vergine Maria, cioè, della Purificazione, Annunciazione, Assunzione, Natività e Concezione, il giorno della Commemorazione dei SS. Apostoli Pietro e Paolo, di Tutti i Santi, di S. Stefano protomartire, di S. Marco evangelista, e di un solo protettore, cioè di quello per ogni intera diocesi, il quale è il principale protettore della città, in cui è la sede vescovile.

Dato in Terracina appresso S. Cesareo. — Sottoscritto da Benedetto Staij.

1787, Settembre 7. — Decreto del senato che approva il breve suddetto.

1787, Settembre 10. — Visto e licenziato il suddetto breve nell' ecc.^{mo} collegio per la sua esecuzione.

L'ORIGINALE decreto del senato, e la traduzione del breve in lingua italiana, si trovano in *Deliberazioni Senato - Roma,* filza 255.

1787, Settembre 7. — V. n. 15.

1787, Settembre 10. — V. n. 15.

INDICI

INDICE GEOGRAFICO

INDICE DEI NOMI DI PERSONE

Palbitzky Mattia, funzionario svevo, XXIX, 26, 27.

Pallavicini Giovanni Luca, consigliere intimo dell'imperatrice d'Austria Maria Teresa, XXXI, 12. — Lazzaro Obizzo, cardinale, XXXIII, 1, 9, 10, 14, 15. — marchese, XXXI, 69.

Palotta Giovanni Battista, cardinale, arcivescovo di Tessalonica, XXIX, 23.

Pam Achilleo, primo ministro dell'imperatore della Cina, XXIX, 33.

Panfili Giambattista, papa Innocenzo X, XXIX, 15-17, 19, 22, 29, 34, 36, 37.

Panno, scioto, XXX, 142.

Pannocchieschi Scipione, arcivescovo di Pisa, nunzio a Venezia, XXIX, 22, 29.

Pantaleon, van Ech D., signore di, ecc., XXIX, 123.

Paolo III, papa (Alessandro Farnese), XXIX, 39. — V, papa (Camillo Borghese), XXIX, 39.

Pariotto Girolamo, XXXI, 73.

Parma, duca di, XXIX, 108, 113, v. anche Maria Teresa, imperatrice.

Pasino, famiglia, XXXI, 73.

Passano, da, Gioacchino, XXXI, 39.

Passau, conte Leopoldo Schlick, signore di, ecc., XXX, 35, 47. — principi e conti, XXIX, 115.

Passionei Domenico, cardinale, XXXI, 66; XXXII, 20.

Patrasso (Acaia), Donà Francesco, provveditore di, XXX, 136.

Pavarine Milich di Moskovoze (Licca), XXXIII, 8.

Pedracini Giovanni Battista di Asola, XXXI, 73. — Felice, ivi.

Pelizzari, famiglia, XXXI, 73.

Pellegrini Leonardo, conte, XXXII, 28. — Ottaviano, ivi.

Pellicelli Lodovico, conte, XXXI, 38.

Pellizzoni, famiglia, XXXI, 73.

Perasto, da, Pietro Mattio, XXX, 148. — Zorco, ivi.

Peretti Felice, papa Sisto V, XXXII, 21.

Persia, re di, XXIX, 84.

Pesaro Giovanni, doge, XXIX, 44-48.

Pesenti Benedetto, XXXI, 73. — Benedetto Giacomo, rappresentante la compagnia dei corrieri veneti, XXXII, 52.

Petros, abitante in Edessa, patriarca sirio giacobita, XXX, 93.

Piacenza, duca di, v. Maria Teresa imperatrice.

Pianezze, marchese di, XXIX, 116.

Piatti Orazio, XXIX, 32.

Piccoli Ascanio, provveditore ai confini, XXXIII, 4.

Piemonte, Vittorio Amedeo II, duca di Savoia, re di Cipro, principe di, XXIX, 104.

Pietro Matteo e Zorco da Perasto, XXX, 148.

Pievacz Todor di Fabicza (Licca), XXXIII, 8.

Pignalosa, de, don Alvise, patrizio spagnolo, XXXI. 73.

Pimentel don Francesco Casimiro, conte di Benevento, XXIX, 122.

Pinelli Zuan Antonio, XXXIII, 5, 9, 15. — figliuòli del detto, stampatori ducali, ivi.

Pio IV, papa (Giovanni Angelo de Medici), XXXII, 45. — VI, papa (Giovanni Angelo Braschi), XXXIII, 9, 10, 14-16. — di Savoia Carlo, cardinale, vescovo di Sabina, XXIX, 83, 89, 95, 96.

Pisanelli Lorenzo, XXXII, 40.

Pisani Alvise, ambasciatore veneto in Francia, XXIX, 118. - Marco, savio di Terraferma, XXIX, 53. — Vincenzo, podestà di Verona, XXXII, 10.

Piubeni Giovanni, tenente, XXXI, 73.

Plechass Iaccob di Fabicza (Licca), XXXIII, 8. — Iuray, ivi.

Plettenberg Ferdinando, barone, plenipotenziario del vescovo di Münster, XXIX, 115.

Plittersdorff, Carlo Ferdinando, barone di, plenipotenziario del principe di Baden, XXIX, 115.

Počitelje, suddito turco, XXX, 100.

Podlachia, granduca di, v. Giovanni III, re di Polonia.

Podolia, granduca di, v. Giovanni III, re di Polonia.

Poli Angelo qu. Angelo di Asola, XXXI, 73.

Polonia, re, XXIX, 27; XXX, 7, 11, 12, 17, 27-29, 51, 54; XXXI, 8; v. anche: Augusto II; Giovanni III. — regina, XXIX, 45.

Pomerania Stettino, duca di, XXIX, 25. — Wolgast, ivi.

Poppovich Petar di Mokro Polje (Licca), XXXIII, 8.

Portland, Bentinck Guglielmo, conte di, ecc., XXIX, 118.

Portner de Sfözfflej barone Giuseppe, capitano cesareo regio del reggimento di fanteria di Licca, XXXIII, 8.

Posnania, palatino di, XXX, 36, 46.

Prembroke, di, conte Tomaso, conte di Montgomery, barone di Herbert e di Cardif, guardasigilli privato d'Inghilterra, ecc., XXIX, 107.

For EU product safety concerns, contact us at Calle de José Abascal, 56–1°, 28003 Madrid, Spain or eugpsr@cambridge.org.

com/pod-product-compliance
UK Ltd.
MK11 3LW, UK

1/565